寰宇智慧投資 282

交易‧創造自己的聖盃
[第二版]

Trade Your Way to Financial Freedom
(second edition)

沙普博士 (Van K. Tharp, Ph.D.) / 著

黃嘉斌 / 譯

寰宇出版股份有限公司

 Education

US	Boston　Burr Ridge, IL　Dubuque, IA　Madison, WI　New York San Francisco　St. Louis
International	Bangkok　Bogotá　Caracas　Kuala Lumpur　Lisbon　London Madrid　Mexico City　Milan　Montreal　New Delhi　Santiago Seoul　Singapore　Sydney　Taipei　Toronto

國家圖書館出版品預行編目資料

交易‧創造自己的聖盃 ／ Van K. Tharp 著 ； 黃嘉斌譯.
  -- 二版. -- 臺北市：麥格羅希爾，寰宇, 2010. 03
    面 ； 公分. -- (寰宇智慧投資；282)
  譯自：Trade your way to financial freedom,
2nd ed.
    ISBN 978-986-157-699-2 (平裝)

  1. 個人理財　2. 股票　3. 交易

563. 5   99003393

寰宇智慧投資 282

交易‧創造自己的聖盃第二版

Original: Trade Your Way to Financial Freedom, 2e
    By Van K. Tharp
    ISBN: 978-0-07-147871-7
    Copyright © 2007 by The McGraw-Hill Companies, Inc.
    All rights reserved.

  2 3 4 5 6 7 8 9 0   Y C   2 0 1 1

作　　者　Van K. Tharp

譯　　者　黃嘉斌

主　　編　柴慧玲

美術設計　黃雲華

合作出版　美商麥格羅‧希爾國際股份有限公司 台灣分公司
暨發行所　台北市 100 中正區博愛路 53 號 7 樓
　　　　　TEL: (02) 2311-3000　　FAX: (02) 2388-8822
　　　　　http://www.mcgraw-hill.com.tw

　　　　　寰宇出版股份有限公司
　　　　　台北市 106 大安區仁愛路四段 109 號 13 樓
　　　　　TEL: (02) 2721-8138　　FAX: (02) 2711-3270
　　　　　E-mail: service@ipci.com.tw
　　　　　http://www.ipci.com.tw

總代理　　寰宇出版股份有限公司

劃撥帳號　第 1146743-9 號

登記證　　局版台省字第 3917 號

出版日期　西元　2010　年　3　月　二版一刷
　　　　　西元　2011　年　3　月　二版二刷

印　　刷　普賢王印刷有限公司

定　　價　新台幣 600 元

ISBN：978-986-157-699-2

網路書店：博客來 www.books.com.tw
　　　　　華文網 www.book4u.com.tw

※本書如有缺頁、破損、裝訂錯誤，請寄回本公司更換。

目　錄

序

　　讓我開宗明義地表明一個重點：本書是我要求新進交易者必讀的經典。沙普博士（寰宇出版《交易·創造自己的聖盃》作者）的所有著述之中，這本書是最精簡、最經典的。我叫做查爾斯·惠特曼（Charles Whitman）擔任英菲尼資本管理公司（Infinium Capital Management）的執行長，這是一家座落在芝加哥期貨交易所的交易公司。我們目前有90位員工，在15個不同交易所進行交易，對象包括各種資產的根本交易工具與選擇權。關於這本書，我自己買了很多本，但讓我先談談我所瞭解的沙普。

　　我在1998年第一次接觸到沙普博士寫的教材，這是我的老師布魯斯（Bruce）給我兩份沙普博士的家庭自修課程：「顛峰績效自修課程」（Peak Performance Home Study Course）與「發展一套適合你的致勝系統」（Developing a Winning System That Fits You）。不久，布魯斯參加了沙普博士主持的講習會；回來之後，他對於相關課程的內容與學員素質，讚不絕口。

　　當時，我正陷入交易生涯的最低潮。蠻好笑的，1997年是我交易最成功的年份之一，邁入1998年之後，我決定在能力所及的範圍內，讓自己成為最棒的交易者。可是，我當時不知道怎麼辦到這點，為了賺更多錢，似乎只有「做更多一些」。不用說，結果是在大輸大贏之間擺盪。

　　1998年秋天，我進行一筆金額相當龐大的交易。可是，由於管理不當，部位很快就陷入不可承擔的虧損。由現在回顧當時，我實在犯了太多錯誤，按照沙普博士的定義，錯誤就是「沒有按照規矩辦事」。交易之前，我沒有針對可能的發展情節預做規劃，部位的報酬-風險比率很糟糕。另外，為了讓自己從虧損之中脫困，我開始出現情緒性反應。這也就是沙普所謂的「虧損陷阱」。我非但沒有及時認賠，反而是跟虧損拼命，想要扳回來。可是，我拼得愈凶，虧損也累積得愈大。虧損愈嚴重，我愈想扳平，愈不願認賠。整個情況陷入惡性循環。最終，虧損實在變得太嚴重了，我再也不能忍受，於是被迫結束部位。出場之後，我立即發誓，絕對要由這次經驗汲取教訓，絕對不再犯相同錯誤。這也是我交易生涯的重大轉折點。

　　我開始反省，做自我評估，看看自己身為交易者究竟能夠如何改進。於是，我決定向布魯斯借「顛峰續效自修課程」，我發現有一章討論的正是「虧損陷阱」。這部分內容所描述的，幾乎就是我歷經的故事，包括我處理該筆交易的態度，所碰到的問題，以及我的反應。我很快就著迷了，決定立即買一本自己的書。

　　1999年1月，我做了膝部手術，大概有10星期的時間不能站立。當時，我是擔任場內交易員的工作，於是我決定利用這個機會測試一下「場外交易」的點子。另外，我也開始閱讀「顛峰續效自修課程」，並且很快就決定應該暫時忘掉市場，專心處理交易心理層面的問題。沙普博士在課程中說，你最不想做的練習，通常也就是你最應該做的。所以，我非常規矩地做整個課程的每個練習，每天都認真閱讀4～6小時。我認為，由交易心理角度來看，這10週期間讓我脫胎換骨，使得往後的交易都能立足在非常堅穩的基礎上。

　　當時，我也決定要參加沙普博士舉辦的訓練營。這個課程的主持講座是沙普博士，以及因《富爸爸·窮爸爸》（Rich Dad, Poor Dad）一書而成名的羅伯·清崎（Robert Kiyosaki）。就如同「顛峰績效自修課程」對於心理層面的影響一樣，這個講習會很快就改變了我對於財富與其創造過程的觀點。我很高興看到沙普博士把這部分內容包含在本書新版內，並且在「前言」定義何謂「財富自由」。我發現，財富並不是我們在經濟學上談到的有限資源。我體認到，如果想要追求成功，最大的關鍵在於自己，而且時間的價值遠超過金錢。由這個時候開始，我決心儘量學習，提升自己的生產力。如果能夠花錢提升自己的生產力，讓自己有更多時間學習，我都會接受。訓練營課程結束之後，我對於交易與財富秉持著嶄新的看法回到工作崗位。接下來4個月內，我所賺的錢遠超過以往累積的總額。

　　過了這段期間之後，我的交易活動慢慢減少，交易變成一種兼職工作，開始把主要心力擺在我終身的夢想：建立自己的交易公司，升級為交易所樓上的投機客。我花了兩年時間學習、研究，制訂詳細的交易計畫。相關計畫是採用沙普博士的原則做為基礎。我閱讀了這本書，還有當時出版的《運用電子當日沖銷交易取得財務自由》（Financial Freedom through Electronic Day Trading）。另外也參加沙普博士的一些訓練營，根據5項原則建立我自己的公司。這5項原則之中，有4項是取自沙普博士。以下是按照沙普博士的傳授順序說明這些原則：

1. **心理**（Psychology）。即使擁有全世界最棒的資源與機會，如果心理架構有問題，你還是辦不到。我們秉持的信念是：

我們身處的現實，都是我們自己創造出來的。如果我們認為
世界有問題，那麼我們就把這種信念表達在我們所看到的東
西上面。可是，如果我們認為世界是富足的，我們將發現很
多證據顯示這點。我們最重視的就是這點，不論是招募新員
工，或是訓練課程，情況都是如此。各位將發現，本書新版
從頭到尾也貫穿這項原則。你必須對於自己的表現負責。如
果你對於自己的表現不滿意，那就意味著你在某些方面犯了
錯，你有責任自行糾正。

2. **部位大小設定（Position Sizing）**。即使擁有最周詳的交易計
畫、最完備的資訊、最精準的執行系統，但交易部位如果設
定得太大的話，你還是會爆掉。如同沙普博士在本書新版指
出的，低風險概念就是：交易所承擔的風險，必須要禁得起
最糟情節的考驗，必須讓自己能夠活得夠長，才能實現交易
系統具備的期望報酬。這是交易成功最關鍵的環節，為了要
確定瞭解這點，各位應該閱讀這本書，而且要讀很多次。交
易一定會發生虧損，而且會發生連續虧損，因此你必須控制
虧損所造成的傷害，藉以創造最佳的複利報酬。部位大小設
定是交易最重要的程序，但很少人重視。這也是交易系統
內，協助你達成交易目標的部分。閱讀本書的時候，務必要
確定自己瞭解這點。

3. **選擇市場（Market Selection）**。這是我自己增添的原則，雖
然本書第4章也提到這部分內容。選擇什麼市場的重要性，
遠超過如何交易。在整個交易生涯裡，我充分體會這項原則
的重要性。1990年代末期到2000年代初，很多玩股票選擇權
的人賺進無數財富，但他們通常都不知道究竟是怎麼回事；

他們只是很湊巧地處在最適合賺錢的市場。幾年後，這些交易者之中，有些人跑到我的公司尋找辦事員的工作。反之，我也看過一些技術頂尖的交易者，在最艱困的市場裡勉強奮鬥。這些人如果願意轉移戰場，尋找最適合交易的熱門市場，想必都可以創造傳奇。我相信，交易者應該鎖定那些最熱絡、波動最劇烈的市場。如同約翰·保羅·蓋帝（John Paul Getty）所說的，「尋找有油的地方！」我很高興看到沙普博士在本書新版增添討論宏觀架構的一章；交易者應該根據宏觀架構為基準，尋找適當的市場，採用適當的策略。

4. **出場（Exits）**。如何出場才是賺錢關鍵。建立任何部位之前，都必須先知道該筆交易在什麼情況下算是判斷錯誤；一旦發生這種情況，就必須斷然認賠，避免損失擴大。本書第10章很深入討論如何迅速認賠。同樣地，對於獲利的部位，你也必須知道如何處理；除了要讓獲利部位充分發展之外，也要避免帳面獲利得而復失。本書第11章討論如何獲利了結。我曾經目睹很多最頂尖的交易者承認自己錯誤，不會讓自尊心妨礙自己認賠；他們可以很從容地結束虧損部位。

5. **進場（Entries）**。本書第9章強調一點，即使是隨機進場，只要你知道如何進行交易，仍然可以穩定賺錢。沙普博士藉由隨機進場方法，告訴我們交易賺錢的關鍵，並不在於如何進場。沙普博士強調，只要具備其他條件，進場決策相對不重要。所謂的其他條件，是指：交易者要培養健全的心理架構，不讓情緒妨礙交易；設計正值期望報酬的交易系統，儘可能減少損失（按照沙普博士的說法，損失不得超過1R），追求最大的報酬-風險比率（按照沙普博士的說法，獲利的R

倍數應該儘量大）；挑選最適合交易的市場；運用部位大小
設定方法，達到交易目標。

本書新版對於這些原則都有充分的講解與討論，這也是我管理
交易公司秉持的原則，用以訓練新進交易員或員工。請注意，關於
這些原則，一般交易大眾的想法或態度剛好相反，譬如：

- 你所需要的，只是挑選正確股票。如果你沒有賺錢，那是因
  為你挑錯股票。這違背了前述第5個原則。
- 隨時都應該充分投資，藉由分散交易來控制風險。這違背了
  前述第2個原則。
- 你之所以發生虧損，主要是因為經紀人或投資顧問的錯，或
  是因為市場不願配合。這違背了前述第1個原則。

換言之，一般投資大眾認為，成功的關鍵是：在正確的時機，
挑選正確的股票。事實上，他們完全忽略了最重要的部分，這也是
本書之所以值得推薦的理由。

本書第2章深入說明，對於很多人來說，成功為何如此難以掌
握：那是因為他們的決策程序涉及一些偏見。沙普博士稱這些造
成扭曲的偏見為「判斷力啟發」（judgment heuristics）。很諷刺
地，那些瞭解這類偏見的人，卻利用它們來預測市場。反之，我
們採納沙普博士的觀念，多數人之所以發生虧損，是因為受到偏見
影響而導致決策缺乏效率。所以，我們要讓自己變成更有效率的決
策者。

我稍早已經提到，本書是我們公司新進交易者的必讀經典；這
本書幾乎可以說是沙普博士所有著作的精華所在。本書告訴我們如
何設計符合自己信念的交易系統，用以達成自己的交易目標。我建
議各位重複閱讀，徹底體會我所提的5項原則。

　　如果沒有沙普博士的教誨和他傳授的哲學，我就不可能擁有目前的成就，也沒有機會在公司裡與大家分享這些榮耀。我相信，我所以碰上沙普博士，完全是神的旨意，讓我有機會跟他學習。我的交易生涯與管理經驗不斷驗證這些哲學，這也是我能夠成功的憑藉。

　　我希望讀者也能由這本書汲取神奇的教誨，充分運用這些知識於交易，創造更多的財富，享受更有意義的人生。

查爾斯・惠特曼
英菲尼資本管理公司執行長

前　言（第2版）

藉由本書達成財務自由

首先，我要對這個標題包含的「財務自由」（financial freedom）做些說明。很多人認為，「財務自由」有太濃的商業氣息。傑克・史瓦格（Jack Schwager）對於本書第一版的評論甚至提到：「我雖然不能對各位承諾財務自由，但可以承諾這本書提供很多明智的交易建議，以及很多各位可以用來自行設計交易系統的觀念。如果各位覺得這樣還不夠，那就真的需要這本書了。」

所以，什麼是財務自由？我的《資產生財，富足有道！》（Safe Strategies for Financial Freedom）曾經對此做了深入說明，所以我不準備在此重複，但容我做個摘要提示。

財務自由是由另一種新角度來思考金錢。多數人認為，想要贏得金錢遊戲，你必須擁有最多的錢、最多的新奇玩意兒。很多人被這項準則誤導了。如果你相信這個準則，那麼周遭的某個人絕對可以在金錢遊戲上打敗你。為什麼？因為這個世界上只允許存在一個最有錢的人，即使你擁有億萬財富，贏得這種金錢遊戲的機會仍然十分渺茫。

如果你認為擁有最多新奇玩意兒的人，才是這場金錢遊戲的贏家，那恐怕很難避免負債累累的結局，因為現在你幾乎可以透過分

期付款購買任何東西。這麼做，最終將是撲天蓋地的消費者負債，所得到的是財務上的奴役，財務自由反而愈離愈遠。

　　對於我來說，財務自由是透過另一套準則來贏得金錢遊戲。各位如果採納這套準則，決心達成其目標，由相關錯誤中學習，那麼我保證本書可以給你帶來財務自由。所謂財務自由，是指你所運用之資金所創造的收入，超過日常生活所需。舉例來說，假定你每個月的例行開支是$5,000。這種情況下，如果你運用的資金每個月可以幫你創造$5,000以上的收入，你就享有財務自由。

　　交易與投資是你運用資金的諸多可能性之一。我相信各位可以按照本書指導而設計一套交易／投資方法，每天所投入的時間不超過短短幾個鐘頭，但其所創造的收入絕對超過所需例行開支。舉例來說，假定你擁有一個$300,000的交易帳戶，每年獲利$60,000（相當於20%），而且每天只需要投入幾個鐘頭的時間，那麼你就享有財務自由了。當然，這並不是說你不需要花費很多時間來建立這個足以贏得財務自由的交易平台；這裡所謂的時間，可能是好幾百、甚至好幾千個小時。這也不是說，你從此可以輕鬆賺取收入；事實上，你還是必須時時反省、面對自己。可是，只要你鋪設紮實的基礎，確實可以享有財務自由。

你只能交易自己的信念

　　本書初版在1999年問世之後，很多人告訴我，這本書徹底改變他們對於交易／投資的想法，也改變他們處理市場的態度。

　　我始終認為，我們不能直接交易市場，只能根據我們對於市場的信念進行交易。舉例來說，假定你相信行情將走高（換言之，市

場呈現長期上升趨勢），而且你相信順勢交易方法，那麼你很可能會採用順勢系統，買進那些你認為價格將上漲的股票。可是，如果你相信市場價值明顯高估，行情往後應該會下跌，那麼你就很不願意買進那些處於上升趨勢的股票，因為你的信念發生衝突。

本書第一版的所有內容，都反映我對於市場的信念，以及我撰寫該書當時認為正確的東西。可是，信念畢竟不是事實；信念是一種鏡片，我們透過這種鏡片觀察事實。我很早就瞭解這點；所以，我所傳授的東西，都代表我當時對於市場與交易成功所認定的最有用信念。

這些年來，我發現有些信念似乎更能夠幫助其他交易者。自從本書第一版問世以來已經有7年了，我在這段期間內產生一些新信念。因此，本書的核心信念雖然無異於第一版，但我認為內容相關變化確實值得發行第二版。

以下是反映我目前信念的主要變動：

・我認為所有的交易系統都應該反映宏觀看法。1999年，我們正面臨由1982年以來的長期大多頭市場末期階段。1999年的時候，你可以買進任何高科技股票，持有半年往往就可以賺取一倍的報酬。可是，長期大多頭市場結束之後，緊跟著而來的是起始逾2000年的長期大空頭市場。這波新趨勢可能持續20年以上，因此我們採用的策略也必須反映這個宏觀架構。空頭行情未必代表壞消息，只是需要引用不同的賺錢方法。

・根據個人條件設計交易系統的模型，我在最近6年來有一些新看法，本書內容也做了必要的更新。

・本書第一版的概念幾乎都不受時間影響，但它們的相對重要

性卻會因為外在環境而改變。本書第二版在這方面做了一些調整，我相信這更符合目前的環境狀況。

・本書第一版對於期望報酬的解釋很可能造成誤導或混淆。我在其他著述內，已經做了必要的修正，本書的情況也一樣，務必要讓讀者徹底瞭解這個重要概念。

・我堅信交易系統所產生的R倍數分配就可以代表該系統，本版就此做了更詳細的說明。一旦瞭解這點，各位對於交易系統的體認將徹底改變。

・由於交易系統所產生的R倍數分配就可以代表該系統，所以我們可以運用R倍數分配模擬未來的操作。更重要者，這類模擬可以告訴我們，如何根據交易目標來做部位大小設定。本版特別強調這部分內容。

另外，本版很多地方也做了細微而重要的修改，藉以協助讀者成為更棒的投資人／交易者。但願本版讀者能夠像第一版讀者一樣，由本書內容得到重要的啟示。

沙普博士（Van K. Tharp, Ph.D.）

2006年8月

前 言 （第1版）

　　很多客戶要求我，希望本書不要提到某些內容，不斷抱怨：「你洩漏太多了。」可是，身為教練，我的工作是讓投資人／交易者能夠展現顛峰績效。就這方面的工作來說，每項工具都不可或缺，因為既有文獻充滿太多錯誤了，太多人因此踏上歧途。

　　多數資訊都不是故意犯錯的。人們自己希望踏上歧途。他們不斷提出錯誤的問題。譬如說：

- ・市場行情現在會怎麼發展？

- ・我應該買進什麼？

- ・我擁有XYZ股票。你認為這支股票會漲嗎？（如果你說不會，那他會再去問別人，直到某人同意他的看法為止。）

- ・告訴我，如何才能進場交易而經常「正確」？

　　現在市面上書籍提供的答案，就是回答這類錯誤的問題。

　　1997年4月，我在德國舉辦一場為期兩天的講習會。講習會即將結束之前，我讓學員們可以選擇最後一項活動的內容：練習如何處理自我破壞的心理問題（絕大部分人都需要），或是問我問題。雖然我相信交易最重要的問題，就是如何處理自己，但他們還是投票決定向我提出問題。猜猜他們提出的第一個問題是什麼？「沙普博士，在1997年剩下的期間內，你認為美國股票市場的表現將如何？」雖然過去兩天裡，我不斷跟他們解釋這類的問題根本不

重要，可是⋯看起來我是白費工夫了。但願各位讀完本書的時候，大家都知道我為什麼會如此認為。

當問題由「買進什麼」轉移到「如何買進」，他們還是提出的問題還是不對，譬如：

我應該依據什麼準則進場建立部位，才能確保通常都正確？

有個龐大的產業，專門針對這類問題提供答案。炙手可熱的投資書籍，其中充滿那些勝率據說可以高達80％的進場方法，承諾幫讀者賺進無數財富。一張圖形可以勝過千言萬語，所以每種致勝策略都伴隨著一份用以驗證的走勢圖。這類的「最佳案例」可以讓很多人血液沸騰，書本也大為暢銷。當然，還有很多投資快訊與交易系統。不幸地，這些東西實際上幫助不大。

1995年舉辦的某場投資研討會，期貨市場的某位著名專家，談論著他的高勝率進場方法。演講廳裡擠滿聽眾，聽他仔細說明方法。講解告一段落時，突然有個人舉手發問，「可是，怎麼出場呢？」他頗尷尬的回應，「你想知道我的所有秘密，是不是？」

大約一年後的另一場投資研討會，某位著名大師對600位聽眾講解高勝率進場方法。每個人都仔細聆聽他所說的每句話。可是，整場演講完全沒有提到如何出場，只談到要設定緊密的停損，以及密切留意資金管理。演講結束之後，這位大師在半小時之內，賣掉價值超過$10,000的書，因為大家實在太想進一步瞭解這些高勝率進場方法。

同一場研討會中，我談到部位大小設定方法，這是決定交易獲利的關鍵因素。聽眾只有13個人，其中4個購買了這方面的相關書籍。人們總是追求一些沒用的東西，或許是天性吧！

投資講習會總是不斷重演這類的故事。大家只想知道高勝率進

場方法，或是那些能夠讓他們立即知道買進什麼的交易系統。這些人絕大部分不會學到什麼重要東西。可是，對於那些真正有助於賺錢的主題，那些有關部位大小設定或個人心理層面的講座，聽眾寥寥可數。

即使是金融交易方面的軟體也存在相同的偏頗。這類產品通常都提供很多技術指標，協助大家瞭解歷史行情究竟是怎麼回事。這些技術指標是根據過去資料歸納出來的，目的是用以預測價格。如果我們能夠運用這些指標預測未來的價格，那就太棒了。事實上，我們不能透過這種方法預測價格。可是，這並不會妨礙這些軟體的銷路。另外，這些軟體確實可以回答多數人急著想知道的問題：「現在應該買進什麼？」

我們只要專注於那些真正有用的東西，就可以學到很多市場秘訣。可是，如果把注意力擺在他處，絕不可能察覺任何秘訣。本書所談論的，都是我的信念與看法。這些內容可以協助讀者提升交易與投資績效。讀者請仔細琢磨，本書可以讓各位向前邁進一大步，讓大家更穩定地賺錢。

沙普博士（Van K. Tharp, Ph.D.）

1998年6月

謝　詞

　　這本書代表我這25年來的努力結果，包括我對於金融市場的想法，研究數以百計的偉大交易者與投資人，訓練無數學員、協助他們引用本書內的某些原理。本書第一版曾經啟發數以千計的交易者。這個新版本如果還能再協助幾千位交易者，即使我根本不認識他們，那也就值得了。

　　踏近這個領域的25年期間，我的思想與本書所希望傳達的觀念，曾經受到很多人協助與影響。此處只能提及很少數的人名。可是，對於任何曾經指導過我的人，我都想藉此機會奉上最誠摯的感謝。

　　湯姆‧巴索（Tom basso）對於我的思想與生活影響很大。我舉辦的研討會中，湯姆擔任講座的次數不下十來次。另外，湯姆也主導本書有些部分的內容。

　　雷伊‧凱利（Ray Kelly）是我最早的客戶之一。初見面時，他是一個臉上掛著「順我者昌，逆我者亡」神色的愛爾蘭籍剽悍場內交易員，但他後來竟然願意當義工，協助問題青少年瞭解他們必須對自己的行為、生命負責，他最後在加州經營一家靈修營。雷伊是我見過最棒的交易員，同時也是最棒的老師。他經常出席我們舉辦的講習會，也是本書套利一節的作者。本書第一版發行不久，雷伊就過世了。對於我來說，他很特殊，我非常想念他。

　　我要感謝查爾斯・惠特曼（Charles Whitman）幫本書寫序。查爾斯是超級交易員課程的一部份，我經常向他請教。他不只是我最好的客戶之一，也是一位模範交易者。

　　查爾斯・拉寶（Charles LeBeau）協助我把兩個重要觀念銜接起來：「迅速認賠，讓獲利持續發展」與「出場」。「迅速認賠」就是「不繼續虧損」的出場。「讓獲利持續發展」也關連著出場。查爾斯非常強調這個觀念，對我的啟示很大。查爾斯經常擔任我們進階講習會的講座。

　　我要感謝巴頓（D.R. Barton）。過去15年來，我看著他由一個工程師，變成頂尖交易者，同時也是最棒的交易導師。他負責撰寫本書有關帶狀交易的部分，另外也參與我透過麥格羅希爾出版的三本書。

　　凱文・湯瑪斯（Kevin Thomas）、傑利・托波克（Jerry Toepke）與路易士・孟德爾頌（Louis Mendelsohn）分別負責撰寫本書的某些部分。他們的作品深具啟發意義，幫助很大。我感謝他們所做的貢獻。凱文也是第一位參加超級交易者課程的學員，他目前在倫敦專門訓練交易者。

　　我也要感謝查爾斯・布蘭斯康（Charles Branscomb）。當查爾斯剛來到我們的訓練中心，他自認為擁有一套很棒的交易系統，實際上根本談不上是系統，只是一些進場訊號而已。這些年來，我看著他逐漸發展成為系統交易專家。他也是一個典範，說明如何透過系統交易而發展明確的市場「直覺」。查爾斯曾經擔任我們投資快訊的編輯，協助我發展本書所採用的R倍數觀念。

　　法蘭克・葛魯奇（Frank Gallucci）與克利斯・安德遜（Chris Anderson）協助我發展技術軟體，建議我運用模擬程序，決定符合

特定交易目標的部位規模設定方法。我也要感謝約翰‧韓福瑞（John Humphreys）協助我整理所有關於部位大小設定的觀念，讓我看到各種運算方法的無限可能性。

我要感謝我在IITM的同事給我的支持與幫助。Cathy Hasty負責本書的排版。Becky McKay幫助我做本書第二版的校稿與編輯。我只有幾個月的時間可供完成這項工作，如果沒有Becky，本書絕對不可能及時完成。我也要向Ana Walle與Tamika Williams致意，她們對於這項計畫所給予的各種幫助。我尤其要感謝Melita Hunt鼓勵我編寫本書的第二版。Melita安排整個計畫的進行，並負責與出版商麥格羅希爾公司聯絡相關細節，使得本書第二版得以順利完成。

我要感謝麥格羅希爾的編輯Jeanne Glasser與Jane Palmieri。我也要感謝Marci Nugent修正我手稿裡的很多錯誤。就我瞭解的範圍，在本書第一版問世之前，「部位大小設定」並不是交易術語。可是，自從本書第一版發行以來，這個名詞幾乎已經完全取代「資金管理」用以描述交易系統最關鍵的成分：決定「多少」的問題。對於採用這項名詞的人，不論是否受到本書影響的緣故，我都要表達謝意，因為如此可以讓這個交易最重要領域避免發生混淆。

我要感謝這些年來我有幸訪問的每位偉大交易者。你們很多人運用本書的概念，在金融市場賺進無數財富。不論是協助我更瞭解一些概念，或協助我推廣相關概念，我都要藉此機會表達最真誠的謝意。

最後，我要感謝三位我最愛的人，我的妻子Kalavathi，我的兒子Robert，以及我的姪女Nanthini。你們都是我的精神支柱。感謝你們陪伴我。

第 I 篇
成功的最關鍵要素：你！

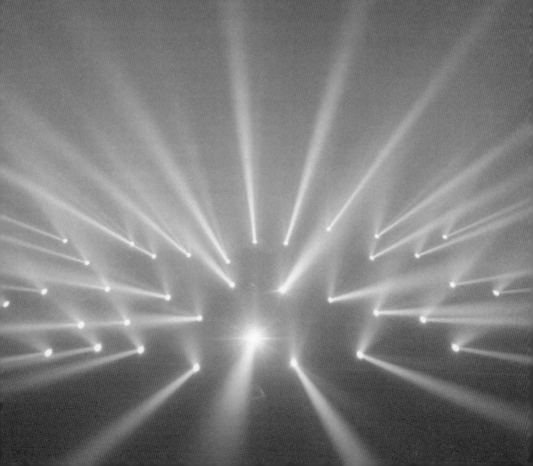

本書宗旨有二：

1. 協助各位尋找聖盃的奧秘。

2. 協助各位尋找自己適用的致勝交易系統。

　　這兩個宗旨都有重要前提：交易績效的最關鍵因素是你自己。傑克・史瓦格（Jack Schwager）曾經寫了兩本書，專門訪問世界頂尖交易者，他最後歸納一項結論：這些人之所以能夠成功，最重要因素是他們使用了適合自己的交易系統。我希望進一步延伸這個假設。除非瞭解自己，否則你無法設計一套適合自己使用的交易系統。（請參閱寰宇出版《金融怪傑》、《新金融怪傑》）。

　　所以，本書第 I 篇的主題是自我探討，把各位提升到能夠進行市場研究的層次。第 I 篇內容劃分為三部分，其中一章探討交易成功的心理要素（也就是所謂的「聖盃」），另一章討論行情判斷，最後一章論述個人目標設定。

CHAPTER 1

聖盃傳奇

　　我們只需要追隨英雄的後塵，在我們以為可以找到厭惡之物的地方，結果將找到神。在我們以為將殺害他人的地方，結果將斬殺自己。在我們以為將向外追求的地方，結果是來到自我的中心。在我們以為有作為之地，結果將與整個世界在一起。

　　　　　　　　　　　　── 約瑟夫・坎培爾（Joseph Cambell）

　　　　　　　　　　　　《神話》（The Power of Myth），第51頁

　　讓我告訴各位一種在金融市場賺大錢的方法：當價格突破每天正常價格波動區間時，大膽買進。這種方法稱為價格波動突破（volatility breakout）。某位著名交易員就是利用這套方法，賺進數百萬美元。各位也辦得到！你也可以透過這套辦法海撈一筆。做法如下：

　　首先，計算昨天的價格交易區間。如果昨天開盤出現跳空走勢（相較於前一天），就把跳空區間加到交易區間。這稱為真實區間（true range）。其次，把昨天的真實區間乘以40%，這個區間的上限代表買進訊號，下限代表賣出訊號（放空）。這兩個訊號一旦被引發，則進場建立對應部位，勝算大約有80%。根據這個系統操作，長期而言，即可賺大錢。

　　各位覺得前述這套系統怎麼樣？有數以千計的投資人與投機客很喜歡這套方法。這套系統雖然不無道理——確實能夠用來賺錢——但絕對不是保證成功的秘方。根據這套方法操作，很多人可能因此破產，因為這只是一套完整方法的一小部分。譬如說，這個方法沒有提到：

- 如果行情朝相反方向發展，如何保護交易資本？
- 如何與何時獲利了結？
- 訊號發生時，買進或放空多少？
- 這套方法適用於哪些市場？是否適用於任何市場？
- 什麼情況下有效？什麼情況下無效？

　　最重要的，面對一套交易方法，你必須問：這套方法適合自己嗎？對於自己來說，這是否是一套可用的方法？是否符合自己的交易目標？是否符合自己的個性？自己是否能夠忍受這套系統可能產生的連續虧損？這套方法是否符合自己的心理準則？這些準則又是什麼？

　　本書的宗旨，是協助交易者與投資人設計一套符合自己個性與目標的方法，然後在市場上賺取穩定的獲利。一般來說，短線交易者的態度比較中性，願意買進與放空。投資人的情況則相法，通常希望買進而相當長期地持有某資產。這兩類人都希望找到某種能夠協助他們擬定決策的神奇系統，也就是所謂的「聖盃」。

　　在金融市場尋找獲利機會，整個歷程通常是由另一個方向開始。事實上，一般投資人或交易者之所以踏入金融市場，是歷經某種演化程序。最初是被賺的念頭吸引。或許是聽到經紀人吹噓金

融市場可以帶來的獲利程度。我曾經在北卡羅萊納聽到電台廣告提到：

> 各位是否知道真正的「大錢」是從哪裡來的？大多發生在農業部門，每個人都必須吃。想想最近的天氣狀況，農產品收成很可能會短缺。換言之，農產品價格可能會上漲。只要一點投資，譬如說$5,000，就可以控制相當數量的穀物。只要價格朝預期方向移動區區幾美分，你就可以發筆小財。當然，這類的建議也涉及風險。確實有不少人因此而賠錢。可是，如果我所說的沒錯，不妨想想你可以賺多少錢[1]！

（我最近也聽過其他商品的類似廣告，甚至包括外匯。）

交易者一旦拿出最初的$5,000，那就上鉤了。即使賠光了這$5,000——通常都是如此——他仍然相信自己可以透過交易賺大錢。「希拉蕊·柯林頓不是把$1,000弄成$100,000嗎？如果她可以，我也絕對可以[2]。」結果，我們這位投資人將花很多時間，找人告訴他應該買進什麼或賣出什麼。

我很少聽到有人可以遵循別人的意見而在金融市場穩定賺錢。即使有這類的人，我相信人數也很有限。只要經過一段時間，那些聽從別人意見而從事交易的人，通常都會賠光交易資本而從此退出市場。

最具致命吸引力的，莫過於那些投資快訊的廣告。

典型說法如下：「如果各位遵循XXX大師的建議，你可以在XYZ獲利320％，在GEF獲利220％，在DEC賺進93％。現在還不遲，各位只要花$1,000，就可以在未來一年內，每個月都得到XXX

大師的推薦。」如同各位將在後文看到有關期待與部位規模主題所做的討論，如果聽從大師的建議而不知道對應的下檔範圍，或不知道如何期待其系統，大概難逃破產的命運。

　　我曾經聽過某位選擇權交易大師宣稱，「如果你去年根據我的建議而進行每筆交易，就可以把$10,000變成$40,000。」聽起來頗令人心動？對於多數人來說，大概都是如此，但他實際上說的是：如果你聽從其建議而每筆交易都承擔$10,000的風險，一年之後，就可以變成$40,000。換言之，如果每筆交易承擔的風險都是1R（R代表風險），那麼年底的時候可以變成4R。請相信我，就各位所能夠設計的交易系統來說，99%會有更好的績效。雖說如此，絕大多數人聽到這段廣告，還是會掏出$10,000，因為這是400%的報酬。換言之，他們會這麼做，除非他們知道提出另一個更重要的問題。

　　少數能夠神奇進入下一階段的人，他們會問：「告訴我應該怎麼做。」突然之間，他們開始瘋狂尋找某種能夠賺大錢的神奇方法。這也就是一般人所謂的「追尋聖盃」。這些人試圖尋找某種能夠解開宇宙奧秘的致富之鑰。追尋過程中，他們通常會參加很多講習會，學習各種方法，譬如：

　　　　這就是我所謂的「椅子型態」，由密集交易區間的至少6支線形構成，然後藉由第7支線形向上突破密集交易區間。請注意，整個線形排列就如同面向左側的椅子。這種排列一旦形成之後，看看隨後的發展：價格大幅上漲。再看另一個例子。就是這麼簡單：這份圖形顯示椅子型態在過去10年內，幫我賺了多少錢。看著：每年只需要大約$10,000的投資，就可以賺進$92,000的獲利。

　　基於某種緣故，當這些投資人真的採用椅子型態進行交易時，結果卻是重大損失。（本書稍後會告訴各位，結果為何總是如此。）可是，投資人還是不死心地追尋另一套系統。然後還是繼續發生虧損，直到他們最終不堪負荷損失為止，或是發現「聖盃」代表的真正意涵。

聖盃的意涵

　　在交易圈子裡，我們經常聽到人們說，「他正在追尋聖盃。」這是說交易者正在尋找某種能夠讓他致富的神奇法門——這種法門透露了金融市場運作的根本原理。是否真的存在這類方法呢？是的，確實存在。各位只要瞭解聖盃的真正意涵，等於就掌握了金融市場的賺錢竅門。

　　關於聖盃的意涵，目前有幾本這方面的專門討論書籍，譬如：古特溫（Malcolm Goodwin）的《聖盃》（Holy Grail）[3]。除了聖盃本身的傳奇故事之外，歷史上也看到很多聖盃的比喻，多數西方人都能體會「追求聖盃」的意義。學者們運用這個名詞代表很多東西，由宗族世仇，乃至於追求長生不老。有些學者認為，追求聖盃就是追求完美、頓悟、天人合一，甚至是直接與神溝通。投資人「追求聖盃」，也是在這個範疇內做解釋。

　　多數投資人相信，金融市場存在某種神奇的秩序。他們相信，少數人擁有這方面的知識，並因此賺進龐大財富。所以，很多人想要尋找這些足以致富的秘訣。這類秘訣確實存在。可是，很少人知道在何處尋覓，因為這些秘訣存在於最意料不到的地方。

　　各位慢慢閱讀本書，就會逐漸瞭解在金融市場穩定賺錢的奧

秘。一旦掌握這些奧秘，就能體會「追求聖盃」的真正意涵。

據說天神與撒旦之間，持續進行著戰爭。聖盃就擺在絕不妥協的兩股勢力之間，由中立的天使保管。所以，聖盃是存在於兩股相反力量（就如同市場上的獲利與虧損）之間。隨著時間經過，整個地域都變成了荒漠。約瑟夫·康貝爾認為，「荒漠」代表多數人所過的不真實生活[4]。我們多數人都是隨波逐流，跟著群眾走，做著我們被期待做的事情。所以，「荒漠」代表我們沒有勇氣過著自己的生活。尋找聖盃，就是尋找讓我們得以脫離荒漠的方法，並讓我們因此能夠過著自己真正想要的生活，充分發揮人類心靈的終極潛能。

追隨群眾的投資人，碰到多頭行情也可以賺錢，但整體而言應該還是會發生虧損，通常只有那些能夠獨立思考、獨立行為的投資人，才能真正賺錢。追隨群眾的人有什麼缺失呢？他們聽取別人的建議（包含親朋好友與鄰居）而不是獨立思考，不曉得如何採用一套適合自己的方法。多數投資人都有一種強烈的傾向，希望每筆交易都成功，每個判斷都正確，所以他們採用某種能夠讓自己覺得掌握控制權的進場方法。舉例來說，他們要求市場完全按照某種劇本

> 想要在市場上賺錢，就必須找到自己，發揮潛能，融入市場的脈動。

發展，然後他們才肯進場。可是，賺錢的真正關鍵在於明智的出場決策，因為這讓交易者能夠即時認賠，並且讓獲利持續發展。想要設定明智的出場決策，交易者必須完全融入市場的脈動。總之，想要在市場上賺錢，就必須找到自己，發揮潛能，融入市場的脈動。

能夠賺錢的交易系統，可能有成千上萬套。可是，對於多數人來說，即使擁有這類系統，他們還是無法嚴格遵循。為什麼？因為

他們所採用的系統並不適合自己。交易成功的秘訣之一，就是找到一套適合自己的系統。傑克‧史瓦格（Jack Schwager）曾經訪問很多「金融怪傑」而彙整相關資料出版了兩本書，他歸納得到一項結論：頂尖交易者的最重要共通特質，就是採用一套適合自己的系統或方法[5]。所以，關於聖盃的奧秘，有一部份就是嚴格遵循適合自己使用的獨特方法，也就是要找到真正適合自己的系統。可是，聖盃還有其他的意涵。

生命最初是處在獲利與虧損之間的中性位置，既不擔心發生虧損，也不希冀獲利。這就是聖盃代表的生命。可是，隨著人類發展而形成自我概念之後，貪婪與恐懼的情緒也隨之產生。然而，只要能夠放下貪婪之心（以及害怕得不到希冀之物的恐懼念頭），你就能融入萬物。偉大的交易者與投資人就是源自於這種境界。

偉大的神話專家與學者康貝爾（Joseph Campbell）說：

> 假定青草說，「老天，你總是這樣割草有什麼用呢？」相反地，聽任青草成長。這就是能量的核心意義。這就是聖盃的意義，代表永不枯竭的泉源。這個泉源一旦出現之後，就不再關心發生什麼[6]。

有個聖盃傳奇的開場小詩寫道：「每個行為都同時蘊含著善良與邪惡的結果。」所以，生命中的每個行為，都會同時導致正面與負面的後果（包括：獲利與虧損）。我們所應該做的，就是同時接受兩者。

不妨由投資人與交易者的角度思考這點。我們進行一場生命的賭局。有時候會贏，有時候會輸；所以，同時具備正面與負面的後

果。為了要同時接受正面與負面的東西，我們需要在內心找到某個能夠自然接受的場所。由這個立場觀察，輸與贏都是金融交易不可或缺的部分。對於我來說，這個比喻代表聖盃的真正奧秘。

> 為了要同時接受正面與負面的東西，我們需要在內心找到某個能夠自然接受的場所。由這個立場觀察，輸與贏都是金融交易不可或缺的部分。

如果我們沒有在內心找到這個場所，就很難接受虧損。如果不能接受負面的後果，就永遠不可能是成功的交易者。即使是真正的交易好手，賺錢的交易筆數通常也佔不到一半。如果不能坦然接受損失，就不能在自己判斷錯誤的時候儘速認賠出場。若是如此，小虧損往往會演變為大災難。更重要者，如果你不願接受虧損，就不能採用一套真正具備長期賺錢能力的交易系統，因為這類系統可能有60％的交易會發生虧損。

交易的真正重點

我所認識的每個成功交易者，幾乎都能體認聖盃寓言傳遞的啟示：交易成功源自於內在控制。對於多數交易者來說，這項體認代表重大變化。內在控制實際上並不難辦到，問題是多數交易者不能體會內在控制的重要性。舉例來說，很多交易者認為金融市場是有生命的東西，牠會創造犧牲者。如果各位相信這種說法，這種說法──對於你來說──就是真的。

可是，市場不會創造犧牲者；是投資人把自己變成犧牲者。每位交易者都能決定自己的命運。除非瞭解這個重要原則（起碼要在潛意識上瞭解這點），否則就不可能成功。

讓我們看看一些事實：

- 多數成功的市場專業玩家，他們的成功仰賴風險控制。風險控制有違人性；風險控制需要顯著的內在控制。
- 多數成功投機客的勝算並不高，大概介於35～50％之間。這些人之所以成功，不是因為他們能夠精確預測價格走勢，而是因為他們能夠讓成功交易的獲利遠超過失敗交易的損失。這點需要嚴格的內在控制。
- 成功的保守型投資人，他們大多抱持著與群眾相反的看法。他們做一般人不敢做的事。他們在大家都不敢買進的時候買進，在大家忙著追價的時候賣出。他們深具耐心，願意等待適當的時機。這一切也需要嚴格的內在控制。

想要投資成功，內在控制具有絕對重要性，這代表交易成功的第一步。那些願意實際著力於自我控制的人，也將是最終獲致成功的人。

讓我們由另一個角度探索這個交易成功的最關鍵因素：內在控制。當我談論交易的時候，通常會提到三個重要領域：心理、資金管理（換言之，不為大小）與系統發展。多數人比較強調系統發展，相對不重視另外兩個層面。

某些老練的玩家認為，這三個層面都很重要，但心理層面最重要（約佔60％），部位大小的重要性則排列第二（約佔30％），系統發展最不重要（約佔10％）。請參考圖1.1。這些人認為，內在控制即是屬於心理層面。

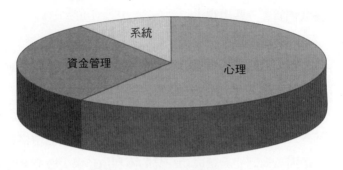

圖1.1　交易成功的要素

　　曾經有位傑出的交易員告訴我，他的交易絕對不會涉及個人心理因素，因為他採用完全自動化的系統。我問，「那很有趣，但如果你決定不採納系統的某個訊號呢？」他表示，「絕對不會發生這種情況。」大約6年之後，這位交易員脫離專業交易圈子，因為他的伙伴沒有進行一筆該做的交易。這筆交易原本可以讓他們賺進大把鈔票，但由於過去曾經在這個領域虧了不少錢，所以他的伙伴決定不進行這筆交易。

　　有位頂尖交易者告訴我，他在1970年代末期曾經在某家大學開一門歷時10週的交易課程。第一週，他提供一些交易的基本常識與資料。第二週，他與學生們討論董詮（Donchian）的10-20期移動平均穿越系統。然後，他用剩下8週的時間，說服學生們有關這套系統的勝算，讓他們有堅決的信心使用該系統，坦然接受交易過程中可能發生的損失（不論多棒的交易系統，都難免出現虧損狀況）。

　　長期以來，我都主張金融交易是一場心理遊戲，而這場心理遊戲包括資金管理與系統發展。理由很簡單，因為我們都是人，不是機器。人類的任何行為，都必須經由大腦處理相關資訊。交易系統的設計與執行，都涉及人類行為。想要重複某個行為，就必須學習

該行為的構成部分。這也是模型科學之所以重要的理由。

模仿成功者的行為模式

各位或許參加過某位投資專家主持的訓練課程，探討交易成功的奧秘。舉例來說，前一節內曾經提到某位世界級的頂尖交易者，他在1970年代初期開班授課。他先花2個星期的時間傳授交易方法，然後用8個星期的時間說服學員們堅持採用這套方法。

如同參與前述課程的學員們一樣，當你參加訓練課程時，可能非常信服老師傳授的知識與方法。課程結束之後，你覺得信心滿滿，相信自己可以憑藉著相關方法賺錢。不幸地，當你實際引用相關技巧或方法時，通常會發現這些訓練課程並沒有讓自己變得更棒。基於某些原因，你就是沒辦法引用相關方法。

為何會如此呢？因為你不具備相關方法所需要的心理建設。心理架構——你的思考方式——是交易成功的關鍵要素。

當別人把他們的交易方法傳授給你時，通常都只會傳授表面上的行為。這並不是他們想要保留一手，而是因為他們並不真正瞭解其行為的關鍵所在。即便他們瞭解相關行為的真正關鍵，恐怕也很難傳遞這方面的資訊。所以，很多人認為，金融交易如果想成功的話，需要具備某種「天賦」。結果，很多人因此打消從事金融交易的念頭，因為他們覺得自己不具備這方面的才華。可是，「才華」是可以透過學習而取得的。

> 如果至少有兩個人可以把某件事情做好，那麼多數人就可以透過學習而取得相關技巧。

我相信，如果至少有兩個人可以把某件事情做好，那麼多數人就可以透過學習而取得相關技

巧。傳授相關技巧的關鍵，在於建構學習模型。過去20多年來，模型建構科學幾乎就像地下運動一樣慢慢興起。這個運動主要是源自於李查‧班德勒（Richard Bandler）與約翰‧葛林德（John Grinder）發展的「神經語言程式學」（neuro-linguistic programming，簡稱NLP）。

　　神經語言程式學（NLP）課程通常只探討模型程序想要學習的技巧。舉例來說，我的課程通常會根據頂尖交易者與投資人的行為而建構學習模型。可是，如果你經常參加NLP課程，最終還是會瞭解模型建構程序本身。

　　我針對三個主要交易層面與財富累積程序建構學習模型。我所發展的第一套模型，是學習如何成為頂尖的交易者與投資人。原則上，這套模型涉及的步驟，就是深入觀察這些頂尖交易者與投資人的共通性質。當我們觀察某單一個人的行為時，可能會看到很多專屬於該個人的特質。可是，當我們觀察很多交易好手，就能夠找到這些好手們具備的「共通」性質。

　　舉例來說，當我詢問模型對象有關他們的交易方法，這些人會把他們運用的方法告訴我。訪問50多位模型對象之後，我發現他們採用的方法都各自不同。如此一來，我可以判斷他們採用的個別方法並不是他們交易成功的真正關鍵，關鍵應該是這些方法具備的共通性質，譬如：低風險。因此，我可以歸納一個結論，這些頂尖交易者都採用低風險的方法。（本章稍後會詳細說明何謂「低風險」。）

　　一旦發覺他們具備的共通性質之後，接著要決定這些共通性質必須在哪些條件下才得以運作。他們必須具備哪些信念？他們如何認定自己能夠有效執行相關性質？他們需要採用什麼心理策略（換

言之，思考程序）？為了發揮某種性質（譬如：自我承諾或開放心胸），需要具備哪種心理狀態？這些重要條件主要都是心理層面的東西，這也是我之所以認定金融交易屬於心理競賽的另一個理由。

最後，我們要判斷所發展的學習模型是否能夠發揮預期效果。換言之，其他人是否能夠透過這套模型取得類似的交易績效。我的「顛峰績效自修課程」（Peak Performance Home Study Course）採用我發展的模型[7]。我也透過「顛峰績效訓練營」（Peak Performance Workshop）傳授相關的模型。經由這些課程訓練，我們培養了一些非常傑出的交易者，如此可以驗證模型確實有效。

我發展的第二套模型，是有關於頂尖交易者／投資人如何學習其方法、如何進行研究。這也是本書的主題。多數人認為，這部分程序不屬於心理領域。然而，如何尋找與發展一套適合自己使用的系統，基本上就是一種心理程序。你必須知道自己的市場信念，所採用的系統才能符合相關信念。你必須充分瞭解自己，才能設定個人的交易目標，然後根據相關目標建構交易系統。你必須知道交易過程中，必須符合哪些條件，才能讓自己覺得坦然（自然）。多數人都存有一些偏見，沒辦法做好這部分工作。為了克服這些偏見，多數人需要採取一些治療步驟。我發現，治療做得愈徹底，愈容易發展成功的交易系統。

想要尋找一套正確的交易系統，剛開始的主要工作之一，就是儘量瞭解自己，如此才可能設計一套真正適合自己使用的系統。可是，怎麼辦到這點呢？另外，瞭解自己之後，又如何找到一套適用的系統呢？

我所發展的第三套模型，是探討頂尖交易者如何決定一筆交易的部位大小。每位頂尖交易者都會談論資金管理的問題。市面上有

一些資金管理方面的專門書籍，但這些書籍大多只談論資金管理的一些結果（換言之，控制風險而取得最佳化利潤）而不是討論主題本身。對於交易系統來說，資金管理就是決定部位大小（position size）的部分，也就是回答「多少？」的問題。關於這點，為了避免引發不必要的誤會，本書往後都一律稱其為「部位大小」。而且，自從本書第一版發行以來，很多人也已經採用這個名稱。

關於部位大小的問題，就如同交易其他領域的情況一樣，多數交易者都存在心理偏見而注定要出差錯。舉例來說，當我編寫本書第一版時（1997年），曾經到亞洲8個城市做演講。每個城市的每場演講，我察覺多數聽眾完全不清楚部位大小議題的重要性。聽眾雖然大多來自法人機構，但很多人不知道自己交易涉及的資金規模，甚至不知道自己丟掉飯碗之前可能發生多少虧損。因此，他們根本不可能明智判斷部位規模應該多大或多小。

為了協助聽眾瞭解這個議題，我藉由一場遊戲說明部位大小的重要性。可是，當我講解完畢，並沒有人問：「沙普博士，就我的情況來說，應該如何處理部位規模？」可是，每個人如果能夠根據自己的狀況考慮這個問題，而且找到適當的答案，對於交易應該很有幫助。

本書會討論部位大小的重點內容，因為這是發展交易系統的必要部分。可是，關於這方面的完整模型內容，請參考我的另一本書《部位大小與交易期望的絕對指南》[8]（The Definite Guide to Expectancy and Position Sizing）。

我所發展的第四套模型是有關於財富。本章最初已經提到，多數人之所以不能在金錢遊戲內取勝，是因為他們採用別人的法則。他們認為，那些擁有最多金錢或最多玩具的人，也就代表贏得金錢

遊戲。當你成為億萬富豪時，或許意味著你勝利了。可是，如果真是如此，多數人都會失敗。

當你擁有最多玩具或最好的玩具，或許就代表取勝。如果你知道怎麼玩遊戲，而且每種玩具的頭期款與分期付款夠低的話，你現在就可以買進這些玩具。可是，如果採納這個法則，你注定會成為金錢奴隸，因為所累積的消費負債會愈來愈多。目前，一般美國人的支出大於收入，這是自從經濟大蕭條以來首度發生的情況。這種現象之所以發生，完全是因為消費融通（換言之，舉債）。所以，我們當然會輸掉金錢遊戲。

關於這個問題，我的辦法是採用新法則。當我們的被動所得（資金有效運作而賺取的所得）超過每個月的開支，這意味著我們享有財務自由。譬如說，假定我們每個月的開支是 $5,000，那麼當月份被動收入超過 $5,000時，代表我們享有財務自由。情況就是如此單純，任何人只要願意、而且有足夠的決心，就可以辦到這點。細節內容請參考我的另一本著作《資產生財，富足有道！》[9]（Safe Strategies for Financial Freedom）。

至於本書，重點則是如何把交易視為一種創造被動所得的方法。如果你可以透過交易或投資創造足夠的所得，用以因應每個月的開支，而且相關程序只需要每天花幾個鐘頭的時間，那麼這種所得可以稱為「被動所得」（passive income）。透過這種程序，我們可以取得財務自由[10]。雖然各位可能需要先花幾年的時間學習交易，發展適合自己使用的計畫與交易系統，不過只要完成這些程序，你──根據定義──就可以享有財務自由。我看過很多人辦到這點，各位只要有這個意圖，配合充分的決心，也同樣辦得到。

我把本書畫分為四大部分：第I篇談論自我探索，並且讓各位

得以提升到自行做市場研究的地步。第2章討論判斷力啟發，第3章討論個人目標設定。我故意濃縮這部分討論的篇幅，免得那些急著想品嚐系統發展「牛肉」的讀者失去耐心。本書之所以先討論「自我探索」的議題，主要是因為這是每個人發展自身交易系統都必須考慮的議題。

　　本書第II篇討論系統發展模型，涵蓋市場系統的很多根本概念，而且我也邀請了很多專家們共襄盛舉。第II篇還會討論「期望」（expectancy）的議題，這是每位交易者或投資人都必須瞭解的關鍵議題之一。即使是那些在市場上打滾很久的老手，也很少人真正瞭解「期望」是什麼意思，當然更少人能夠體會這對於系統發展會造成什麼影響。本書也增添一章有關宏觀看法的討論，因為這方面知識對於系統發展也很重要。

　　第III篇深入討論交易系統的個別部分，包括建構、進場時效技巧、停損出場、獲利了結，以及另一個關鍵因素：部位大小。

　　第IV篇則是彙總；其中有一章討論7種不同的投資方法，另一章討論如何評估交易系統，還有一章討論部位大小。本書最後一章提出整體結論，綜合談論各位想成為偉大交易者所需要注意的其他點點滴滴。

附註

1. 我全憑記憶重複這段廣告，實際用詞可能稍微不同。
2. 我針對前第一夫人所做的評論，只是反映我的看法。至於她是否真的如此「幸運」，當各位閱讀下文有關部位規模的內文時，不妨自行判斷。

3. Malcolm Goodwin,《The Holy Grail: Its Origins, Secrets, and Meaning Revealed》（New York: Viking Studio Books, 1994）。這本書探討發生在西元1190到1220年之間的聖盃傳奇故事。

4. 請參考康貝爾（Joseph Campbell與Bill Moyers）的《神話》（The Power of Myth, New York: Doubleday, 1988）。

5. 請參考史瓦格（Jack Schwager）的《金融怪傑》（Market Wizards, New York: New York Institute of Finance, 1988）。

6. 康貝爾的《神話》（The Power of Myth）。

7. 請參考Van K. Tharp, The Peak Performance Course for Traders and Investors（Cary, N.C.: International Institute of Trading Mastery, 1988-2006）。如果需要進一步資訊，請電話聯絡919-466-0043，或上網查詢（www.iitm.com）。這是我的交易程序模型，可以協助各位建構自己的模型。

8. 請參考Van K. Tharp, The Definitive Guide to Expectancy and Position Sizing（Cary, N.C.: International Institute of Trading Mastery）。如果需要進一步資訊，請電話聯絡919-466-0043，或上網查詢（www.iitm.com）。

9. 請參考Van K. Tharp,《Safe Strategies for Financial Freedom》（New York: McGraw-Hill, 2004）。

10. 投資或交易報酬必須很穩定，才可以視為被動所得。舉例來說，如果你某個月的報酬為30％，次個月的報酬為20％，接著虧損25％，隔月又虧損15％，然後賺進60％。這種情況下，交易所得稱不上穩定，也不能視為被動所得（不可靠）。

CHAPTER 2

判斷偏見：
金融交易爲何那麼困難？

　　每個人都是根據自己的信念從事市場交易，而這些信念一旦形成之後，就不太可能改變。另外，進行交易的時候，我們自認爲已經考慮所有相關的資訊。可是，經由信念產生的篩選，往往讓我們忽略掉很多最有用的資訊。

——凡·沙普博士（Van K. Tharp, Ph.D.）

　　所以，各位現在已經瞭解，「聖盃」是要向內部尋找的。本章將協助讀者在尋找聖盃的過程中，朝正確方向踏出第一步，瞭解哪些因素可能造成妨礙。請注意，各位一旦認定自己的生命是由自己負責，那也就會同時擁有改變的能力。

　　整體而言，我們面臨的最大問題之一，就是每天所需要處理的大量資訊。法國經濟學家喬治·安德拉（George Anderla）曾經估計，人類所必須處理之資訊流量的變動速度。根據他的數據顯示，由耶穌到達文西之間的1500年期間，資訊流量增加一倍。這部分資訊流量到了1750年又增加一倍（大約是250年期間）。接下來的另一次資訊倍增，則發生在150年之後的1900年。可是，自從邁入電腦時代之後，人類所必須處理的資訊流量，大約是每5年成長一倍。就現在的電腦設備來說，又是光纖、又是DVD，然後還有網際網

路，資訊流量大約每年都會成長一倍。

研究資料顯示，就人類肉眼同一時間所能看到的資訊數量來說，腦部潛能大約只能處理其中的1％或2％。交易者與投資人面對的情況更極端，如果要同時觀察全球各地的每個市場，每秒鐘可能會看到數以百萬計的資訊。很多交易者都同時觀察2～4台螢幕。我們知道，全球市場屬於一天24小時的市場，隨時都有某些市場在進行交易，所以資訊流量永遠都不會停頓。事實上，某些交易者會讓自己「黏」在螢幕上；在可能範圍內，不希望漏失任何資訊。

人類處理資訊的意識能力很有限。即使在最理想的狀況下，我們頂多能夠同時處理5～9項不同資訊。每項資訊可能是一個數字的數據（譬如：2），也可能是由很多數字構成的數據（譬如：687,941）。舉例來說，各位不妨瞄一眼下列數據，然後把書本合起來，嘗試默誦一次：

6, 38, 57, 19, 121, 212, 83, 41, 917, 64, 817, 24

你能記住每個數據嗎？一般人恐怕不行，因為人類的意識大概只能同時處理7±2項資訊。可是，我們所面臨的是每秒鐘數百萬個數據資訊。而且，我們所需要處理的資訊流量每隔幾年就會成長一倍。怎麼辦？

我們會做一般化而剔除、扭曲相關資訊，譬如：「我對於股票市場沒興趣。」這個念頭就會讓我們拋棄將近90％的市場資訊：凡是被歸納為股票市場的資訊，都會被我們剔除。

即使是我們有關心的資訊，通常也會做篩選，譬如：「我準備觀察符合……等準則的日線圖。」根據所設定的準則，很多資訊都被拋棄了，使得我們的意識能夠處理所挑選的資訊。

　　資訊經過一般化之後，很多交易者／投資人還會做進一步扭曲，使其成為指標。舉例來說，我們未必會單純地觀察日線圖，可能認定10天期指數移動平均、14天期RSI、隨機指標、某種帶狀區間或趨勢線更具有參考價值。所以，人們進行交易所根據的是「他們對於扭曲資訊的信念」──但這未必是、也未必不是有用的信念。

　　心理學家對於這類的資訊剔除與扭曲很有興趣，把它們整理為所謂的「判斷力啟發」（judgment heuristics）。稱為「判斷力」是因為這些東西會影響我們的決策程序；稱為「啟發」是因為它們都屬於經過整理、歸納之後的捷徑。透過這些東西，我們可以在很短的時間內，篩選、整理我們認為重要的資訊。沒有這些東西，我們根本不可能做出市場決策；可是，對於使用者來說，如果不瞭解、或甚至不知道這些東西，那就會很危險了。這些東西會影響我們設計的交易系統，以及我們所做的交易決策。

　　關於判斷啟發的運用，多數人會儘可能保持現狀。我們通常都是根據自己對於市場的信念進行交易，而這些信念一旦形成之後，就非常不容易被改變。所以，當我們交易的時候，總是假定自己會考慮所有可供運用的資訊。事實上，我們的篩選程序已經剔除很多有用的資訊。

　　卡爾・帕布（Karl Popper）曾經指出，人們尋找自己理論的錯誤，這方面努力對於知識進步的貢獻程度，遠超過證明自己的理論正確[1]。如果這個見解正確，那麼我們愈瞭解自己對於市場之信念與假設的錯處，就愈能夠在市場上賺錢。

　　本章宗旨在於探索這類判斷力啟發或偏見，將如何影響交易／投資程序。首先，我們準備討論那些會扭曲系統設計程序的偏見。

多數偏見都屬於這個領域。可是，某些偏見也會影響交易。舉例來說，賭徒謬誤（gambler's fallacy）會影響交易系統設計（因為人們不希望交易系統產生持續性的連續虧損），但即使在系統設計完成而付諸實際操作，這種謬誤也可能造成影響。

其次，我們準備討論那些會影響交易系統測試的偏見。舉例來說，對於本書提供的一些資訊，某位讀者可能認為具有爭議性而將其剔除。本書的內容並沒有矛盾之處，因為它們只是資訊。所以，如果你感覺某些資訊具有爭議性，那是因為你的緣故。另外，本書沒有討論系統設計的某些步驟，但這些步驟是被故意排除的，因為我的研究顯示這些步驟不重要，甚至會妨礙一套好的系統。

最後，我們也會討論一些可能影響交易系統實際操作的偏見。本書的主題雖然是有關於交易系統的研究，但這部分偏見也很重要，因為在實際進行操作之前，研究過程就需要考慮這些偏見。可是，這部分討論的篇幅很有限，因為細節內容已經包含在我的自修課程裡。

影響交易系統發展的偏見

考慮交易系統之前，首先要把相關資訊表達成為我們大腦能夠處理的格式。請參考圖 2.1，這是一份典型的長條圖，也代表多數人所認定的市場行情。對於此處舉例的日線圖，每支線形都代表一天交易的摘要資料，也代表我們認定值得參考的資料，內容包括：開盤價、收盤價、最高價與最低價。

日本陰陽線提供的資訊稍微多些，而且也可以讓我們直接透過視覺判斷行情的大致發展方向。如同圖2.2顯示的，每支線形的實

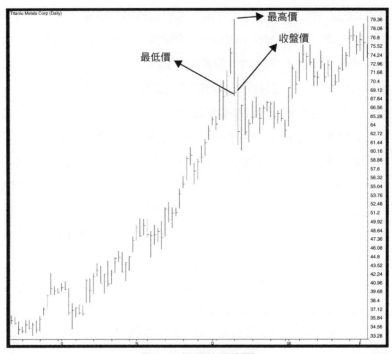

圖 2.1　簡單的長條圖

體部分，兩端分別代表開盤價與收盤價。至於上下影線（燭蕊），
則分別代表盤中最高價與最低價。如果市場開高收低，實體繪製為
黑色；反之，如果行情開低收高，實體繪製為白色。所以，日本陰
陽線走勢圖相對容易判斷行情的大致走勢。

表述偏見

　　圖2.1與圖2.2的兩份日線圖，即是「啟發」的典型例子，也是
大家引用的表述法則（law of representation）。換言之，人們認為，
當某甲東西用以表示某乙東西，那麼某甲就真的可以代表某乙。所

圖2.2　日本陰陽線

以，當我們看到日線圖的一支線形時，多數人認為這就代表一天交易的資訊。事實上，這支線形——不多不少——只是白紙上所畫出的圖。雖說如此，但一般人還是認為這支線形具有意義，因為：

1. 剛開始學習的時候，你被告知如此。
2. 大家都認為日線圖代表市場行情。
3. 你所購買或免費取得的資料，通常都包括日線圖。
4. 當你想到行情資訊時，腦海裡就會自然浮現日線圖。

圖2.1或圖2.2只告訴你三件事。第一，線形顯示當天價格的交

易區間。第二，線形透露一些價格變動方向的資訊（開高走低或開低走高）。第三，日本陰陽線的黑或白線，透露當天的整體走勢。

　　典型的日線圖沒有顯示什麼？日線圖沒有顯示交投的熱絡程度，沒有顯示特定價格的交易量。日線圖也沒有顯示特定價格發生在什麼時間（開盤價與收盤價是例外）。然而，對於某些交易者／投資人來說，這些資訊或許有用。如果想知道更詳細的資訊，可以參考更短期的走勢圖，例如：5分鐘走勢圖。可是，我們之所以採用日線圖，目的不就是為了避免處理過多的資訊嗎？

　　事實上，有很多值得參考的資訊，並沒有包含在日線圖裡面。就期貨交易而言，有太多重要資訊沒有包含在日線圖，譬如：相關交易是來自新建立契約或結束既有契約？相關交易涉及哪類型的參與者？整天的交易是否完全來自於場內交易員彼此之間的「互鬥」？有多少交易是來自於最低交易單位（1張股票或1口契約）？又有多少涉及大額交易？大型投資人的買、賣情況如何？共同基金或期貨基金經理人的進出狀況如何？

　　還有第三類的資訊沒有顯示在日線圖：市場參與者是誰？舉例來說，有多少人目前持有多頭、空頭部位？部位規模如何？這類資訊都是存在的，不過通常不容易取得。就目前的電腦設備來說，交易所可以提供很多這方面的資訊：

　　　　價格由83上漲到85。總共有4,718位投資人持有多頭部位，部位規模平均為200單位。整天交易過程中，多頭部位總計增加50,600單位。持有空頭部位的投資人有298位，平均部位規模為450單位。空頭部位增加5單位。規模最大的100個部位，持有者為……。

你可能會說，「我確實想知道哪些人持有哪些部位，部位規模有多大。」可是，擁有這些資訊之後，你知道如何運用嗎？除非有某種信念讓你得以運用這些資訊，否則這些資訊是沒用的。

日線圖也沒有辦法提供任何有關統計機率的資料：如果X事件發生，Y事件發生的機率是多少？你可以根據歷史資料關係做判斷，但前提是你的資訊裡必須包含X與Y。如果你對於X與Y有興趣，但你的資訊並不包含相關資料，那怎麼辦？

最後，還有一種重要的資訊類別，並沒有包含在日線圖：心理資訊。這方面資訊會透露多頭與空頭的信念強度。我們當然想知道，交易者會在什麼時候、在哪個價位出場。對於新聞事件或價格走勢，交易者的反應會如何？場外觀望的潛在參與者，有多少人認為行情將走高，有多少人認為行情將走低？這些潛在參與者在什麼條件下，會將其信念轉化為實際部位？如果他們想要進場的話，價位在哪裡？資金數量大約多少？可是，即使你擁有這些資訊，是否又有相關的信念來運用這些資訊賺錢呢？

截至目前為止，你可能認為日線圖代表市場行情。請記住，你所看到的東西，只是白紙或電腦螢幕上的一支線形。你可能認為，這支線形也就等同於一天的市場行情。事實上，你頂多只可以視其為「某天市場行情的代表」，代表的是整天交易之實際狀況的摘要資訊。可是，很多人擬定交易決策時，實際上

> 很多人擬定交易決策時，實際上只能代表資訊摘要的日線圖，往往就是他們運用的原始資料；這點是相當可怕的。

只能代表資訊摘要的日線圖，往往就是他們運用的原始資料；這點是相當可怕的。

我想，各位應該已經逐漸瞭解判斷力啟發對於交易者的重要

性。我在這裡只提供一種啟發的例子：交易者經常認為日線圖就等同於值得留意的整天行情資訊。

你確實可以只根據日線圖進行交易。可是，即使在這種情況下，很多人並不是直接運用日線圖，而是運用日線圖延伸出來的某種技術指標。就如同前文討論的日線圖一樣，交易者使用技術指標時，往往認定指標等同於——而不是只概略代表——某種東西。所以，很多人把RSI、隨機指標、移動平均、MACD…等指標，直接視為交易對象本身，但它們實際上只是由交易對象原始資訊延伸出來的東西。

讓我們藉由一個例子來說明：價格走勢圖上的技術支撐水準。最初，技術分析者發現，每當價格跌到某個價位附近，就會向上彈升。根據推想，這個價位附近，想必有不少買盤願意進場，因此而產生支撐價位的概念。不幸地，很多人把這種支撐／壓力水準視為實際的東西，而不是實際力量的代表。

我曾經提過「表述偏頗」（representative bias）的問題，人們經常根據「看起來如何」做判斷，而不是根據「機率」做判斷。這點很重要，尤其是關於交易系統或交易訊號的運用。

當你設計交易系統或評估交易訊號的時候，有沒有考慮機率的問題？換言之，你有沒有考慮交易訊號所預測之結果的發生機率？或許沒有，因為雖然經過我不斷強調，但我幾乎還是沒有見過任何交易者這麼做。這代表什麼？多數交易者甚至不會去測試交易系統，也不知道對於自己的交易系統能夠有什麼期待（參考本書第7章）。

讓我們再看一些其他的偏見，觀察這些偏見會如何影響你的市場判斷或交易系統設計。

可靠性偏見

一般人都假定資料正確可靠。關於日線圖，我們通常都假定它們代表一天的行情資料。可是，很多供應商把日間與夜間的資料結合。這些資料的精確性究竟如何，也頗值得懷疑。

有經驗的交易者或投資人都清楚，如何判斷資料的可靠性，算得上是最棘手的問題之一。供應商提供的日線圖資料，基本上都蠻可靠的，但類似如5分鐘或30分鐘之類的盤中走勢圖，資料精確性就大有問題了。如果你運用5分鐘走勢圖測試系統，測試結果（不論好壞）可能會深受不正確資料的影響。

關於資料正確性問題，請參考下面方塊文章，這是恰克·布蘭斯康（Chuck Branscomb）碰到的狀況。

恰克·布蘭斯康的個人遭遇

我運用一套自行設計的系統，從事16種期貨契約構成的投資組合交易。每天晚上，根據日線資料，我的投資組合交易系統會提供隔天準備進場的買、賣交易指令。隔天早上開盤之前，我會把所有交易指令輸入即時交易軟體內，後者會在部位建立的時候通知我。

1995年7月10日，如同往常一樣，在開盤之前，我就把昨天晚上整理的買、賣交易指令輸入即時系統。芝加哥外匯市場開盤之後不久，即時系統通知我進場買進加拿大元。當時，我嚇了一大跳，因為我當天根本沒有輸入加拿大元的買單。大約有幾秒鐘的時間，我只是不可置信地盯著報價螢幕。對於這種意外情況，事實上我早有準備，而且也經常做模擬演練。於是，我自動進入演練程序，先做深呼吸，吐氣的時候，放鬆全身上下的肌肉，然後根據各種狀況發生機率的高低順序，逐一檢查錯誤。

　　幾分鐘之後，我發現問題所在：昨天晚間下載的盤中低價，不同於即時系統顯示的昨天盤中低價。我很快地查核前一天的盤中報價資料，確認我昨天下載的盤中低價是不正確的。於是，我很快地更正資料庫的數據，然後重新跑一次交易系統的程式，取得加拿大元的買進交易指令。我瞄一眼報價螢幕，發現當時的價格已經遠超過交易指令設定的買進價格。雖然覺得蠻沮喪的，不過仍然平靜地把相關資料輸入投資組合管理試算表，用以計算部位規模。我轉頭查閱報價螢幕，價格又上漲5檔，但我的買單也準備好了。毫不猶豫地，我拿起電話，根據市價買進。

　　前述程序大約花了10分鐘，加拿大元價格也繼續上揚。很幸運地，我已經針對這類情況預作準備，所以事到臨頭不至於手忙腳亂。絕不放棄任何一筆應該進場的交易，這是我設定的準則之一，因為所錯過的交易很可能是大贏家。錯失潛在大贏家的嚴重性，絕對超過承擔小損失。當我發現自己原本早就應該進場時，就斷然拿起電話。就我從事的交易性質來說，這種反應與態度是絕對正確的。我不會期待行情再回到我預設的進場點，對於是否仍該進場也不會覺得三心兩意。

　　這個事件帶來的教訓，促使我創造一個程序，用以查核每個期貨契約的日線資料。在這個事件發生之前，我原本認為自己已經很小心了。過去，我曾經發現很多錯誤，現在則清楚自己必須多費一些心思來查核每天下載的價格資料，確保我的交易能夠按照計畫進行。

　　文章摘錄自1996年6月份的投資快訊Market Mastery, Vol.1(2)，第2～3頁。

　　讀了這篇故事之後，就能夠瞭解我們通常認為沒有問題的東西，實際上問題重重。很多東西不是理所當然的。有時候，我們自以為擁有一套好系統，實際上卻是壞資料使得系統看起來不錯。反

之，我們所認定的爛系統，實際上卻是壞資料使得好系統看起來很爛。

　　然而，即便各位假定日線圖確實可以代表實際的市場行情，並且將日線圖視為「市場」本身而進行交易。這種決定也是無妨的，但讓我們看看還有多少不同類別的偏見可能造成影響。

樂透偏見

　　當我們能夠透過某種方式操縱資料時，往往會強化信心，這種心理稱為樂透偏見（lotto bias）；資料經過操縱之後，似乎變得更有意義，讓我們運用這些資料時，覺得自己對於市場可以取得更多的控制。一旦認定日線圖可以代表市場本身，那麼我們直接根據日線圖進行交易，或者會運用某些方法進一步操縱或處理日線圖，直到我們對於相關資料有信心為止，然後進行交易。進一步操縱或處理程序本身，通常都會增添我們的信心。

　　讓我們藉由一個典型的例子說明這種心理：美國州政府經營的樂透彩券。購買彩券的時候，玩家可以自行挑選一組號碼（通常是6個或7個號碼），所挑選的號碼如果完全正確，馬上就可以變成億萬富豪。很多人都喜歡購買彩券，即使他們知道勝算不高，理由何在？因為彩券價格（風險）很低而獎金額度很高；換言之，花小錢購買彩券，就擁有發大財的機會，這種機會雖然很渺茫，但即使不中獎，損失也不大。根據純粹的機率計算，你大概要花$1,300萬，才有贏得$100萬的機會。

　　雖然「以小博大」就是一種偏見，但不是此處討論的彩券偏見。所謂的彩券偏見，是指投注者可以自行挑選號碼，這會讓人們產生一種取得控制的心裡，覺得勝算會因此提高。所以，有些人會

挑選自己的生日或其他明牌，甚至採用某種神奇方式計算。舉例來說，幾年前，某個人贏得西班牙中央政府發行的彩券。他是根據他做的夢來挑選號碼，他連續7天都夢到號碼7。所以，他就把7乘以7，但誤以為乘積是48，於是挑選一組包含4與8的號碼，結果中了大獎。

除了解夢之外，有的人則求助於占卜或通靈人士。事實上，市面上販售著各種據說可以協助挑選彩券號碼的神奇玩意。有些人宣稱，他們可以根據過去開獎的號碼，推測隨後開獎的可能號碼；只要價錢合適，他們也非常願意傳授相關的推測方法。還有一些人則購買相同的開獎機器，希望如此隨機挑選的號碼，能夠剛好是州政府彩券的開獎號碼。總之，很多人願意不計代價索取這類的「明牌」。

這一切聽起來如果有點耳熟，那一點也不奇怪；金融投機市場的情況也是如此。人們認為，只要挑對幾個號碼，就可以發大財；對於金融投機客來說，他們想要的是挑對幾支股票。他們想知道答案的最重要問題是：「現在應該買進什麼可以讓我發財的股票？」至於如何找到問題的答案，多數人希望由別人告訴他們。

人們不計代價地想知道現在應該買進什麼。於是，他們運用電腦軟體來協助挑選股票。經紀商發現，如果他們可以幫助投資人或交易者挑選股票，然後透過電視金融頻道大肆渲染，就會有數以千計的人們登門求教。只要你知道如何經由公開管道推銷投資建議，所提供的建議不論準確與否，都會被推崇為金融投資專家。有很多擅長自我推銷的大師們，他們很樂意在投資快訊內告訴追隨者何時買進什麼。當然，占卜者與算命師也不會錯失這類機會。

有些人認為，自己幹可能比較好。於是，他們運用完整的交易

系統自行產生進場訊號。如此一來，交易者可以控制進場訊號，因為在進場點的位置，市場表現完全符合交易者的預期。所以，你覺得可以掌握某種程度的控制——不只是進場點而已，甚至還包括整個市場。不幸地，一旦實際進場之後，市場就會做它想做的任何事，你再也沒有任何控制權（除了部位的出場點）。

關於人們對於交易系統的想法，我總覺得很訝異。舉例來說，幾年前，有位澳洲人來找我。他談論著美國各地交易好手使用的系統。某天晚上，他又開始談論交易系統，尤其是各種系統的真正特色。他有些不錯的點子。可是，對於他所談論的每種交易系統，重點完全擺在進場方法。事實上，不論哪種交易系統，他所談論的都只是進場方法。我對他說，他的方向雖然不錯，但如果他花相同的時間來研究出場方法與部位規模控制，那才會擁有真正的好系統。

很多人認為，交易系統的最重要功能，就是提供能夠讓他們賺錢的進場訊號。本書讀者稍後將發現，專業交易系統起碼要考慮10項重要構成部分，而進場訊號只是其中最不重要的。雖說如此，多數人仍然只想知道進場點。

我曾經出席1995年在馬來西亞舉辦的一場國際性期貨與股票技術分析討論會。來自美國的演講者大約有15位，聽眾會針對我們的演講內容做評分。評分最高者，都是一些討論進場訊號的演講。有位演講者談論交易系統的各種構成部分，雖然這方面的資訊非常珍貴，但聽眾給他的評分很低。

我參加一場評分很高的演講。主講者是一位很傑出的交易者，其1994年的帳戶獲利高達76%，最大連續虧損只有10%。可是，他的整場演講，基本上都在談論如何判斷趨勢變動的訊號，大約提到6～8個這類的系統，而只有在聽眾提問題的時候，才稍微談及出場

與資金管理的概念。事後，我向他請教，他是否完全採納這些交易系統。他回答，「當然不！我只採用一種順勢系統。可是，既然大家都喜歡聽，那我就投其所好。」

關於這個話題，我的一位客戶發表下列感想：「我覺得，彩券偏見是人們為了因應缺乏控制而產生的反應。我們對於環境缺乏控制的感覺，很多人寧可欺騙自己，運用某些方法讓自己覺得擁有某種程度的控制權（實際上沒有）。事實上，我們只要對於自己的行為取得控制權，那就夠了！」

這種偏見的影響深遠，使得人們經常不能得到在金融交易市場上致勝的資訊；他們只得到他們想聽的。真正的暢銷者，其產品通常是人們「想」要——而不是「需」要——的東西。關於這個法則，本書或許算得上是例外；但願將來還能看到很多這類的例外。

小數法則

請參考走勢圖2.3，其中顯示的型態，經常導致另一種偏見。請留意圖形箭頭標示處，我們看到4支狹幅盤整的線形，然後第5支線形呈現大漲。隨便翻閱價格走勢圖，不難看到這類的型態。小數法則（law of small numbers）告訴我們，人們很容易根據少數案例歸納結論，譬如說：只要看到連續4之狹幅盤整線形，就代表進場的訊號，因為價格即將大漲。

事實上，我的觀察發現，很多人都會根據這種相對少數的特殊案例歸納出價格型態。一般人如果看到大漲勢出現在連續幾支狹幅盤整線形之後（如圖2.3顯示者），往往認定這是進場買進的有效型態。

關於這種偏見，威廉・艾克哈特（William Eckhardt）表示：

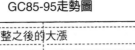

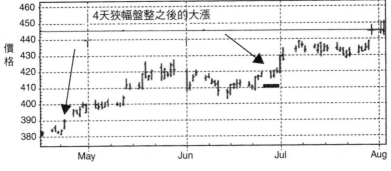

圖 2.3　經常讓人們誤以為進場訊號的簡單型態

　　我們很難抱持著中性、客觀的立場觀察資料——當我們瀏
覽價格走勢圖的時候，每個資料點的重要性未必一樣。相反
地，我們會注意某些特別顯眼的東西，然後根據這些資料歸納
結論。我們會挑選那些獲致重大成功的方法，忽略失敗或平淡
無奇的玩意兒。所以，即使抱著很謹慎的態度，研究者往往還
是會高估交易系統的實際效用[2]。

　　科學研究者清楚這類的偏見。即使很小心，研究者還是會受到
相關假說影響而產生偏見。這也是科學家為何要採用雙盲實驗
（double-blind tests）的原因：實際結果產生之前，研究者不知道哪
組屬於對照組，哪種屬於控制組。

心態保守的偏見

　　心中一旦抱持某種交易構想，心態保守的偏見（conservatism
bias）會取而代之：我們不能體認、甚至看不到相反證據。我們只

能看到支持特定構想的少數案例，看不到更多的相反案例；此乃人性使然。就圖2.3呈現的型態來說，如果觀察很多資料，將發現其後大約只有20%的機會出現重大走勢；換言之，絕大多情況下（80%），該型態之後不會出現重大走勢。

即使相反證據很明顯，多數人也不理會。可是，一旦連續發生7、8次失敗的案例之後，他們就開始懷疑交易系統的有效性，不過還是不會想知道該系統成功-失敗的機率究竟如何。

如果某個進場訊號只有20%的成功機會，該系統仍屬於可交易的範圍，但碰到剩餘80%的失敗狀況時，交易者必須知道如何迅速認賠出場。這當然也凸顯了彩券偏見的重要性。如果你只專注於該型態，大概就不能賺錢。

這種偏見顯示，人們總是在市場上搜尋他們想要看到的東西。所以，多數人的態度並不客觀，他們對於市場抱持著特定看法，無法融入市場脈動。換言之，他們只看得到他們想要看的。

隨機偏見

我們接下來打算討論的偏見，對於交易系統設計可能產生兩種影響。第一，經濟學家與很多投資人認為，金融市場的走勢是隨機的——換言之，價格變動純屬隨機行為。第二，即便金融市場純屬隨機，人們對於這種隨機現象所做的許多假設也是錯誤的。

人們之所以會猜測行情的頭部或底部位置，一方面是因為他們認為行情隨時可能反轉。原則上，他們認為金融市場價格行為是隨機的。事實上，很多學術研究者目前仍然相信市場是隨機的[3]。可是，這種假設正確嗎？即使市場價格行為是隨機的，交易難道就沒有創造穩定獲利的機會嗎？

　　金融市場或許具備一些隨機性質，但這並不代表市場是完全隨機的。舉例來說，我們可以透過亂數產生器，產生看起來難以判斷真假的價格走勢圖。可是，這正是表述偏見的例子，「看起來隨機」並不等於「真是隨機」。實際的市場價格分配，兩側尾部拉得很長（相較於常態分配而言）。根據隨機分配假設，價格極端走勢的發生頻率不該如此高；舉例來說，1987年10月19日，S＆P指數期貨下跌80點，根據隨機常態分配的假設，這種事件非常不可能發生在該契約創立的10年內。如果股票市場真是隨機的，S＆P指數單日下跌超過80點的事件，大約每10,000年才會發生一次。實際情況又如何呢？除了1987年10月之外，類似情況又發生在1997年10月27日，當天指數下跌70點，隔天又下跌87點。那司達克指數的走勢也有類似情況，在2000年到2002年之間，經常出現隨機假設不該發生的單日跌幅。

　　根據實際的市場價格分配觀察，人們往往都會低估價格極端變動事件的發生機率。換言之，人們推估的風險程度，往往都會顯著低估；由另一個角度說，人們承擔的風險通常過高。市場頂尖玩家湯姆‧巴索（Tom Basso）曾經說，任何單一部位承擔的風險，如果超過帳戶淨值的3％，那就等同於沒有明天的「西部槍客」；這也意味著一般交易者承擔的風險實在高得離譜。

　　即便金融市場是隨機的，人們也未必瞭解隨機性質。隨機狀況下也可能產生相當長期的趨勢，但多數人不認為如此；他們發展各種理論來解釋這種長期的隨機走勢。此乃人類的天性，總認為各種現象都是可以解釋、可以預測的。因此，人們到處尋找那些根本不存在的型態，假定一些完全沒有根據的因果關係。

　　隨機偏見（以及彩券偏見）造成的後果之一，就是讓人們想要

猜測行情的頭部與底部。我們想要「正確」，想要控制市場，於是把自己的觀念投射到市場上。這讓我們相信自己可以判斷行情頭部與底部的位置。想要這麼做的人，將注定失敗。

需要瞭解的偏見

多數人設計交易系統時，會受到「需要瞭解偏見」（need-to-understand bias）的影響。這些人完全忽略了市場的隨機成分。事實上，很多人甚至認為，交易系統不需考慮部位大小的議題。

我有位客戶表示，他覺得最麻煩的情況，是當手中持有部位而看不懂行情走勢的時候。於是，我問他，「你的部位勝率有多高？」他說，勝率大概有60%。我又問他，「當你覺得自己看不懂行情時，勝率有多高？」他表示，這種情況下，交易幾乎完全都失敗。我對他說，「你的系統沒有考慮機率的問題，所以你可能根本不瞭解市場。可是，每當你覺得自己看不懂行情發展時，就應該出場。」他認為，這可能是不錯的主意。

談到這位客戶的交易系統，實際上稱不上是交易系統。為什麼？他非常在意自己是否能夠瞭解行情發展的每個細節，結果沒有設定明確的法則，讓他能夠基於（1）保障資本與（2）獲利了結之目的而出場。

關於市場之所以呈現某種行情走勢，多數人覺得自己需要透過某些理論來做解釋。報章媒體幾乎都是如此，即使它們對於市場一無所知，也會勉強提出解釋。舉例來說，如果道瓊指數某天暴跌100點，隔天的報紙必定會有一大堆解釋，譬如：

聯邦準備銀行在星期三稍晚提出警告，表示利率水準可能

調升，這項消息在星期四顯著影響市場。由於擔心企業盈餘下滑，股價應聲下挫，尤其是營建相關類股。就今天的市況來說，投資人似乎特別擔心利率上升的威脅。另外，投資人也擔心中東局勢的發展。只要有點風吹草動，投資人就會緊張。

隔天，道瓊指數可能又上漲100點。各位可能在報紙上看到下列的解釋：

> 華爾街投資人抖落利率上升謠言的威脅之後，重新投入市場，導致道瓊指數上漲100多點。證券分析師表示，「最近的盈餘數據相當亮麗，投資人很容易就擺脫利空消息的威脅。」[4]

關於交易系統設計，這種偏見的影響更顯著。人們透過各種奇怪的方法玩弄價格資料與日線圖，然後根據這些經過操縱的資料，建立神奇的理論來解釋行情發展。結果，這些理論有了自己的生命，但實際上完全沒有根據。讓我們看個最簡單的例子：艾略特波浪理論。究竟有什麼理由會導致市場的推動浪呈現3波浪走勢與2波浪修正？

現在，各位應該多少可以理解為什麼交易系統設計會存在各種心理偏見了吧？我的經驗顯示，除非人們能夠解決本身心理上有關恐懼與憤怒的一些心理偏見，否則就沒有能力處理交易系統設計上可能碰到的問題。另外，某些人甚至不想面對這類的心理議題——事實上，有些讀者可能直接跳過這部分內容，想要直接品嚐系統設計的「牛肉」。

影響交易系統測試的偏見

　　接下來，我們準備可能影響交易系統測試的相關偏見。當然，一般人不會碰到這類的偏見，因為他們根本不測試系統。事實上，前文提到的「心態保守偏見」會讓很多人不願意測試交易系統。更重要者，很多人甚至沒能擁有可供測試的交易系統。可是，對於那些準備測試交易系統的人來說，以下偏見可能造成顯著妨礙。

自由度的偏見

　　交易系統都有可供設定數值的參數；不同的參數值，就會讓交易系統產生不同的結果。這種可供設定數值的參數「個數」，稱為「自由度」（degree of freedom）。舉例來說，對於包含移動平均的交易系統，我們可以計算10天期、24天期或其他長度的移動平均，所以「移動平均長度」就代表1個自由度。

　　很多人往往認為，交易系統的自由度愈大愈好。交易系統包含的技術指標數量愈多，測試過程愈能夠套入歷史價格（譯按：交易系統的參數個數愈多，我們愈能夠玩弄參數的設定值，使得交易法則運用於歷史價格資料的績效結果非常傑出）。不幸地，測試過程套入歷史資料的程度高，該交易系統實際運用於未來，其績效愈不可能重複歷史測試績效。

　　多數的系統開發軟體，往往會引誘人們陷入自由度偏見。只要讓系統開發者有足夠的自由度空間（譯按：換言之，交易系統可以隨意納入各種技術指標），其系統就能精準判斷「歷史」價格資料的底部與頭部，讓你賺進億萬財富；當然，重複強調一次，這類系統的傑出績效，只會出現於過去的行情。

　　大部分系統開發軟體都允許人們做這種最佳化。最佳化程序如果執行得太過份，最終會產生毫無意義的系統：運用於歷史資料，雖然可以百發百中，但運用於實際市場，則完全不能發揮預期功能。

　　多數系統開發軟體在設計上就顯然迎合這種偏見。關於金融交易市場的問題，人們想要知道完美的答案。他們希望自己能夠精準預測行情走勢。所以，我們只要花幾百塊錢就可以買套軟體，讓我們能夠根據歷史價格資料盡情玩弄數據。用不了幾分鐘的時間，我們就可以找到一套能夠精準預測行情的交易系統，唯一的缺點是：它們只能精準預測過去的行情。

　　我相信，不論我如何強調這種偏見的嚴重性，各位還是不免身陷其中。換言之，在可能範圍內，多數人仍然會盡可能做交易系統的最佳化。所以，讓我提出幾點警告。第一，確實瞭解相關概念，乃至於不覺得有做最佳化的必要。愈瞭解交易系統根據的概念，就愈沒有必要做歷史測試。

　　第二，我強烈建議各位想像市場上可能發生的各種情節，譬如：第三次世界大戰爆發、核子恐怖攻擊、歐元成為世界準備通貨、亞洲採用共同貨幣、中國與日本成立共同經濟體、失業率飆升120％、…等。這些事件看起來或許十分瘋狂，但各位如果可以理解自己的系統如何因應這些事件，就更能體會系統秉持的概念。

　　我想，不論我們如何強調過份最佳化的危險，交易者與投資人是會想要做最佳化。因此，我強烈建議各位，交易系統的自由度最好不要超過4個或5個。所以，如果交易系統採用2種技術指標與2個濾網（總共4個自由度），這大概就是你所能夠容忍的。至於我們所能夠考慮的濾網與技術指標，後文會有詳細討論。

運用事後資料的錯誤

　　資料系統測試過程中，交易者往往會使用事後才會發生的資料，這種錯誤相當常見，很容易發生。舉例來說，系統的進場訊號如果使用今天的收盤價，就會產生這類的錯誤，因為系統想在盤中進場時，今天的收盤價尚是未知數。

　　這類的錯誤往往很微妙，不容易發覺。舉例來說，交易系統引用盤中最高價的資料；歷史測試過程內，我們確實知道盤中最高價，但實際交易過程中，我們在收盤之前無法預知盤中最高價在哪裡。

　　如果各位發現歷史測試結果太好而不像是真的，那麼通常就不是真的。測試過程可能引用事後才會發生的資料。

沒有足夠保障的偏見

　　交易系統設計應該強調低風險的概念。我所謂的低風險是：

　　　　交易方法的長期期望績效為正數，報酬-風險比率（整體報酬相較於帳戶淨值由峰位到谷底之最大損失的比率）必須在可接受範圍內。這套交易方法的部位大小（通常表示為帳戶淨值的某個百分率水準）必須要禁得起短期內可能發生的最糟情況，而且還能夠達成長期期望績效。

　　很多交易者的部位規模都不足以防範短期內可能發生的最糟情況。多數交易者不能預期、也沒有考慮交易系統可能碰上的各種情況。因此，任何值得一試的交易或投資方法，都必須提供足夠的保障，使我們禁得起不利市況的衝擊。

對於典型的投資人或交易者來說，如果我們問，「如果行情發展變得非常惡劣，你如何認賠出場？」這個問題通常沒有答案。多數人根本不會考慮應有的防範措施。更重要者，多數交易者的部位規模都太大了。假定交易帳戶有$50,000。這種情況下，如果同時交易5種或更多契約，所承擔的風險就太高了。對於當日沖銷者而言，如果接到保證金追繳通知，那就代表風險水準太高了。這種風險水準或許可以讓你享有較高的報酬，但最終也會讓交易帳戶爆掉。務必要考慮應有的防範措施。

影響交易系統實際使用的偏見

假定我們已經建構一套交易系統，完成必要的測試，最後決定採用這套系統做實際的交易。即使是如此，仍然有些偏見可能導致我們不聽從交易系統的指示。

我們想要最棒的績效，所以會懷疑、不聽從交易系統的指示。對於那些不聽從交易系統指示所取得的優異績效，我們往往記憶特別鮮明，至於那些失敗的案例，則通常會故意遺忘。

如果完全不採用交易系統，我們很容易受到很多情緒偏見的影響。可是，即使我們運用最棒的交易系統，仍然不免數種偏見的威脅。以下討論一些容易導致交易者推翻系統指示的偏見。

賭徒謬誤的偏見

賭徒謬誤（gambler's fallacy）是隨機偏見的自然結果。根據賭徒謬誤，隨機產生的趨勢隨時可能發生變化。所以，價格連續上漲4天之後，我們期待價格會下跌。即使是備受推崇的研究者也難免

會受到這種偏見的影響。譬如說，拉利・威廉斯（Larry Williams）曾經說，「連續發生3、4筆失敗交易之後，次一筆交易成功的機率不僅會提高，甚至很可能是大贏家[5]」。我認為，這種說法顯然受到賭徒謬誤的影響。

如果真的瞭解賭博的話（如同專業賭徒一樣），那就應該在手氣好的時候，大膽放手下注；反之，手氣如果不好，則保守一點。可是，一般人的作法剛好相反：輸的時候，愈賭愈大；順手的時候，見好就收。

拉夫・文斯（Ralph Vince）曾經針對40位博士做一項實驗[6]。他們參加一場簡單的電腦賭局，每個人都有$1,000的賭金，總共賭100次，每次的勝率都是60%，可以隨時調整賭注。這些人當中，沒有人瞭解「部位大小」（下注金額大小）的重要性。

賭完100次之後，結果有多少人贏錢？40個人當中，只有2個人贏錢（換言之，賭金超過原來的$1,000），相當於5%。請注意，如果每次都固定下注 $10，最終應該——平均來說——擁有$1,200。如果參與者採用最佳方式下注的話（每次下注金額都是當時總淨值的20%——本書作者並不贊成這種方法），最後應該擁有$7,490（平均而言）。

究竟是怎麼回事？參與者碰到手氣不好的時候，通常會愈賭愈大。假定最初3次都輸錢，每次下注$100。如此一來，淨值剩下$700。這個時候，你心中可能會想，「我擁有60%的勝算，既然已經連輸3把了，接下來想必會贏。」於是，你把賭注提高為$400。可是，萬一又輸，總淨值剩下$300，已經很難扳回劣勢了。

多數人設計交易系統時，有關交易方法與部位大小的設定，都會受到賭徒謬誤偏見的影響。他們完全忽略隨機性質。換言之，他

們相信交易系統是在確定狀況下運作，沒有考慮足夠的保障。因此，有些人甚至不認為有必要考慮部位大小的問題。

獲利保守-損失冒險的偏見

「迅速認賠，讓獲利持續發展」：這可能是交易的最重要法則。只要遵從這項法則，交易者大概就可以累積可觀財富。可是，對於多數人來說，這個法則的兩個部分都很難辦到。

對於下列兩種情況，請挑選其中一種：（1）確定虧損$9,000，（2）有5%的機率完全不虧損，但有95%的機率虧損$10,000。

你會挑選（1）或（2）？根據實驗，大約有80%的人會選擇（2），希望賭一賭，看看是否能夠完全不發生虧損，雖然機會很渺茫。可是（2）的期望值為 $-\$10,000 \times 0.95 + 0 \times 0.05 = -\$9,500$，也就是期望損失$9,500。所以，（2）的期望損失大於（1）的損失。讀者如果挑選（2），交易過程恐怕就很難「迅速認賠」。多數人不願意接受立即的損失，希望自己能夠全身而退，即使後者的機會很渺茫也要試試看。所以，很多交易者看到部位發生虧損時，通常不願意立即認賠，總希望行情能夠反轉，讓他們得以全身而退。可是，行情通常不會反轉，虧損通常會愈來愈嚴重。最終，等到虧損累積到一定程度，即使交易者不願意，仍然要被迫認賠。很多交易帳戶之所以破產，都是因為交易者不願迅速認賠。

現在，再考慮下列兩種情況，請挑選其中一種：（1）確

定獲利$9,000，（2）有5%的機率完全不獲利，但有95%的機率獲利$10,000。

你會挑選哪個？同樣地，大約有有80%的人會選擇（1），希望能夠穩穩當當的獲利。可是，（2）的期望獲利為$10,000×0.95＋0×0.05＝$9,500，金額超過（1）。所以，讀者如果挑選（1），交易過程恐怕就很難「讓獲利持續發展」。

部位一旦存在獲利，多數人會擔心獲利消失，所以只要有點風吹草動，就會急著獲利了結。即使交易系統並沒有顯示賣出訊號，但多數人都難以抵擋獲利了結的誘惑，結果讓部位根本沒有創造重大獲利的機會。

這兩種錯誤態度意味著：「抓住每個獲利機會，絕不在虧損狀態下輕易退縮。」可是，真正的優秀交易者，他們的作法剛好相反：「不要輕易獲利了結；行情一旦逆轉，立即斷然出場。」

當下部位必須獲利的偏見

不論交易者或投資人，都會面臨一種難以克制的慾望：當下持有的部位必須成功。這種慾望會造成很大的困擾，為什麼？第一，當部位發生虧損時，我們會盡一切所能避免承認，繼續持有部位而希望扳回劣勢。結果，虧損通常會愈來愈嚴重。第二，為了保持既有獲利，我們往往會過早獲利了結。

原因何在？人們存在強烈的慾望，想要自己的判斷或決策正確。我經常聽到交易者或投資人告訴我這點，他們期待自己的預測正確。

我曾經有位客戶，他每天透過傳真方式預測某商品的行情。這

份發行刊物的訂閱者，不乏全球各地大型的交易機構或著名交易員，因為其預測精準度非常高。雖說如此，我這位客戶本身對於該商品的交易績效卻很差。為什麼？因為「必須正確」造成的壓力。人們一旦做出預測，就會產生強烈的慾望，希望自己的預測正確，不允許根據該預測建立的部位發生虧損。尤其是公開的預測；結果，交易變成非常困難。

摘要結論

一般人所必須處理的資訊數量，大約每隔幾年就會成長一倍。可是，就人類意識的能力來說，我們任何時候大概只能處理7項不同的資訊。因此，我們會運用一些「啟示捷徑」來處理相關資訊。多數情況下，這些啟示工具是很有用的，但交易者與投資人不免深受影響，乃至於——我相信——他們幾乎沒有機會在金融市場上獲利。我把這些啟示工具歸納為下列三大類：

影響交易系統發展的偏見

表述偏見——人們認為某東西可以代表另一種東西。所以，我們假定日線圖代表市場，或假定某種技術指標代表市場。事實上，我們是運用一種相對單純的表述工具來簡化複雜的資訊。換言之，這種表述工具是一種經過簡化的捷徑，除了不能完全代表實際資訊，有時候甚至會造成扭曲。

可靠性偏見——人們往往把一些未必可靠的東西視為可靠。舉例來說，運用於歷史測試的價格資料經常存在錯誤。除非我們體認資料錯誤的可能性，否則投資與交易決策難免發生意外。

　　樂透彩券偏見——人們都希望能夠控制市場，因此特別強調進場策略，他們在這方面可以「迫使」市場呈現種種進場之前該有的現象。不幸地，一旦進場之後市場就不再接受控制。另外，交易成功的最重要準則「迅速認賠，聽任獲利持續發展」也與進場策略無關，真正的關鍵是出場。

　　小數法則——少數特殊案例存在的現象，經常被歸納為普遍原則；所以，人們往往會看到實際上不存在的價格型態。如果再配合下文的「心態保守偏見」，情況可能更嚴重。

　　心態保守的偏見——一旦認定某種型態確實有用之後（實際上未必有用），人們會儘可能拒絕相反證據。

　　隨機偏見——人們假定市場價格具有隨機性質，所以很容易辨識頭部與底部。事實上，市場價格並非隨機，相較於隨機常態分配，市場價格分配的尾部很長，極端價格發生的頻率顯著超過隨機狀況。很多人都不瞭解，價格即使是隨機的，仍然可能出現一系列上漲或下跌的走勢。所以，交易者很難猜測頭部或底部的位置。

　　需要瞭解的偏見——對於市場發生的各種現象，我們總認為它們是可以解釋的。這種希望知道市場秩序的心理，讓交易者或投資人難以融入市場脈動：我們會看到心中想看到的，而不是看到實際發生的。

影響交易系統測試的偏見

　　自由度偏見——我們都希望交易系統能夠處於最佳化狀態，所以交易系統往往會納入太多的參數（自由度），藉由參數設定來套入歷史資料，使得交易系統擁有最佳的歷史測試績效。事實上，對於交易概念的掌握最重要（也就是交易或投資所根據的概念），只

要做最少程度的歷史測試就夠了。

運用事後資料的偏見——系統測試過程往往會使用訊號發生當時還不存在的資料。舉例來說，系統可能運用當天收盤價來提供盤中交易訊號。

沒有足夠保障的偏見——很多交易者會低估部位大小與出場決策的重要性，結果造成每筆交易承擔的風險過高。

影響交易系統實際使用的偏見

賭徒謬誤的偏見——很多人認為，連續失敗之後，成功機率將上升；同理，連續成功之後，失敗機率也會上升。

獲利保守-損失冒險的偏見——一般人希望儘快獲利了結，而讓虧損部位有儘可能寬容的迂迴空間。這雖然可以讓交易者享有「判斷正確」的幻覺，實際上卻是「儘快獲利了結，聽任虧損持續發展」。

當下部位必須獲利的偏見——這可能是所有其他偏見的根源。「判斷正確」與「賺錢」之間的關係不大。

附註

1. 請參考Karl Popper, 《Objective Knowledge: An Evolutionary Approach》, Oxford: Clarendon Press, 1972。

2. 請參考Jack Schwger的 "William Eckhardt: The Mathematician" 收錄在《The New Market Wizards: Conversations with America's Top Traders》, New York: HarperCollins, 1992，第14頁。

3. 舉例來說，請參考Burton G. Malkiel,《A Random Walk Down Wall

Street》, 8th ed., New York: Norton, 2004.

4. 這些故事都是虛構的，不過還是能夠充分代表人們對於市場行情所做的解釋。

5. 請參考Larry Williams,《The Definitive Guide to Futures Trading》, Vol. II, Brightwaters, N.Y.: Windsor Books, 1989。第202頁。

6. 請參考Ralph Vince的"The Ralph Vince Experiment"收錄在David W. Lucas and Charles Lebeau編輯的《Technical Trader's Bulletin》（March, 1992）。第1～2頁。

CHAPTER 3

設定目標

　　對於目標明確的人來說，群眾、世界、甚至墳墓，都會被撇到一旁。

—— 古羅馬諺語

　　現在，各位應該已經瞭解，追求聖盃是一種向內的程序，也應該約略知道哪些東西會造成妨礙。各位現在應該決定自己想要什麼。山姆要求與我見面聊幾分鐘，因為他的交易似乎進行得不太順暢。我同意，於是我們約在芝加哥奧哈雷機場碰面。以下是我們之間的談話：

山姆，我能幫你什麼忙？

我想，我的交易情況有些不正常。

「不正常」？這是什麼意思？

我對於交易結果不滿意。

你今年的交易目標是什麼？

嚴格來說，我沒有設定目標。

那麼，你今年希望達成什麼？

（停頓很長一段時間）我希望今年的獲利，能夠幫我太太買輛

新車。

哪樣的新車？勞斯萊斯？朋馳？凌志？小貨車？你想買哪樣的車？

喔！一般的美國車，價格大約是 $ 15,000。

很好，什麼時候想買？

9月，大約還有3個月。

嗯，你的交易帳戶內現在有多少錢？

大概是$10,000左右。

所以，你想在3個月之內創造150%的獲利？

是的，大概是這樣。

你知道嗎？在3個月內賺取150%的利潤，年度化報酬率將近是1000%。

喔？我不知道。

為了實現這個目標，你準備接受多大的可能損失？

我不知道，我從來沒想過這個問題。

你是否能夠接受$ 5,000的損失？

不，不可能，我不能接受這種程度的損失。

$ 2,500呢？相當於25%的損失。

不，還是不能接受。我想大約是10%吧！

所以，你想在3個月之內創造150%的獲利，而過程中只願意承擔10%的可能損失？

是的。

你是否知道有哪種方法可以非常穩定地提供15：1的報酬-風險比率？

不知道。

我也不知道。根據我瞭解，報酬-風險比率只要到達3：1，已經算是很棒的了。

目前市面上雖然有很多不錯的交易與投資方法，但我不知道有任何系統具備山姆所希望的條件。很多剛入門的交易者或投資人，他們的帳戶規模雖然很有限，但「志氣」很大，期待過高。

設定目標：交易系統的最重要部分之一

我曾經認識一個人，他的工作是專門培養新的商品交易顧問（CTAs）。這方面工作需要評估CTAs設計的各種交易系統，因此他被公認為這個領域的專家。

有一次，我對他說，「交易者如果想設計一套新的系統，你是否有什麼特別的建議？」他說，「至少要把一半的時間花在目標設定上面。」他表示，目標設定是任何交易系統的最重要部分，但很少人願意花時間在這方面的工作上。如果各位想針對某個市場設計一套投資或交易系統，首先就要決定你想達成什麼目標。

目標是交易系統最關鍵的部分。如果你連交易目標是什麼都不知道，怎麼可能設計交易系統呢？沒有交易目標的交易系統，就如同沒有目標的旅程一樣；既然沒有目標，就不可能達成目標。所以，關於交易系統設計，首先要決定目標。決定目標之後，接下來要評估該目標是否可行；若是可行，則可以設計交易系統來達成該目標。

當我們舉辦第一個專題研討會「如何設計適合個人使用的致勝交易系統」，重心之一就是目標設定。這點曾經引起學員們的抱

怨，因為我們要求每位參與者都必須先詳細說明他想要達成的交易目標。

最典型的抱怨包括：「目標設定跟交易有什麼關係？」「這屬於私人領域；我不希望把上課時間花在個人問題上。」這些人似乎不瞭解，如果沒有目標，就不可能設計一套「適合目標」的系統。每位交易者都必須評估自己的長處與短處；考慮自己擁有的時間、資源、財力與技巧；思考自己究竟想要達成什麼。「我」想要多高的報酬？為了賺取這些報酬，「我」願意忍受多大的帳戶連續損失？這些都是我們追求聖盃的關鍵要素。

湯姆・巴索論交易目標

湯姆・巴索（Tom Basso）曾經擔任我們最初三個梯次的系統設計研討會講師。在我們的專題研討會內，我曾經請他談談目標設計的議題，藉以彰顯這個議題的重要性。現在，湯姆很熱心地又接受本書針對這個議題所做的訪問。

湯姆是Trendstat, Inc.的總經理（公司位在亞利桑納的Scottsdale）。他是專業基金經理人，同時擁有商品交易顧問（CTA）與專業投資顧問（RIA）的執照。另外，他也從事個人資金的投資。

在我的推薦之下，《新金融怪傑》（The New Market Wizards）一書作者傑克・史瓦格曾經訪問湯姆。史瓦格認為，在所有接受他訪問的「金融怪傑」之中，湯姆可以說是頂尖交易者的最佳典範。另外，在我認識的人當中，湯姆是思慮最有邏輯組織系統的人。所以，我相信讀者一定想聽聽他對於交易系統設計的看法。

關於目標設定的討論，第一部份涉及各位需要投入或培養的的

時間、金錢、技巧或其他資源。

湯姆，你的交易資本有多少？

我們目前管理的資金大約有＄9,500萬[1]。

你每年需要多少錢？

大約＄80,000。

這些錢當中，有多少是來自於交易獲利？

完全沒有。我領取 Trendstat 的薪水。

　　我之所以提出這些問題，是想知道交易者生活費用仰賴交易獲利的程度（百分率）。這個百分率必須合理。舉例來說，交易資本如果每年必須創造30%的獲利來維持交易者的生活費用，這恐怕很難達成，而且交易資本大概也沒有機會成長。

　　我經常看到一些人，他們的投資／交易資本大概只有$100,000，但每年必須提供$50,000左右的生活費。我認為，這等於是讓自己陷入困境。這些人或許自認為每年可以創造100%的交易獲利，而且說不定真的可以辦到。可是，如果交易開頭就碰到30%的淨值損失（這是非常可能發生的），情況恐怕就不太妙了。所以，在這些可能情況實際發生之前，最好先未雨綢繆。對於湯姆・巴索來說，他沒有這方面的問題。

第1部分：自我評估

　　湯姆，你每天大約要花多少時間從事交易？〔這點很重要，可供運用於交易的時間長短，幾乎會決定所採用的交易系統類型。如果你另有全職工作，只能在晚上研究金融市場，顯然就

要採用長期系統。〕

每天大約有6個小時，但這些時間大部分花在交易業務管理。

進行交易的時候，大概會有多少其他雜務需要處理？

很多。

所以，你採用的交易方法必須允許你處理這些雜務？

是的。

你估計要花多少時間從事交易系統發展、個人心理控制與交易業務規劃？

就我個人來說，過去20多年來，我已經花了很多時間在這些方面。可是，我們永遠都需要做計畫與研究。我會安排所需要花費的時間。

你的電腦技術如何？從事交易業務之前，需要具備什麼程度的電腦技術？

我非常擅長這方面的技術。公司早期採用的所有模型，都是由我自行設計的。可是，我們現在已經採用全自動化程序，也聘請全職的程式設計師。我的工作主要是在管理方面，留意一些缺乏效率的問題。

你對於統計學的瞭解程度如何？

我瞭解一些基本的統計學，也熟悉一些多變數統計學。

你如何評鑑自己的市場知識？〔市場知識包括市場運作的機制、市場驅動力量、如何有效執行交易指令、熟悉相關的技術指標，以及其他等等。〕

我對於選擇權、期貨、股票、債券、共同基金與現貨外匯的交易都相當有經驗。我對於市場機制與交易指令執行也很熟悉。當然，關於市場究竟是如何運作的，我也有自己的看法。

針對心理素質來說，你的長處與短處是什麼？尤其是在交易系統發展方面。

我很有耐心，也很講究策略，我相信這些素質對於發展長期交易策略很重要。我很自信，這讓我能夠信賴自己發展的交易系統。至於短處，我想我經常要求太多。這讓我有時候會忘了自己身為交易者的首要任務。

個人紀律規範方面的長處與短處呢？

這方面沒有問題，我能夠嚴格遵守交易系統的指示。

你是否會出現難以克制的行為（換言之，交易過程有時候會變得很興奮）？交易與個人生活之間是否會起衝突（你的家庭生活、工作或交易之間是否會有衝突）？是否有經常性的情緒問題，譬如：恐懼或憤怒？

我不認為交易會讓我產生難以克制的興奮感覺，一點也不。交易只是一種工作，一種腦力挑戰。

我也不認為有什麼衝突。我的家庭生活很穩定。另外，我很少生氣，也鮮少覺得沮喪。我過去每隔一陣子會覺得緊張。可是，在你舉辦的某個專題研討會中，我學會了預先知道自己緊張之前的症狀。我的手指會先覺得緊張。一旦察覺這種現象，我會自動進入放鬆狀態。現在，這種反應已經變得很自然，甚至察覺不到了。

就你個人具備的條件來說，開始進行交易之前，你覺得還需要學習、完成或解決什麼？如何辦到？

我想，我的準備已經很充分了，足以把交易工作做得很好。

第2部分：界定個人目標

本節談論的，可能是交易系統設計上最重要的內容。除非知道目的地，否則就不能達到目的。因此，對於交易系統設計，應該有一大部分時間花在目標設定上。

關於目標設定，一般投資人與交易者所考慮的，應該有別於基金經理人。由於湯姆同時具備這兩方面的經驗，所以我打算分別提出一系列的問題，首先由一般投資人與交易者開始。

A. 個人交易者／投資人的目標

你從事交易的優勢在哪裡？請告訴我們，哪種特定的概念讓你享有交易上的優勢？〔讀者如果不知道，本書第5章會有詳細討論。〕

策略性思考是我具備的優勢之一，因為很多人不作這方面的思考。耐心與專注投入也是我擁有的優勢；多數人缺乏耐心，也不投入。電腦程式規劃能力也是一種優勢，多數人不具備這種程度的技巧。長期自動化趨勢追蹤系統就是經由這項優勢產生的。

你個人擁有多少資金？關於這些錢，你禁得起多少損失？舉例來說，多數人一旦發生50％的損失，就會停止交易。你的情況如何？對於特定一筆交易，你願意承擔多少風險？

我手頭上有幾百萬資金；對於這些資金，我可以坦然接受25％的損失。我的資金完全都擺在交易計畫內，任何單筆交易承擔的風險都不超過0.8～1.0％。可是，如果是我個人的交易，每筆交易可以接受較大的損失，大概是1.0～1.5％。對於我來說，2％或3％大概是頂點了，一方面是因為我可能同時交易20

個市場。

你每年需要賺多少錢？你的生活是否需要仰賴這些錢？如果你賺的錢不夠養活自己，那怎麼辦？你賺的錢是否超過生活所需，使得交易資本得以成長？你是否定期由交易資本提領資金，做為每個月的生活花費？

我的收入來自Trendstat支付的薪水，所以我不必依靠交易收入。交易所得是我的其他財源。

接下來這個問題，我知道並不適用於你，但我還是想問，因為這是有關目標設定的標準問題。你是否講究實際？還是期待自己的表現會像世界頂尖好手一樣？舉例來說，假定你擁有一套好系統，勝算大約50％，但成功交易的獲利大約是失敗交易虧損的兩倍。即使是如此，這種系統還是可能連續發生10筆失敗交易。雖然是正常現象，但你是否能夠忍受這種連續10筆失敗交易？

我想，我看待交易報酬與虧損的態度很實際。我也知道，即使是在正常情況下，好系統仍然可能發生連續10筆失敗交易。我有很多這方面的經驗，所以知道自己可以期待什麼。

你是否擁有時間條件來從事短線交易？

我每天花在交易方面的時間大約6小時。其餘時間則用來處理生意或個人事務。我從來沒打算從事短線交易，所以這不是問題。

你需要多少社交關係？

我不太需要這方面的關係，但我很喜歡社交。

你是否可以長期單獨工作？你是否需要一、兩個人在旁邊？你是否喜歡處在很多人的環境？這些人對你有多大的影響？

我們公司有很多員工，但我的交易不需他們。我可以自己一個人從事交易。就我早期發展的交易模型來說，這些人對我完全沒有影響。

關於每年的報酬率，你有什麼預期？大約是交易資本的多少百分率？

20%到40%。

為了實現前述報酬，你願意承擔多少風險？

大約獲利潛能的一半，所以每年的最大可能損失為20%。

由峰位到谷底的最大損失，你願意忍受多少？

大約25%。

你怎麼知道自己的計畫有效？怎麼判斷計畫無效？對於各種可能發生的市況，你對於自己的系統有何期待？趨勢明確的市況？整理？劇烈波動？

我會針對各種情況預做安排。我會設定可能發生的最糟情節，而且預做演練。我會預先考慮每種情節的最好與最糟發展；情況一旦發生，我通常都有對應計畫，而且做了各種設定值區間。如果情況發展處在設定區間內，我就知道自己的計畫還是有效的。如果事態發展超出設定區間，意味著我需要介入，看看有什麼需要做調整。

原則上，我期待的最佳報酬為40%，最差報酬為10%，平均大約是15%到25%間。另外，最糟情節的連續虧損預定為25%。我記得，有一年的報酬超過40%。獲利超過預期當然是值得高興的事，但這也意味著我們承擔的風險太高，因為獲利超過預期也代表我們允許的潛在風險超過預期。因此，我介入做調整，減少下檔風險程度，使得最糟市況不至於造成過份損失。

B. 交易顧問的目標

現在，讓我們考慮交易經理人的目標設定。預期的客戶型態如何？散戶？少數好朋友？幾個基金？非常精明的交易者？

我們希望擁有平衡的客戶群，而且目標合理。就這方面來說，我的目標是讓自己公司的規模能處於100大行列，並以此目標來招攬客戶。我們的客戶包含零售散戶與機構法人。由某些角度來看，這兩類客戶是不同的，但由另一些角度來看，他們又是相同的。我們同時接受這兩類客戶。

你的客戶都是怎樣的人？他們期待的目標是什麼？你提供給他們什麼服務？舉例來說，他們把錢交給你，是否希望做什麼特殊的分散風險？

我們的客戶非常重視風險分散。因此，我們提供四套不同的投資規劃，有些目標報酬設定在10％到20％之間，下檔風險較小。有些投資規劃的報酬目標設定在20％或更高，潛在風險也較大。我們的客戶都瞭解這點，他們知道這方面的目標是什麼。

你所操作的是客戶的資金，他們能夠忍受多少風險？他們在什麼情況下會贖回資金？

他們預期的風險大概在5％到10％之間。連續損失只要超過15％或超過一年，都是致命的情況，很多客戶都會離開。

由另一個角度來說，獲利到達哪種程度，就可能導致客戶太興奮？

獲利超過25％絕對會引起注意。我們不希望獲利太高，否則客戶可能產生不切實際的預期，期待這種績效能夠持續下去。

你們的收費如何？每個月或每季由客戶帳戶扣取多少錢？對於

你們的收費，客戶期待哪種程度的對應報酬？

我們收取的管理費為2%，績效獎金為20%。扣除所有的費用之後，只要能夠有15%到20%的報酬，客戶就會滿意了，但他們對於下檔風險不是很容易接受。

你們能夠管理的資金規模如何？最高限度大概是多少？你們準備如何達成這個目標？達到限度之後，你們有何打算？這會如何影響你們的交易？

我們能夠管理的資金限度大約是$10～$20億。我們將繼續採用目前的行銷策略，客戶主要是銀行、大型基金，以及有錢人。一旦達到資金管理上限，我們就不會接受新資金。隨著管理資金規模擴大，我們的交易必須整合到較少數的盤房。

就客戶關係來說，你最擔心發生什麼？你準備如何預防？

我們最擔心客戶覺得意外。所以，我們需要跟客戶溝通，不要讓他們對於可能發生的事件覺得意外。我甚至因此寫了一本書《沒有恐慌的投資》[2]（Panic Proof Investing）。

你如何處理交易資本大量流入或流失的情況？

關於資金大量流入，我們的交易計畫已經有這方面的準備。至於資金大量流失的情況，我們的交易軟體很容易處理。

如同各位所看到的，湯姆・巴索針對各種可能發生的細節情況，都預先做了準備與安排。這也說明了本書做這方面練習的重要性。這些練習讓各位得以想到一些原本可能想不到的事情。

第3部分：交易點子

最後這部分針對交易細節做討論，包括市場交易的點子、進

場、出場與資金管理，也就是交易計畫的細節。

湯姆，你想交易哪樣的市場？是否適合特殊交易？是否只挑選流動性高的市場？或者也交易某些欠缺流動性的市場？

我屬於一般性交易者，不是特殊交易者。我總共交易20個期貨市場，15個現貨外匯市場，以及30種共同基金。

這些市場的流動性都很高，因為我只挑選流動性高的市場。如果不挑選高流動性市場，我們所能夠管理的資金規模就變得很小，絕不是我們鎖定的幾十億目標。

進場秉持著什麼信念？你認為進場點有多重要？

對於我的交易來說，進場決策可能是最不重要的。當趨勢發生變動時，我會要進場。進場當時——趨勢變動當時——的報酬-風險比率處於最佳狀態。

根據你預期的潛在報酬與下檔損失，起始部位採用的風險停損如何？如果停損設得很緊的話，停損之後是否能夠很快重新進場，避免錯失好行情？

我認為，停損應該代表部位當初進場的理由已經消失。是的，已經出場的部位，永遠都有可能重新進場。

我的停損是取決於市場行為，至於停損與風險之間，只存在間接關連——除非風險實在太可觀而甚至不適合建立部位。我的風險控制有一部份是透過部位大小來進行，我相信你稍後應該會提到部位大小的問題。

你按照計畫如何獲利了結？透過反轉停止？採用追蹤性停止策略？設定技術性停止點？或設定價格目標？你非常強調停損與出場，顯然不同於一般見解。

我不會限制交易獲利的程度。我秉持的原則，是讓獲利得以持

續發展。我如果真的可以碰到一筆交易，其市場行情始終朝著
有利方向發展而讓我無法了結，那就太棒了！

我採用追蹤性停止或技術性停止策略。只要停止點被觸及，就
結束部位。

關於部位大小，你怎麼做？

我挑選一些交易工具，每種工具都根據帳戶淨值的百分率設定
風險與價格波動高限，然後把這些交易工具彙整為組合。首先
設定起始部位的風險與價格波動高限。後續的風險與價格波動
限制，仍然根據帳戶淨值百分率設定。因此，我隨時都知道整
體組合的隔夜價值波動最大程度，而後者會落在我晚上能夠安
眠的範圍內。

　　現在，各位或許已經能夠體會，目標規劃對於交易系統設計之
所以很重要的原因。若是如此，本章就算達到目的了。本章的剩餘
篇幅，準備讓讀者針對相同的問題，提出自己的答案。各位只需要
花幾分鐘就可以回答下面的問題（但我相信有很多人甚至不願這麼
做）。總之，重點是各位要花時間好好思考這些議題。

設定個人的交易目標

第1部分：自我評估

你每天大約要花多少時間從事交易？〔這點很重要，可供運用
於交易的時間長短，幾乎會決定所採用的交易系統類型。如果
你另有全職工作，只能在晚上研究金融市場，顯然就要採用長
期系統。〕

進行交易的時候，大概會有多少其他雜務需要處理？

你估計要花多少時間從事交易系統發展、個人心理控制與交易業務規劃？

你的電腦技術如何？從事交易業務之前，需要具備什麼程度的電腦技術？

你對於統計學的瞭解程度如何？

你如何評鑑自己的市場知識？〔市場知識包括市場運作的機制、市場驅動力量、如何有效執行交易指令、熟悉相關的技術指標，以及其他等等。〕

針對心理素質來說，你的長處與短處是什麼？尤其是在交易系統發展方面。

個人紀律規範方面的長處與短處呢？

你是否會出現難以克制的行為（換言之，交易過程有時候會變得很興奮）？交易與個人生活之間是否會起衝突（你的家庭生活、工作或交易之間是否會有衝突）？是否有經常性的情緒問題，譬如：恐懼或憤怒？

就你個人具備的條件來說，開始進行交易之前，你覺得還需要

學習、完成或解決什麼？如何辦到？

開始設計交易系統之前，各位必須先好好思考這些問題。請記住，一套好的交易系統，也就是適合你使用的交易系統。

第2部分：界定個人目標

本節談論的，可能是交易系統設計上最重要的內容。除非知道目的地，否則就不能達到目的。因此，對於交易系統設計，應該有一大部分時間花在目標設定上。

A. 個人交易者／投資人的目標

你從事交易的優勢在哪裡？請告訴我們，哪種特定的概念讓你享有交易上的優勢？〔讀者如果不知道，本書第5章會有詳細討論。〕

你個人擁有多少資金？關於這些錢，你禁得起多少損失？舉例來說，多數人一旦發生50%的損失，就會停止交易。你的情況如何？對於特定一筆交易，你願意承擔多少風險？

你每年需要賺多少錢？你的生活是否需要仰賴這些錢？

如果你賺的錢不夠養活自己，那怎麼辦？你賺的錢是否超過生活所需，使得交易資本得以成長？你是否定期由交易資本提領資金，做為每個月的生活花費？

你是否講究實際？還是期待自己的表現會像世界頂尖好手一樣？舉例來說，假定你擁有一套好系統，勝算大約50％，但成功交易的獲利大約是失敗交易虧損的兩倍。即使是如此，這種系統還是可能連續發生10筆失敗交易。雖然是正常現象，但你是否能夠忍受這種連續10筆失敗交易？

你是否擁有時間條件來從事短線交易？

你需要多少社交關係？

你是否可以長期單獨工作？你是否需要一、兩個人在旁邊？你是否喜歡處在很多人的環境？這些人對你有多大的影響？

關於每年的報酬率，你有什麼預期？大約是交易資本的多少百分率？

為了實現前述報酬，你願意承擔多少風險？

由峰位到谷底的最大損失，你願意忍受多少？

你怎麼知道自己的計畫有效？怎麼判斷計畫無效？對於各種可能發生的市況，你對於自己的系統有何期待？趨勢明確的市況？整理？劇烈波動？

B. 交易顧問的目標

現在，讓我們考慮交易經理人的目標設定。

預期的客戶型態如何？散戶？少數好朋友？幾個基金？非常精明的交易者？

你的客戶都是怎樣的人？他們期待的目標是什麼？你提供給他們什麼服務？舉例來說，他們把錢交給你，是否希望做什麼特殊的分散風險？

你所操作的是客戶的資金，他們能夠忍受多少風險？他們在什麼情況下會贖回資金？

由另一個角度來說，獲利到達哪種程度，就可能導致客戶太興奮？

你們的收費如何？每個月或每季由客戶帳戶扣取多少錢？對於你們的收費，客戶期待哪種程度的對應報酬？

你們能夠管理的資金規模如何？最高限度大概是多少？你們準備如何達成這個目標？達到限度之後，你們有何打算？這會如何影響你們的交易？

就客戶關係來說，你最擔心發生什麼？你準備如何預防？

你如何處理交易資本大量流入或流失的情況？

第3部分：交易點子

最後這部分針對交易細節做討論，包括市場交易的點子、進場、出場與資金管理，也就是交易計畫的細節。

你想交易哪樣的市場？是否適合特殊交易？是否只挑選流動性高的市場？或者也交易某些欠缺流動性的市場？

進場秉持著什麼信念？你認為進場點有多重要？

根據你預期的潛在報酬與下檔損失，起始部位採用的風險停損如何？如果停損設得很緊的話，停損之後是否能夠很快重新進場，避免錯失好行情？

你按照計畫如何獲利了結？透過反轉停止？採用追蹤性停止策略？設定技術性停止點？或設定價格目標？你非常強調停損與出場，顯然不同於一般見解。

關於部位大小，你怎麼做？

這些大概是各位所需要考慮的最重要議題。

附註

1. 自從本篇訪問之後，Trendstat管理的資產金額已經超過5億美元。可是，湯姆目前已經退休，不再從事資金管理工作。
2. 請參考Tom Basso,《Panic Proof Investing》(New York: Wiley, 1994)。

第II篇
系統概念

　　本書第II篇的宗旨，是要協助釐清系統發展的根本概念，這也是建構交易系統的基礎。第II篇包括四章。第4章探討交易系統發展的必要關鍵步驟。這部分內容是我們花了很長一段時間研究全球頂尖交易者／投資人的方法，歸納他們所做的研究結果。

　　第5章摘要列舉交易系統可能引用的一些概念。除了要求幾位對這方面極有研究的專家提供意見之外，我也提供自己的一些看法。請參考各種不同的概念，看看哪種特別適合你個人。當然，你也可能同時採納幾種不同概念。

　　第6章討論我對於整體外在環境的看法。我認為，不論各位採用哪種系統，該系統都必須考慮整體外在環境，並且依據其變動做必要的調整。舉例來說，你可能採用某套順勢操作系統，在1998年只買進高科技股票，並認為自己將因此發大財。可是，到了2000年，這套系統的表現將徹底改觀。

　　第7章討論期望報酬的概念。所謂期望報酬，是指你的交易系統每承擔$1風險，所期待賺取的報酬。不論投資人或交易者，很少人真的瞭解期望報酬，但這是本書打算討論的最重要概念之一。

CHAPTER 4

交易系統發展步驟

你必須擁有一張地圖或一份模型,顯示航行的區域,並標示最佳航行路線。

—— 大衛・福斯特博士

(David Foster, Ph.D.)

對於同一件情,如果有幾個人都可以把該事情做好,那麼相關技巧就可以被模仿或傳授。這個觀念很重要,而且也是「神經語言程式學」(neuro-linguistic programming,簡稱NLP)或造型科學(science of modeling)的根據所在。

想要發展一套好模型,你必須找到幾個能夠把特定事情做好的人。然後,你需要訪問這些人,尋找他們具備的共通之處。這就是創造模型的最主要工作[1]。關鍵是尋找他們的共通之處。否則的話,你所看到的很可能是他們個人特有的性質(idiosyncrasies),這些個人特質通常不重要。

過去25年來,我擔任訓練的工作,曾經與數百位傑出的交易者和投資人共事。這段期間內,我有機會瞭解這些專家,並學習相關的研究方法。整個過程相當清楚、簡單。本章的主旨,即是簡單介紹我所使用之模型的內容。當然,本版又做了一些模型上的改進。

1. 檢視個人條件

第一步驟是檢視個人的條件——你的長處與短處。想要在金融市場獲致成功，你必須發展一套適合自己使用的系統。想要發展這樣的系統，首先就要謹慎評估自己的條件，包括：技巧、脾氣、時間、資源、長處與短處。不做這方面的檢視，就不可能發展一套適合自己使用的方法。

對於這方面，你需要考慮：

- 你是否具備很好的電腦知識？如果沒有，你是否有能力聘請這方面的專家，或者你是否能夠學習？
- 你擁有多少資本？其中有多少屬於風險資本？你所發展的系統必須擁有足夠的投資或交易資本。對於很多交易者或投資人，缺乏資金往往是最致命的問題之一。沒有足夠的資金，部位規模就不能調整到適當大小。部位規模是交易系統成功的關鍵要素之一，但很多人經常忽略這點。
- 你能夠容忍什麼程度的虧損？
- 數學方面的知識程度如何？你對於統計學與機率的瞭解程度如何？

你有很多重要的問題需要考慮。譬如說時間方面的限制。如果你有全職工作，只能運用每天晚上的半個鐘頭從事交易工作，或許就應該採用長期系統，只使用每天的收盤資料。換言之，交易決策是在當天晚上決定，相關交易指令則在隔天執行。操作這類的系統不需花費多少時間，所以特別適用於業餘交易者。事實上，即使是

那些整天從事交易的專業玩家，也有不少人採用長期系統，而且只運用收盤資料。

讓我們看另一個需要考慮的問題。你準備交易自己的資金？或代客操作？如果是代客操作，就要考慮顧客心理反應造成的影響，而這方面的影響往往很可觀。舉例來說，假定客戶很囉唆，對於交易細節經常抱怨；這種情況下，你承受的壓力就會變得很大。

譬如說，你是代客操作經理人，經過連續2個月的虧損，某位客戶贖回資金。隨後，你連續獲利3個月，該客戶決定重新投資。結果，你又碰到連續2個月的虧損，於是該客戶又贖回資金。這位客戶決定要等到你的表現很好的時候，才重新投資。不久，你連續5個月都獲利，這位客戶又重新投資，結果又碰到連續2個月損失。所以，身為代客操作經理人，你的績效雖然很不錯，但這位客戶卻虧了不少錢。這位客戶的遭遇，勢必會影響你的交易，尤其是他如果很喜歡抱怨的話。

我也建議各位徹底檢視自己的個人心理層面。你應該花一些時間思考本書第3章提到的自我檢視問題。對於這些問題，你究竟是很潦草的回答，還是回答之前曾經徹底評估自己的信念與看法？另外，你只是單純回答問題，還是預先做了周詳的思考？不妨拿你的答案與湯姆·巴索的答案做個比較，看看你與頂尖專業玩家之間的差別。

除了第3章提到的問題之外，自我檢視還需要考慮一個重要問題：「我是誰？」這個問題的答案，將成為你所作所為的基礎，所以務必嚴肅思考這個問題。舉例來說，某家與我長期往來的大型交易機構，其負責人在2006年初決定取消我每個月提供的顧問服務。他表示，他正在做一些改變，所以需要時間來釐清一些重要問題。

仔細閱讀他傳來的電子郵件，他顯然正在處理「我是誰」的問題。

就這個案例而言，他是（1）該公司的執行長，（2）交易小組的負責人，（3）該小組最棒的交易者之一。關於「我是誰」的問題，他的答案最後讓他決定解散交易小組而專心從事個人交易，因為他認為自己不適合擔任交易小組的負責人。

關於「我是誰」的問題，我建議各位寫下你對於自己的每種看法。準備幾張白紙，然後坐下來，寫下你想到的任何自我評鑑。自己究竟是誰？相信些什麼？寫下大約100條評論之後，就可以拼湊大致完整的架構了。以下是我的某位客戶寫的：

- 我是全職的專業交易者，每天花好幾個鐘頭時間研究市場，儘可能讓自己變成最棒的交易者。
- 未來12個月之內，我將全心投入讓自己成為全職交易者。
- 我針對個人帳戶從事短線交易，但退休帳戶則採取很長期的投資。
- 我相信短線交易帳戶可以取得50％或更高的報酬，但退休帳戶只要求優於市場的表現。

這些只是很有限的幾椿個人信念，但讀者應該可以看出大致方向。所以，請寫下你對於自己的一些看法與期許。

2. 培養開放心胸，收集市場資訊

我們曾經舉辦一場為期三天的工作研討會，叫做「發展一套適合你的致勝系統」（Developing a Winning System That Fits You）。

關於這個議題，我們也另有一套取自過去研討會內容的錄音教材。不論是研討會或錄音教材，多數學員們都頗有收穫，但少數人在克服本身的一些心理障礙之前，似乎沒有辦法學習。舉例來說，對於我們試圖傳達的內容，有些人根本不接受。他們對於自己想要的東西另有看法，甚至不願接納提升交易方法的一般性模型，更別提一些更明確的建議。事實上，態度最封閉的人，往往也就是那些最需要我們協助的人。

所以，系統發展模型的第2步驟，即是盡可能讓自己的心胸開放。以下是一些建議。

首先，讀者需要瞭解，各位截至目前為止所學習的很多東西，包括在本書讀到的每個句子，都包含著信念。「世界是平的」是一種信念，「世界是圓的」也是一種信念。你可能會說，「不，第二個陳述才是對的。」沒錯，但這句話也是一種信念，每個字都蘊含重要意義。舉例來說，「圓的」是什麼意思？同樣地，「世界」是什麼意思？

很多看起來是事實的東西，仍然是相對的，取決於相關狀況的語意。所謂事實，是建立在你採納的一些假設與觀點的基礎之上，而這些也都是信念。如果把「事實」看成是自己認定的「有用信念」（useful beliefs），如此將會讓自己的思想變得更具彈性、更開放。

我們知道的事實，完全是由信念構成的。只要相關信念發生變化，事實也跟著變動。當然，我剛說的這兩句話也是信念。可是，各位一旦採納這個信念，就不得不承認自己所知到的東西未必是真的。我們的知識，只是我們對於世界建構的一套模型。因此，我們可以藉由「功用」（utility）來評估每個新信念。當新信念與既有知識或信念發生衝突，我們就會思考「這個新信念是否更有用？」如

此一來，各位將發現自己對於新信念或新資訊，態度上將變得更開放、更具彈性。我很欣賞愛因斯坦說的一句話：「我們永遠都不能知道事物的真正性質，永遠不能。」

所以，開放心胸的必要部分之一，就是擬定自己對於金融市場的信念。如果你的心胸或態度不夠開放，交易的對象

> 務必記住：你不是針對市場本身進行交易或投資，而是根據你對於市場的信念進行交易或投資。

看起來就不像是「信念」，而像是「市場本身」。針對這種「幻覺」進行交易，那是非常危險的，尤其是當你不知道的時候。每個人都可能被自己的信念引向岔路。

涉足金融市場40多年的資深交易專家查爾斯・拉寶（Charles LeBeau）說過，設計電腦交易系統當時，他對於市場可能有數以百計的信念；可是，這些信念多數都禁不起嚴格的電腦化測試。

敞開心胸之後，就可以開始閱讀市場相關書籍或其他資料[2]。我強烈建議各位閱讀史瓦格的每本著作。《金融怪傑》（Market Wizards）與《新金融怪傑》（The New Market Wizards）是很好的入門書籍。這兩本是有關交易與投資方面的絕頂好書。另外，史瓦格還有兩本很棒的著作：《史瓦格期貨基本分析》（Fundamental Analysis）與《史瓦格期貨技術分析》（Technical Analysis）。

查爾斯・拉寶與大衛・盧卡斯（David Lucas）合著的《期貨市場電腦分析》（Computer Analysis of the Futures Market）是有關於交易系統設計程序的經典之一。事實上，我從這本書，以及從我與查爾斯合辦的研討會學到很多知識。我也推薦裴利・考夫曼（Perry Kaufman）的《精明交易者》（Smarter Trading）；辛西亞・凱斯（Cynthia Kase）的《勝算交易》（Trading with the Odds）；威廉・

歐尼爾（William O'Neil）的《歐尼爾的股市賺錢術》（How to Make Money in Stocks）。還有塔莎・香狄（Tushar Chande）的《技術分析之外》[3]（Beyond Technical Analysis），引導讀者思考一些超越技術分析與本書內容範圍的概念。

　　前述推薦書籍，可以讓各位培養有關金融市場的有用信念，對於各位將來的交易將很有幫助。這些書籍也可以回答各位目前對於金融交易產生的疑惑與問題。至於這些書籍的詳細資料，請參考本書最後的參考書目。

　　請各位閱讀這些書籍，並寫下市場相關的信念。本書的每個句子，都代表我的某種信念。各位或許希望在本書中找到一些自己能夠認同的信念，這或許是發展自身市場信念的不錯起點。培養市場信念是一項重要步驟，然後才可以更進一步探索市場，發展自己的交易系統。這方面的市場研究，列舉相關研究所產生的信念（至少要寫下100條），將成為你發展個人交易系統的基礎。各位列舉的信念，起碼可以是很好的起點。觀察本書所描述之交易系統的每個部分，確定你對於這些部分都列舉了相關的信念。

　　閱讀本書的過程中，請記錄你所同意與不同意的內容。這沒有所謂對或錯，一切都是信念、意義，以及所需要投入的精力。這部分練習將讓各位更瞭解自己的信念。舉例來說，我拿本書的稿子給10位交易者閱讀，讓他們提供意見。我所得到的回饋，代表的是他們的信念。譬如說：

- 我認為，對於你來說，部位大小是系統的一部份，不是另一套獨立的系統。
- 技術指標不是走勢圖資料的扭曲，而是其衍生物。

- 期望報酬存在很多瑕疵，因為有「曲線套入」（curve fitting）
  與「資料探勘」（data mining）之類的判斷力啟發，還有長期
  資料問題。
- 我不相信災難性事件是有預兆的，除了這些事件可能造成行
  情波動增減或價值增減。因此，所設計的交易系統能夠根據
  行情波動程度做調整，是一項關鍵。
- 錯誤的交易是指該交易不符合我的進場準則，但未必發生虧
  損。
- 我不相信系統可靠性（勝率）與進場方法有關，而應該與出
  場方法有關。
- 當你說，「我們處於長期空頭市場」，這會讓讀者產生心理
  偏頗。你沒有辦法預知未來。
- 你說，市場有85%的時間處於橫向走勢。我認為，這項估計
  有些偏高，也許應該是50%到75%之間。

　　每位讀者都希望本書做必要的修改，反應他們的信念。可是，
我還是決定維持我的信念，但我要特別強調：讀者的信念可能與我
的信念相互衝突。不過讀者務必要確定一點，各位的信念必須是對
自己是有用的。總之，最重要的是要知道自己的信念，因為你只能
採用符合自己信念的交易系統。

3. 決定你的任務與目標

　　除非你真正瞭解自己想在金融市場達成什麼目標，否則就不可
能發展一套真正適當的交易系統。所以，對於系統設計來說，徹底

釐清目標是最重要的一項工作。事實上，就整個系統設計來說，考慮交易目標的部分或許應該佔了20%到50%的時間。不幸地，多數人並不理解目標設定的重要性，可能只花幾分鐘的時間處理這項議題。各位如果想測試自己是否足夠重視這項工作，不妨算算你花多少時間回答第3章的問題。

務必多花點心思與時間在第3章的練習上，詳細回答相關的問題。如果你只花15分鐘或30分鐘，顯然是不夠的。很多人都嫌目標設定太麻煩、沒有意義，但如果你想設計一套真正有用的交易系統，就要好好重視這個議題。各位還記得心胸開放有多重要嗎？認真處理目標設定，就是保持心胸開放的一部份。

4. 決定交易根據的概念

就我擔任交易訓練工作的經驗來說，只有幾種概念是有效的。所以，接下來，各位必須熟悉這些有效的概念，決定自己要偏重於哪些方面。本書稍後會用一整章（第5章）的篇幅討論這些概念，但此處不妨先簡單談談。

順勢交易

根據這種概念，市場有時候會呈現趨勢（換言之，行情會在相當長一段時間內持續上漲或下跌）。在這類趨勢剛開始的時候，如果你能夠察覺並且能夠掌握其中的一大段走勢，就可以賺不少錢。做為順勢交易者，你必須買進價格趨勢向上者，或放空價格趨勢向下者。即使這類趨勢已經發生一陣子，如果想要根據這種概進行交易，你仍然必須能夠進場。所有的順勢交易者都要思考下列問題：

- 如何判斷趨勢？我怎麼知道趨勢已經發生？
- 我是否交易上升趨勢與下降趨勢？
- 如果行情呈現橫向走勢（根據我的估計，市場大約有85％的時間沒有明確趨勢），我該怎麼辦？
- 我的進場法則是什麼？
- 如何處理修正走勢？
- 怎麼判斷既有趨勢已經結束？

　　圖4.1就是很典型的上升趨勢案例。顯然地，如果我們可以及早判斷這支股票呈現上升趨勢，應該可以賺不少錢。關於上升趨勢，湯姆‧巴索提供很好的說明，細節請參考第5章。

圖 4.1　Papa John's Pizza 走勢圖：典型的上升趨勢

區間交易

區間交易（band trading）是另一種可以有效運用的交易概念。根據這種概念，市場行情受限於某價格區間；換言之，行情可能呈現一段漲勢，但價格很難穿越區間上限，於是向下反轉而出現一段跌勢，直到價格逼近區間下限，又會獲得支撐。圖4.2就是典型的例子，適合從事區間交易。

就目前這個特定例子來說（Linear Technology Corp.），如果在價格觸及或穿越區間高限時放空，結果應該不錯。同樣地，每當價格觸及或穿越區間低限時買進，也可以賺不少錢。可是，問題是：我們如何判斷價格呈現區間走勢呢？事後判斷當然很簡單，但交易機會也不存在了。事實上，我們可以運用一些數學準則來做客觀的

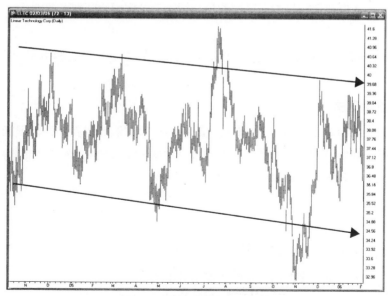

圖 4.2　適合區間交易的走勢

判斷。對於這類交易，既有部位如何結束或反轉呢？尤其是價格未必會真的觸及或逼近區間上限或下限。另外，如果所運用的價格區間被突破，那又應該如何因應？各位如果能夠找到這類的區間交易對象，應該在區間上限賣出（放空），然後在區間下限買進。你如果喜歡這種概念，則需要思考下列問題：

- 如何找到這類的交易對象？
- 區間交易是否適用於趨勢明確的行情？
- 如何界定價格區間？是否應該採用固定大小（靜態）的區間？
- 進場方法如何？
- 如果區間遭到突破，那該如何因應？如何出場？
- 既有部位是否在區間的另一端結束？採用什麼判斷準則？

關於這種概念，巴頓（D.R. Barton）在第5章有精彩的說明。

價值交易

價值交易（value trading）的核心在於價值的定義。原則很簡單：你買進價值被低估的股票或商品，等到價值處於高估狀態則賣出。這種概念需要考慮下列問題：

- 價值如何定義？
- 價值什麼時候低估？
- 透過什麼準則買進價值低估的東西？
- 透過什麼準則賣出價值高估的東西？

很多基本分析者與投資組合經理人喜歡採用某些型式的價值交易。

套利

套利（arbitrage）是指我們可以低價買進某種東西，同時在其他市場高價賣出。這種套利機會之所以存在，通常都是因為法規或市場的定價機制暫時發生問題。舉例來說，我的某位客戶發現，他可以花\$300萬買進芝加哥期貨交易所CBOT的一個席位，然後把該席位的每個部分拆開賣，總價格是\$380萬左右。這個套利交易可以獲利27％。可是，這類看似容易賺的錢，通常都有問題。就目前這個例子來說，購買CBOT席位也要同時買進CBOT股票。根據規定，這些股票在6個月之內不得轉手。所以，如果股票價格在6個月之內大跌，則前述套利交易未必能夠成功。事實上，多數套利交易都存在不同程度的風險。

各位如果偏愛套利交易的話，需要思考下列問題：

・在哪些市場尋找這類的漏洞？
・套利機會的性質究竟如何？如何有效掌握或運用這類機會？
・風險如何？
・這類的機會會持續多久？怎麼判斷機會消失？

很多場內交易員從事這類的套利交易，尤其是運用選擇權。另外，那些得以渡過2000年困境的當日沖銷者，他們憑藉的往往是套利交易。關於這部分討論，目前已經過世的雷伊・凱利（Ray Kelly）在第5章有精彩講解。

價差交易

　　價差交易（spreading）是很多造市者（market makers）與選擇權玩家偏愛的概念。價差交易的性質有些類似套利，操作者也是同時買進某種東西而放空另一種東西，希望藉由兩者的價格關係變動獲利。舉例來說，多數外匯交易屬於價差交易，因為這將做多某種貨幣（價格上漲造成獲利）而放空另一種貨幣（價格下跌造成獲利）。

　　從事價差交易需要考慮下列問題：

・某交易對象的走勢如何？
・如何建立空頭部位來做避險？
・獲利是否有限度？
・萬一我的判斷錯誤，如何知道？
・判斷如果正確，應該在什麼條件下結束交易？

　　凱文・湯瑪斯（Kevin Thomas）是第一位參加我的超級交易者課程的人，他將在第5章談論價差交易。

　　另外，第5章還會論及季節性交易（價格走勢存在季節性趨勢），談論宇宙的某些神秘秩序。除了前述概念之外，我不知道是否還有其他概念，但這已經夠各位選擇與發揮了。

5. 宏觀定調

　　1982年以來，我一直擔任交易訓練工作；這段期間內，我歷經很多市場循環。剛開始的時候，我訓練的交易者大多從事期貨與選

擇權交易，當時正是一波股票市場大多頭行情的開端。

1980年代期間，我的客戶大多繼續從事期貨交易，雖然期貨市場基本上是由大型商品交易顧問主導。到了1980年代末期，由於通貨膨脹趨緩，期貨沒有什麼大行情。我發現，多數交易者都慢慢轉向外匯市場。

到了1990年代中期，我的客戶之中，從事股票交易的人變多了。這種趨勢到2000年3月發展到顛峰，當時舉辦的股票市場研討會有700位參與者。在舉辦研討會的飯店裡，我曾經聽到兩位酒保的對話，其中一位說，「我們或許應該去參加沙普博士的股票市場研討會。」另一位酒保說，「不，我可以在研討會裡任教。」

當行情發展到極端階段，經常可以看到這種現象，各位應該很清楚2000年的狀況。現在，到了2006年，我發現我的客戶之中，大約又有半數屬於期貨交易者。所以，客戶類別顯然存在週期，人們基本上會追求熱門市場——但通常都選擇錯誤的時機。所以，關於交易系統設計，我認為應該評估當時的大環境。最好是針對當時的大環境，採用幾套相互沒有關連的系統。另外，你還應該另外設計一些系統，防範大環境發生變化。

我相信這個步驟很重要，所以本書另闢一章新的篇幅，專門討論宏觀定調。除此之外，我發行的電子郵件免費刊物《沙普觀點》（Tharp's Thoughts），每個月都會更新宏觀看法。

6. 決定交易的時間架構

第六部分是決定自己進出市場的頻率或活絡程度。你打算在什麼時間架構上進行交易？時間架構如果很長的話，投資組合或許每

季調整一次。你持有的股票部位預計超過一年嗎？就期貨交易來說，長期部位可能長達1個月到6個月。你是否打算從事波段交易，每天可能進出好幾回，任何部位都很少持有超過幾天的？或者，你是否想從事當日沖銷，每天進行3～10筆交易，完全不持有隔夜部位？

表4.1列舉長期交易的長處與短處。長期交易或投資，程序相對單純。每天花不了多少時間，心理壓力也相對緩和，這種交易方式，特別適用於那些另有全職工作的業餘愛好者。這種情況之下，交易系統可以很單純，而且部位規模只要夠大的話，仍然可以賺不少錢。

表 4.1　長期交易的長處與短處

長　處	短　處
沒有必要整天看盤，可以採用停止單或選擇權來保護部位。	盤中走勢可能造成部位反覆。
採用這類系統，心理壓力最低。	單一部位的淨值可能劇烈波動。
交易成本低。	必須要有耐心。
只要有一、兩筆成功交易，往往就足以完成全年獲利目標。	可靠性（勝率）通常小於50％。
每$1獲利對應的期望風險可能是好幾倍（請參考第7章）。	進出頻率很低，所以或許需要同時從事許多市場的交易。
簡單的交易方法就可以賺很多錢。	對於市場流動性高的期貨市場，交易資本必須相對龐大。
理論上，每筆交易或投資的獲利潛能無窮。	只要錯失一個交易機會，整年度的交易就可能轉勝為敗。
資訊與設備成本很低。	

我想，長期交易或投資的最大長處，就是每個部位的獲利潛能無限，至少理論上是如此。如果我們觀察那些投資致富的人，就會發現這些人當中，絕大部分就是單純地買進很多股票，然後繼續持有[4]。這些股票之中，只要有一支真正成功，就可能讓幾千塊錢的投資，在10或20年之後變成好幾百萬。

至於長期投資或交易的最主要缺點，就是要有耐心。舉例來說，好機會不容易碰到，所以要耐心等候。另外，部位建立之後，淨值可能會歷經相當程度的波動（雖然可以透過設計來緩和波動），必須要有耐心。長期交易的另一項缺點，是需要較多的交易資本。如果資本不足，投資組合可能無法建立適當大小的部位。事實上，很多交易者之所以發生虧損，主要是因為交易方法沒有足夠的資本可供運用。短線交易則另由長處與短處。（所謂短線交易，包括每天進出數個來回的當日沖銷者，或部位持有時間介於1天到5天之間的波段交易者。）這方面資料請參考表4.2，並且與長期交易（表4.1）做比較。

我認識一位外匯短線交易者，每天平均進行6筆交易。部位持有時間頂多一、兩天。可是，最值得大書特書之處，是其交易系統的每筆交易平均獲利與損失金額大致相當，而系統勝率為75%。這顯然是一套很棒的交易方法。他的交易資本有$500,000，銀行還另外有$1,000萬的信用額度。各位一旦瞭解部位大小的重要性（本書稍後將討論），就能體會這套系統幾乎就是「聖盃」了。根據他擁有的資金規模，運用這套系統可以很輕鬆每年賺取上億的獲利[5]。

可是，前一段描述的並非一般短線系統。多數情況下，短線系統的勝率很少超過60%，而且成功交易的平均獲利通常小於失敗交易的平均損失——期望獲利有時候甚至是負數[6]。運氣不好的話，

表 4.2　短期交易的長處與短處

長　處	短　處
一般來說，每天都有很多交易機會。	交易成本最近雖然下降，但「積少成多」還是頗為可觀。就我個人的短線交易帳戶來說，去年的交易費用大約是帳戶起始價值的20%。
這類交易相當有趣、刺激。	
如果交易方法承擔的每$1風險，期望獲利為50美分或更多，就很難出現月份為單位的操作虧損，甚至週為單位的績效也不會出現虧損。	有趣與刺激雖然和賺錢沒有關連，但交易起碼會變得更有勁。
	獲利受到時間限制，所以勝率可能需要超過50%。可是，關於這點，我也見過令人嘆為觀止的例外。
當日沖銷不涉及隔夜風險，所以保證金比較沒有問題，甚至包括高單價的市場。	資訊成本很重要，因為短線玩家通常都需要即時報價。
多數人偏愛的高勝算進場系統，對於短線交易確實有幫助。	高勝算進場系統部位的損失，很多都會超過獲利。
永遠還有其他賺錢機會。	短線交易難免受到市場隨機雜訊的影響。
交易成本逐漸下降，對於一般業餘交易者來說，短線交易已經不再遙不可及。	短線交易承擔的心理壓力很大。

單筆損失可能就會摧毀整套系統，造成交易者心理上不可磨滅的打擊。另外，短線交易的心理壓力相當大。有人曾經告訴我：

　　　　我幾乎每天都賺錢；過去2年來，我從來沒有任何一個星期發生虧損。至少截至目前是如此。昨天，我把過去2年來賺的錢都吐回去了。

如果各位打算從事短線交易的話，千萬不要忽略這種可能性。你的獲利程度相對有限，交易成本很高。更重要的，心理壓力可能把你衝垮。雖說如此，對於那些能夠控制自身情緒的人來說，我相信短線交易創造的獲利報酬率最可觀。我曾經見過某些短線交易者，當其操作符合市場脈動時，月份報酬往往超過50%（對於很小的交易帳戶來說，譬如：$50,000）。

7. 如何判斷機會發生，如何客觀衡量？

你打算採用的交易點子是什麼？首先，你要決定在什麼條件下，打算交易的走勢才算發生？如何客觀衡量？一般來說，這個問題的答案，會決定交易系統的兩個因子：你打算使用的架構條件，以及進場訊號或時效。本書稍後會詳細討論這些議題。

架構條件與時效訊號對於交易系統的可靠性很重要——當這類走勢發生時，系統勝率如何？相對於交易系統的其他成分，這部分應該做獨立的測試。

關於這類訊號的測試，請參考我們稍早提到拉寶與盧卡斯合寫的書，其中有精彩的說明。這方面測試想要知道進場訊號的可靠性（這些訊號得以成功獲利的百分率有多高）。測試涵蓋期間可以是一小時、1天、2天、10天、20天或其他。對於純粹隨機的系統，可靠性約略為50%（換言之，大概介於45～55%之間）。如果你的構想優於隨機猜測，訊號可靠性應該超過55%，尤其是在1～5天的期間內。否則的話，相關構想的勝算不會超過隨機猜測，不論看起來多麼合理。

測試進場方法時，如果只想知道進場訊號的可靠性，那就觀察

進場之後經過特定時間的獲利頻率（譬如說，進場2天之後，有多少百分率的進場訊號能夠處於獲利狀態）。這部分測試沒有考慮停止出場。一旦考慮停止出場，系統的可靠性應該會下降，因為有些原本獲利的部位，最後是遭到停損出場。

另外，這部分測試也考慮交易成本（包括：佣金與滑移價差）。如果納入交易成本，系統可靠性當然會下降。總之，這部分測試想要確定一點：進場訊號的可靠性明顯優於隨機猜測。考慮其他因素之前，必須先確定這點。

有些點子乍看之下非常棒。你可能會看到數以百計的漂亮走勢。這些走勢都呈現這個特定點子。因此，你覺得非常興奮。可是，你也必須考慮系統誤判的比率。你鎖定的點子雖然出現了，但行情走勢並不理想，這種事件發生的機率有多高？如果系統誤判的比率很高，這個點子顯然不高明，運用於交易的考靠性，未必明顯高於隨機猜測。

這類測試還需要清楚一點：系統可靠性並非唯一考量。如果我們的進場訊號能夠協助掌握重大獲利機會，那麼可靠性即使稍微低些也無所謂。

某些讀者可能認為，前述說明忽略了系統發展的一個重要步驟：最佳化程序（optimization）。可是，最佳化程序等於是把你的點子套入到過去的價格資料內。最佳化程序做得愈多，系統適用於未來的可能性也就愈低。反之，我相信各位應該儘可能多花點時間瞭解自己的點子和構想。

> 我相信各位應該儘可能多花點時間瞭解自己的點子和構想。愈瞭解自己實際掌握的優勢，就愈沒有必要做歷史測試。

愈瞭解自己實際掌握的優勢，就愈沒有必要做歷史測試。

8. 決定起始風險的大小

關於交易採納的構想，我們也必須知道什麼時候應該認輸，這點很重要。所以，系統接下來要考慮增添保護性停止設定的影響[7]。保護性停止設定的功能，是告訴交易系統什麼時候應該為了保障資本而結束部位。這是任何交易系統的關鍵部分。行情一旦發展到了停止設定價位，就代表你的交易構想已經失敗，應該立即出場而保障資本。至於如何判斷交易構想的成敗呢？這基本上取決於相關構想的性質。

舉例來說，假定你根據某套理論而認定市場存在「絕對」秩序。換言之，你可以判定一天走勢的轉折點發生在哪個時段內。這種情況下，你可以根據這種構想——走勢應該在某個時段內發動——建立部位。進場訊號可以是該走勢已經發動的價格確認，譬如：價格波動突破（細節請參考本書第9章）。

一旦進場之後，你需要設定停損單，顯示該交易構想什麼時候視為失敗。應該選擇什麼停損？如果行情經過預計時段而不能讓部位顯著獲利，那怎麼辦？如果所預測的趨勢轉折——這是你進場的理由——並沒有發生，那就應該出場。你或許可以把最近10天的每天平均價格區間（譬如：平均真實區間，average true range）視為市場雜訊。只要價格朝相反方向穿越雜訊區間（或該區間的某個乘數），你或許就該出場了。

關於保護性停止設定的例子，本書第10章會有詳細討論。仔細琢磨這部分內容，挑選一種（或幾種）你覺得恰當的方法。另外，你的交易構想本身可能就會自動衍生適當的停止設定。

進場的根本概念是什麼，這往往是設定停損的關鍵考量。交易

構想是否很有把握？你是否認為主要趨勢即將發動？若是如此，或許就應該讓部位保留多一點緩衝空間，讓大行情有足夠的空間醞釀。這種情況下，停損應該設定得很寬鬆。反之，交易構想的細節明確；你預料這個構想實現的機會不大，但如果實現，發生虧損的可能性很小。這種情況下，或許應該使用緊密的停損。

一旦決定停止設定的性質，就應該把停損與交易成本（包括佣金與估計滑移價差）考慮在內，然後重新做計算；如此一來，進場訊號的可靠性應該會顯著降低。舉例來說，進場訊號的可靠性最初可能高達60％，考慮停損與交易成本之後，則勝算降低到50～55％之間。

對於每筆交易，這個階段要決定部位準備接受多少起始風險（R）。這個步驟很重要，可以藉此計算部位期望報酬與其承擔之起始風險的比率關係。舉例來說，有些人認為，一筆交易的期望報酬起碼必須是起始潛在風險的3倍（換言之，期望報酬為3R），否則就不考慮。各位將發現，每個交易系統實際上都是藉由這種獲利-虧損的R倍數分配來界定的。

9. 考慮獲利了結出場，決定系統的R乘數分配與期望報酬

交易系統的第三部分會告訴你，走勢什麼時候結束。因此，這個步驟將決定如何獲利了結。本書第11章會詳細討論部位出場方法，各位將嘗試尋找最適合自己使用的出場方法。關於這點有一大部分要考慮個人狀況：你的目標、交易時間架構、交易點子…等。

對於投資人或長期交易者來說，通常都應該嘗試掌握主要趨

勢，或根據基本面因素建立長期部位。這種情況下，停止設定應該
保持寬鬆，你不想經常進出市場。對於所建立的部位，通常可能只
有30～50%能夠獲利，所以你希望獲利必須夠大，可能是所承擔平
均風險的20倍。根據這個原則，你的出場方法在設計上必須能夠掌
握重大獲利。

　　反之，對於短線帽客或當日沖銷者來說，他們持有部位的時間
很短，停止設定也應該很緊密。這類交易者期待的勝率應該超過50
％（理當如此，因為部位持有時間很短而不足以取得重大獲利）。
同樣地，這類交易者能夠容忍的損失也很小，報酬／風險比率可能
是1：1。換言之，在小賺小賠的情況下，系統勝率如果是50～60
％，只要交易機會夠頻繁，淨獲利就能積少成多。

　　現在，你可以把系統的獲利了結出場位置考慮進去，讓系統的
期望報酬愈大愈好。期望報酬是設定為R的乘數（換言之，期望報
酬是表示為起始風險的倍數）。透過另一種方式來說，期望報酬是
指交易系統每承擔$1風險所預期獲得的報酬金額。至於這個期望報
酬究竟如何計算，需要考慮哪些因素，請參考本書第7章的詳細說
明。就目前來說，我們是希望交易系統的期望報酬愈高愈好。你所
想要的，是在特定時間條件的限制之下，儘可能爭取交易機會來實
現期望報酬。

　　我認為，期望報酬是取決於出場方法。所以，最棒的系統會有
3、4種不同的出場方法。對於選擇的出場方法，你需要做測試。你
或許希望出場方法是透過某種邏輯程序而直接衍生自交易構想。可
是，你還是需要針對截至目前為止建構的系統做測試，看看期望報
酬的情況如何。

　　決定期望報酬之後，看看系統的實際交易狀況。系統報酬是由

哪樣的交易構成？這些交易的報酬／風險比率是否大多是1：1或
2：1？是否有少數幾筆交易的報酬特別可觀？對於長期系統來說，
如果沒有報酬特別可觀的交易，那你可能就要調整出場策略，讓系
統有更多機會掌握重大獲利的機會[8]。

10. 決定R乘數分配的精確性

現在，交易系統的根本雛形已經完成，因為我們已經能夠判定
系統之R乘數分配的情況。換言之，我們可以知道交易系統運用於
歷史資料的盈虧性質。這個分配的情況如何呢？虧損是1R或更少？
或經常超過1R？獲利與起始風險之間的關係如何？是否偶爾會出現
20R的獲利？甚至30R？是否經常發生2R或3R的交易？R乘數分配
的性質如何？

交易系統的某些設定可能影響我們對於該系統期待的績效。因
此，我們需要利用小規模的實際交易來測試交易系統，看看R乘數
分配的精確性究竟如何？換言之，我們可以交易1～10股的股票
或1口期貨契約，看看交易系統的實際表現。這些交易呈現的R乘數
分配如何？實際交易的R乘數分配，以及歷史測試顯示的分配，兩
者之間是否類似？期望獲利是否可靠？

另外，我們也需要知道交易系統在不同類型行情下的R乘數分
配狀況。所謂不同行情，包括：多頭、空頭行情，還有趨勢不明確
的橫向走勢。行情可能非常平靜，也可能劇烈波動。如果同時考慮
這些因素，市場可以區分為6種不同的行情：

・穩定的漲勢

- 劇烈波動的漲勢
- 穩定的橫向走勢
- 劇烈波動的橫向走勢
- 穩定的跌勢
- 劇烈波動的跌勢

　　處在這些市況下，我們需要知道自己的交易系統表現大致會如何。如果缺少這方面的資料，那就需要做進一步的瞭解，起碼要做一些歷史測試。我們的系統是否適用於劇烈波動的跌勢？除了少數選擇權系統之外，絕大部分的交易系統都不適用於穩定的橫向走勢。可是，我們必須有更確實的資料。

11. 評估整體系統

　　擁有一套交易系統之後，我們需要知道它有多棒。這可以透過幾種方式做評估。評估交易系統表現的最簡單基準就是勝率（win rate）。換言之，計算每100筆交易平均會有多少筆成功（獲利）的交易。一般來說，勝率愈高愈好。可是，如同本書第1章提到的，一套系統的勝率即使高達90％，還是可能發生虧損。所以，勝率未必是評估系統績效的適當準則。

　　關於交易系統績效表現的評估，還有其他更合適的準則：

- 系統的期望報酬。每筆交易平均獲利為2.3R的系統，是否必定優於平均獲利為0.4R的系統？這個問題的答案是：「可能」。

・某固定時段的期望報酬（透過R的倍數表示）如何呢？在1個月之後，如果系統1的平均報酬為20，系統2為30R，後者是否比較好？對於這個問題，答案也是「可能」，因為實際狀況取決於系統的變異程度（譯按：報酬分配的離散或變異程度，譬如變異數或標準差等）。舉例來說，系統2的平均報酬雖然高達30R，但可能有30%的機會產生負數報酬；反之，系統的期望報酬雖然只有20R，但絕對不會出現負數報酬。

一旦瞭解交易系統績效表現的精確程度，知道系統在各種市況下的大致狀況，以及該系統與其他系統的比較，接下來就要考慮如何達成交易目標。部位大小是達成目標的運用工具。

12. 藉由部位大小達成目標

期望報酬代表交易系統的潛能。對於一套交易系統，你需要決定透過什麼方式來設定部位大小。對於任何交易系統來說，部位大小都是最重要的部分，因為部位大小將決定如何達成目標或摧毀帳戶。換言之，部位大小將協助我們運用交易系統來達成交易目標。

> 對於任何交易系統來說，部位大小都是最重要的部分，因為部位大小將決定如何達成目標或摧毀帳戶。換言之，部位大小將協助我們運用交易系統來達成交易目標。

對於單一部位，該部位的規模應該多大呢？某些情況下，單一部位的規模甚至不能維持最起碼的大小（換言之，1股股票或1口契約）。這個問題的答案，將是決定我們是否可以達到目標：

不論是3位數的報酬率,或是平穩的淨值曲線。如果決定部位大小的方法不恰當,帳戶一定會破產(不論把「破產」定義為損失帳戶資本的全部或一半,結果都會破產)。反之,如果針對交易資本、交易系統與交易目標而設定適當的部位大小決定方法,我們通常都可以達成交易目標。

本書第14章將討論一些部位大小的模型,可供各位作為交易系統設計的參考。各位一旦界定自己的交易目標,設計一套期望報酬適當的系統,就可以利用這些模型決定部位大小。可是,關於這些模型的引用,各位務必要做周全的測試,挑選符合自己使用的方法。

13. 決定如何改進系統?

關於系統發展的次一個步驟,是決定如何改進系統。市場會隨著其參與者的性質而改變。舉例來說,股票市場目前最主要的玩家是共同基金專業經理人。可是,在這7,000多位經理人之中,經歷過1970年代大空頭行情者,人數可能不到10位。至於期貨市場,目前最主要的玩家是商品交易顧問(CTAs),這些人大多採用順勢系統,資金規模非常龐大。再過10、20年,參與者的性質可能截然不同,市場的性質也會隨之改變。

對於一套好系統,任何特定期間內進行的交易筆數愈多,績效通常會愈理想。所以,把交易系統運用到更多彼此無關的市場,績效應該有改善的空間。事實上,好的交易系統通常適用於多種不同的市場,所以增添交易市場會提供更多的機會。

另外,同時採用不相關的交易系統(每種系統各自採用其適當

的部位大小模型），通常也有助於提升績效。舉例來說，我們採用一套長期順勢系統，如果再配合運用一套適用於整理走勢的短期系統，整體績效應該會改善，因為短期系統可以在橫向走勢內賺錢，藉以彌補長期順勢系統在這種市況下通常會發生的損失，說不定還有賺錢的機會。總之，績效通常會有所改善，因為當市場重新出現明確趨勢的時候，交易資本應該會更多些。

14. 最糟市況下的心理因應計畫

我們應該嘗試瞭解交易系統在各種可能市況下的表現。換言之，在各種可能市況下——劇烈波動、橫向盤整、趨勢強勁、交易冷清——我們期待交易系統將如何表現呢？除非我們預先做這方面的研究，否則一旦碰到相關市況，真不知道能夠有什麼期待。

關於這個問題，在我們舉辦的專題研討會裡，湯姆・巴索經常建議學員們考慮：

> 對於每筆交易，不妨想像自己如果建立相反部位的話，將會產生什麼心理反應。如果你建立空頭部位，不妨想像買進的情況；反之，如果你剛買進，不妨想像放空的情況。你會有什麼感受？你會怎麼想？

這是各位能夠採納的最重要練習之一。我強烈建議各位認真這麼做。

對於各種可能發生的重大災難，各位也應該擬妥因應計畫。舉例來說，如果市場在1、2天之內出現重大的不利走勢，交易系統將

會如何表現呢？我們要考慮一些畢生難得一見的可能行情發展，譬如：道瓊工業指數單日下跌500點（過去10年內曾經發生2次）或油價再度出現科威特波斯灣戰爭的行情？在目前商品多頭行情中，油價已經衝過$70。如果需求進一步強化，可能把油價推升到$150，那怎麼辦？通貨膨脹壓力如果顯著轉劇，情況將會如何發展？各位如果從事外匯交易，萬一主要國家重新採用金本位制度，那將如何？如果有顆大隕石掉落在大西洋，歐洲與美國人口遽減一半，那麼金融、商品市場又會如何反應？當然，還要考慮一些比較可能發生的事件：網路或電話通訊中斷，電腦被竊或壞掉、……等。

　　總之，對於交易系統可能碰上的最糟狀況，必須預先做演練，到時候才不至於不知所措。儘量發揮自己的想像力，思考各種可能發生的災難事件。針對這些災難，設計幾套因應計畫。做好這部分工作之後，交易系統也就大功告成了。

附註

1. 除了辨識關鍵工作之外，模型建構還要考慮很多因素。你需要找到每項工作的構成部分，你需要針對其他人建構模型。我們的系統設計模型可以辦到這一切。

　　請注意，模型發展本身就是一個需要整本書來討論的議題。

2. 請參考本書最後的建議閱讀書目。

3. 香狄的這本著作很棒，但我並不同意他的一些結論，尤其是關於投資組合測試與部位大小方面的觀點。

4. 這些人可能買進一打默默無聞的小股票，其中可能有11支股票最終不了了之，但只要有一支股票後來發展為大型企業，那就夠

了。由於這些股票通常不會引起注意，持有人通常沒有辦法在股票變得分文不值之前脫手，但往往也不會在股票成為大贏家之前賣出。

5. 即使擁有這種頂尖系統，但命運還是會作弄人。就此處談論的這位交易者來說，他沒有辦法調整適當大小的部位規模。他在心理上就沒有辦法處理這個問題；事實上，他根本就不認為他有這方面的問題。目前，他甚至沒有辦法從事交易，他認為他的胃阻止他進行交易。所以，根據我的看法，他並不瞭解聖盃的真正意涵——在市場上尋找自我。

6. 我有一位客戶所設計的當日沖銷系統，其平均獲利顯著大於虧損。這套系統的可靠性低於50％，不過仍然可以創造可觀的獲利。這意味著我們還可以透過其他方式建立短期交易系統。

7. 此處之所以採用「停止」的字眼，因為多數人都是透過停止委託單執行這個功能。換言之，「當行情出現指定價位，就按照市價單執行指令。」

8. 如果是觀察系統的實際交易狀況，那麼期望報酬太低（譬如說，每承擔$1風險的期望報酬只有15美分）很可能是心理問題造成，例如：沒有嚴格遵循系統指示，太早獲利了結。

CHAPTER 5

挑選適用概念

> 愈瞭解所採用的交易概念，愈能掌握相關概念在各種市況下的反應，也就愈沒有必要進行歷史測試。
>
> —— 湯姆・巴索（Tom Basso）

根據我的估計，大約只有20%的交易者或投資人會採用交易系統。這些人之中，絕大部分的人只是採用某些預先設定的技術指標，並不瞭解相關系統之所以採用這些指標的根本概念。所以，本章請幾位專家描述他們從事交易引用的根本概念。當然，本章內容絕對不代表所有可供運用的概念，而只是一些供各位參考的案例。各位閱讀本章時，應該仔細思考各種概念，評估它們是否適合各位的個性與信念。唯有那些適用的概念，才能發揮真正的功能。在各位運用這些概念建立交易系統之前，務必要確實瞭解它們。

在我撰寫本書第一版的時候，曾經接過一通來自某混沌理論專家的電話。他表示，他長期以來一直留意我的研究工作。他認為，我的見解頗有見地，但對於交易系統有著不正確的觀念。他說，交易系統是相當荒唐的想法，因為交易基本上是反應運氣與個人心理。我說，如果他是把系統單純定義為進場方法，那麼我同意他的觀點。

　　可是，我們實際上是透過停止與出場策略而設計一種期望報酬為正值的方法[1]，並且使得心理與部位大小具有意義。談到交易系統，多數人只希望找到一種勝率很高的進場方法。這些人對於如何出場或部位規模，通常都沒什麼概念。這通常會導致期望報酬為負值的系統。反之，如果確實瞭解出場方法與部位規模對於系統的重要性，即使是一套勝率只有40%的系統，那也就夠了。前述那位混沌理論專家聽到我的這段評論，我想他有點傻住了，但最後仍然堅持說[2]，「人們不可能根據歷史資料設計期望報酬為正值的任何系統。」很有意思地，他雖然如此宣稱，不過還是寫了一本有關如何運用混沌理論進行交易的書。

　　我覺得前述這段談話很有趣。我認為，我覺得自己可能是態度最開放的人之一，因為我相信：交易可以採用期望報酬為正值的任何概念。結果，我發現，即使是這個基本假設——交易可以採用期望報酬為正值的任何概念——也只是一種假設而已。如同我稍早說過的，我們只能根據自己的信念進行交易。在這個架構下，讓我們看看一些投資人與交易者採用幾種根本概念。

順勢操作

　　我聯絡了幾位傑出的交易者（也是我的好朋友）談談各種交易概念。稍早在本書第3章，各位已經見過湯姆・巴索。湯姆和我一起合作過20幾場專題研討會，我可以就個人經驗談談我對他的看法，他是我見過態度最平衡的交易者。湯姆現在雖然已經退休，不過當他從事交易的時候，他是我見過最機械化的交易者。他辦公室裡的一切，只要在許可範圍內，都一律電腦化。即使是交易指令，

他也是透過電腦產生的傳真發給經紀人。湯姆採用兩套電腦化順勢交易系統，所以我想他是最有資格談論這方面概念的專家[3]。

湯姆・巴索：順勢交易哲學

很多成功的交易者採用順勢操作方法。本節準備探討何謂順勢操作，說明投資人為何有必要瞭解這種基本的交易哲學。

讓我們把「順勢」（trend following）分解為兩部分：趨勢（trend）與順從（following）。首先討論趨勢。交易者需要仰賴趨勢來賺錢。仔細想想，不論採用哪種技巧，在我們買進之後，除非稍後可以賣在更高的價位，否則就會發生虧損。所以，買進之後如果要賣在更高價位，就必須出現上升趨勢。反之，如果是放空的話，就必須仰賴下降趨勢，如此才能在更低價位回補。

第二個部分是順從。順勢操作者進場之前，會先等待趨勢發生，然後他們才順勢跟進。如果趨勢由下降轉變為上升，順勢操作者會立即買進。這是順著上升趨勢操作。

「立即認賠而讓獲利持續發展」，這句話道盡順勢操作的真諦。投資人藉由順勢指標判斷趨勢何時下降轉為上升，或由上升轉為下降。我們運用各種圖形與數學運算方法，試圖衡量市場趨勢的變化。趨勢一旦形成，交易者就能順著潮流前進；只要既有趨勢繼續發展，部位就能繼續賺錢。這就是所謂的「讓獲利持續發展」。

我曾經聽見一位初學者向某位非常傑出的順勢交易者請教，後者剛在某外匯市場建立部位。這位初學者問，「這筆交易的獲利目標在哪裡？」順勢交易者頗富禪機地回答，「直到虛無縹緲間，雖然我還沒有碰過這類的案例，但說不定有一天會…。」這句話蘊含著順勢操作的基本哲學。如果市場願意配合演出的話，只要市場呈

現符合「趨勢」定義的跡象,順勢操作者就會建立順勢部位,並且繼續持有——只要趨勢繼續存在的話。

　　不幸地,趨勢到了某個時候總是會消失。趨勢一旦發生變化,先前那句話的「立即認賠」部分就要發揮作用了。換言之,透過某種方法,交易者一旦察覺趨勢發生變化,行情發展方向不利於既有部位,就應該立即結束部位。這個時候,如果部位有獲利,就是獲利了結;反之,如果部位沒有獲利,那也必須認賠出場。總之,只要趨勢朝相反方向移動,順勢操作者就必須結束既有部位。

順勢操作的優點

　　順勢操作的優勢很簡單:我們不會錯過任何市場的主要行情。對於我們所觀察的市場,如果趨勢由下降轉為上升,任何順勢指標都會發出買進訊號。問題只是時間遲早而已。如果趨勢屬於長期規模,指標勢必出現訊號。順勢指標衡量的趨勢期間愈長,交易成本愈低——這絕對是順勢系統的重大優勢。

　　由策略角度來說,投資人務必要瞭解,不論在哪個市場,只要能夠掌握一波重大走勢,獲利就會非常可觀。大體上,這類部位的單筆獲利,往往就抵一整年的努力。所以,策略可靠性即使低於50%,交易者仍然可以獲利。這是因為——順勢操作哲學之下——成功交易的平均獲利,遠超過失敗交易的平均虧損。

順勢操作的缺點

　　順勢操作系統的缺點,在於技術指標沒有辦法判別重大趨勢與短暫走勢。所以,順勢操作往往會產生訊號反覆的問題;換言之,某個訊號產生之後不久,又出現反向訊號,這類反覆訊號最容易造

成虧損。訊號反覆的現象可能重複發生，對於順勢操作者構成重大壓力，甚至造成交易者放棄既有系統。

　　金融市場絕大部分時間都處在沒有明確方向的趨勢之中。方向明確的趨勢，大約只佔15～25%的時間。即便是如此，很多交易者仍然願意採用順勢系統，因為他們不希望錯過重大趨勢。

順勢操作方法是否仍然有效？

　　毫無疑問！第一，如果沒有價格趨勢，就不需要有組織性的市場。生產者知道自己的產品可以賣多少錢，不需擔心價格波動而做避險。最終使用者也知道他們隨時可以按照合理價格取得產品。投資人之所以購買股票，只是為了賺取股利。所以，只要有相當長的一段期間內不存在價格趨勢，市場可能會就消失。

　　第二，如果沒有趨勢，價格變動將呈現隨機分配。可是，不論在任何市場，我們如果觀察價格變動的機率分配，將發現分配兩側尾端拉得很長（相較於常態分配）。這意味著重大價格變動的發生機率，顯著超過純粹隨機分配所能夠解釋的程度。舉例來說，1982年開始進行交易的S＆P期貨市場，短短5年內就出現純粹隨機狀況下百年難得一見的重大價格變動。所以，這種重大價格變動事件異常頻繁的現象，顯示順勢操作方法仍然有效。

順勢操作方法是否適合每個人使用？

　　對於初學者來說，不論是投資人或交易者，順勢操作可能是最容易瞭解、最容易使用的方法。系統所運用之指標的涵蓋期間愈長，獲利受到交易成本影響的程度也愈少。短期系統的交易相對頻繁，經常難以克服交易成本過高的問題。所謂交易成本，並不單是

佣金而已，還包括滑移價差。交易進行的筆數愈少，交易成本也愈低，系統也愈容易獲利，但前提是系統使用者必須要有耐心。

當然，很多情況下，並不適合採用順勢系統。舉例來說，場內交易員搶的是幾檔的差價，所以不適合採用順勢交易概念。避險者顯然不能採用順勢系統，因為這與避險概念彼此矛盾。當日沖銷者也很難運用順勢模型，因為相關交易受到時間限制——每天交易終了，就必須結束部位——不可能讓獲利持續發展。

讀者如果能夠接受順勢操作哲學，不妨試試看。我們看到很多成功的投資人與交易者，他們都採用這種歷經時間考驗的方法。目前，金融市場愈來愈不穩定，經常呈現一些可供順勢系統運用的新趨勢。

編者評論

就本章討論的各種概念來說，順勢操作可能是最成功的投資與交易方法。事實上，在本書隨後討論的各種系統之中，絕大部分都屬於順勢系統。如同湯姆‧巴索指出的，順勢系統的最大麻煩，就是市場未必始終有可供交易的明確趨勢。可是，這個問題對於股票投資人／交易者來說，不至於構成真正的困擾，因為股票市場有數以千計的股票可供挑選，而且可以建立多、空部位。各位如果不排斥放空股票的話，那麼隨時都有不錯的趨勢市場可供運用。

股票玩家經常會遭遇一些難題：（1）某些情況下，只有少數幾支股票呈現明確的上升趨勢，最好的交易機會大多在空方；（2）很多人不暸解放空，因此也不願放空；（3）根據交易法規，放空操作會受到某些限制（必須借取股票，必須在股價向上跳動的時候才能放空）；（4）退休帳戶通常不允許放空。雖說如此，各位如

果願意嘗試放空，某些市況下確實有很大的發揮空間。

基本分析

　　我邀請另一位好友查爾斯・拉寶（Charles LeBeau）撰寫這篇有關於基本分析的內容。拉寶是著名新聞通訊《技術交易者期刊》（Technical Traders Bulletin）前任主編，也是經典好書《期貨市場電腦分析》（Computer Analysis of the Futures Market）的共同作者。查爾斯是一位很傑出的演講者，經常參與投資講習會。他也曾經擔任我們舉辦專題研討會「如何發展一套適合你的致勝系統」（How to Develop a Winning System That Fits You）的講座。目前，拉寶已經退休，居住在亞利桑納的Sedona。當他還積極從事交易的期間，他是一位商品交易顧問，後來管理自己的避險基金[4]。

　　各位或許會覺得奇怪，查爾斯擁有廣泛的技術分析背景，為何我會請他撰寫這篇有關基本分析的文章。事實上，查爾斯曾經在某主要大學擔任基本分析的講座，也曾經在Island View Financial Group主持一個基本分析為基礎的交易操作系統。此處不妨用查爾斯・拉寶自己的說法來解釋：「在我的觀念裡，我寧可採用一種能夠把工作做好的任何最佳工具。」

查爾斯・拉寶：基本分析交易導論

　　運用於期貨交易，基本分析是採用實際或預期的供需關係，預測期貨價格變動的方向與幅度。基本分析或許還有其他更明確、更周詳的定義，但本文只準備探討基本分析的效益與實際運用。

　　很多交易者誤以為，基本分析者就只能採用供給-需求分析，

技術分析者則完全不採用基本分析，只強調價格行為。這種黑白分
明、全有全無的劃分，是非常不合理、也不必要的，對於交易也沒
有任何好處。如果各位同時擁有兩個或多個好點子，通常應該分頭
並進、同時採用，而不該落入非此即彼的陷阱[5]。

　　在價格目標的判斷上，基本分析絕對優於技術分析。技術指標
如果解釋正確的話，能夠用以判斷價格變動的方向與發生時間，但
很難協助交易者判斷價格走勢幅度。某些技術分析者宣稱他們的方
法可以判斷價格目標，但根據我個人40多年的交易經驗觀察，我從
沒見過任何技術方法可有效判斷價格目標。反之，好的基本分析可
以協助我們估計價格目標。引用基本分析的價格目標，我們可以約
略掌握價格走勢幅度，可以知道某筆交易是否應該快速獲利了結，
或是長期持有。不可否認地，基本分析的價格目標判斷，精確性有
一定限度，但這種約略概念就足以讓交易者擁有明確的優勢。

　　基本分析的功能當然有其限度。即使是最棒的基本分析，結論
也非常不明確。縱使是在最理想的情況下，頂多可以經由基本分析
達成下列結論：某市場在未來很可能出現「重大」漲勢。所以，在
最理想狀況下，基本分析可以告訴我們有關未來價格走勢的方向與
大致幅度。可是，這類分析通常不知道價格走勢什麼時候會發生，
也不能預測明確的價格目標。雖說我們只知道方向與大致上的價格
變動幅度，但對於交易者來說，這已經是非常重要的資訊了。如果
我們能夠結合基本分析與技術分析，那麼交易拼圖也就完成一大部
分，獨缺部位大小的關鍵（本書其他部分會詳細討論）。

如何引用基本分析？

　　接下來，讓我們談談實務上如何有效引用基本分析。下列建議

是根據我多年來採用基本分析從事交易的經驗，論點的重要程度與談論先後順序無關。

即使你接受過高度專業的訓練，也儘可能避免自行從事基本分析。 我從事交易已經有40多年時間，也經常在主要大學的研究所擔任基本分析講座，但我從來沒有想過要自己從事基本分析。真正的基本分析專家，他們把所有的時間與精力都擺在這方面的研究上，所以絕對比你或我更勝任這份工作，而且他們的研究結論也很容易取得，幾乎完全不需費用。

不妨尋找那些願意提供基本分析資料給一般大眾的來源。打電話給大型經紀商，請他們把你的名字擺在資料郵寄名單上。試閱《行情共識》（Consensus），瀏覽所有的分析。挑選一些你覺得不錯的資料來源，剔除不喜歡的部分。你只要留意那些願意提供有用預測的分析專家，千萬不要抱著大小通吃的心態收集資料。請記住，對於每個市場，你真正需要的，只是各有一個好的基本分析資訊來源。資料來源過多的話，往往會得到彼此衝突的資訊，結果只是徒增困擾，難以擬定決策。

新聞與基本分析資料並不相同。 基本分析可以預測價格走勢方向，新聞則落後價格走勢。過去，當我還擔任某主要商品經紀商的資深主管時，每在市場收盤之後，媒體都會向我打探當天行情為何上漲或下跌的原因。對於這類問題，如果行情上漲的話，我就談些特別值得留意的利多消息；反之，如果行情下跌，我則提供一些我認為重要的利空消息。我們每天都會看到很多有關市場的利多與利空消息。報紙所報導的所謂「新聞」，就是與當天價格走勢有關的事件。

各位也會發現，相較於已經發生的事件，即將發生事件的相關

新聞，對於行情的影響比較持久。預期之中的利多新聞，對於行情
的支撐效應可能持續幾個星期或幾個月。一旦該利多新聞真的實
現，行情往往會朝相反方向移動。這也是為什麼金融市場流傳一種
說法：「在謠言之中買進，消息成真則賣出。」（當然，對於利空
消息來說，情況剛好相反。）

對於基本經濟報告的反應要謹慎。舉例來說，假定某作物報告
顯示，黃豆的收成量相較於去年將減少10%。乍看之下，這屬於利
多消息，因為黃豆供給顯著減少。可是，如果市場原本預期黃豆產
量將減少15%，那麼這個「利多」消息反而會導致黃豆價格下跌。
在我們判斷某項經濟數據屬於利多或利空消息之前，首先要瞭解市
場對於該報告的預期。另外，不要根據市場的初步反應來判斷某消
息屬於利多或利空，應該要讓市場有更多的時間來消化新聞事件。
我們不難發現，市場的初步反應往往過當或不正確。

尋找那些需求面提升的市場。需求是持續性價格漲勢的驅動力
量，這類趨勢最容易賺取交易獲利。需求驅動的行情，是我們可以
透過長期部位賺取不尋常獲利的機會。當然，價格也可能因為供給
不足而上漲，但源自於供給不足的行情，通常難以持久，所預測的
長期漲勢往往也是嚴重高估。總之，儘量尋找那些經由需求驅動的
交易機會。

時效拿捏很重要，對於自己判定的基本面情節，務必要有耐
心。相較於多數市場參與者，頂尖的基本分析專家似乎更能夠精準
預測價格趨勢。這顯然是一種優勢，前提是我們必須能夠拿捏時
效。如果我們太衝動，太早進場，短期內可能會發生損失。務必要
有耐心，讓技術指標告訴我們，市場什麼時候會呈現該有的趨勢。
記住，目標不是第一個做正確預測。目標是要賺錢，同時能夠嚴格

控制風險。為了要掌握精確的基本分析預測，我們或許要等待幾個禮拜，甚至是幾個月。過早採取行動，精準的預測很可能演變為虧損交易。

基於某種理由，許多有關主要價格變動的預測最終會失敗。關於整體市場狀況，如果我們能夠確實鎖定精準的基本面資訊來源，全年平均大約可以取得有關主要價格變動的8～10項預測。在這些預測之中，大概只有6、7個會真的發生。如果我們能夠及時建立半數的部位，然後讓獲利持續發展，績效應該非常理想。

務必果斷，必要的時候必須認賠。對於基本面潛力充分的趨勢，不要害怕追價。在行情已經發動之後，有很多交易者——不論是採用基本或技術分析——缺乏進場的勇氣或紀律。每位交易者都希望在最有利的價位進場，希望能夠等待價格拉回，此乃人之天性。各位必有立即採取行動的勇氣與信心。如果不能斷然採取行動，即使擁有最棒的基本分析或技術分析方法也是徒然。如果心存疑惑，不妨先小量進場，然後慢慢加碼。

我希望這篇短短的介紹，能夠激發一些想法，甚至說服各位相信基本分析將有助於你的交易計畫。若是如此，我強烈建議讀者進一步探討這個主題。就我個人的看法，這方面的最佳書籍是傑克・史瓦格的《史瓦格期貨基本分析》[6]。各位如果希望把基本分析運用於交易，絕對會喜歡史瓦格的這本書。

編者評論

查爾斯・拉寶做的介紹，基本上適用於期貨交易，而且可以運用於葛拉契爾（Gallacher）稍後在本書講解的方法。對於股票市場交易者或投資人來說，請參考下一節接著準備討論的價值交易。另

外，本書稍後談論的兩套系統也涉及基本分析，一是威廉·歐尼爾（William O' Neil）的CANSLIM系統，一是巴菲特的商業模型。巴菲特模型幾乎完全仰賴基本分析，歐尼爾模型則使用基本分析於其建構。

價值交易

　　價值交易（value trading）是投資組合經理人用以交易股票市場的主要方法之一。原則上，這套方法是要買進價值低估的對象，然後在價值高估的情況下賣出。如果願意放空股票的話，則可以先放空價值高估的股票，等到股票回升到合理價位或價值低估狀態，則回補股票。多數人都是先買進股票，但很少人願意先放空股票。關於本節的內容，我打算自己講解，因為我們公司的退休基金就是由我根據「價值概念」負責操作。

價值投資原則

　　股票發展史上最偉大的投資人，很多人都自詡為「價值交易者」，其中最著名者莫過於華倫·巴菲特與他的老師班傑明·葛拉罕（Benjamin Graham），其他還包括：約翰·坦伯頓爵士（Sir John Marks Templeton）、麥可·普萊斯（Michael Price）、馬立歐·葛貝里歐（Mario Gabellio）、約翰·尼夫（John Neff）、拉利·提胥（Larry Tisch）、馬蒂·惠特曼（Marty Whitman）、大衛·德雷曼（David Dreman）、吉姆·羅傑斯（Jim Rogers）、麥可·史坦哈特（Michael Steinhardt）…等人。所有這些大師們都有一個共通點：強調價值。可是，這些人運用的方法各自不同，因為他們對於「價值」

的定義稍有差異。由於篇幅的限制，本節只能做簡略的討論，談論一些我認為有用與沒用的觀點。另外，我也會補充一些我個人認為對於價值交易有用的意見。

首先談有用的內容。價值投資永遠有效的原則是：買進價值顯著低估的東西（另一個前提是要有耐心）。當然，真正的關鍵在於如何判斷價值。我在《資產生財，富足有道！》（Safe Strategies for Financial Freedom）一書內，曾經深入討論班傑明・葛拉罕著名的賺錢方法──葛拉罕的數據技巧（Graham's number technique）。就此立場而言，價值的意義很簡單：企業的清算價值是多少？如果該企業在一年之內賣掉所有的資產，總共值多少錢？各位可以在雅虎或《商業週刊》找到一般上市公司的這方面資訊。這稱為企業的流動資產（current assets）。把企業的流動資產，減掉總債務，結果就是企業短期內（一年內）的清算價值。

一旦決定公司的清算價值為每股$10，但該股票的實際交易價格為$7，這意味著我們可以拿$7買進價值$10的東西。這也就是我所謂的價值交易對象（value play）；當股票行情處於最悲觀市況下，我們不難發現這類股票。舉例來說，2003年4月，當我在編寫《資產生財，富足有道！》時，我們看到4支這類的價值交易對象。接著，行情見底而向上反轉，經過 9 個星期之後（2003年6月20日，就在該書即將出版之前），這支股票價格上漲了86.25％，但S＆P 500同期內只上漲15％。當然，這是發生在行情的底部，後來就很少看到這類例子了。

尋找那些企業清算價值遠高於股票實際交易價格的對象，這是價值交易的極致形式。不過，價值交易還有其他方法。舉例來說，我們可以尋找那些公司資產帳面價值遠低於實際價值的股票。舉例

來說，土地的帳面價值經常沒有做重估，因此而嚴重低估。譬如說，如果某土地的帳面價值是每英畝$1,000，但實際市場價值卻是每英畝$50,000。如果可以找到這類的對象，其股票價值也可能嚴重低估。我們可以看到一些這方面的例子，包括：St. Joe（擁有佛羅里達3%的土地，帳面價值為每英畝$ 2）、Alexander and Baldwin（擁有夏威夷的土地，帳面價值為每英畝$150）、Tejon Ranch（持有大量土地，帳面價值為每英畝$25）。如果買進這類公司的股票，幾乎等於是免費擁有很多土地[7]。

如何提升有效方法？

關於價值交易方法，有一點值得特別留意：絕對不要買進一支價格繼續下跌的價值低估股票。舉例來說，某支股票的價格只是企業清算價值的70%。看到這支股票，你未必應該買進。股價雖然很便宜，但只要價格持續下跌，就代表有些人基於某些理由正大量賣出股票。股價可能繼續下跌一陣子。換言之，股價雖然嚴重低估，但這並不代表2、3個月之後價格不會更低估。

我要股票本身證明它值得被買進。換言之，股票走勢必須透露其下降趨勢已經結束。除非股票自己能夠提供證明，否則我絕對不會買進價值低估股票。這類股票最起碼要出現長達2個月的底部，股價沒有繼續下跌。最好當然是股價已經回升一陣子了。我相信有些價值投資人不認同我的看法，他們可能會說，「你原本可以在更低價位買進！」沒錯，但我就是引用前述原則而在2003年4月買進價值低估股票。如果我提早進場，資金可能被套牢一年。當然，這是個人抉擇的問題，每個人都是按照自己對於市場的信念進行交易，每個人都必須決定自己的信念是否有效。

　　順便提一點，相較於大型投資組合經理人，個人交易者執行價值投資具備一項優勢。大型基金通常會購買價值數百萬的股票，這等規模的買進難免對於股價造成衝擊，所以經理人通常不能等到股價開始上漲之後才動手。可是，對於一般個人交易者來說，由於買進數量很有限，所以可以等待股票證明自己。這種情況下，在你進場的時候，通常都代表大型機構法人已經進場了。

無效的價值投資

　　大型金融機構高薪聘請股票分析專家，請他們從事研究分析，預先判斷哪些股票價值低估。這些分析家觀察企業即將推出的產品，研究這些產品的潛在市場，然後判斷這些產品之銷售對於該公司未來股價的影響。他們過濾、篩選無數的基本面資料，藉以預測企業的未來盈餘。根據未來盈餘預測，他們可能因此認定某些股票價值低估或高估。

　　根據我多年來的經驗與觀察，沒有任何證據顯示這種方法有效。多數分析只是猜測而已，他們經常抱怨企業負責人或主管撒謊。可是，即便企業主管如實奉告所有的資訊，我仍然認為這些分析家所做的盈餘預測，根本與未來股價表現之間沒有顯著的關連。所以，如果各位願意聽從我的意見，那就不要做這類的價值投資。未來盈餘預測不能有效衡量企業價值。

帶狀交易

　　一般情況下，金融市場大約只有15％的時間存在明確趨勢。至於剩下的85％時間，各位打算怎麼辦？所以，多數時候未必適合交

易，或者我們可以嘗試尋找某種適合橫向走勢的交易方法。帶狀交易（band trading）就是這類方法之一。巴頓（D. R. Barton）任教於我們舉辦的短期交易研討會（波段交易與當日沖銷交易），使用帶狀交易方法已經有一段時日了。他甚至根據自己設計的帶狀交易系統主編一份投資快訊[8]。所以，我想巴頓很適合講解這部分內容。

巴頓：帶狀交易概論

　　不論交易者或投資人，大多對於適合多數市況的交易方法有興趣。帶狀交易（又稱為區間交易）就是這種適用於多數市況下的交易方法之一。下文準備詳細解說這套方法。首先，讓我們定義何謂帶狀交易，然後觀察適合採用帶狀交易的市場信念。帶狀交易原則很單純：在交易區間底部買進，在交易區間頭部賣出。根據帶狀交易的構想，市場走勢就像橡皮筋或彈簧一樣：朝某個方向做延伸，然後收縮拉回。這類走勢經常出現在橫向市場。請參考圖5.1的第二部分（水平狀部分），市場呈現明確的橫向通道。價格上漲到區間上限（標示為1），然後朝區間底部折返（標示為2），觸底之後又開始回升，重複整個循環（由1而2，再由2而1）。

　　多數人都知道橫向走勢的帶狀型態，但較少人瞭解帶狀交易也適用於趨勢明確的市場。即使有明確的趨勢，市場也很少會呈現筆直的漲勢或跌勢。比較常見的發展模式是：「進步-退步」。請觀察圖5.1的第一部份，價格呈現明確的下降趨勢。雖說如此，我們仍然可以清楚看見前文討論橫向走勢的價格發展型態：價格上漲到帶狀上限（標示為1），然後折返帶狀底部（標示為2），接著又上漲到帶狀上限，如此重複發展。這種延伸-折返、延伸-折返的行為，正是我們可以利用的重複性走勢。

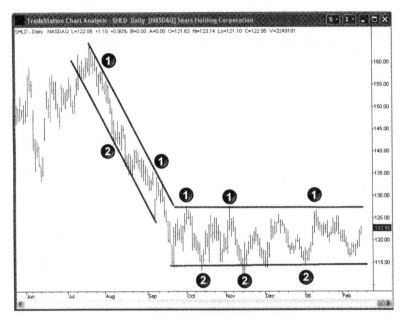

圖 5.1　趨勢帶狀與整理帶狀：圖解

參與帶狀：帶狀定義

　　交易區間可以透過視覺或數學方式界定為三大類別：通道
（channel）、靜態帶狀（static bands）與動態帶狀（dynamic bands）。
通道通常是由兩個價位決定，分別代表通道上限與下限。這兩個價
格在重新定義之前，是維持不變的。董詮通道（Donchian channel）
就是很著名的例子，其通道上限定義為最近x天的高價，通道下限
定義為最近x天的低價。除非通道上限或下限的價位重新設定，否
則通道維持不變。

　　靜態帶狀也是由帶狀上限與下限界定，但帶狀上限／下限與帶
狀中心點（稱為基準）之間的距離保持固定。這類的帶狀結構又稱
為包絡（envelope）。圖5-2顯示靜態帶狀或包絡的架構：帶狀基準

線為某簡單移動平均，上限與下限則分別界定為簡單移動平均的某百分率距離。舉例來說，帶狀基準線可以採用20天移動平均，帶狀上限定義為移動平均的105％，下限定義為移動平均的95％。

　　動態帶狀與靜態帶狀很類似，基準線通常也採用簡單移動平均，但上限／下限與基準線之間的距離則會變動，這項距離通常定義為價格波動程度的函數（換言之，該距離會因為價格波動程度變動而變動）。包寧傑帶狀（Bollinger Bands根據創始者約翰·包寧傑命名）是最常見的動態帶狀。

　　圖5.3即是包寧傑帶狀的例子，帶狀基準線為20天簡單移動平均，上限／下限與基準線的距離設定為價格分配的2個標準差（20天移動平均± 2個標準差；標準差是一般用來衡量價格波動程度的

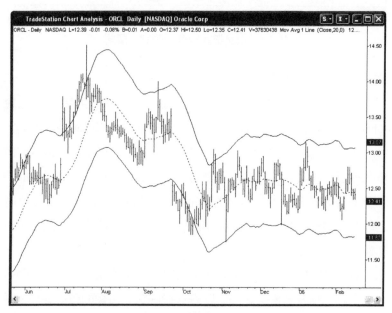

圖 5.2　範例：移動平均靜態帶狀（20天移動平均±5％）

統計量）。另一種常見的動態帶狀，上限／下限與基準線的距離設定為平均真實區間（average true range，ATR）。

請參考圖5.3，包寧傑帶狀的寬度會隨著價格波動轉趨劇烈或緩和而變得更大或更小。換言之，當市場價格波動很緩和時，帶狀寬度會縮小（標示為1），當行情波動劇烈時，帶狀寬度也會隨之擴張（標示為2）。

如何運用帶狀進行交易？

關於這三類帶狀，我都曾經見過交易系統有效運用。我個人曾經根據一種調整型動態帶狀系統，編寫一份投資快訊，這套系統經過嚴格的測試，實際交易績效很不錯。以下是我歸納的一些心得。

圖 5.3　動態帶狀範例：包寧傑帶狀

　　不論採用動態或靜態帶狀，究竟如何設定帶狀寬度，除了科學
考量之外，其中還有很大的藝術成分。帶狀寬度或大或小，各有優
點與缺點，如果每個市場都採用統一寬度（譬如說，移動平均包絡
的5％），如此可以避免帶狀寬度參數設定發生曲線套入的問題。可
是，假定不論個別市場的價格波動程度而統一採用1％的寬度；這
種情況下，對於波動劇烈的市場，帶狀寬度1％可能太窄，導致交
易過度頻繁；同理，對於價格波動穩定的市場，寬度1％則可能太
寬鬆，不容易出現交易訊號。反之，假定針對個別市場，採用歷史
資料測試而分別設定最佳化帶狀寬度，如此幾乎一定會造成曲線套
入的過度最佳化問題，使得該帶狀寬度根本禁不起未來實際市場的
考驗。我個人認為，比較好的折衷辦法，是針對價格波動程度類似
的類股或商品類，設定最佳化帶狀寬度。

　　帶狀系統可以考慮兩種進場方法：純粹的逆趨勢進場方法，以
及折返進場方法。如果採用純粹的逆趨勢進場方法，則在價格觸及
帶狀上限則立即賣出（放空），而在價格觸及帶狀下限則立即買進
（回補）。如果採用折返進場方法，則是在價格觸及帶狀上限或下限
時並不立即進場，而等待價格朝帶狀內部折返到某個程度，才進場
建立部位。關於這兩種方法的選擇，交易者必須考慮：「進場建立
部位之前，是否必須先看到有利方向的走勢？」

　　一旦進場建立部位之後，最理想狀況下，部位將繼續持有，直
到反向訊號發生為止。這個時候，我們結束既有部位，同時建立反
向部位。所以，處在最理想的狀況下，我們看到價格上漲，在帶狀
上限附近放空，然後看著價格下跌，在帶狀下限附近把空頭部位反
轉為多頭部位。換言之，我們持有多頭部位，然後把多頭部位反轉
為空頭部位，隨後再把空頭部位反轉為多頭部位，如此重複進行，

每個部位都獲利，不斷賺錢。

當然，這個世界畢竟不可能如此完美，帶狀交易者必須考慮下列問題：

· 如果帶狀上限／下限根本沒有被觸及呢？
· 如果帶狀結構不再有效、不復存在，怎麼辦？
· 建立部位之後，如果價格沒有觸及反向的帶狀界限呢？
· 如果價格穿越界限而繼續發展呢？

明智的帶狀交易者必須預先考慮這些問題，而且是在徹底瞭解帶狀交易概念的情況下做考慮。我們必須知道這個概念什麼情況下適用，什麼情況下不適用。我們必須瞭解帶狀的性質。一旦帶狀結構不再有效，我們必須清楚如何因應。我們需要預先考慮如何處理帶狀交易可能碰到的最糟情節。如果我們瞭解這一切，那就可以引用帶狀概念，建構適合自己的系統。

帶狀交易的長處與短處

帶狀交易可以是交易平台的基礎，也可以是其他策略的一部份。本節準備討論帶狀交易的長處與短處。

帶狀交易的長處　相較於順勢策略，帶狀交易適合於更多市況。不論是上升、下降或橫向趨勢，只要有足夠的價格波動，就可以採用帶狀交易。同樣地，相較於順勢系統，帶狀交易可以提供較多機會，帳戶淨值曲線比較平穩。因此，帶狀交易者可以採用更積極的部位規模策略，帳戶必要的淨值水準也可以稍低一些。

帶狀交易的短處　帶狀交易的進場方法違反人類的天性。我們必須在一段漲勢過程賣出，在一段跌勢過程買進。對於很多順勢交易者說，這種進場方式顯得很困難。某些股票與商品沒有很好的趨

勢，不適合採用順勢系統。同理，有些市場的價格區間太窄而不適合帶狀交易，或根本不呈現帶狀區間（譬如說，價格經常穿越帶狀界限）。這些性質都可以透過經驗或歷史測試來辨識。

編者評論

　　帶狀系統通常可以提供很多交易機會，特別適合短線玩家使用。所以，各位如果存在下列傾向，就適合採用這類系統：（1）喜歡經常進出市場，（2）喜歡買低，（3）喜歡賣高。

　　翻閱、瀏覽走勢圖，各位將發現很多適合與不適合運用帶狀系統的案例。身為帶狀交易者，你的任務包括：（1）找到最多適合帶狀系統的機會，（2）儘可能避開不適合的機會，或是經由濾網篩除，或是透過出場方法減少損失。可是，這些主題都屬於本書稍後才準備討論的內容。

季節性傾向

　　我個人認為，座落在奧瑞岡Eugene的摩爾研究中心（Moore Research Center, Inc.），是金融市場季節性傾向的主要研究機構之一。該機構運用電腦分析期貨、現貨與股票價格。自從1989年以來，該機構就發行一份流通全球的月報，專門研究特定的期貨類別。另外，該月報也提供市場季節性機率傾向的傑出研究。所以，當我撰寫本章時，立刻想到與史帝夫・摩爾（Steve Moore）聯絡。史帝夫表示，該機構有位專家特別擅長與投資人溝通，他是傑利・托波克（Jerry Toepke），他也是摩爾研究中心出版部門的主編。傑利經常在學術期刊發表論文，也經常在座談會發表演講[9]。本節使

用的一些圖形雖然有些老舊，但無礙相關論點的闡述。

傑利・托波克：季節性分析為何有用？

　　季節性方法設計上是要預測未來價格走勢，而非不斷因應彼此衝突的新聞。市場價格走勢雖然會受到很多因素影響，但有某些市況與事件是每年定期發生的。關於這方面的例子，最顯著者莫過於一年四季，春夏秋冬呈現固定的循環。另外還有一些每年固定發生的事件，譬如：每年4月15日的美國報稅截止日。這類現象會創造每年重複發生的供需循環。穀物收成期間，供給非常龐大，然後慢慢消失。冬天來臨時，熱燃油的需求趨於旺盛。貨幣流動性經常在繳稅之後下降，但又會因為聯邦公債拍賣而上升。

　　這種每年相當固定發生的供需變化，會讓價格走勢呈現季節性型態——不論發生時間或幅度大小，多少都有固定脈絡可循。所以，季節性（seasonality）可以定義為某種市場自然韻律，價格在每年固定時間都會出現相同方向的走勢。在這個背景之下，季節性就成為每個市場得以客觀分析的對象。

　　市場如果深受這類週期性循環影響，季節性價格走勢將不再只是季節性現象而已。這會變得根深蒂固而其本身將幾乎變成基本面因素，市場也幾乎變成有記憶。為什麼？消費者與生產者一旦視這種型態為習慣，就會變成幾乎非有不可。

　　型態蘊含著某種程度的可預測性。當預期變動確實發生，未來價格就會呈現走勢。如果這些變動具有年度重複發生的性質，就會變成一種期望與實現之關係的循環。對於季節性交易來說，這種重複發生的現象是很重要的，因為該系統設計上就是要預期、建立部位而掌握這種重複發生的趨勢，然後在該趨勢結束之後出場。

　　首先當然是要找到市場的季節性價格型態。過去，我們會利用
週線或月線高價／低價做粗略的相對分析。這類分析可能發現——
譬如說——活牛價格在4月份有67%的機會高於3月份價格，有80%
的機會高於5月份價格。目前，我們可以直接透過電腦分析過去幾
年的價格資料而找到季節性價格型態。建構適當的話，這類價格分
析可以反映歷史資料內呈現的年度價格循環。

　　任何循環的四個主要構成部分為（1）低點，（2）上升階段，
（3）高點，（4）下降階段。將此套入季節性價格型態，這四個部
分將分別代表季節性低點、季節性漲勢、季節性低點，以及季節性
跌勢。運用圖形來解釋，季節性型態意味著市場價格存在某種傾向
而預期每年會發生的四種供需關係：供給最大而需求最少、需求增

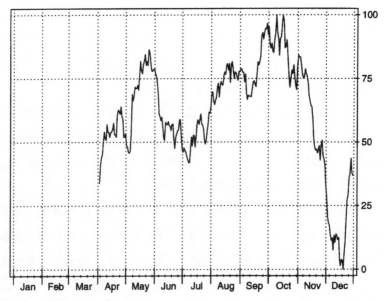

圖 5.4　2號熱燃油1月份契約（NYM），15年期季節性型態（1982～1996）

加而供給減少、需求最大而供給最少,以及需求減少而供給增加。
根據這種型態,我們可以更精準地預測未來價格走勢。

　　請參考圖5.4的1月份熱燃油走勢圖,涵蓋1982～1996年資料。
一般來說,熱燃油在7月份的時候需求最低——因為這是一年之內
最炎熱的月份——價格也最低。然後,隨著氣候逐漸轉涼,市場開
始預期未來的需求增加,對於熱燃油價格產生推升動力。最後,在
最嚴寒的月份到達之前,價格已經攀升到一年的最高點,煉油廠的
產能也到達極限,然後市場開始預期需求減弱,價格也跟著回軟。

　　另一項石油產品也呈現季節性循環,型態雖然不同於熱燃油,
但還是是由氣候主導:汽油。請參考圖5-5的汽油8月份契約,季
節性型態涵蓋1986～1995。冬天氣候不適合駕駛,汽油需求最
弱,價格也最低。隨著氣候回暖,市場預期汽油需求將回升,價

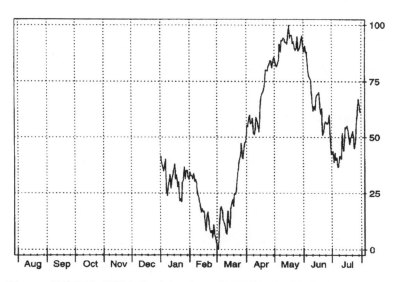

圖 5.5　無鉛汽油8月份契約(NYM),10年期季節性型態(1986～1995)

格也開始出現推升力道。到了駕駛期間正式開始（陣亡將士紀念日），油價也攀升至季節性高點。

日線圖呈現的季節性型態很少會有完美的循環。即使型態有清楚的季節性高點與低點，期間內的季節性趨勢也會被其他相互衝突的因素抵銷。所以，季節性跌勢往往會夾雜著短暫的漲勢。舉例來說，活牛價格在3／4月到6／7月之間會出現跌勢，但零售價格在5月初往往會有明顯的漲勢，主要是反映陣亡將士紀念日的烤肉需求。同樣地，黃豆價格在6／7月到10月收成之間會呈現跌勢，但勞動節前後可能出現霜害行情而上漲。

同樣地，季節性漲勢通常也會夾雜著短暫的跌勢。舉例來說，期貨上升趨勢經常會因為近月份契約第一通知日引發的賣壓而暫時停頓。這類為了必免交割而產生的賣壓，可以當作獲利了結的機會，稍後再進場重新建立部位。

所以，由日線圖建構的季節性型態，不只可以呈現季節性價格走勢的4個成分，也可以提供可靠的較大型季節性趨勢。針對這些季節性價格型態，如果還能夠辨識配合的基本面事件，則對於相關型態也就更有信心了。

請觀察圖5.6，這是9月份長期公債契約在1981～1995期間呈現的季節性價格型態。美國政府的會計年度始於10月1日，流動性慢慢增加，銀根寬鬆，利率下滑。債券價格在這段期間傾向於上漲，難道純屬巧合？

由年初延伸到5月份的季節性跌勢，是否反映繳稅預期引發的銀根趨緊？請注意，債券價格在4月15日下跌甚為顯著，這是繳納個人所得稅的截止日期。6月1日之後，聯邦準備銀行開始慢慢把徵收的稅金重新導入市場，這是否使得市場流動性快速增加？

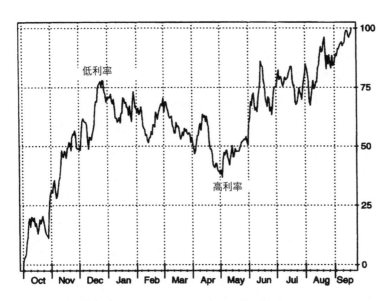

圖 5.6　30年期公債9月份契約：15年期間的季節性型態（1981～1995）

　　請仔細觀察12月1日、3月1日、6月1日與9月1日的典型市場走勢，這幾天是芝加哥期貨交易所的債務契約第一通知日。另外，請注意每季第二個月份——也就是11月、2月、5月與8月——的第一與第二個星期。交易者清楚債券價格在財政部每季再融通的第二天之前會出現跌勢，直到交易者大致瞭解債券3天拍賣的情況。

　　接著，請觀察圖5.7呈現的11月份黃豆契約15年期（1981～1995）季節性型態。請注意，巴西在這段期間已經成為黃豆的主要生產國，而巴西的黃豆作物循環剛好與北半球相反。我們可以看到，在2月份跌勢發生之前，黃豆價格基本上呈現橫向走勢；到了2月初，美國黃豆剛收成，巴西作物快速成長，因此引發一波季節性跌勢。等到3月份契約第一通知日的作用緩和之後，市場開始呈現基本面引發的春天漲勢，一方面是巴西作物狀況已經大致確定，美國生產

者賣壓也過了高峰，而且市場預期河川解凍將促進黃豆運輸，需求也會跟著提高。這個時候，市場的觀察重心擺在美國生產者的種植意願與面積，以及天候因素。

到了5月份，美國中西部黃豆種植面積已經大致確定，而且開始播種。這個時候，巴西黃豆也開始上市。由於巴西新作物上市，以及美國供給面的潛在壓力，雙重因素對於黃豆價格構成壓力。至於6月底與7月中旬的小峰位，代表偶發性作物恐慌。

到了8月中旬，美國作物收成已經確定，這個時候期貨價格會呈現初步的季節性低點。可是，價格通常都會繼續下跌到10月份收成谷底，不過中間——大約在8月底到9月中旬——會夾雜著商業性需求或霜害恐慌引發的漲勢。

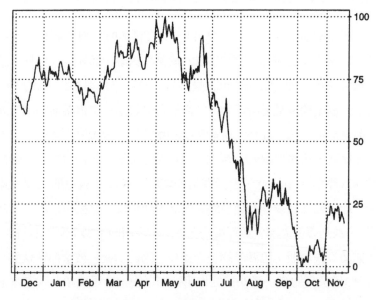

圖 5.7 11月份黃豆契約：15年期間的季節性型態（1981～1995）

　　這類季節性價格型態當然不會「萬無一失」。就如同任何其他方法一樣，季節性策略也有其限制。由實務上來說，交易者比較關心的，可能是時間性與逆季節性價格走勢的問題。基本面因素——不論是每天或更長期者——難免起伏不定。舉例來說，某些夏天更酷熱乾燥，發生在更關鍵的時間。即使是非常穩定的季節性趨勢，運用上還是要仰賴普通常識，配合簡單的技術指標，或掌握當時的基本面狀況，藉以提昇判斷精確性與時效掌握。

　　分析季節性型態的統計樣本應該多大呢？原則上，當然是愈大愈好。可是，某些情況下，「現代」資料才是重要的。舉例來說，自從1980年以來，巴西已經成為黃豆的主要生產國，對於黃豆價格有著決定性的影響力，所以目前相較於1970年代的季節性型態，已經截然不同了。同樣地，在通貨膨脹壓力很大的環境下，季節性型態分析並不適合引用通貨緊縮期間（1985～1991）的資料。

　　處在歷史過渡期間，最近型態的影響可能會有時間落後。分析現貨市場或許有助於釐清這方面的問題，但某些專屬於期貨的型態（譬如：由交割或契約到期驅動的價格走勢）則不適用。所以，季節性分析使用的資料，以及樣本大小，都必須恰當。這方面的判斷或許有些武斷性質，但使用者應該充分理解其選擇可能造成的後果。

　　運用統計方法預測未來，某些現象雖然可以得到歷史資料支持，但其本身並沒有預測功能。舉例來說，美式足球超級杯贏家與股價發展方向之間發生的「現象」，就是不存在因果關係之統計巧合的典型例子。可是，這確實引發一個值得探討的議題：如果電腦只篩選原始資料，其發現是否具有意義？譬如說，如果某種型態在過去14、15年來都重複發生，這種型態是否有效？

　　型態如果是由基本面因素驅動，這種型態當然比較值得信賴，但我們畢竟不可能完全掌握每個市場的每個基本面因素。適當建構的季節性型態，我們通常會發現該趨勢非常穩定地發生在歷史資料內，而且介於特定的日期之間。這兩個性質——歷史資料穩定發生，時間確定——可以顯著降低統計巧合，而且也蘊含著重複發生的基本面條件，我們有理由相信類似的基本面條件將來還會重複發生，並且發生在類似的時間。

　　季節性型態只不過顯示市場本身經常走的路徑。市場本身呈現的一致性，也就是季節性分析之所以有效的基礎。

編者評論

　　我認為，有些人推薦的季節性資訊並沒有意義。這些資訊的性質通常是：在過去14年來的13年之中，商品X在4月13日都上漲。透過電腦篩選，勢必會找到這類的關連，而很多人就根據這些毫無意義的關連進行交易。所以，季節性型態如果沒有合理的因果關係做為基礎，就不應該做為交易根據。舉例來說，2006年1月的超級杯結果，預測2006年的股票價格將上漲[10]。各位是否願意根據這個預測進行交易？

價差交易

　　凱文‧湯瑪斯（Kevin Thomas）是倫敦國際金融期貨選擇權交易所（LIFFE）變革為電子交易所之前相當成功的場內交易員。凱文也是第一位完成我們舉辦為期2年之超級交易員課程的學員。

　　撰寫本節時，凱文基本上都在場內從事價差交易（spread）。過

去，我曾經有機會訪問凱文，他談了很多有關價差交易的技巧。所以，我想他是撰寫本書這部分內容的最恰當人選。凱文此處利用歐洲美元（在倫敦進行交易的美元存款）與歐洲馬克（在倫敦進行交易的德國馬克存款）做為例子來說明，因為此兩者是他過去使用的交易工具。

本節使用的一些走勢圖，是凱文過去擔任場內交易員積極操作的契約，雖然這些交易工具已經不復存在，但這並無礙它們的解釋功能。

凱文·湯瑪斯介紹價差交易

價差交易可以運用於期貨市場，所建立部位的行為，就如同一般多頭或空頭部位。這種合成部位非常值得考慮。相較於單純部位，價差部位有一些優點：風險較低，所需要繳納的保證金較低。另外，某些價差交易可以繪製為一般走勢圖。

就歐洲美元來說，我們可以做多近月份契約，同時放空遠月份契約，如此建構的虛擬部位，等於是做空利率碼差。這類價差交易稱為跨契約價差交易（intercontracty spread），適用於遠月份契約流動性高的市場。可是，每個市場各有不同的價差交易行為性質。

對於利率期貨契約，交易者可以根據他們對於短期利率的看法，建構所謂的行曆價差交易（calendar spreads，利用近月份／遠月份契約分別建構反向部位）。如果我們認為利率將早高，可以考慮買進近月份契約，放空遠月份契約。兩種契約的月份相隔愈久，價差波動愈敏感、愈劇烈。由6月份與同年9月份契約建構的價差交易，價差波動較緩和，如果採用隔年9月份契約，則價差波動較劇烈。圖5.8說明這種情況。

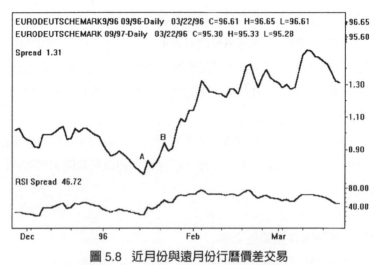

圖 5.8　近月份與遠月份行曆價差交易
（圖形繪製採用Omega Research, Inc.的SuperCharts）。

　　圖5.8顯示1996年9月份歐洲馬克與1997年9月份歐洲馬克之價差的走勢圖。圖形內還包括價差的14天期RSI。請注意，A點出現背離，B點出現突破；這是短期利率即將揚升的訊號。做多價差可以參與即將出現的期貨價格跌勢。請注意，這波走勢由低點到高點之間，價差跳動76檔。

　　圖5.9顯示這兩份契約在相同期間內的個別走勢圖。請注意，價差走勢實際上是個別契約走勢的領先指標。另外，價差的走勢幅度超過1996年9月份契約的跌幅，甚至是1997年9月份契約跌幅的75％左右。至於保證金，價差交易每單位為600歐洲馬克，個別契約則是1,500歐洲馬克。

　　價差交易是專業交易員經常運用的工具，因為這種部位的風險顯著低於單純的部位，不過仍然有很好的獲利潛能。價差部位一旦建立之後，就可以把它當作一般部位看待，可以使用順勢系統，也

圖 5.9　個別契約走勢圖
（圖形繪製採用Omega Research, Inc.的SuperCharts）。

可以運用模型決定部位大小。

　　運用價差交易可以針對不直接存在的價格關係進行交易。交叉匯率就是很典型的例子，我們可以利用國際貨幣市場（IMM）外匯契約，建構德國馬克／日圓的交叉匯率期貨部位。這是一種交易最活絡的交叉匯率關係，但我們如果單純思考這兩種貨幣兌換美元或英鎊的匯價，就會錯過這種最適合交易的價格關係。另一種很普遍的例子，是現貨債券與期貨契約構成的基差交易（basis trading）。

> 運用價差交易可以針對不直接存在的價格關係進行交易。

　　蝶式價差交易（butterfly spread）是另一種常見的價差交易，這是由兩個普通價差交易構成，兩者的某一邊是相同的（舉例來說，做多1口1996年9月份契約，放空2口1996年12月份契約，做多1口1997年3月份契約；所以，9月份契約與12月份契約是一個

價差交易，12月份契約與3月份契約是另一個價差交易，其中12
月份契約同時出現在兩個價差交易）。蝶式價差交易的交易成本很
高，通常只適合場內交易員使用。可是，對於歐洲美元或歐洲馬克
之類的場內交易員來說，由於享有造市者的優勢，他們很適合使用
這類策略。這類策略的風險很低，獲利機會很高。由於交易兩個價
差交易，場內交易員通常很容易在某個價差交易打平的情況下，在
另一個價差交易上賺取1、2檔的利潤。

　　商品交易者也可以利用單種契約建立價差交易（intercontract
spreading）。舉例來說，假定我們認為銅供給短缺，銅價將上漲。
這種情況下，可以考慮買進近月份契約而同時放空遠月份契約。
供給不足的環境下，近月份價格會高於遠月份價格，這種現象稱
為逆向價格結構（backwardation）。

　　不要忽略那些可以做實物交割的商品。當金屬—— 包括普通金
屬與貴金屬—— 供應非常充裕時，可以考慮運用現貨-持有（cash-
and-carry）策略。換言之，買進期貨並進行交割，將實物金屬儲存
起來，等到價格回升時賣掉儲存的實體金屬，前提是前述價差報酬
必須超過儲存成本（包括資金利息成本）。當然，如果利率水準太
高，價差報酬可能不足以彌補儲存成本，那就不值得做這類交易。

　　跨市價差交易（intermarket spreading）是另一種值得考慮的價
差交易。所謂「跨市」，是指兩個不同市場之間的價差交易，譬如：S
&P vs.公債、交叉匯率、黃金vs.白銀等。事實上，本章有一節完全
用來討論跨市價差交易內容；約翰‧墨菲則寫了一整本專門討論這
個主題 [11]（《市場互動技術分析》Intermarket Technical Analysis中文
版由寰宇出版）。除此之外，還可以考慮其他價差交易，包括：（1）
選擇權構成的價差交易，（2）套利（下一節討論）。此兩者本身都

是一種交易藝術。價差交易的結構可以很單純，也可以很複雜，完全取決於個人偏好，但絕對值得考慮。

編者評論

前述所有概念都可以運用於價差交易。價差交易的長處，就是我們可以針對非現成契約之價格關係進行交易。舉例來說，買進黃金的時候，實際上是針對黃金與本國貨幣之間的價格關係進行交易。如果本國貨幣相對於黃金價格貶值，或黃金價格相對於本國貨幣升值，則做多黃金就可以賺錢。2003年的黃金走勢就是很典型的例子，該年的黃金價格上漲，基本上是因為美元貶值（黃金是根據美元報價）。反之，2006年的黃金多頭走勢，則是黃金本身升值（相較於所有的貨幣）。事實上，黃金價格上漲，美元相對於其他貨幣也升值。

價差交易就是運用市場上既有的價格關係，建立我們想要交易的另一種價格關係。所謂另一種價格關係，可以是美元或歐元報價的股票價格，也可以是油價表示的黃金價格。

套利

雷伊・凱利（Ray Kelly）是我的好朋友，也是我最早的客戶之一。他是很棒的講師，也是最頂尖的交易者。由1987年到1994年初，雷伊的每年平均報酬高達40～60％，而且整個過程只出現單一月份的虧損（2％）。其後，雷伊就退休了，除了擔任交易訓練工作之外，他也在南加州經營一家靈修營。不久，他就過世了，我到現在還經常想起他。雷伊負責講解的這部分內容，充滿幽默，也透露

市場運作的真實脈絡；所以，請各位帶著笑容閱讀這部分內容吧。

雷伊‧凱利：套利的意義與其運用方法

　　當人們問我從事什麼行業而我回答：「套利」，結果大家都會瞪著我看，情況好比是我打開車子的引擎蓋或碰到「微積分」的時候一樣，或像碰到怪叔叔，母親們會趕快招呼小孩子靠攏，大家都用異樣眼光看著我。

　　在接下來的10分鐘裡，如果各位能夠克服對於「套利」這個字眼的恐懼感，我保證可以讓大家瞭解套利的真諦，而且還可以從此改變各位生活的每個層面。當各位從套利的角度思考，就會發現過去在日常生活裡所忽略的很多機會。具備這些知識之後，往後在社交聚會裡，當人們談起套利時，你就沒有必要藉故離席。你甚至可能被視為智識份子，大家都用羨慕的眼神望著你，這一切只因為你願意花10分鐘的時間閱讀本節內容。

　　企業家隨時隨地都會考慮套利。字典對於「套利」所做的定義如下：「在某個市場低價買進，而在另一個市場高價賣出」。字典也把「女人」定義為「女性的人類」。當然，這樣的定義雖然沒錯，但並沒有顯示這些字的真正意義。套利是一種神奇的探索，一種極端細膩的藝術與科學。我們必須仔細觀察套利交易的每個層面，就如檢查鑽石的每個切面

> 套利是一種神奇的探索，一種極端細膩的藝術與科學。我們必須仔細觀察套利交易的每個層面，就如檢查鑽石的每個切面一樣：每個切面都是不同而獨特的。套利交易屬於那些喜歡解答最困難謎題的人。

一樣：每個切面都是不同而獨特的。套利交易屬於那些喜歡解答最困難謎題的人。

　　愛德溫・李佛瑞（Edwin Lefèvre）在《股票作手回憶錄（完整版）》（Remini-scence of a Stock Operator，中文版由寰宇出版）描述1920年代，因為電話發明而產生的一些套利機會[12]。紐約證交所的股票報價，都一律透過電報向外傳送給號子。這類似於場外下注。號子提供報價，然後讓人下注買進或賣出。可是，號子本身就是莊家，或相當於地區性的專業報價商，它們並沒有把部位轉交到交易所；換言之，號子與客戶對做。舉例來說，假定電報傳來的報價顯示柯達價格為 $66\frac{1}{2}$。客戶可以按照該價格買進500股，號子將確認該筆交易，並且成為該交易的對手。

　　某位裝設電話的聰明人發現，關於紐約證交所的報價傳送，電話的速度快過電報。於是，他與號子先進行一些小額交易，建立往來關係，但他另外安排人手在紐約，後者可以在價格波動劇烈的時候，透過電話提供更快速的股票報價。舉例來說，如果發生壞消息，號子提供的柯達報價可能仍然是 $66\frac{1}{2}$，但紐約證交所當時的真正交易價格是65。因此，他可以按照 $66\frac{1}{2}$ 放空股票，同時在紐約按照65的價格買進股票。如此一來，每100股就可以毫無風險地賺進$150。這位聰明人聘請了一些人專門幫他從事這方面的套利交易，結果讓很多號子不堪虧損而倒閉。最後，號子們也開始安裝電話。

　　這種行為是否不恰當？由另一個角度思考，這難道不是可以促進市場效率，讓價格能夠更及時反映實際狀況嗎？真正不恰當的，難道不是那些號子嗎？它們應該把交易轉移到紐約證交所，而不該自己跟客戶對做？請注意，經濟本身並不涉及道德，而只是單純顯示客觀現象。對於各種行為，是由人們賦予「好」、「壞」、「對」、「錯」。號子認為套利者是不道德、錯誤的。可是，紐約證交所的經濟商則認同套利者，因為套利交易可以讓經紀商賺取佣金。

對於套利玩家來說，由於電話是客觀存在的東西，每個人都可以利用這種設備，而他們只是做了每個聰明人都會做的事。他們不覺得自己有義務透露這種賺錢方法。經過一段時間，總有人會出面阻止這種套利交易，或參與者將愈來愈多，使得這種機會再也無利可圖。經濟機制本身是中性的，不適合做情緒判斷。換言之，「如果桌面上擺著大堆鈔票，這些錢歸屬於把它們撿起來的人。」

> 請注意，經濟本身並不涉及道德。經濟機制是中性的，不適合做情緒判斷。換言之，「如果桌面上擺著大堆鈔票，這些錢歸屬於把它們撿起來的人。」

10幾歲的時候，我就做了第一筆套利交易。當時，我住在相當富裕的社區，雖然我本身的手頭很緊。銀行經常會寄「免費」信用卡給我父親。1960年代的某一天，中西部降下暴風雪。我家對面有一家五金行，它們所販賣的剷雪機價格為$265。這是一台威力強大的剷雪機。另外，我發現，社區的剷雪車根本到不了一些有錢人的住家。

這個時候，我發現父親桌上有一張銀行寄來的信用卡。我與父親的名字完全相同，於是我就拿了這張信用卡（所以，這稱為「風險」套利）。早上7點，當家五金行開門時，我用信用卡買了剷雪機。到了晚上8點，我剷了附近11條住家車道的積雪，總共賺進$550。隔天早晨7點，我把剷雪機拿去退給五金行（賣相仍然很好），老闆還給我$200與信用卡簽條。我淨賺了$485，高興得就像偷腥的貓。

幾年前，曾經有人來找我提供意見，他擁有3,000股的某公司股票。他可以按照折價方式另外購買該公司的一些股票，市場價格

為$25，他的購買價格是$19。雖然他所能購買的股票數量很有限，但這畢竟是個絕佳機會。

我在芝加哥選擇權交易所待了25年，從來沒有看過比這更好的投資機會。於是，我告訴他，這是一筆好交易，請他打電話給該公司，詢問有關股利再投資計畫的細節。我發現，其他上市公司也提供類似的計畫，許多經紀商也開始參與這類計畫。

我心中覺得奇怪，「它們是怎麼做的？買進大量的股票，結果只能針對很有限的股利部分進行再投資，股票投資本身的資金利息成本，顯然就會吃掉股利再投資的利潤。」另外，股票投資也要承擔很可觀的市場風險。可是，畢竟有很多人都從事這方面的交易，我變得很好奇而想知道它們是怎麼辦到的。有些人確實因此賺了不少錢。我開始翻閱紀錄資料，詢問保證金管理人員，密切觀察配股日期前後的交易狀況。情況終於慢慢明朗化。對於表面上看起來幾乎是穩賠不賺的交易，我最後還是搞清楚其中竅門。雖說如此，但我自己沒有足夠的財力進行這類交易，於是我開始邁入一個漫長的程序，試圖說服適當的證券業者從事這項交易，但我又擔心自己一旦向它們解釋清楚之後，很可能被甩到一邊。

我要找的這家業者，它必須願意探索那些隱藏在表面之下的機會。律師通常是最難克服的障礙之一。企業聘請律師從事調查，因此「現況」是很難改變的。如果事情出了差錯，律師們必須負責。反之，事情如果有了好結果，律師的收入仍然固定，不會增加。所以，當事態發展遇到波折，律師沒有義務、通常也不會幫你另外尋找其他方法，只會單純告訴你，你所採用的方法不可行。他們不喜歡提供明確、單純的答案。這正是他們的迷人之處。可是，由另一個角度說，你一旦完成所有的步驟，你也會變成「現況」的一部份

而獲得保障（至少經過一陣子之後會如此）。

　　套利通常是很講究時效的。機會一旦產生，參與者的競爭會讓獲利潛能降低，相關人員也會把漏洞補起來。這種時間架構稱為「視窗」。舉例來說，提供股利再投資計畫的公司可能會說，「這個計畫只適用於小額投資人。」套利者可能會說，公司的這項意圖並沒有明載於法律文件上。如此一來，公司可能會設法補救，或是修改法律文件，或是修改計畫。總之，套利機會是來自於公司意圖的漏洞。套利者是透過這些漏洞而賺錢。

　　這些年來，我往來的機構普遍存在「基本結構」（infrastructure）的問題。大型機構通常會劃分為幾個部門，每個部門各自管理特定的業務。就證券業者來說，某個部門負責客戶帳戶，另一個部門負責股票融券，又有另一個部門負責交易操作，以及其他等等。每個部門都有自己的利潤目標，也有所謂的門檻報酬率（hurdle rate）。門檻報酬率是部門主管接受業務案件所必須實現的最低報酬率；換言之，業務案件創造的報酬率如果達不到最低門檻水準，就不能被部門接受。

　　企業執行長通常會把管理權責下放給部門主管。問題是經濟（還有機會）是不會考慮企業結構的。由整體企業角度觀察，一件有效率的東西，或許會因為個別部門的成本考量而被視為不符效率。一般企業內，部門主管不能窺視或干涉另一部門主管的領域，因為這種行為是一種禁忌，所以很多缺乏效率的現象沒有辦法很快獲得解決。

　　就我們目前討論的案例來說，我把一個投資建議案交給某大型經紀商，這個案件扣除我個人的獲利部分之後，報酬率還為67％。不幸地，這個案件必須同時經由該公司的三個部門認可。每個部門

設定的門檻報酬率都是30％。沒有任何部門願意妥協而接受比較低的報酬水準，因為這將有損該部門的整體架構，雖然這個案子可以顯著提昇公司的營運績效。協商過程耗費了兩年，報酬率也由原來的67％慢慢減少到35％。該公司最終沒有接受這個案子，數千萬的獲利潛能也因此泡湯了。就我所知，該公司的所有主管仍然在位。

即使通過層層關卡而得到公司的認可，又會遭遇另一些問題。由於你所從事的種種都屬於不尋常者，公司內部的處理人員會覺得不勝其煩，因此不太樂意跟你合作。相較於正規客戶，我總要求他們做一些不同的事情。即使是看似無關緊要的程序，我也會隨時隨地要求他們注意細節。

舉例來說，如果交易要在紐約證交所進行，不論交易規模有多大，我可以安排每筆交易$150的固定佣金費用。可是，證券管理委員會對於賣出股票收取的0.003％費用，我就無能為力了。這個百分率水準看起來雖然微不足道，不過對於$1億規模的交易，費用就是$3,333.33。對於我來說，這是很可觀的一筆錢。

證券經紀商不能向美國政府收費。這些費用只能轉嫁給客戶，而且不允許客戶有討價還價的空間。關於前一段提到的$1億規模交易，我的客戶每年平均要進行1,000筆，涉及的政府規費高達$300萬。同樣地，這方面的機會不理會政策不妥協的性質，包括美國政府在內。我向客戶建議，相關交易不要在美國而改在多倫多進行，他不只可以節省相關費用，而且主管當局也不會囉唆，不至於在國內引起麻煩。這位客戶愛死我了。可是，對於那些要實際處理這些程序的辦理人員，他們當然不會愛我，因為我拿些他們認定的雞毛蒜皮事件找麻煩。

別人最終也會發現我在做些什麼，這些人的參與競爭，將使得

原有的利潤不復存在。這種程序稱違反向推敲工程（reverse engi-
neering）。有些機構設立整個部門，用以觀察、追蹤市場上採用的
這類策略與活動。套利者指出一些脫序與失算的現象，這是官僚們
不能忽略或推託的。很多情況下，套利行為會迫使相關機構重新檢
討原本會忽略的狀況。

　　證券經紀與銀行業者花那麼大功夫想要防範漏洞，仍然會發生
數以億計的紕漏，這點倒是頗令人訝異。由於相關的策略審核程序
非常嚴格，套利玩家根本不想自找麻煩而協助自己公司做風險評
估。在金融產業裡，套利者幾乎都扮演敵人的角色。交易生涯裡，
交易者的品行非常重要。對於許多交易機構來說，品行似乎是最後
一道防線了。

　　總之，在套利交易領域裡，幾乎沒有穩定性可言，因為一切都
處於變動狀態：漏洞被封閉，利潤逐漸萎縮。反之，我們也要體
認，人生原本是不斷變動的。接受變動就是一種冒險犯難的人生
觀。我們要理解，錯誤與失算原本就是人類行為的一部份。我們也
藉此學習與成長。

> 身為套利交易者，我們的工作就是糾正缺乏效率的現象，不管別人是否希望我們這麼做。換言之，我們因為糾正錯誤而獲得報償。我們的任務是把別人的策略或概念逐片分解。如果沒找到任何可供利用的漏洞（通常是如此），那就繼續嘗試別的。

身為套利交易者，我們的工作就是糾正缺乏效率的現象，不管別人是否希望我們這麼做。換言之，我們因為糾正錯誤而獲得報償。我們的任務是把別人的策略或概念逐片分解。如果沒找到任何可供利用的漏洞（通常是如此），那就繼續嘗試別的。各位看待事物的態度與立場，將決定各位的套利觀點。

　　套利者成功與否，很大成分內取決於我們是否願意更深入剖析。套利交易是金融市場無效率現象的清道夫。這讓我避免成為旁觀者。人生畢竟只有兩種角色可供扮演：演員或旁觀者。我寧可選擇留在場內。

編者評論

　　原則上，很多交易與投資都屬於某種形式的套利：尋找缺乏效率的市場現象。套利行為使得市場價格能夠保持合理關係，不至於產生脫序現象。可是，雷伊・凱利所從事的，屬於最純粹的套利運用。幾乎是持有印製鈔票的許可證，不過有效期限很短暫。各位如果真想成為專業交易者，那麼我建議各位要持續留意這類機會。只要能夠找當適當的機會，往往就代表數以百萬計的利潤。

跨市分析

　　《資產生財，富足有道！》的前一版曾經包含孟德爾頌（Lou Mendelsohn）寫的一篇有關神經網路論文。由於神經網路實際上並不是一種交易概念，而是分析市場的一種方法，所以我決定最新一版就把這部分內容刪除。

　　如果要由交易概念的立場思考神經網路，就要觀察市場之間存在的關係。所以，這也可以視為一種交易概念。另外，我相信目前的經濟必須由全球角度思考，瞭解每個市場之間的關係也變得更重要。孟德爾頌也是跨市分析方面的專家，所以我請他在此處理這個新的主題[13]。

路易士・孟德爾頌：跨市分析

　　看著餐廳菜單價目，你覺得菲力每份$27.95太貴，所以可能選擇$21.95的羊排，甚至是每份$15.95的雞肉。

　　歡迎各未來到跨市分析的世界。不論知道與否，各位所做的決策，就如同企業經理人幫辦公室或工廠選擇暖氣燃料為天然瓦斯或熱燃油一樣（如果他們有選擇的空間的話）。或如同農夫一樣，他們比較各種作物的成本與銷售價格，評估自己究竟應該種植玉米或黃豆。或如同投資人一樣，他們仔細分析國際 vs. 國內市場各種類股之間的大型股 vs. 小型股報酬資料。

沒有與世隔絕的市場

　　沒有任何個別市場能夠在真空狀態下運作，尤其是在當今全天候24小時的全球化、電子化市場，每個市場的行情都會立即受到其他相關市場的影響。很多交易者會回溯歷史價格，藉由過去的市場行為判斷未來的可能發展，他們也會觀察其他相關市場的表現，藉以評估本身交易市場的可能反應。

　　根據直覺判斷，多數交易者都清楚，相關市場的任何發展，都可能在其他市場造成迴響。可是，一般交易者仍然處在1970年代的心態架構下，採用單一市場的分析工具與資料來源。

　　交易者雖然普遍瞭解市場彼此之間的相互關連，卻很難把這些關係量化成為某種交易者可以實際用來協助擬定決策的依據。1980年代中期以來，我的研究重心就擺在跨市分析的量化方法上。我使用的方法並沒有顯著不同於傳統的單一市場分析，當然也沒打算取代它們。

　　我認為，跨市分析只是傳統單一市場技術分析的延伸，不過這

必須擺在適當的架構上思考：所有的經濟體或個別金融市場彼此之間都是相互依存的。尤其是外匯市場，匯率提供了其他市場的定價基礎，我們採用的分析方法顯然必須納入跨市分析。我的研究近來相當強調個別市場究竟受到哪些市場的影響最大，藉以判斷市場彼此之間的相互影響程度。

　　我在2005年提出的「颶風經濟學」概念，就是很典型的例子，清楚顯示市場與事件之間的彼此關連，所以不適合由孤立角度看待。2005年發生在灣區與佛羅里達的暴風，其影響並不局限於當地的經濟。事實上，暴風經濟效應的餘波，會蔓延到全球經濟，於隨後幾個月、甚至幾年內，持續影響能源市場、農產品市場、營建產業、聯邦赤字、利率水準，當然還有外匯市場。暴風經濟分析與跨市分析的關係密切，專門評估天然災害之類的事件，以及它們對於全球金融市場的影響。

探索市場衝擊

　　利基跨市分析軟體（Vantage Point Intermarket Analysis Software）自從在1991年推出市場之後，我仍然持續針對這套軟體做研究與開發。相關研究顯示——舉例來說——如果我們想分析美元與歐元（EUR/USD）之間的匯率關係，就不能只觀察歐元資料，也要觀察其他足以影響EUR/USD匯價之相關市場的隱藏型態與關係：

　　·澳洲元／美元（AUD/USD）

　　·澳洲元／日圓（AUD/JPY）

　　·英鎊

　　·歐元／加拿大元（EUR/CAD）

· 黃金

· 那司達克100指數

· 英鎊／日圓（GBP/JPY）

· 英鎊／美元（GBP/USD）

· 日圓

　　各種通貨之間的跨市互動關係或許很容易理解，但股價指數、美國公債或原油價格對於匯率的影響，看起來似乎比較遙遠。可是，研究資料顯示，上述相關市場對於標的外匯市場會構成重大影響，而且可以提供匯價位來走勢的早期資訊。

　　某些分析家會衡量兩個市場之價格走勢的相關程度。如果兩個市場的價格變動之間存在絕對的關係，兩者稱為絕對相關。正向的絕對相關，是指兩種價格呈現完全相同的變動。反向的絕對相關，是指兩種價格呈現方向相反而程度完全相同的變動。

　　這種處理方式有其侷限性，因為只能比較兩種市場之間的價格關係，沒有考慮其他市場對於標的市場可能構成的影響。一般金融分析需要考慮很多相關市場，外匯市場尤其是如此，我們不能假設價格因果關係只存在於兩個市場之間。前述相關程度的研究，也沒有考慮到經濟活動或其他影響因素彼此之間的時間領先與落後。這些計算根據的都是當前的數值，沒有考慮中央銀行干涉或政策改變的較長期後果（往往需要較長的時間才能慢慢發揮作用）。

反向因素

　　某些情況下，真正重要的往往是反向因素，尤其是那些利用美元計價的國際商品，譬如：黃金與石油。請參考圖5.10，其中顯示

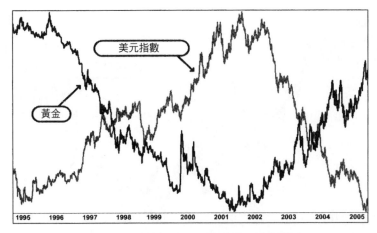

圖 5.10　黃金與美元之間的反向價格關係

黃金與美元的走勢圖;我們發現,當美元貶值的時候,不只外匯價格會上漲,黃金價格通常也會上漲。過去幾年來的資料顯示,黃金與美元之間的價格相關程度超過－0.90,也就是說兩者之間幾乎呈現全然相反的價格走勢。

　　反之,EUR/USD匯價與黃金價格之間,則呈現極端偏高的正值相關;換言之,當人們拋售美元時,歐元與黃金通常會同時受惠(請參考圖5.11)。

　　對於外匯交易者來說,如果看到黃金出現趨勢變動訊號,通常也意味的外匯市場可以建立對應的部位。當然,對於黃金交易者來說也是如此,如果外匯市場出現行情,通常也代表黃金很可能也會有明確的走勢。原油對於世界經濟與國際商業存在著舉足輕重的影響,所以原油的供、需只要出現顯著變動,所有其他市場都可能受到衝擊。當恐怖份子發動攻擊或發生天然災害(譬如:卡崔納颶風),只要輸油管路受到威脅,外匯與其他市場都會立即反應。

圖 5.11　黃金與歐元之間的正向價格關係

　　由於重大突發事件往往沒有明確徵兆，所以對於一般交易者來
說，分析上確實有困難，但比較常見的情況並非如此，因為正常事
件大多是慢慢醞釀、發展而成的，在很多跨市價格關係上會先透露
趨勢變動的徵兆。如果沒有從事跨市分析，通常很難察覺其中的某
些徵兆，因為它們並不明顯。

多重跨市效應

　　金融市場是動態的，其結構不斷演化、變動。如果我們根據過
去5～10年的資料，觀察5～10個相關市場對於某標的市場的影響，
希望找到某些重複發生、可供預測的價格型態，將發現線性相關分
析與主觀評估走勢圖等方法是有所不足的。

　　市場互動關係不能引用單一市場分析工具。各位如果真的想從
事金融交易，那麼打從一開始就應該採用正確的工具。當然，不論
花多少錢，也不論使用哪種工具，絕對沒有萬無一失的東西。即使

是最棒的工具，頂多也只能提供較高的成功機率，絕對不能保證成功。可是，交易優勢不必來自完美的工具。

如果各位擁有的分析工具，可以協助辨識單一市場與全球相關市場重複發生的價格型態，那麼各位就擁有交易上的相對優勢。對於未來幾天的走勢一旦有了看法，就能讓你擁有較高的自信，更能夠按照計畫執行交易策略，在適當時機，果斷地扣下扳機。

市場分析當然不該只侷限於跨市關係。處在目前這個通訊快速、交易技巧精密的環境下，各位應該同時採用技術分析、基本分析與跨市分析，也就是我所謂的綜效型市場分析（synergistic market）。這包含了符合個人交易風格的傳統工具，同時也運用網路提供的資訊。

編者評論

本書下一章準備討論心智上的情節交易，說明宏觀架構對於交易概念的影響。換言之，我們將探討宏觀架構，藉此協助我們的交易。市場相互關連的概念，基本上也是如此。交易對象如果是美元，就必須同時瞭解歐元、黃金、石油、利率…等走勢。各位可以只觀察價格、交易數值、區間、趨勢等。可是，如果我們可以藉由其他市場的演變，協助判斷標的市場的發展，那不是一種優勢嗎？這就是跨市分析的威力所在。

宇宙秩序

宇宙存在秩序，是一種相當具有吸引力的概念。大家都想知道金融市場究竟是如何運作的，幾乎每個人都想瞭解市場的根本結

構。人們認為，一旦掌握這種根本架構，就可以預測行情走勢。很
多情況下，這類理論甚至可以說得非常明確，試圖預測行情的轉折
點。這在人性上自然深具吸引力，因為多數人都希望自己的判斷正
確，希望能夠控制市場。因此，人們想要知道行情的轉折點。另
外，這些理論或工具非常有賣點。有關市場秩序的理論，包括：甘
氏理論、艾略特波浪理論、占星理論與其他等等。

　　我決定自己處理這部分內容，因為（1）市場秩序方面的專
家，未必瞭解其他層面的問題，（2）這方面的專家似乎更在意證
明（或反駁）相關理論，至於這些概念究竟是否能夠運用於交易，
他們則甚少討論。由於我認為幾乎每種概念都可以運用於交易，所
有由我來討論這種概念或許更適當一些。

　　關於市場秩序的理論，大體上可以劃分為三大類。所有這些理
論都想預測行情的轉折點。以下講解只涉及粗略的架構。

人類行為存在循環

　　第一類概念認為市場是受人類行為主宰，而人類行為存在某
種結構。這方面的最著名理論，莫過於艾略特波浪（Elliott Wave
theory）。這套理論認為，人類的恐懼與貪婪情緒，呈現明確的波浪
模式。大體上來說，市場的主要趨勢是由5波浪構成，修正趨勢則
是由3波浪構成。舉例來說，在多頭行情裡，主要趨勢屬於上升趨
勢，修正趨勢則屬於下降趨勢；所以主要上升趨勢是由5波浪構成
（其中第2與第4浪是下跌修正走勢），修正下降趨勢則是由3波浪構
成（其中第2浪是上漲修正走勢）。每個波浪都有其行為特質，主升
浪的第3浪特別適合從事交易。可是，這套理論的結構實在太複
雜，因為每個波浪都可以進一步細分。換言之，市場存在各種不同

層次的艾略特波浪。舉例來說，主升浪的第1浪（本身屬於上升趨勢）也是由5個上升推動浪與3個下降修正浪構成。事實上，艾略特認為，總共有9種不同層級的波浪，包括最大的超級循環，乃至於最細微的小波浪。

某些法則可以協助艾略特波浪理論專家擬定市場決策。另外還有種種涉及波浪延伸與壓縮的變形法則。這些常態與變形法則的內容，已經超過本書準備討論的範圍，但這些法則預測的行情轉折點，確實可以運用於交易。換言之，交易者的主要工作，是判斷特定轉折點在整個波浪結構的位置。

實體系統會透過某種可預測型態影響人類行為

第二類的概念認為，金融市場是建立在宇宙某些實體系統之上。這類概念的想法如下：（1）市場走勢是由人類行為決定；（2）人類行為會受到宇宙間某些實體系統或能量系統的影響；（3）這些實體系統與能量系統具有某種可預測的型態，因此人類行為與市場走勢都是可預測的。

舉例來說，科學家證明太陽黑子具有某種週期性循環。太陽黑子會放射電磁波，對於地球產生顯著的影響。

太陽黑子活動旺盛的期間，會造成很多帶電粒子進入地球磁場。這似乎可以保護地球，使地球避免受到太陽傷害。這套理論如果正確，那麼太陽黑子活動最旺盛的期間，通常也應該對應地球文明的高峰期（請參考附註15）；我們現在就屬於這類的期間。反之，太陽黑子活動很低的期間，通常也對應著地球文明衰敗。顯然地，如果這套理論是確實的，而且太陽黑子活動是可預測的，我們當然可以透過太陽黑子來預測金融市場行情。

　　人們很喜歡運用太陽活動之類的主要實體系統來解釋或預測金融市場。不論哪種理論，我們通常不難找到幾個正面案例來向別人──或自己──證明。我曾經見過無數這類的例子，因為人類的感知多少都有偏見，只要幾個經過謹慎篩選的例子，就足以說服人們相信某種關係存在。雖說如此，但理論與現實之間，畢竟是有很大差異的。

　　約翰・尼爾遜（John Nelson）是一位無線電波傳播預測專家，他可以預測6小時期間內的無線電傳播品質，精確性高達88%。他是透過行星對齊的技巧作預測。有些市場研究者觀察1940年到1964年之間的嚴重暴風資料，分析暴風發生前、後10天內的道瓊工業指數表現。結果發現，在暴風發生前2天到暴風發生後3天內，道瓊指數平均下跌2%，而且這種現象具有統計上的顯著意義。如果又剛好碰上新月或滿月，前述影響更顯著。可是，這類事件發生當時，股票市場都原本處在空頭趨勢內，價格下跌的機會原本就偏高 [14]。

　　1989年3月5日，太陽表面曾將發生強大的X光波，時間長達137分鐘，結果使得監視感應器不堪負載。在此X光波發生區域，可以清楚看到太陽黑子活動。3月8日開始出現顯著的太陽質子流，大量的離子隨著太陽風襲向地球，而且一直持續到3月13日。座落在雪特蘭島（Shetland Islands）的觀測站發現，地球磁場每小時變動8度（正常偏離為0.2度）。電力輸送線、電話線與數據網路輸送線都出現瞬間的電壓浪湧。無線電與衛星通訊受到嚴重干擾。加拿大發電廠的變壓器超載，數百萬人突然無電可用。可是，由太陽的角度觀察，這次的日暈事件絕對談不上特別嚴重。

　　發生在1989年3月5日到3月13日的日暈，由太陽的立場衡量，規模算不上特別大，但已經是我們在本世紀所測得的最大者，規

模超過尼爾遜先前的紀錄。所以,問題很明顯:「這對於金融市場
造成什麼影響?」答案是——在我能夠理解的範圍內——沒有任何
影響。

　　法蘭索斯・梅森(Francois Maisson)在1979年的著作《世紀之
末》(The End of Our Century)曾經預測太陽黑子活動與股票市場
的高峰將發生在2000年[15]。沒錯,太陽黑子活動高峰確實發生在
2000年4月。可是,梅森認為,太陽黑子活動的週期為16年,科學
家目前認為是11年。另外,太陽黑子活動的循環低點預計落在2006
年,所以這將是另一波經濟繁榮期的起點?我個人不太相信。可
是,如果讀者對於太陽活動循環有興趣的話,不妨參考史騰・奧登
華德(Sten Odenwald)的《第23級循環》(The 23rd Cycle)[16]。圖
5.12顯示太陽黑子活動的循環週期,資料取自美國太空總署。

　　雖然存在一些相反證據,但我們不妨假定宇宙間的實體現象存

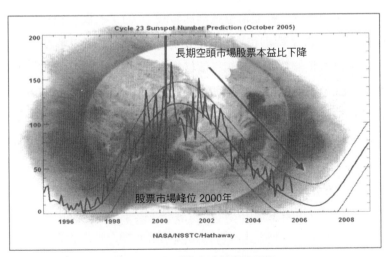

圖5.12　太陽黑子活動循環週期

在某種韻律，而這些實體現象的活動確實會對於金融市場產生些許
影響。舉例來說，某些現象或許會讓我們對於行情判斷的正確性由
48％提高為52％。可是，不論48％或52％，基本上仍然等於猜測
公正銅板出現正面或反面的機率。所以，這類宇宙實體系統能夠解
釋金融市場秩序的理論，還是可以用來作為交易概念。

宇宙的神秘數學秩序

　　關於市場秩序的第三種概念，是源自於數學；某些神奇的數字
與它們之間的關係，會影響市場發展。舉例來說，古希臘的畢達哥
拉斯（Pythagoras）據說曾經創立一種神秘學派，認為宇宙自然律
是建立在數學與幾何觀念上。關於這項概念，後來的一些神秘學派
繼續傳承與發展。甘氏（W. D. Gann）就是這方面的最典型代表，
目前仍然有很多信仰者，他們根據某些數字關係來預測金融市場的
行情演變。

　　這類的數學理論通常會做兩種假設：（1）有關行情轉折點的
解釋，某些數字特別重要，（2）這些數字除了可以解釋價格之
外，也可以預測時間（譬如：價格趨勢變動將發生在什麼時間）。
舉例來說，假定我們認為下列數字很重要：45, 50, 60, 66, 90, 100,
120, 135, 144, 618…等。這種情況下，我們將根據這些數據來預測
行情的頭部或底部價位，譬如我們可能預測行情將做0.50、0.618或
0.667幅度的修正。除此之外，我們也會根據這些數據預測目標價
位將發生在什麼時候，譬如：45天、144天或其他神奇天數。

　　我們可以根據金融市場的歷史資料，歸納出一些具由神奇效力
的數字，然後引用到未來的行情預測。這些神奇數字的數量只要夠
多的話，必定有某些數字確實能夠預測未來行情的轉折。舉例來

說，在200、300人的團體中，很可能會找到兩個人的生日相同。可是，這未必代表某個日期具有神奇意義，雖然有些人就是會如此認為。

　假定我們確實能夠找到一組這類的神奇數字。這組數據的解釋雖然談不上完美，但起碼可以讓預測的精準程度超過隨機猜測。舉例來說，假定我們根據這組數字判斷道瓊工業指數將在7月23日出現重大行情轉折。根據估計，這項預測的正確性為55%。如果這些神奇數據能夠讓我們擁有這種程度的優勢，就可以運用於交易。

　費波納奇數字（Fibonacci numbers）就是很多交易者經常引用的神奇數字。譬如說，關於如何衡量行情修正的幅度，我發現費波納奇數字確實有些神奇的預測能力，包括：0.667、0.618與0.5。當然，關於這點，我們也可以由非數學的角度解釋。如果有夠多的人相信這些神奇數字而實際採取行動，這些數據自然會產生效果。記住，我們是根據自己對於市場的信念進行交易。

結論

　這三種關於市場秩序的概念，它們有何共通之處？它們都用以預測行情轉折點。一般來說，交易者可以根據這些預測設定進場點，有時甚至可以據此設定獲利了結的目標。請注意，即使是一套完全隨機決定進場點的交易系統，仍然可以賺錢，相關的解釋請參考本書第9章。因此，某種預測方法的正確性只要超過隨機猜測，交易者也就擁有某種程度的優勢。

　如何根據這類的預測進行交易呢？第一，我們可以把預測日期設定為進場濾網（給予某種時間上的彈性）。譬如說，如果相關方法預測行情將在7月23日發生轉折，時間彈性為1天，我們就在7月

22日到7月24日之間尋找進場訊號。

　　第二,我們必須讓市場本身顯示我們預期發生的走勢已經啟動。交易訊號必須來自於價格走勢,而不可以是我們預期走勢發生的時間。最簡單的方法,就是在預測時間視窗內出現突破訊號。舉例來說,假定最近10天的每天價格區間平均為4點(採用平均真實區間)。我們的訊號設定為這個區間的1.5倍,也就是6點。所以,在預定的時間視窗內,我們可以採用停止單把進場點設定在當天價格超過前一天收盤價6點的位置。相關細節請參考後續章節的討論。

　　關於市場秩序概念的交易,如果想要成功的話,關鍵仍然在於要採用適當的交易方式,就如同任何其他交易概念一樣。第一,系統必須有適當的出場方法:交易失敗時,能夠迅速認賠,藉以保障資本;當交易成功時,則可以創造充分的利潤。第二,根據交易目標設定適當的部位規模。所以,這類的概念如果可以讓預測精確性較隨機猜測提升1%,那就能夠成功地用以交易。總之,如果各位不要太強調預測精確性(換言之,我們的判斷沒有必要非對不可),把重心擺在出場策略與部位規模設定,結果應該會很不錯。

摘要結論

　　本章宗旨在於介紹幾種可用於交易的概念,至於挑選哪種,則取決於個人信念。這些概念都可以讓各位擁有某種程度的優勢,但其本身都不能讓各位交易成功,除非配合本書討論的其他重要因子,譬如:起始停損、出場策略、瞭解系統的R倍數分配、根據交易目標設定部位規模。本書稍後會陸續討論所有這些議題,它們必

須被適當地整合進入各位的交易概念或投資風格。我認為，這些概
念都沒有絕對的優劣之分。另外，我也不想在此表達我個人的偏
好。本章只是想讓讀者瞭解幾種可能的交易概念[17]。

- 湯姆・巴索首先討論順勢交易概念。金融市場有時會呈現明
  確的趨勢，持續時間可能相當長。交易者可以利用這些趨勢
  作為根據。首先，交易者需要找到某種準則，用以判斷市場
  在什麼情況下呈現趨勢，然後順著趨勢發展方向建立部位，
  最後在趨勢結束或當初進場訊號被證明為錯誤時結束部位。
  這是一種相對單純的概念，很容易執行；如果能夠真正瞭解
  其根本概念，並且嚴格執行，績效通常不錯。

- 查爾斯・拉寶討論基本分析概念。這是分析市場實際上的供
  給與需求狀況，很多學術界人士認為，這是唯一有效的交易
  概念。這種概念雖然可以提供目標價位，但相關分析與實際
  價格走勢之間未必有直接關連。雖說如此，很多根據基本經
  濟資料進行交易的人，績效相當不錯，所以這是另一種值得
  考慮的交易概念。對於那些想要採用基本分析概念的人，查
  爾斯提出7項建議。原則上，獲得基本面支持的趨勢會更可
  靠、更強勁。查爾斯的討論只適用於期貨，不適用於股票，
  後者在稍後的價值交易概念內處理。

- 接著，由我講解價值投資概念：買進我們認為價值被低估的
  對象，賣出價值高估者。很多大師級的投資專家，就是採用
  這種最單純的投資概念。可是，此處的關鍵是：「如何判斷
  價值？」本節說明一些有效的方法，也列舉一些無效的技
  巧，另外還提供一些觀念與意見供有興趣的人參考。

- 巴頓講解帶狀交易概念。如果各位相信市場經常呈現區間走

勢，而且區間夠寬而允許進行交易，本節討論的概念或許就代表最佳解決方案。這套方法適用於短期交易，以及那些不願買高-賣低者。本節詳細說明帶狀交易的優點與缺點，並簡短說明幾種帶狀交易類型。

- 傑利‧托波克討論季節性交易概念。季節性分析是根據產品的基本經濟狀況做分析，試圖掌握價格走勢在一年之內呈現的固定模式。這種概念結合了基本經濟的供需分析，以及順勢交易的時效分析。各位如果相信特定交易對象的價格走勢，具備明確的季節性型態，就可以考慮採用這種概念。

- 凱文‧湯瑪斯負責討論價差交易，他過去曾經在LIFFE擔任場內交易員。價差交易的交易對象，是兩種產品之間的價格相對關係，不是單一產品的絕對價格。所以，這種交易方式可以創造許多原本不存在的機會。討論過程中，凱文提到很多有趣的例子。

- 雷伊‧凱利幽默、靈巧地探討套利交易概念，這是在窄小視窗內搜尋低風險交易機會。視窗只要打開，幾乎就可以賺取幾乎毫無風險的利潤。可是，這類視窗遲早都會關閉，這個時候，套利交易者就必須另外尋找機會。雷伊談了很多案例，也敘述自己為了掌握這類機會而遭遇的一些困難。

- 孟德爾頌講解跨市分析的概念，說明不同市場彼此之間的互動影響。我們一旦瞭解這些市場彼此之間的關連，也就掌握了價格互動方面的優勢。

- 最後一種概念綜合討論幾種理論，它們宣稱得以彰顯金融市場的根本秩序。這些理論大體上可以歸納為三類：（1）建立在人類情緒波動之上，（2）建立在足以影響人類情緒的

外在實體系統上，（3）建立在數學秩序上。這些理論有些實在沒什麼道理可言，但不少人仍然基於信念而運用於交易。另外，任何市場理論，只要相信的人數夠多，那麼這些人依據該理論而產生的作為也就會影響市場，使得該理論的預測成真。所以，這些概念也可以被有效運用，就如同隨機進場的概念也可以被成功運用於交易一樣。最後，我也談論了如何實際運用這些概念（如果讀者相信這類概念的話）。對於那些覺得自己在實際進場之前必須知道市場運作方式的人，這類概念或許頗為適用。

附註

1. 本書第7章會詳細討論期望報酬的概念。對於交易者或投資人來說，這是他們需要瞭解的最重要觀念之一。
2. 根據美國商品期貨交易委員會的規定，商品交易顧問的廣告或其他相關文件必須註明：過去績效不能反映將來的表現。
3. 湯姆・巴索目前已經退休。可是，當他在1996年撰寫本節內容時，他還是活躍的基金經理人。各位仍然可以透過電子郵件跟他聯絡：tom@trendstat.com。
4. 查爾斯・拉寶也退休了。各位可以透過電子郵件跟他聯絡：clebeau2@cableone.net。
5. 我不想岔離主題而討論人生的許多抉擇；這方面的觀點，比較適合於沙普博士主持的專題研討會做討論。總之，我認為，各位的交易很容易同時引用基本分析與技術分析。
6. 請參考Jack Schwager,《Schwager on Futures: Fundamental Analysis》

（New York: Wiley, 1996；寰宇出版社）。

7. 《極端價值》（Extreme Value）是探討這方面分析的投資快訊（www.stansberryresearch.com）。我們雖然沒有特別推薦這份刊物，但本書稍後確實會由交易系統角度分析這份刊物。

8. 巴頓的電話與郵址：302-731-1551，drbarton@ilovetotrade.com
本書出版之前，我沒有辦法評估這份投資快訊的R乘數。

9. 摩爾研究中心的聯絡電話與郵址：
1-800-927-7257，www.mrci.com。

10. 如果美國聯盟的隊伍在超級杯獲勝，股票市場將下跌；如果國家聯盟的隊伍獲勝，則股票市場上漲。這個預測有80%的精確性。當然，1998年以來，前述預測連續幾年都不正確。1998年，超級杯由美國聯盟的隊伍獲勝，但股票市場卻上漲。至於2000年與2001年，超級杯都是由國家聯盟的隊伍獲勝，而各位應該清楚這兩年的股票市場慘況。

11. John Murphy,《Intermarket Technical Analysis》（New York: Wiley, 1986）。（《市場互動技術分析》，寰宇出版）

12. Edwin Lef'evre,《Reminiscence of a Stock Operator》（New York: Wiley, 2006；第一版1923）。（《股票作手回憶錄 [完整版]》，寰宇出版）

13. 路易士‧孟德爾頌是佛羅里達Wesley Chapel地區Market Technologies, LLC的總經理與執行長，也是VantagePoint 跨市分析軟體的開發者。
他也參與一個免費教學網站：www.TradingEducation.com
聯絡網站：www.Tradertech.com

14. 這些資料取自Greg Meadors與Eric Gatey刊載的網路文章。最嚴

重風暴的發生日期分別為：1940年3月23日，1941年8月4日，
1941年9月18日，1942年10月2日，1944年2月7日，1945年3月27
日，1957年9月23日，1960年4月24日，1960年7月15日，1960年
8月30日，1960年11月12日，1961年4月14日，1963年9月22日。
網址：www.mindspring.com/edge/home.html.

15. 關於這套理論，請參考：

http://divinecosmos.com/index.php?option=com_content&task
=category&sectionid=6&id=26&Itemid=36

16. 請參考Sten F. Odenwald.《The 23rd Cycle: Learning to Live with a
Stormy Star》（New York: Columbia University Press, 2001）。

17. 此處不得不忽略幾種可用的概念，譬如：搶帽子、統計交易、
避險交易…等，否則會嚴重超越本章的篇幅。所以，我只討論
一些最常見的概念。

CHAPTER 6

符合宏觀見解的交易策略

美國GDP每增加$1，債務就要增加$4。這是有史以來最糟的信用擴張，情況也遠超過其他任何國家。

—— Kurt Richebächer 博士，

經濟學講座，2005年11月

本書第一版並無包含一種我稱之為心智發展情節交易（mental scenario trading）的風格。就我個人的觀察，這是最頂尖投資人展現的一種投資藝術。舉例來說，根據《金融怪傑》（Market Wizards）一書的描述，布魯士‧高富拿（Bruce Kovner）與吉姆‧羅傑斯（Jim rogers）就屬於這類的交易者。他們可以隨時根據整個世界情勢的發展而調整其交易構想。吉姆‧羅傑斯曾經談到心智發展情節交易，「如果不瞭解馬來西亞棕櫚油的行情，如何從事美國鋼鐵的交易呢？⋯⋯任何東西都是隨時變化之整體景觀的一部份[1]。」

我從來沒有針對心智情節發展交易者建構模型，所以我的書籍或課程對此談論不多。可是，自從本書第一版發行以來，我對於心智情節發展交易的看法有了變化。我相信，任何交易者起碼都要瞭解整體宏觀架構的發展，並據此採納2、3套系統。

舉例來說，以下是我的整體宏觀見解。當然，這只代表我的信

念、我對於現實採納的濾網；各位讀者的信念可能不同：

- 我相信，新興國家將使用愈來愈多的原始資源。
- 我相信，美國正邁入長期的空頭市場。這段期間內，美國累積龐大的債務，以及1950年代新生嬰兒潮高峰期人口邁入退休狀態等問題，都會逐漸產生重大影響。
- 我相信，美國做為世界強權的地位已經攀升至高峰，其全球影響力將逐漸衰退。我只是據實而言，這也是歷史上任何偉大國家都逃避不了的現實。
- 根據這些情節發展，我相信美元起碼也會出現長期貶值（最好的情節發展），也許還會出現相當顯著的通貨膨脹，後者會稀釋美元的購買力。如果美元貶值到目前5美分的購買力，道瓊工業指數很可能攀升到40,000點。請注意，我所預測的並不是股票大多頭市場，因為當時的40,000點相當於2006年的2,000點。

根據這些信念，我會產生下列交易構想：

- 對於美元與美國股票市場的長期走勢保持謹慎的態度。
- 長期而言，全球股票市場將有很好的交易機會。
- 長期而言，黃金、石油與一般商品，應該會有很好的交易機會。
- 消費財（例如：木材）的表現應該會勝過耐久財（例如：通用汽車股票）。收藏品的表現在未來10到15年也應該會有不錯的表現。

　　本章稍後會深入討論前述某些構想，以及其他。我之所以討論
這些議題，目的是讓各位瞭解如何建構宏觀見解。我與各位的想法
當然不會相同，但閱讀我的構想，或許可以啟發各位的靈感或其他
疑問。另外，有了宏觀架構之後，還需要透過某種方式做衡量，並
做更新。

　　現在，我都會建議客戶擬定一個總括計畫，專門處理交易相關
的長期情節發展。在這個計畫中，各位必須問自己：「未來5到20
年之間，整個金融投資的大環境將如何？」這個問題的答案，將協
助我們鎖定想要交易的市場，以及我們想要交易的型態。

> 每個人都應該做某種形式
> 的心智情節思考，並以此
> 做為交易的根本基礎。

　　　　　　　　　　　　做這部分講解的時候，我突然想
到，每個人都應該做某種形式的心智
情節思考，並以此做為交易的根本基
礎。在某個層次上，各位可以像我一
樣，透過宏觀構想而找到某種具有特殊期待的市場。另一方面，各
位也可以經常思考宏觀構想本身，讓自己愈來愈熟悉心智情節交易
者-投資人的取向。

　　各位基本上有個選擇：如果想成為一個很棒的交易者或投資
人，那麼我建議你應該重視宏觀構想，瞭解自己應該基於什麼理由
而強調哪些市場、從事哪些方面的交易。如果這是你的抉擇，那就
需要每個星期（或至少是每個月）蒐集新資料來更新宏觀構想。如
此可以讓你知道（1）自己的信念是否需要做修正，（2）宏觀構想
的哪個層面是否有瑕疵，或甚至整個構想都完全沒有根據。

　　另一方面，關於宏觀構想，你可能想蒐集更多的資料，使得這
方面的投入成為每天的例行工作。若是如此，就會產生你可以實際
運用於交易的構想。假定這是你的風格，那我認為你已經是心智情

節交易者或投資人。讓我們看看各位在成為交易者／投資人的過程
中，究竟發展到什麼地步。各位現在對於自己與市場的看法，應該
有一套信念。根據本書第5章的討論，各位對於哪些概念有興趣、
想要取得哪方面的優勢，想必都有一些想法了。現在，我鼓勵各位
按照自己的宏觀構想來建立交易系統，並安排某種方法協助各位定
期——每個星期或每個月——調整或更新宏觀構想。

　　本章內容——就如同本書其他章節一樣——只是反映我個人對
於如何提升交易技巧的信念。我所準備討論的宏觀構想，是我在
2006年底的想法。這部分內容只是「舉例說明」，解釋我如何做這
方面的思考。至於各位的宏觀構想，當然可能完全跟我不同。另
外，隨著情況的演變，我可能會調整宏
觀構想，我對於未來的信念也可能出現
重大變化。可是，如果情況發生變動，
我自有方法蒐集資料，隨時做調整。各
位也需要有這類的安排。請注意，宏觀構想的某些層面可能蘊含著
危機，但危機也必定蘊含著機會。

> 宏觀構想的某些層面可
> 能蘊含著危機，但危機
> 也必定蘊含著機會。

我的宏觀構想

　　考量當今的宏觀環境，我相信有幾點特別重要。第一，美國的
債務狀況已經到達令人恐懼的地步，美國政府負債必須由每人平均
負擔$125,000。第二，我相信美國股票市場已經進入長期空頭市
場，涵蓋期間估計由2000年到2020年。這並不是說股票價格一定會
下跌，但股價評估值（譬如：本益比）則會下跌。第三，全球化經
濟發展過程中，以往屬於第三世界國家的中國、印度等，其扮演的

經濟角色已經愈來愈重要。第四，我們必須考慮大型投資組合對於股票市場的影響，至少由美國人的立場來說，這點絕對不可忽略。目前，類似如S＆P 500等主要股價指數，基本上是受到這些大型投資組合的支撐。可是，當1950年代嬰兒潮人口在2010年前後邁入退休高峰期，這些投資組合恐怕會出現顯著的贖回熱潮，對於股價勢必產生重大衝擊。第五，稅制、政策、法規等變動將影響整個經濟狀況。面對一些必須處理的問題，政府的眼光通常很短，但求目前能夠過關，因此後代子孫往往必須承擔苦果。最後，關於金錢財務方面的決策，人們通常都相當缺乏效率，但這對於各位來說，可能是好消息——前提是各位必須有能力擬定高效率的決策。以上是我考慮的主要宏觀因素，各位可能另有其他考量。

　　我之所以詳細說明我對於宏觀構想的信念，只是扮演拋磚引玉的功能，希望讀者藉此思考這方面的議題。至於各位實際考慮的議題，很可能與我截然不同。

因素 1. 美國債務狀況

　　回想1983年，美國當時是全球最大的債權國。兩年之後，美國成為債務國，這是1914年以來第一次發生的情況。現在，到了2006年，美國已經成為人類歷史上最大的債務國。1993年，美國眾議員詹姆士・塔菲肯（James Traficant Jr.）在美國眾議會發表下列評論：

　　　　議長先生，我們現在已經處於破產狀態。對於這個世界歷史上最龐大的破產案個體美國政府，我們國會議員是受託管理

人。但願我們能夠擬定一個關於未來的藍圖。有人說，這是讓我們即將邁向死亡的驗屍報告[2]。

　　我還記得當美國政府負債在1980年創下兆元大關的情況。我想，「大概不可能更進一步攀升了吧？」結果，現在的負債水準遠超過當時，但我們美國人的生活狀況好像沒有變得更糟，所以這種情況即使繼續發展下去，想必無妨吧。真是如此嗎？讓我們看看美國過去100年來的負債情況（請參考圖6.1），看起來不怎麼賞心悅目。

　　1900年的時候，我們的負債大約是$21億。到了1920年，當美國聯邦準備銀行成立時，債務成長為$160億。1950年，為了因應第二次世界大戰的費用，而且美元成為全球準備貨幣，政府負債開始急遽攀升。到了1980年，由於越南戰爭，以及美國拒絕維持金本位制度的緣故，政府負債再度大幅成長。

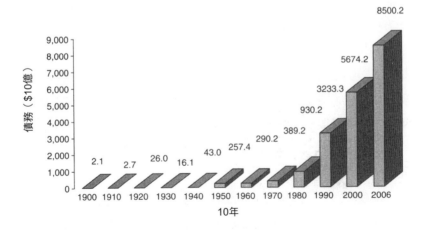

圖 6.1　1900年以來的美國政府負債狀況（期間單位：10年）

可是，由這個時候開始，情況真正失控，到了2006年，雖然距離2000年還不到10年，政府債務已經是$8.5兆。我想，到了2010年，我們的政府債務很可能超過$15兆。請注意，這些債務還不包括例如社會安全的負債；如果把這些負債也納入考量，那麼總債務目前的水準估計為$67兆。事實上，由聖路易聯邦準備銀行贊助的一份研究報告顯示，美國政府已經破產了[3]。

我們目前有國際收支平衡帳的問題，每年大約是$7,500億，其中有$2,000億是流往中國大陸。這意味著，相對於世界其他各國，我們美國人每年多消費了$7,500億。現在，外國人持有的美國政府公債金額高達$3兆。外國人之所以願意這麼做，是因為美國消費者在1990年代支撐世界經濟成長。

可是，外國政府持有的$3兆美國公債，這是經過好幾十年的累積。現在，就我們每年發生的國際收支赤字$7,500計算，大概只要4年的工夫，外國政府持有的美國公債數量即會翻一倍。萬一外國政府決定不繼續持有美國公債，那會如何呢？這將是一種沒有任何一方可以受惠的結果。

如果他們決定拋售美國公債，美元勢必急遽貶值，持有美元債權的人，其權益將嚴重受損。另外，一旦美元嚴重貶值，這些國家就再也無法大量出口到美國。事實上，義大利政府已經拋售其政府準備中的大量美國公債，將其取代為英鎊。

美國公司債

債務問題不只困擾著美國政府而已，美國企業界也有類似的壓力。2002年5月，那司達克指數當時已經由歷史高點下跌70％，史帝夫·萊格魯（Steve Sjuggerud）發現，美國那司達克掛牌股票

的總債務為$2.3兆。如果剔除其中規模最大的兩支股票（微軟與英特爾），那司達克掛牌企業的總價值為$2兆，但它們的負債總值卻是$ 2.3兆。

這有點像是購買價值$200,000的房子，卻有$230,000的抵押貸款。史帝夫發表這項報導之後，那司達克從此再也沒公布這項資料了。總之，美國企業的負債情況非常不樂觀。

前一章曾經提到如何觀察美國企業的價值：流動資產（換言之，企業在一年內清算所有資產的總價值）減掉總債務。隨便挑選10到15家美國大企業，然後計算這個數據看看。譬如說，通用電器、波音、谷歌、微軟、IBM或其他。大約有七成以上的公司，這項數據是負數。這代表什麼意思？美國企業的負債太多，而且問題很嚴重。

美國消費者負債

至於美國費者的負債情況，我們當然也不敢有所期待，2006年的水準已經攀升到$2.2兆（1998年為$1.3兆）。如果把房地產抵押貸款也包含進來，總額則超過$10兆。根據彭博（Bloomberg）專欄作家約翰・瓦希克（John Wasik）的資料顯示，在整個2000年代，消費者債務成長速度明顯超過可支配所得，兩者的年度化成長率相差4.5%[4]。

根據聯邦準備銀行的資料顯示，到了2003年上半年，個人儲蓄已經下降到只是稅後所得的2%。到了2006年，這項百分率則出現1930年代以來首見的負數。美國經濟分析局提供的圖表（圖6.2）清楚顯示這點。

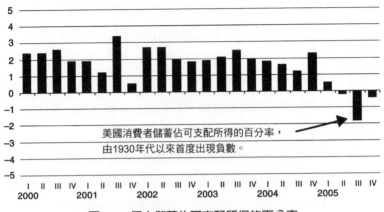

圖 6.2　個人儲蓄佔可支配所得的百分率

資料來源：美國經濟分析局

債務的解決之道

　　怎麼辦？辦法有幾個。第一，如果可以訴諸理性，政客們就應該停止揮霍。政府可以處理一些資產，譬如：國有土地，如此將有助於解決債務問題。卡力可夫博士（Dr. Kotlikoff）在有關美國政府破產的報告內建議，政府可以把營業稅提高為33%，刪減政府的授權支出50%，社會安全體系私有化，建立全球性的預算醫療系統。這些措施可能嗎？各位如果認為如此，那麼我們所瞭解的政客們恐怕完全不同。關於債務，美國人的態度顯然缺乏理性，所以我們如何能夠期待民意代表具備理性呢？

　　第二個辦法是乾脆不履行債務承諾。那會有什麼後果呢？國庫券將再也不是「無風險證券」，美國公債將變得沒有價值。美元將巨幅貶值，美國將破產。美國將沒有信用可言，沒有人會借錢給美國。所以，這個辦法似乎不可行。

　　第三個辦法是美國出現大規模經濟崩解與大蕭條。這種情況

下，美元將變得更有價值，實體資產的價值減少。如果貨幣變得
更有價值，那麼$37兆的債務將變成相當於$370兆；若是如此，
我們顯然不可能履行債務清償義務。所以，通貨貶值也不是可行辦
法。2002年11月，聯準會現任主席柏南克曾經在全國經濟學家協會
（National Economists Club）發表下列意見：

　　　防範美國陷入通貨緊縮的第二道保障…則是聯準會本身。
美國國會授權聯準會維繫物價穩定（以及其他目標），避免發
生通貨膨脹與通貨緊縮。聯準會絕對會採取任何必要手段，防
範美國發生嚴重的通貨緊縮，美國中央銀行（如果必要的話，
還有政府機構做配合）有充分的政策工具，足以確保任何通貨
緊縮都是短暫而溫和的。關於這點，我很有信心。

　　　第四個辦法是透過通貨膨脹讓既有債務的價值減少。強調聯準
會將不允許美國發生通貨緊縮，柏南克隨後又表示：

　　　美國政府擁有印製鈔票的工具，可以在幾乎不需負擔任何
成本的情況下，印製任何數量的美元。增加美元流通數量，或
甚至只要威脅這麼做，美國政府就可以減少美元的購買力，也
就是提高實體產品與勞務的美元價格。所以，在紙幣體系之
下，只要政府下定決心，永遠都可以增加支出，造成通貨膨脹
壓力。

　　　所以，柏南克明白地指出最合理的解決辦法：透過通貨膨脹來
消除既有債務。通貨膨脹也就是說美元愈來愈不值錢。

　　我母親如果還活著的話，現在已經超過100歲了；在她的時代，一場電影的票價只要5美分。至於我自己，還記得小時候看兩場電影的優惠票價是50美分。汽車電影院的價格更便宜，只要花幾塊錢，就可以讓一車子的人看5、6部電影。現在，電影票價格大約是$8～$10，不過電影院的最主要收入是來自零食販售，不是電影票。所以，現在看一場電影，如果再吃點什麼或喝點什麼，每個人的花費很可能是$20。這就是通貨膨脹。

　　可是，截至目前為止，美國人通常都不感覺通貨膨脹的嚴重壓力。事實上，聯準會把通貨膨脹目標設定為2%左右。可是，如同中、南美洲的某些國家一樣，如果美國的通貨膨脹上升到100%，又會如何呢？我們的既有債務很快就會變得沒有價值，美元價值也是如此。可是，我們到時候可以發行新貨幣。對於美國目前的債務狀況來說，想要解決問題，通貨膨脹是最合理的辦法。若是如此，很多實體資產價格將巨幅上揚。

　　在這種通貨膨脹的發展情節之下，股票市場的表現將如何？1966到1982年的空頭市場，通貨膨脹相對嚴重。當時，行情波動頗劇烈，大體上呈現區間走勢，道瓊工業指數處於500～1,000點之間。股價水準雖然稍微上揚，但股票價值則顯著減少，一般投資人都虧錢。將來如果碰到通貨膨脹，情況大概也會類似如此。1982年的時候，主要股價指數的本益比已經下降到個位數字。

　　第五種辦法是讓美元相對其他貨幣做貶值。這個辦法可以顯著改善國際收支平衡帳的問題，甚至轉負為正，因為美國人將愈來愈負擔不起美元價格愈來愈貴的進口貨。這是一種可行辦法。

　　第六個辦法是政府不履行其社會安全與醫療保健的承諾。請注意，這只是政府的承諾，不是契約義務。所以，只又透過修法手

段，很容易就可以逃避這些承諾。

關於「因素1」，各位的看法如何？

- 各位是否相信美國政府、美國企業與一般美國消費者，他們可以繼續維持目前的支出模式而不招致嚴重後果？
- 即使我們往後不再透過赤字融通支出，各位是否相信我們將因此能夠解決過去累積的龐大債務而不招致嚴重後果？
- 關於前述兩個問題，如果答案是否定的，那麼各位認為會產生什麼經濟後果呢？這方面的信念顯然會影響各位的宏觀構想。
- 對於這兩個問題，如果你的答案是肯定的，請問各位怎麼看待下列事實：聯邦利息支出已經佔聯邦總支出的14%（雖然他們可以宣稱其中有半數是發生在社會安全）？如果赤字持續擴大，結果會如何？

因素 2. 長期空頭行情

美國股票市場通常都處在長達15～20年的長期循環內。碰到多頭行情期間，本益比之類的股票價值衡量會上揚。這也代表股票價格會上漲。可是，如果碰到空頭行情，股票價值衡量會下降，股價通常也會下跌[5]。表6.1與表6.2顯示過去200多年來影響美國股票市場的主要循環。

根據金融歷史學家麥可‧亞歷山大（Michael Alexander）的看法，美國股票市場過去200多年以來，歷經多個這類的循環。表6.1列舉最主要的多頭市場期間。這些多頭行情的平均涵蓋期間大約是

表 6.1　主要多頭行情

多頭行情	約略日期	實質年度報酬%
大好時光	1815-1835	9.6
鐵路繁榮期	1843-1853	12.5
南北戰爭與其後	1861-1881	11.5
第一次世界大戰之前	1896-1906	11.5
奔騰20年代	1921-1929	24.8
第二次世界大戰之後繁榮期	1949-1966	14.1
高科技繁榮期	1982-2000	14.8

15年，買進-持有投資人平均可以每年賺取13.2%。在整個200年期間，多頭行情約佔103年。

　　對於那些相信買進-持有策略的投資人來說，很不幸的是主要多頭行情之後，通常會出現相當長期的空頭市場。美國目前就是處在一個由2000年開始的長期空頭市場之中。表6.2列舉主要的空頭市場期間。

表 6.2　主要空頭行情

空頭行情	約略日期	實質年度報酬%
1812年戰爭之前時期	1802-1815	2.8
第一次經濟大蕭條	1835-1843	-1.1
南北戰爭之前時期	1853-1861	-2.8
銀行危機時代 #1	1881-1896	3.7
銀行危機時代 #2	1906-1921	-1.9
第二次經濟大蕭條	1929-1949	1.2
通貨膨脹期間	1966-1982	-1.5
對抗恐怖主義	2000-present	?

　　空頭市場平均持續期間為18年，每年的「實質」報酬為 0.3
％[6]。所以，股票可能處在很長一段價格趨於下跌的期間。

　　這個時候，各位或許會認為，「這只不過是某人的理論罷了。
你可以根據過去的資料，歸納出各種奇奇怪怪的循環。另外，即使
過去曾經發生某些循環，並不代表這些循環將來還會發生。」可
是，各位如果瞭解艾德・伊斯特林（Ed Easterling）的「金融物理
學」（financial physics），想法或許會改變。

　　以下是一些值得思考的要點：

- 所謂的長期空頭行情，並不是說股票市場在整個18年期間都
  會下跌。此處所談論的，只是股票市場發展的大方向，實際
  上還是會發生期間長達幾年的多頭與空頭循環。舉例來說，
  亞歷山大在2005年指出，2007年應該會出現多頭市場。
- 長期循環所預測的並不是價格，而是價值。舉例來說，在通
  貨膨脹環境下，股票價格通常會大幅上漲，但速度跟不上通
  貨膨脹，所以股票的真實價值還是會下降。另外，每股盈餘
  會顯著成長，但股價上漲速度跟不上盈餘成長。所以，即使
  股價持續攀升，但本益比則會下降。譬如說，在1966年到
  1982年之間的空頭市場，道瓊工業指數經常穿越1,000點，但
  本益比持續下降。比較長期多頭與空頭市場，兩者之間的股
  價上漲天數差異並不大。真正的差異在於投資績效：長期多
  頭市場經常出現高報酬的年份，長期空頭市場則經常出現重
  大損失的年份[7]。
- 長期多頭或空頭行情，未必與經濟狀況有關。舉例來說，
  1966～1981期間，經濟成長率每年平均為9.6%，股票市場卻

下跌。反之，1982～1999期間，經濟成長率平均為6.2%，但股票市場每年平均漲幅為15.4%。事實上，就最近100年的情況來說，長期空頭市場之下的經濟表現反而勝過長期多頭市場，但股價表現則呈現相對弱勢，這點蠻諷刺的。

　　不知各位是否見過克萊斯蒙特研究機構（Crestmont Research）提供的20年期間的股票市場實質報酬矩陣，如果沒有的話，我建議各位去瞧瞧[8]。關於這份圖表，有一點相當令人訝異：當股票市場本益比很高的時候（譬如說，在最近這波長期多頭市場剛結束時，股票本益比處於歷史高點），如果我們在這個時候進場買進股票，可能在長達20年的期間內，投資報酬都是負數。即使在2006年，本益比仍然遠高於歷史平均水準，我們很難期待合理的投資報酬。結論：如果採行買進-持有策略的話，股票市場是蠻危險的賭場。

　　目前的狀況如何呢？就2006年2月1日來說，S＆P 500的本益比為19.26倍，使得10年期望報酬處於最低的10%組群裡。另外，最近100年的歷史平均本益比為15.8倍；目前的股票市場本益比水準顯著偏高。

　　當本益比處於19倍或更高，10年後的平均本益比通常在9倍左右。圖6.3顯示這波長期空頭市場從2000年開始以來的S＆P 500本益比變動。請注意2003年到2006年中期的情況，雖說股票價格本身沒有顯著的跌勢，但本益比從2002年以來仍然急遽下降。所以，如果伊斯特林的理論沒錯，股票市場還有很大的下檔空間。

　　伊斯特林的另一項觀察是：長期空頭市場開始的時候，股息殖利率通常很低。S＆P 500最近100年的平均股息殖利率為4.4%。多頭市場通常都發生在股息殖利率偏高的時候，空頭市場則通常發生

在股息殖利率偏低的時候。目前，S＆P 500的股息殖利率有走高的趨勢（可能是股利享有優惠稅率造成的影響），但1.48％相較於歷史平均水準仍然偏低。

我認為，伊斯特林所做之研究的最重要部分，是有關於本益比為何發生變動的理論。這跟通貨膨脹／通貨緊縮有關。原則上，當通貨膨脹壓力不大，物價很穩定的時候，股票市場允許較高的本益比，S＆P 500本益比可以到達20或更高。一旦通貨膨脹狀況開始惡化，或出現通貨緊縮威脅，本益比就會快速下降。在長期空頭市場結束階段，本益比經常是個位數字。

另外，根據伊斯特林的研究顯示，最不適合投資的時機，是本益比偏高而通貨膨脹相對穩定的時候。所以，觀察圖 6.3，目前的本益比雖然持續下降，但仍然顯著高於歷史平均水準，而且通貨膨脹壓力剛開始浮現。

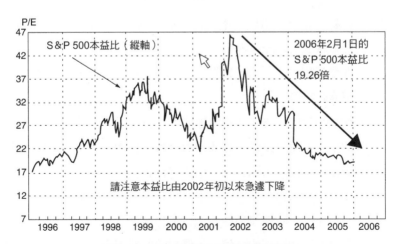

圖 6.3　2002年初以來的本益比變化

資料來源：美國聯邦儲備局

伊斯特林認為，美國經濟成長（實質GDP）相對穩定，美國企業盈餘成長狀況大體上與GDP一致。所以，他認為，股票投資人對於企業未來價值的評估，只需要關心通貨膨脹／通貨緊縮因素。通貨膨脹壓力如果很溫和，介於1～2%左右，股票本益比可以高達20倍或以上。可是，通貨膨脹一旦處於3～4%，本益比就會下降到15附近。通貨膨脹為4～5%，本益比將進一步下降到13；通貨膨脹若為7%或更高，本益比就會落到個位數字。至於任何程度的通貨緊縮（換言之，－3%），本益比都會下降到10倍以下。

關於「因素2」，各位的看法如何？

所以，你個人認為如何？這些都是各位在評估股票市場長期發展所需要考慮的問題。

· 各位是否相信股票本益比會呈現循環現象？

· 你是否相信，當股票本益比很高的時候（超過19倍），長期投資報酬很可能是零？

· 你是否相信，一旦通貨膨脹或通貨緊縮威脅惡化，本益比很可能會下降？

· 你是否相信，這些考量會影響你的投資系統？我個人認為，如果只做短期投資，這些考慮不特別重要。可是，這並不代表你可以說，「因為我只做當日沖銷，所以這些問題與我無關，」因為當長期空頭市場一旦來臨，股票市場在初期猶如一灘死水，股價波動很小，這顯然不適合短線交易者活動。當股票行情很差的時候，人們對於股票市場也就不再熱衷，價格波動也會跟著下降。

因素 3. 全球化經濟

　　精明的投資人／交易者不能把頭埋在美國股票市場的沙堆而不知全球其他市場的狀況。舉例來說，讓我們看看美國股票市場在2003年的表現，Ｓ＆Ｐ 500大約上漲25％，看起來似乎不錯。可是，即使各位在美國股票市場獲利25％，由全球角度來說仍然是賠錢，因為美元在這段期間內大概貶值了40％，而且美國是全球表現最差的股票市場之一。就2003年而言，歐洲股票市場上漲50％，亞洲也上漲50％，拉丁美洲上漲38％，甚至十多年以來始終受困於經濟蕭條／衰退的日本也上漲39％。精明的投資人必須綜觀全球經濟大局。

　　所以，讓我們觀察一些足以影響全球大局的因素。我認為，這方面包含三個主要因素。第一，新興國家的經濟開始起飛。第二，這些新興國家的經濟發展需要大量的原始物料，所以導致商品價格大漲。第三，美元幣值目前是由世界其他國家支持，因為1990年代的全球經濟發展動力主要來自美國消費者。某些經濟評論學家把這種現象稱之為「布列敦森林協定Ⅱ」[9]。

　　關於這些新興國家——譬如：中國與印度——的成長，第一個重大議題就是它們逐漸取得全球經濟舉足輕重的地位。美國許多企業大量投資於中國，使得其經濟得以快速成長。美國企業想要進入這個人口數量高達幾十億的中國市場。這些美國企業為了想要進入中國，結果做了很多讓步與妥協。

　　雖然製造業明顯移往中國，但服務業則移往印度。印度每年都會訓練很多金融與工程方面的專業人士。相較於美國，印度的這些專業人士薪資顯著偏低；所以，很多美國企業都把服務項目外包給

印度。舉例來說，如果你打電話到微軟或戴爾電腦詢問技術方面的問題，回答各位問題的人，很可能都是印度的技術人員。根據佛雷斯特研究機構（Forrester Research）的資料顯示，到了2015年，大約有330萬個高科技與服務部門的就業機會將轉移到海外，其中大部分是轉移到印度。這意味著美國人將喪失$1,360億的薪資收入[10]。另外，跨國企業逐漸把美國籍的高級主管取代為印度人，因為它們的薪資水準較低，或素質更優秀[11]。

第二個重要議題，是這些新興國家的發展導致原物料價格暴漲。根據《經濟學人雜誌》（Economist）報導，「中國對於原物料與能源的消費，已經上升到富足國家的水準，全球資源體系顯然不足以供應其需求[12]。」可是，中國已經逐漸而穩定地取得全球原物料資源。這意味著，即使沒有發生通貨膨脹，商品價格在未來10～15年也會大漲。

舉例來說，我的朋友史帝夫‧萊格魯告訴我，2004年底，他在阿根廷看到中國人到處搜刮他們所能夠取得的任何廉價資源，包括：木材、銅礦、農產品，以及其他等等。各位認為石油價格是否會在近10年內衝破每桶$70的價位？這並不是因為油源變得稀少，而是因為全球需求急遽上升，而中國的經濟發展是造成這種現象的主要力量之一。

觀察近幾年來的商品價格走勢，不難察覺其中呈現的主要多頭趨勢。商品價格上漲，除了代表通貨膨脹壓力之外，也代表有限商品資源的世界需求暴增。

圖6.4顯示商品研究局指數（CRB，一種商品價格指數）的走勢。我們發現，商品價格明顯處於上升趨勢，一年之內由280上漲到360，幅度將近31%。

CRB現貨指數連續走勢圖（每天收盤價）

圖6.4 商品價格上漲情況（截至2006年2月9日）

資料來源：Barchart.com

　　第三個全球性重大議題，是其他國家對於美元的支持，尤其是亞洲國家，如此能夠讓它們繼續銷售產品給美國消費者。1990年代的全球經濟成長，有很大成分是來自於美國消費者對於產品幾乎永無止盡的需求。其他國家希望繼續把貨物銷售給美國消費者，所以它們希望支撐美元幣值，故意壓低本身貨幣的價值。因此，透過一種被戲稱為「布列敦森林協定II」的不成文章法，多數國家都積極買進美國公債，藉以支撐美元匯價（雖然美國的國際收支平衡赤字龐大）。

　　根據估計，海外國家目前持有價值$3兆的美國公債，包括國庫券、中期與長期政府債券。這是經過10多年慢慢累積的，但美國的國際收支狀況如果不能改善的話，前述金額很可能在未來3年內再增加一倍。

　　所以，這些持有大量美國公債的國家怎麼辦？如果它們不繼續購買我們的公債，美元幣值勢必大幅滑落。這會造成它們不樂意看到的結果：（1）美國消費者再也沒有能力購買它們的產品，（2）它們持有的公債價值將因為美元巨幅貶值而發生損失。這些國家採行的辦法，是慢慢地撤除對於美國公債與美元的支持。舉例來說，中國已經允許人民幣緩步升值。另外，中國也運用美元購買原物料資源與這方面的相關產業，不再繼續累積美國公債。

關於「因素3」，各位的看法如何？

　　我認為，評估投資績效的時候，應該由全球角度考慮。投資獲利當然很好，但這些投資的計值貨幣如果巨幅貶值呢？舉例來說，如果各位投資美國股票獲利25％，但美元在同一期間內貶值40％，結果還是賠錢。同樣地，如果各位的投資獲利25％，但其他機會能夠獲利50％，那麼各位的投資績效還是不理想。

　　所以，評估自己的投資風格時，應該考量全球經濟狀況而提出下列問題：

- 相關期間內，投資計值貨幣相對於其他貨幣的價值變動如何？
- 通貨膨脹對於投資計值貨幣的影響如何？
- 相較於全球其他各地的同期表現，我的投資績效是否合理？
- 相關期間內，全球經濟動向如何，對於我的投資策略會有何影響？
- 舉例來說，如果商品價格繼續以每年30％的速度暴漲，那將如何？

- 如果我所投資的國家（譬如：美國），其經濟表現相對不理想，那將如何？
- 如果「布列敦森林協定II」失效，其他國家不再支撐美國公債與美元，那將如何？

因素 4. 共同基金的影響

過去，投資人參與股票多頭行情，通常都是直接購買股票。可是，最近這波多頭市場的情況則不同。多數人都是購買共同基金，而不是個別股票。這些基金據說都是由專業經理人管理，他們能夠把所有的時間用來處理股票投資的相關研究與操作，而且共同基金有助於分散風險。事實上，在2000年股票行情最好的時候，共同基金家數幾乎跟掛牌股票家數一樣多。另外，這些共同基金經理人的年紀通常很輕，只知道1982～2000年的多頭市場，並沒有經歷過真正的空頭行情。

這波主要空頭市場進行30個月以來，有566家共同基金併入其他基金，還有414家停止營運。所以，經過30個月的空頭行情，就有980家共同基金消失了。

根據比爾與詹斯勒（Gregory Bear and Gary Gensler）合著的《共同基金大陷阱》（The Great Mutual Fund Trap）觀點[13]，一般人最好還是投資消極管理的指數型基金，而不是積極管理的共同基金。理由如下：

- 積極管理的共同基金，績效通常不如指數型基金。根據《共同基金大陷阱》的資料顯示，對於經營時間超過5年的積極

管理共同基金，其年度化報酬率較S＆P 500指數差1.9%。這些數據還不包括那些績效太差而結束經營的基金。

· 經紀商與共同基金產業是金融媒體的最主要支持者。所以，各位透過媒體取得的資訊，通常並不客觀，會明顯偏向媒體的「衣食父母」。這些資訊鼓勵投資人積極進場從事交易，這顯然不利於一般投資人。

· 人們通常偏好買進「熱門」基金。可是，這些「熱門」基金一旦成為大眾的追逐對象之後，績效往往會落後整體市場。

· 績效表現最好的基金，通常是那些成立時間不足3年的小型基金。基金公司為了培植、推廣這些新成立的基金，往往會把一些新上市承銷的股票擺到這些基金內，並且給予許多優惠的待遇。績效一旦變得傑出之後，基金公司就可以開始大力推廣，擴大其規模。可是，根據《共同基金大陷阱》的資料顯示，基金一旦開始吹噓其歷史績效，積極向一般投資大眾推廣，傑出表現通常就無以為繼了。

· 某些基金的績效確實勝過大盤，但表現並不穩定。今年獲利即使高達40%，隔年仍然可能損失15%，又次年獲利35%，接著又損失30%。所以，這些基金的長期平均績效可能很不錯，但每年實際表現波動很大。很多投資人未必能接受這類的基金，尤其是指數型基金的績效通常更好，而且更穩定。

· 共同基金買掉股票、獲利了結，資本利得稅當然必須由基金投資人負擔。所以，如果你在11月份買進共同基金，到了年底的時候，即使基金投資發生虧損，你仍然必須承擔基金稍早獲利了結的稅金。將來，當你實際賣掉基金而有獲利，還必須繳納另外的稅金。

- 共同基金的費用項目繁雜，除了管理費、行政費與行銷推廣費之外，還有交易成本，而且也必須持有部分的現金應付客戶突然贖回，另外，有些基金的買進或賣出，還涉及手續費。這些費用都必須由投資人負擔。所以，積極管理的基金，成本非常可觀。比爾與詹斯勒認為，這些費用是積極管理基金績效之所以不如消極型指數基金的主要理由。

共同基金還有一些《共同基金大陷阱》沒有談到的缺點：

- 共同基金持有非常大量的股票，而且多數屬於大型藍籌股，一方面是因為這類股票的市場流動性最高。另外，萬一基金的表現不佳，投資組合如果持有奇異電器與微軟等股票，客戶比較沒有理由抱怨。可是，如果發生「因素2」的主要空頭行情，這類策略涉及的風險很高。一旦股市暴跌而引發恐慌性賣出，客戶為了因應客戶贖回，只能出脫市場流動性最高的股票，這當然主要也就是藍籌股。這種情況下，主要股價指數將暴跌[14]。
- 積極管理共同基金的績效很難勝過大盤指數，因為其操作模型並不追求特別傑出的報酬水準。一般共同基金但求其績效能夠勝過其他同類型的共同基金。換言之，如果股市某年下跌15％，而多數共同基金的表現都下跌超過20％，那麼某基金的虧損只要不超過5％，就算表現傑出者。可是，表現雖然傑出，仍然是賠錢！
- 多數共同基金都會受到某些投資準則的限制。這些準則通常會規範投資模式。舉例來說，某共同基金可能規定，其資金

隨都必須至少投資90％於S＆P 500成分股，即使明知股票市場即將大幅回檔也是如此。不同的共同基金，各有不同的規範，但多數基金具備的彈性都不足以執行本書主張的風險控制技巧。換言之，一般共同基金沒有辦法適當控制風險，也不能執行本書稍後討論的部位大小控制。所以，當這波主要空頭市場結束時，如果共同基金家數仍然可以維持在1,000家左右，那我會覺得十分訝異。

· 多數退休帳戶都被迫投資共同基金，因為 401(k) 不允許其他投資形式。因此，當1950年代嬰兒潮人口陸續退休時（2008～2011），共同基金恐怕會出現大量的贖回。由於共同基金持有大量的指數成分股，到時候主要指數很可能會出現重大跌勢。

最後這點特別重要。各位不妨仔細思考，看看是否應該相信。如果相信的話，這將是決定目前長期空頭市場投資操作的主要因素之一。可是，由股票市場的長期角度來看，共同基金倒是有一項正面發展：交易所掛牌的基金（exchange-traded funds，簡稱ETFs）。不論哪種投資對象，由國家、類股、投資風格，乃甚至於金、銀等商品，幾乎都可以找到ETFs可供投資。所以，股票本身雖然不是很好的長期投資對象，但我們仍然可以找到適合投資的ETFs。我認為，ETF應該算是股票市場的異數：只要出現潛在危機，往往也就是機會。

關於「因素4」，各位的看法如何？

我認為，當各位考慮宏觀經濟狀況時，應該思考機構法人的

資金流向。這基本上決定了我對於共同基金之市場影響的看法。目前,這些資金到處流動,嘗試尋找績效更理想的安排,但只要這些資金不離開市場,就會是主要股價指數的支撐者。可是,各位必須思考,當退休基金開始退場的時候,股票市場會受到什麼影響。

另外,我並沒有談到機構法人資金的其他層面。我認為,機構交易者是最缺乏效率的專業玩家,但他們在每個市場都控制著相當顯著的資金。銀行是外匯市場的造市者,但銀行交易者的技巧奇差無比(我個人的看法),而且管理也不嚴謹。如果各位從事外匯交易的話,這個事實有何影響?

我相信,各位起碼應該思考下列問題:

- 我打算交易哪些市場?誰是這些市場最活躍的玩家?
- 在我打算交易的市場中,那些大玩家採用什麼系統?這些系統是否可能全然崩解?在哪種情況下會發生?
- 如何追蹤這些大玩家的交易情況?
- 這些「大玩家的所作所為」將如何影響我的策略與績效表現?

因素 5. 法規與稅則的變動

對於交易宏觀架構可能造成影響的另一項因素,是法規與稅則的變動。這是隨時要留意的狀況,雖然有時候很難判斷這些變動將來可能會造成什麼的影響。此處舉幾個例子來說明。然後,各位可以自行決定這方面變動的重要性。

1986年稅法改革

　　1980年代，雷根著手的稅法改革，顯著降低高所得者適用的稅率，我個人認為這些措施有效刺激當時的經濟成長。可是，這些措施也彌補了很多原有的稅法漏洞。舉例來說，1980年代為了利用稅法漏洞，有很多房地產合夥公司成立。可是，當1986年的稅法改革方案封閉了相關漏洞之後，這些合夥公司也就沒有生存的條件了。結果，運用原有稅法漏洞的業者，紛紛中箭落馬、關門大吉。另外，這也導致後來的儲貸機構危機，迫使政府花費$1,250億來挽救它們。以下是相關稅法改革的一些影響：

- ·房地產折舊年限由19年延長為31年，使得許多原本可行的投資再也無利可圖。
- ·房地產損失不得轉嫁給消極投資人，這使得那些基於節稅目的而成立的房地產合夥公司一夕瓦解。
- ·另外，取消股利免稅優惠，並且提高奢侈遊艇的適用稅率，導致遊艇產業崩解。

　　現在，不妨想想：如果你投資的產業運用前述稅法漏洞，是否應該未雨綢繆，針對漏洞可能被封閉而事先做安排？這些產業所做的，基本上就是套利（利用法律漏洞賺錢）。不論進行哪種套利交易，你都要知道賺錢漏洞什麼時候會消失，預先安排脫身之計。

當日沖銷：證管會法規變動

　　2001年2月27日，證管會的一項法規變革，使得當日沖銷活動徹底改變。第一，根據這個新規定，任何人只要在連續5個交易日

之內，進行4筆或以上的當日沖銷交易，就被歸類為當日沖銷者。
這個規定實在很荒唐，你可能在天之內建立5個長期投資部位，如
果這些部位都在當天被停損出場，你將因此變成當日沖銷者 [15]。

　　當日沖銷者有一個好處：融資額度可以是淨值的4倍（但不可
以延伸到隔夜）。可是，還有另一項規定，帳戶規模至少必須是
$25,000──大約80％的當日沖銷者不符合這項條件。這個規定對
於交易造成相當大的衝擊。

　　很可笑地，我編寫一本當日沖銷方面的書籍剛好在2001年出
版。就在我的書即將出版之前，不只當日沖銷範圍發生重大變動，
而且紐約證交所改採十進位的報價。突然之間，買-賣報價的最小
跳動單位不再是1/16美元，而是1美分。所以，我那本書的某些策
略在還沒有見到天日之前就已經過時了。

　　所以，各位必須思考：在我從事交易的市場，相關法規是否會
變動，這對於我的交易將發生什麼影響？法規變動可能影響我們的
交易方式與獲利潛能。

羅斯IRAs的發展

　　1997年的納稅人救濟法案（Taxpayer Relief Act）成立了羅斯
IRA帳戶（Roth IRA）。進入羅斯IRA帳戶的資金不能扣抵稅金，但
由羅斯IRA帳戶提領的資金卻完全不需課稅，包括累積獲利在內。
所以，藉由這項立法，政府可以在短期之內取得龐大的意外財源。
大家紛紛把資金由傳統IRA轉移到羅斯IRA帳戶。所有這些轉換，
政府都可以根據投資人的適用稅率，針對轉移總款項徵收一筆稅
款。1990年代末期，柯林頓政府宣稱的預算平衡，究竟有多大程度
受惠於前述帳戶轉換的稅金？我雖然不知道這個問題的答案，但這

是政府透過法規修改，藉由犧牲未來收益而換取短期經濟榮景的典型例子。順便提一點，政府如果想要增加收益的話，仍然可以改變心意而決定針對羅斯IRA帳戶的投資利得課稅。事實上，我預測它們會這麼做。舉例來說，政府曾經說過絕對不會課徵社會安全稅，但當它們急需用錢時，承諾隨時可以收回。

由強勢美元政策到弱勢美元政策

柯林頓總統當政期間，美國政府採行強勢美元政策，堅決支撐美元匯價。當時的短期利率很高，足以吸引外資持有美元。到了布希總統當政期間，政府放棄強勢美元政策，利率顯著下滑。這兩種不同政策對於美元走勢的衝擊很明顯，雖然對於整體經濟的影響比較微妙。

關於「因素5」，各位的看法如何？

關於因素5的評估，在某種程度內，是要觀察最近的法規、政策變動，判斷相關的長期影響。各位需要思考下列問題：

- 政府最近所做的相關變革，對於我的投資與投資策略有何長期影響？
- 相關變革是否已經告一段落？是否還在進行？是否剛開始影響市場？
- 推展中的法案，對於我從事交易的市場與運用的策略會有何影響？
- 推展中的法案，是否會徹底破壞我的策略或市場？
- 相關變革是否有我可利用之處？

　　最後，各位還要設法預測可能發生的變革。舉例來說，1986年稅法改革法案所瓦解的房地產操作策略，基本上都是一些原本不具獲利空間的策略，只因為利用稅法漏洞而變成有利可圖。所以，各位可以據此歸納一項原則：如果某項投資會發生虧損，而只因為稅法因素而變得值得一試，這類策略通常很危險。

・我是否採行某種只建立在稅法因素上的策略？
・若是如此，我是否可以找到某種更有效、不需仰賴政府幫忙的策略？

因素 6. 人性本質並不適合從事經濟賽局

　　我想討論的最後一項因素，是有關於人類缺乏效率的本質。當我針對一些成功層面建立模型時，發現多數人的本性都被「設定」做相反的行為。此處可以提供一些例子，我相信各位的長期計畫應該思考這些因子。

・你所從事的某些最好投資，往往有其真正的本質，這類投資的價格之所以偏低，是因為大家想要拋售。這都是源自於一般人都有的恐懼-貪婪循環。人們因為恐懼而賣在低檔，因為貪然而買在高檔。
・如果大家都在談論你有興趣的投資，就代表賣出的時候了。1999年，我記得我住宿飯店的理髮師說，他不需上我的課，因為他已經是這方面的師傅了。我也記得某餐廳的侍者告訴我，這是他的「兼職」，因為他是全職的交易者，而且已經

累積$400,000交易資本了。這些訊息讓我覺得很緊張。沒
錯，幾個月之後，長期多頭市場結束於2000年初。

· 在金融市場從事投資或交易，成功的關鍵在於能夠迅速認
賠，並且讓獲利持續發展。可是，展望理論（prospect theory，
2002年獲得諾貝爾經濟學獎）顯示一般人會對於虧損狀況寧
願冒險，對於獲利狀況則會保守因應。換言之，一般人的作
法剛好違背交易成功的關鍵準則，這也是我過去20多年來不
斷強調的。

· 一般人認為，股票交易的成敗，取決於你是否買進正確的股
票。優秀的交易者知道，根本關鍵在於如何賣出。可是，真
正成功的交易者則瞭解部位規模與個人心態的重要性。

· 個人心態與部位大小，是交易最關鍵的兩項因素。一般人並
不瞭解這點，各位也很難聽到媒體討論這些話題。媒體可能
會談到市場心理，但不會討論個人心理。媒體可能也會談到
資產配置，但資產配置的真正功能，是告訴我們每種資產類
別（包括現金在內）應該投資「多少」。

· 參與金錢遊戲的準則是：消極收入大於費用支出。這也是我
所謂的「財務自由」，而一般人只要有適當的計畫，應該可
以在5～7年之間達到財務自由的狀態。可是，多數人認為，
只要能夠擁有最新奇的玩具，他們就算贏了，而且只要頭期
款與分期付款夠低，他們立即就能擁有這些玩具。這種想法
實際上會讓自己變成金錢奴隸，這也是為什麼美國消費者的
儲蓄率為負數的道理。

以上只是列舉一些簡單的例子，它們使得一般人注定要邁向財

務失敗。一般人有著太多偏見，最終導致財務災難。關於這個問題，我的解決辦法，是協助人們在進行財務決策時，能夠變得更有效率。可是，我認為，這是各位可以仰仗的優勢：因為多數人的財務、金融決策都缺乏效率（包括機構法人在內）。當然，大型法人機構也有它們的優勢，因為它們通常可以擬定適合自己成功的法規而讓大家遵循。

關於「因素6」，各位的看法如何？

　　留意這些因素也可以讓你發現交易點子，判斷某項策略什麼時候可能因為心理風向改變而失效。

　　舉例來說，各位可以思考下列問題：

* 我如何缺乏效率？如何讓自己更有效率？如何讓自己在個人心理層面上擁有優勢？
* 投資大眾認定的主要趨勢是什麼？留意雜誌封面與金融媒體報導。當媒體開始渲染某種趨勢，該趨勢很可能即將結束，或至少應該會發生顯著的修正。
* 目前有哪些冷門股具備很好的內含價值？當你向朋友提及這些投資機會時，如果他們非常不以為然，往往代表這些股票是很好的投資，前提是價格曾經大跌，當然最好是目前已經呈現上升趨勢。
* 我如何在個人心理與部位大小方面做調整，而讓自己成為更有效率的投資人／交易者？這也是本書最重要的主題。

其他考量層面

　　前述6項因子並不代表各位可以或應該考慮的全部狀況。譬如說，全球暖化就是另一種可能因素。如果各位認為全球暖化屬於真實的威脅，就應該留意其演變。未來5～10年的氣候變化，可能對於全球金融市場造成嚴重衝擊，其程度或許更甚於前述 6 項因子。

　　不妨看看最近發生的颶風或颱風，這些可能只代表全球暖化影響的開端而已。海水溫度如果持續上升，颶風的威力也會愈來愈猛烈，而這只是全球暖化對於世界經濟的潛在威脅之一。

　　另外，大規模戰爭呢？我們先前提到的因素，都假定發生在全球沒有重大戰爭的背景下。可是，如果爆發重大戰爭呢？你從事交易的市場或採行的策略，將會受到什麼影響？這些或許都是值得預作綢繆的事件。

　　貿易戰的情況又如何？如果某些國家或地區不再與其他地區進行貿易往來，那會如何？你所從事的交易會受到什麼影響？

　　美國或整個世界如果爆發健康危機呢？目前，我們美國有價值上兆規模的食品產業，正在摧毀我們的健康。美國現在又有另一個價值上兆的產業，專門處理加工食品引起的病兆（而不是根源）。馬里蘭有位醫生只因為讓病人注射大量的維他命而被吊銷行醫執照。我個人認為這是很好的治療方式，但現在可能要到瑞士去治療了。醫療保健的發展趨勢，也會對於經濟產生重大影響，但這當然只是我的信念而已。

　　這些——還有那些可能被我忽略的重要因素——都屬於各位思考宏觀架構的一部份。

如何追蹤宏觀因素的相關發展？

假定各位決定每個月定期追蹤6個因素。至於究竟追蹤哪6個因素，顯然並不重要，因為每個人的看法未必相同。每個人的信念都不一樣。可是，我們必須考慮每項因素對於相關市場與策略的影響。我們也必須清楚情況如何變動將會改變我們的交易市場與策略。另外，我們也需要決定如何衡量這些因素、如何追蹤。

讓我藉由幾個例子來說明我們能夠怎麼做。我固定每個月的第一個星期三發出一封免費的市場評論郵件《沙普觀點》[16]（Tharp's Thoughts）。這迫使我必須定期追蹤我認為重要的東西，也協助一些不想自行處理這方面工作的人。

朗恩（Ken Long）在我們舉辦的研討會內擔任ETF策略的講座，他每個星期都發表一份市場評論。這份評論提供有關所有ETF之績效的相對權數資料，類似如圖6.5。

圖6.5內的方格分別代表世界經濟各個部門的ETFs，方格內的數字則代表該部門表現的相對強度權數[17]。重點是要找到表現優於S＆P 500的經濟部門（S＆P 500是由SPY方格表示，目前讀數為39）。請注意，每個方格都有不同讀數，最強者為EWZ（巴西，讀數為66），最弱者為債券[18]（美國長期公債TLT與公司債LQD，讀數都是 33）。整個世界的投資，都由這份圖形表示。中央的9個方格代表美國股票市場，頂端是大型股（DIA、SPY與QQQQ），下端是小型股（IJS、IWM與WT）。價值型股票在左邊，成長型股票在右邊。平衡型股票則居中。所以，隨意瀏覽就知道美國股票市場在2006年2月11日的情況，表現較佳者為小型股（底端列）與價值型股票（左欄）。可是，它們的表現仍然遠遠不如其他最強的部門。

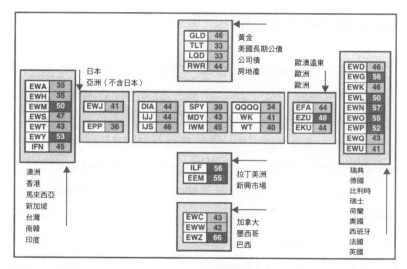

圖 6.5　根據ETFs建立的「龜族」世界觀市場模型（截至2006年2月11日）

　　如果想知道全球投資的概況，圖6.5的左側代表亞洲，歐洲位在右側，美洲在下側。就2006年2月11日來說，表現最強的部門顯然是：拉丁美洲（ILF）、新興市場（EEM）、巴西（EWZ）、德國（EWG）、奧國（EWO）、荷蘭（EWN）與南韓（EWY）。

　　圖形頂端也顯示美國其他金融市場，包括：黃金、長期公債、公司債與房地產。這份圖形雖然不是無所不包，不過確實可以代表我們固定追蹤的世界經濟重要部門。各位可以透過龜族資本公司（Tortoise Capital）取得這份資料[19]，或是自行從事類似的分析。

摘要結論

　　我們可以根據心智情節發展進行交易。可是，我建議每位投資人至少應該每個月定期追蹤一些影響市場的最主要因素，運用某種

方法衡量相關的變動，評估這些變動造成的影響。

以下是根據我個人之信念而歸納整理的重要因素：

- 美國債務狀況
- 美國的長期空頭市場
- 類似如中國與印度之新興市場，其消費型態對於世界原物料資源的影響
- 目前的共同基金結構，嬰兒潮人口退休可能引發的問題
- 法規、稅則、政策變動的影響，尤其是稅法
- 人性本質不適合從事財務金融賽局
- 其他潛在的主要因素

我強烈建議各位思考這些其他潛在因素與任何可想像因素的影響。我也強烈建議各位找到某種方式，衡量這些因素的變動，以及它們對於各位所交易之市場與所採行之策略的影響，最好是每個月定期評估一次。我已經提供一些月份參考資料，各位可以由這些資料著手。

附註

1. 請參考Jack Schwager,《Market Wizards》（New York: New York Institute of Finance, 1988），第306頁。（寰宇出版：《金融怪傑》）
2. 美國國會紀錄，1993年3月17日，第33冊，第H-1303頁。俄亥俄州眾議員詹姆士‧塔菲肯在美國眾議的發言。

3. 作者是Laurence J. Kotlikoff博士，資料來源：John F. Wasik的評論，www.bloomberg.com，2006年1月17日。

4. 文章下載：research.stlouisfed.org/publications/review/06/07/Kotlikoff.pdf.

5. 我的資料來源主要取材自Michael Alexander的《Stock Cycles: Why Stocks Won't Beat Money Markets over the Next Twenty Years》（Lincoln, Neb.: Writers Club Press, 2000），以及Ed Easterling的傑出著作《Unexpected Returns: Understanding Secular Stock Market Cycles》（Fort Bragg: Calif.: Cypress ouse, 2005）第49～52頁，以及我多年來閱讀Richard Russell對於道瓊理論的電子郵件評論（www.dowtheoryletters.com）。

6. 所謂「實質」是指經過通貨膨脹調整。根據亞歷山大著述的資料顯示，1812年以來的實質總報酬為6.8％，其中有三分之二來自股利。

7. 請參考Eastering的Unexpected Returns。

8. 網址：www.crestmontresearch.com/content/Matrix%20Options.htm.

9. 我看過John Mauldin的每週通訊（www.JohnMauldin.com）與William Gross的市場評論（www.pimco.com）提到這個名詞。

10. 請參考Christian Science Monitor, July 23, 2003.

11. 一位任職於某大型跨國企業亞洲部門的朋友所提供的資料。

12. 請參考Economist, August 19, 2004.

13. 請參考Gregory Baer and Gary Gensler,《The Great Mutual Fund Trap: An Investment Recovery Plan》（New York: Broadway Books, 2002）。

14. 2000年到2002底之間，股票市場的跌勢，主要是源自於個人投

　　資者賣出股票，共同基金贖回的壓力並不特別大。只要共同基金沒有發生顯著的贖回浪潮，那麼本書稍早預期的重大跌勢就不會發生。

15. 我不是當日沖銷交易者，但由於我的長期部位迅速認賠，結果讓我變成當日沖銷者。

16. 各位可以透過www.iitm.com免費訂閱《沙普觀點》，每個月的第一個星期三發行，針對整體市況發表評論。

17. 朗恩是採用表現強度的加權平均數，各位也可以透過效率（換言之，價格變動量除以每天價格波動率）追蹤EFTs，或者採用風險調整後的強度，或採用各位認為有用的任何其他衡量。

18. 相對強度變動相當快，圖6-5內的數據在本書完稿時已經不適用了。可是，朗恩採用的策略，是挑選表現優於S＆P 500的最強ETFs，如此可以長期持有部位。

19. 關於朗恩每週的更新資料，請造訪 www.tortoisecapital.com。

CHAPTER 7

偉大交易系統的六項關鍵要素

知者不言，言者不知。

——《老子》

　　各位如果想瞭解頂尖交易者究竟如何透過系統進行思考，本章將是關鍵。各位如果想在交易或投資方面獲得真正的成功，本章內容至為重要。因此，我會藉由各種不同的比喻重複講解。可是，對於這些系統變數所能夠提供的真正效益，你只有必要真正「瞭解」一次。發展一套成功的交易系統，我認為各位需要掌握項關鍵變數。讓我稍微說明這6項變數如何影響交易或投資盈虧。

1. 可靠性，也就是交易或投資的成功百分率。舉例來說，在所有投資之中，有60%能夠獲利，有40%發生虧損。

2. 在最低交易單位上（股票1股，期貨1口契約），獲利與虧損之間的相對大小。舉例來說，當交易獲利時，平均每股獲利$1，當交易失敗時，平均每股損失$1；這種情況下，獲利與虧損之間的相對大小相同。反之，如果交易獲利的平均每股獲利$10，交易虧損的平均每股損失$1，那麼前述相對大小將截然不同。

3. 投資或交易的成本。只要進行交易，這方面的成本就會對於帳戶造成傷害。這包括你執行交易的成本與經紀人佣金。這些成本看似微不足道，但它們會積少成多，甚至成為輸贏的關鍵。過去，一般投資人幾乎不可能從事當日沖銷，主要就是這方面成本造成的障礙；可是，即使是現在，交易成本雖然顯著下降，但只要交易夠頻繁，這仍然是一項重要考量。

4. 交易頻率多高。假定前述三項變數保持固定，那麼它們的綜合影響將取決於交易頻率多高。每天進行100筆交易與每年進行100筆交易，兩者的結果顯然不同。

5. 所採用的部位大小模型；換言之，每次交易的單位大小（1股 vs. 10,000股）。輸贏多寡顯然與交易單位大小有關。

6. 交易資本規模。前述4項變數對於交易帳戶的影響程度，顯然取決於帳戶規模。舉例來說，相較於$100萬的交易帳戶，如果你只有$1,000，那麼交易成本造成的影響要大得多；假定每筆交易的成本為$20，表示為百分率，這將是0.002％與2％的差別。因此，如果想避免發生虧損，$1,000帳戶的每筆交易平均必須多賺將近2％。對於$100萬的帳戶，0.002％的交易成本實在微不足道。同樣地，如果發生$500的損失，對於$1,000的帳戶影響很大，對於$100萬的帳戶則幾乎沒有影響。

　　各位認為只需要強調其中一項變數嗎？或者你認為這6項變數都很重要？透過這種方式問，各位想必同意這6項變數都很重要。

　　可是，讓我很勉強地提出一個問題：在前述6項變數之中，如果只能挑選一項做深入探索，各位會挑選哪一項？讀者或許會認為

這種問題很無聊，因為每項變數都重要。可是，各位還是勉為其難吧；我之所以提出這個問題，是有道理的。各位的答案是：

　　我之所以要求各位只挑選一個項目，是因為一般投資人或交易者的例行操作，通常只會專注於某單一變數，而且通常是前述第一個變數，也就是可靠程度或勝率。多數人都完全沈迷在這個因素上。沒錯，如果6個變數都很重要，這意味著只強調系統勝率是多麼幼稚。

　　最前面的4項變數，都屬於我所謂的「期望」（expectancy）構成部分，也是本章的討論主題。至於後面2項變數，則屬於我所謂「多少」或「部位大小」的部分。本章會涉及一些部位大小的議題，但細節內容則留待後文講解。

雪仗比喻

　　為了說明這6項變數的重要性，容我使用一個比喻，或許會讓各位不再執著於金錢與系統。想像你躲在一大片雪牆的後面。某人向你投擲雪球，你想要讓雪牆儘量變大，如此採能提供最大的保護作用。

　　這種情況下，雪牆大小顯然是很重要的考量變數。雪牆太小，保護作用不大，你很容易被雪球擊中。反之，如果雪牆很大，你就不容易被擊中。所以，前述的第6項變數「起始資本大小」有點

像此處的雪牆大小。事實上，你可以把起始資本看成是一道保護你的資金牆。假定其他變數保持固定，起始資本愈多，你獲得的保障也就愈周全。

對手向你丟擲的雪球有2種：白色雪球與黑色雪球。白球就如同獲利交易一樣；白球會附著在雪牆上，有助於雪牆增大規模。假定有一大堆白色雪球向你投擲過來，它們會不斷附著在雪牆上，使得雪牆規模愈來愈大，保障也愈來愈周全。

至於黑色雪球，一旦投擲在雪牆上，就會讓雪牆融化一道缺口，大小與黑球相當。所以，黑球相當於是一種「反」物質。如果有一大堆黑球投擲過來，雪牆會持續融化，規模愈來愈小，甚至完全失去保障作用。黑球如同虧損交易一樣，因為後者會逐漸侵蝕交易資本。

第1個變數（勝率）相當於是白色雪球出現的百分率。你當然希望白球出現的百分率愈高愈好。所以，我們不難理解為何有很多人只強調「勝率」或「白色雪球出現的百分率」。

現在，讓我們考慮白球與黑球的相對大小。換言之，每個白球平均有多大？每個黑球平均又有多大？假定白球只有米粒大小，黑球則是直徑2公尺的巨無霸。這種情況下，即便整天有許多白球出現，但只要一個黑球，或許就把雪牆轟垮了。反之，如果白球的直徑2公尺，那麼每天即便出現很多黑球，但只要出現一顆白球就足以提供充分保障。兩種雪球之間的相對大小，也就是我們模型考慮的第2項變數——每筆盈虧的相對大小。

關於第3項變數（交易成本），讓我們假定雪球——不論白球或黑球——擊在雪牆上，都會造成固定程度的小損害。每個白球雖然會附著在雪牆上，使得雪牆愈來愈大，但其撞擊也會造成雪牆的損

傷；我們當然希望白球的附著作用大於撞擊損傷。至於黑球，其撞擊同樣會造成固定程度的損傷；因此，黑球對於雪牆造成的總損傷，將稍大於黑球本身的體積。所以，這種撞擊損傷對於雪仗的最後結果，可能產生重大影響。

假定任何特定時間，頂多只有一顆雪球會擊中雪牆。經過100次撞擊之後，雪牆的大小將取決於所出現之白球與黑球的相對體積，以及整體撞擊損傷。在我們的模型中，我們可以根據雪牆大小來衡量雪仗結果。如果雪牆變大（帳戶資本變多），意味著白球總體積大於黑球總體積與撞擊損傷的總和。這種情況下，我們會覺得更安全。反之，如果雪牆變小（帳戶資本變多），意味著黑球總體積與撞擊損傷的總和，大於白球總體積。這種情況如果繼續下去，雪牆遲早會喪失保障功能，雪仗也就玩不下去了。

綜合考慮前3項因素，我們可以計算這100顆雪球平均每顆對於雪牆造成的淨影響。首先，我們計算這100顆雪球之中白色雪球的總體積，扣減黑色雪球的總體積，再扣減撞擊損傷總和，結果就是雪牆受到這100顆雪球的淨影響。將這個結果除以100，也就是平均每顆雪球對於雪牆造成的影響。這個數字如果是正數，雪牆會變大，如果是負數，雪牆會變小。這個數字也就是我所謂的「交易期望值」。

讓我們用實際的數字來說明。假定100個雪球之中，白球有60顆，總體積為240立方英吋，黑球有40顆，總體積為120立方英吋，100顆雪球的撞擊總損傷為10立方英吋。所以，經過100顆雪球的撞擊之後，雪牆體積將增加240－120－10＝110立方英吋。平均每顆雪球的淨影響是1.1立方英吋。

　　投資／交易領域裡，期望值代表進行很多單位的交易之後[1]，每承擔$1風險所期望獲得的淨利。如果每筆交易平均淨影響為正數，你可以期待帳戶資本能夠成長。反之，如果每筆交易淨影響為負數，帳戶資本則會消失。

　　在我們的期望值模型中，對於100筆交易，可以發生99筆失敗交易，每筆虧損$1。所以，這會讓你發生$99的損失。可是，如果剩下那筆成功交易的獲利是$500，最後仍然有淨獲利$401（＝500－99），即使系統勝率只有1%。讓我們進一步假定每筆交易成本為$1，那麼扣除交易成本$100之後的淨獲利為$301，你的期貨值（換言之，每筆交易造成的淨影響）相當於每承擔$1風險可以賺取$3.01。所以，各位現在應該瞭解交易期望值，是由先前討論的最初3項變數共同構成。因此，我們可以根據一顆典型雪球預測雪牆產生的淨影響（換言之，雪球期望值），同樣地也可以根據一筆典型交易預測交易資本的淨影響（換言之，交易期望值）。

　　讓我們繼續考慮雪仗比喻的第4項變數：雪球投擲的頻率。假定平均每個雪球將讓雪牆增加1.1立方英吋。如果雪球是每分鐘投擲一次，經過1個小時之後，雪牆將增加66立方英吋；反之，如果雪球是每30分鐘投擲一次，經過1個小時之後，雪牆只會增加2.2英吋。第一種情況的影響程度是第二種情況的30倍。所以，雪球投擲的頻率，是決定雪牆狀況的重要因素之一[2]。

　　交易頻率對於帳戶淨值也會產生類似的影響。如果每100筆交易可以讓你賺取$500，那麼要花多少時間來進行這100筆交易，將決定帳戶的成長狀況。如果要花1年的時間進行這100筆交易，那麼帳戶淨值每年成長$500。反之，如果每天進行100筆交易，那麼帳戶淨值每個月將成長$10,000（假定每個月有20個交易日），或相當

於每年成長$120,000。你希望採用哪種交易方法：每年賺取$500
者，或每年賺取$120,000？這個問題的答案很明顯，兩種方法的交
易期望值完全相同，唯一差別是交易頻率。

　　根據前述雪仗比喻的討論，各位現在認為這4項變數之中，哪
項最重要？理由何在？但願各位已經能夠體會每項變數的重要性。
這些變數構成交易期望值，決定交易系統的有效程度。

　　關於交易的整體獲利，第5與第6個變數——部位大小——是最
重要的。透過雪仗比喻，各位想必已經暸解雪牆大小的重要性（第
6項變數）。雪牆如果太小，那麼幾顆黑球就可以讓遊戲結束。雪牆
必須夠大而能夠提供充分的保障。

　　接著，讓我們看看第5項變數，也就是決定「多少」的變數。
截至目前為止，我們一直假定每個時間只允許1顆雪球擊中雪牆。
現在，我們允許同一時間有很多雪球擊中雪牆。首先，如果只有一
顆米粒大小的黑球擊中雪牆，頂多造成微不足道的凹洞。可是，如
果同時有100,000顆這樣的黑球擊中雪牆，影響程度恐怕就大不相
同了。

　　前一段提到的100,000顆雪球，只是為了說明部位大小的重要
性。截至稍早為止，我們都只考慮1單位，也就是股票1股或雪球1
顆。如果同一時間出現100,000顆黑球，除非雪牆規模原本很大，
否則結果恐怕不樂觀。

　　同樣地，假定你的交易方法發生損失時，每股股票損失$1。如
果每次只交易1股，損失當然不算嚴重。可是，如果每次交易10,000
股，損失就相當可觀了：$10,000。所以，部位規模很重要。帳戶規
模如果是$100萬，那麼$10,000損失只是1%。可是，如果帳戶規模
只有$20,000，$10,000損失等於去掉50%。

　　現在，各位已經大致瞭解決定交易系統（或雪仗）成敗的6項關鍵要素，我們可以進一步強調交易期望值。請記住，期望值是一顆典型雪球造成的影響。同樣地，交易期望值是典型交易每承擔$1風險所造成的影響。

交易期望值

　　交易成功的重要訣竅之一，是由報酬-風險比率角度做思考。同理，想要理解交易期望值，首先就要由報酬-風險比率角度思考。「這筆交易的風險是多少？承擔潛在風險所換取的報酬潛能是否值得？」可是，如何決定一筆交易的潛在風險呢？當你進場進行一筆交易時，應該預先決定該筆交易如果進行不順利，準備在哪裡認賠出場。舉例來說，你買進某$40的股票，決定股價一旦跌到$30就認賠出場；這種情況下，潛在風險就是$10。

　　我把這種風險稱為交易的R值。這很容易記，因為R代表英文「風險」的第一個字母。R可以代表單位風險或總風險，譬如：前述例子的每股$10，或買進100股的總風險$1,000。

　　請記住，此處是考慮報酬-風險比率。所以，如果部位的起始風險是$1,000，你可以把獲利表示為起始風險的比率。舉例來說，如果部位獲利$2,000（每股獲利$20），那麼獲利相當於2個R。如果獲利是$10,000，相當於10個R。

　　虧損的情況也一樣，如果部位虧損$500，則相當於虧損0.5個R。如果虧損$2,000，相當於虧損2個R。可是，如果部位的起始風險為$1,000，怎麼會發生$2,000的損失呢？很簡單，因為部位沒有在預定價位認賠出場。這可能是因為價格跳空下跌；實際損失超過

預定損失的情況很常見。身為交易者或投資人，你應該儘可能讓損
失不超過1個R。華倫‧巴菲特是全世界最成功的投資人之一，他曾

> 投資的最優先法則，就是
> 不要讓損失超過1個 R。

經說過，投資的最優先法則，就是不
要發生虧損。可是，即使是華倫‧巴
菲特也難免遇到投資虧損的情況。所
以，這個法則或許應該修正為：投資的最優先法則，就是不要讓損
失超過1個R。

　　一系列的報酬-風險比率數據，實際上也就是我所謂的R倍數分
配（R-Multiple distribution）。因此，任何交易系統都可以透過R倍
數分配而瞭解其性質。事實上，各位將發現，由R倍數分配的角度
思考交易系統，往往更有助於瞭解交易系統，更能夠掌握未來所能
夠期望的績效。

　　可是，這一切跟交易期望值有什麼關係呢？我們一旦知道交易
系統的R倍數分配，則該分配的平均數也就是系統的「期望值」。換
言之，交易期望值就是交易系統進行很多筆交易所能期待具備的R
值平均數。由另一個角度說，在進行很多筆交易的情況下，交易期
望值可以顯示我們對於所承擔的每$1風險，可以期待怎麼樣的報
酬。在雪仗的比喻裡，是每顆雪球造成的平均淨影響。在投資或交
易領域裡，期望值是任何特定交易相對於起始風險或R值所造成的
淨影響。

　　讓我們就由一個例子來說明。由於交易系統可以透過R倍數分
配來表示，所以我準備藉由一袋彈珠來模擬交易系統。假定袋子裡
有60顆藍色彈珠，40顆黑色彈珠。根據遊戲規則，每拿到一顆藍色
彈珠，即可贏取所承擔風險的報酬（換言之，1個R的獲利），每拿
到一顆黑色彈珠，則會發生損承擔風險的損失（換言之，1個R的損

失）。每次抽取彈珠，都先把先前抽取的彈珠擺回去。這種情況下，我們很容易計算這項遊戲的期望值：袋子裡有60個1R獲利的藍色彈珠與40個1R損失的黑色彈珠，每抽取一次的獲利期望值是0.2個R的獲利。換言之，在交易筆數夠多的情況下，每筆交易的期望值是0.2個R。

　　請注意，依據期望值資料，只要進行的交易筆數夠多，我們就可以大致知道相關交易系統的表現。繼續引用先前彈珠的例子，假定我們每抽取一顆彈珠所承擔的風險為$2，總共抽取1,000顆彈珠，每次抽取都把彈珠重新置回。由於每次抽取的期望獲利為0.2個R，所以1,000筆交易的期望獲利為200個R。如果每筆交易承擔的風險為$2（R＝$2），那麼進行1,000筆交易的期望獲利為$400。現在，各位應該不難瞭解我們為何稱此為「期望值」。這個數據讓我們大概知道，對於所承擔的每$1風險，如何期待交易系統的表現。

　　現在，假定你每個月進行20筆交易。那麼每個月平均獲利應該是4個R。這是否代表每個月都固定賺取4個R？當然不是。獲利期望值是一種平均數值；換言之，一般情況下，大概有半數月份的獲利多於4個R，另外半數的獲利少於4個R，但平均每個月的獲利為4個R。事實上，我針對10,000個月的資料（每個月都進行20筆交易）做蒙地卡羅模擬。換言之，每回由袋子裡抽出1顆彈珠（每次都置回），總共抽20次。所以，每回抽20次，相當於每個月進行20筆交易。如此重複10,000回，看看交易系統每個月的平均績效。結果發現，大概有12%的月份發生虧損。

　　如果袋子裡的彈珠種類更複雜——就如同金融市場的情況——將會如何呢？假定輸或贏都各有幾種不同情況。舉例來說，袋子裡

的100顆彈珠有幾種不同顏色，每種顏色都各自有不同的勝負賠率，請參考表7.1。

表 7.1　彈珠勝負賠率

彈珠的顆數與顏色	贏／輸	賠　率
50顆黑色彈珠	輸	1：1
10顆藍色彈珠	輸	2：1
4顆紅色彈珠	輸	3：1
20顆綠色彈珠	贏	1：1
10顆白色彈珠	贏	5：1
3顆黃色彈珠	贏	10：1
2顆透明彈珠	贏	20：1

　　同樣地，假定每次抽取的彈珠都重新置回。請注意，現在每抽取1顆彈珠而能夠贏的機率只有36％。各位是否想玩這場遊戲？理由何在？回答之前，請記住先前討論有關投資成功的4項要點。所以，重點是：這場遊戲的期望獲利。相較於先前的例子，目前這場遊戲是否更好？

　　想要決定這場遊戲的獲利期望值，首先需要決定R倍數。所以，先計算R倍數總值，然後除以彈珠顆數（平均數的定義）。獲勝彈珠的R倍數總值為160個R，失敗彈珠的R倍數總值為-82個R，總計為＋78個R。袋子裡總共有100顆彈珠，平均數為0.78個R。所以，目前這個遊戲顯然比較有利，因為其每抽取一顆彈珠的獲利期望值為0.78個 R，先前例子則是0.2個 R。

　　我們可以由這兩個例子得到重要的啟示。多數人只在意遊戲的勝率。先前第一場遊戲的勝率為60％，但獲利期望值為0.2個R；第

二場遊戲的勝率雖然只有36%，但獲利期望值為0.78個R。所以，由獲利期望值的角度觀察，第二個遊戲的獲利能力幾乎是第一個遊戲的4倍。

　　此處要特別強調一點。第與第6個變數對於交易系統的獲利能力很重要。你必須根據帳戶淨值規模而適當調整每筆交易部位的大小，才能有效實現系統的獲利期望值。交易系統必須有決定部位大小的功能。本書稍後會詳細討論這部分內容。

　　讓我們藉由一個簡單的例子，說明部位規模與獲利期望值的配合。假定你玩第一個遊戲（勝率60%）。另外，假定你的帳戶內有$100。第1次抽取時，如果你把整個$100都押上去，如果剛好抽到黑色彈珠，那就輸掉整個交易資本了。這是很可能發生的，因為抽到黑色彈珠的機率為40%。相對於帳戶淨值，你的部位規模（每次下注的金額）太大了。若是如此，即使這場遊戲的獲利期望值為正數（0.2個R），但所採用的部位規模讓你沒有機會掌握獲利期望值為正數的優勢。記住，如果想要實現系統的獲利期望值，你必須玩得夠久，而這取決於每筆交易的大小。

　　關於第一種遊戲，讓我們在看另一個例子。假定每次賭金都設定為帳戶淨值的50%。所以，第一次下注金額為$50。假定第一次抽到黑色彈珠而輸了。第二次下注的賭金將是$50的50%，也就是$25，假定你又輸了。第三次下著的賭金是帳戶淨值$25的50%，也就是$12.5。假定你又輸了；這是很可能的，因為連輸3把的機率幾乎有10%[3]。如果碰到這種情況，你隨後必須贏$87.50才能扳平； 換言之，創造700%的獲利。這是不太可能辦到的。所以，由於部位規模設定不恰當，你讓自己沒有機會實現交易系統的長期獲利期望值。

記住，部位規模必須夠低而讓你有機會進行夠多筆的交易，藉以實現系統的獲利期望值。

> 部位規模必須夠低而讓你有機會進行夠多筆的交易，藉以實現系統的獲利期望值。

截至目前為止，我們可以說：交易的風險控制基本上是由出場策略控制，沒有真正考慮部位大小。

可是，請回憶雪仗的比喻。風險大體上是由第2項變數代表，也就是遊戲的輸贏大小。這也就是出場策略所控制的。部位規模則是另一項控制變數（第5項變數），這決定相對於帳戶淨值的總風險。

機會與期望

有關交易系統評估，還有一項因素的重要性不下於系統期望值。這是前述第4項變數，也就是參與遊戲的機會多寡。參與遊戲（或交易）的頻率有多高？舉例來說，假定你可以參與前述第1與第2場遊戲，但第2場遊戲只能每隔5分鐘抽一次，第1場遊戲則可以每分鐘抽一次。這種情況下，你會選擇哪種遊戲？

讓我們看看這項機會因素造成多大的影響。對於這兩種遊戲，假定你都可以玩個小時。所以，第1場遊戲總共可以玩60次，第2場遊戲只能玩12次。

記住，獲利期望值是一種長期概念，唯有玩很多次才適用。所以，參與遊戲的次數愈多，實際結果愈接近獲利期望值。

對於目前這個例子，為了評估每場遊戲的真正價值，必須把參與次數乘以獲利期望值，如此可以比較兩者在1個小時內的結果：

第1場遊戲：期望獲利0.20R×60次 ＝ 12R／1小時

第2場遊戲：期望獲利0.78R×12次 ＝ 9.36R／1小時

　　所以，在前述參與次數的限制之下，第1場遊戲實際上優於第2場遊戲。評估交易系統的時候，也要同樣要考慮參與機會或交易頻率。舉例來說，對於兩個0.5R的交易系統（已經扣除交易成本），每個星期交易3次的系統，顯然優於每個月交易1次。

預測：致命陷阱

　　讓我們花點時間觀察投資人或交易者經常產生的迷思：預測陷阱。由期望獲利的角度思考，更容易理解為何很多人長久以來都會預測市場的未來走勢。事實上，第5章討論的交易概念，多數都是建立在某種「預測」方法上。譬如說，我們假定：

· 既有趨勢會持續發展。
· 價格會朝帶狀區間的另一端發展。
· 價格由經濟基本面因素驅動。
· 價格會受到多數不同市場的互動影響。
· 價格呈現歷史週期循環。
· 宇宙間某種自然律可以協助預測價格轉折。

　　所有這些概念都假定某種歷史規律將持續生效，甚至是相當精準地重複發生。可是，即使是很精確的預測，仍然可能導致交易失敗。什麼緣故？某種方法的預測即使有90％正確，還是可能讓你賠錢。

　　讓我們考慮某種勝率90％的系統，成功交易的平均獲利為1個R，但失敗交易的平均虧損為10個R。這種情況下，即使預測精確

程度高達90％，還是會虧損。這套系統的期望獲利如何？

$$期望獲利＝0.9 (1R)－0.1 (10R)＝－0.1R$$

期望獲利為負數。這套系統的預測精準度高達90％，但如果你採用這套系統進行交易，遲早會讓你賠光所有的交易資本。多數人都有一種強烈的心理偏見，希望自己的判斷正確；這種慾望的強烈程度，甚至可能超過系統獲利能力，結果不能充分發揮獲利潛能。換言之，這些人希望控制市場，結果讓市場控制他們。

所以，一套交易系統是否可行，一方面取決於勝率，一方面取決於盈虧多寡。這也是我們為何特別強調獲利期望值——每承擔$1風險所創造的獲利——的緣故。評估一套系統或方法的相對價值時，你需要考慮第4項變數（交易頻率）。

交易實際運用

截至目前為止，我們所考慮的是一袋彈珠。我們知道袋子裡的彈珠狀況，包括每種彈珠被抽取的機率與其賠率。可是，實際交易並沒有這些資訊可供運用。

實際進行交易時，你不知道每筆交易的勝率，更不知道交易成敗可以賺賠多少錢。可是，你可以根據歷史資料測試交易系統，如此就知道自己大概可以期待什麼。你也可以透過實際交易樣本瞭解交易系統的性質（表示為R倍數）。雖然不知道母體的真正狀況，但只要樣本數量夠多，仍然可以讓你知道交易系統的概況。記住，我都是利用倍數來代表報酬風險比率。想要計算R倍數，只要把總獲利（或虧損）除以起始風險。表7.2提供一些例子。

表 7.2　R倍數計算

股票	起始風險	盈虧	R 倍數
ATI	$509	$1,251	+ 2.46
DLX	$498	−$371	−0.74
GES	$512	−$159	−0.31
MTH	$500	$2,471	+4.94
ORA	$496	$871	+1.76
WON	$521	−$629	−1.21
總計		$3,434	6.90*R*
期望獲利 =			1.15*R*

　　表7.2的例子有幾個值得注意之處。第一，每支股票的起始風險都大致相同。這是透過部位大小決定的，每個部位的起始風險都設定為帳戶淨值（$50,000）的1％，相當於$500。實際數據稍有不同，則是因為四捨五入的緣故。

　　每支股票的最糟情況出場點（停損設定）都不同，但起始風險大致相同。這是因為我們讓每個股票部位的起始風險，都等於帳戶淨值的1％（$50,000的1％為$500）。換言之，雖然每支股票的停損設定不同，但透過部位大小而把起始風險設定為相同。關於起始風險與部位大小，我們稍後會更詳細討論。

　　第二，實際的R倍數可能不是整數，如同表7.2的情況一樣，此處是四捨五入到小數點以下兩位。所以，對於實際的交易系統，大概不可能說有1個R虧損的發生機率有30％。虧損可能是1.11個R、1.21個R、0.98個R、1.05個R或0.79個R。如果把交易成本考慮進去，盈虧更不可能是整數。

　　第三，表7.2的樣本很小，只有6筆交易。我們看到此處顯示的系統獲利期望值為1.15個R。可是，各位必須思考一個問題：只透

過6筆交易，你真的可以瞭解交易系統的性質嗎？當然不可能，6
筆交易實在太小了，呈現的結果沒有太大意義。樣本愈大，推估的
結果愈可靠。關於系統的期望報酬評估，我建議各位至少根據30筆
交易做估計。當然，根據100筆交易所做的推估更可靠，更能反映
交易系統將來的實際績效。

　　讓我們看看樣本期望值直接套用在市場交易的情況。假定某交
易系統已經使用2年，總共進行103筆交易，其中43筆成功，60筆失
敗，分配狀況如表7.3顯示，每次交易都採用最低交易單位。

表 7.3　某交易系統操作 2 年的樣本

獲利交易			虧損交易		
$23	$17	$14	($31)	($18)	($16)
$12	$32	$8	($6)	($23)	($15)
$6	$489	$532	($427)	($491)	($532)
$611	$431	$563	($488)	($612)	($556)
$459	$531	$476	($511)	($483)	($477)
$561	$499	$521	($456)	($532)	($521)
$458	$479	$532	($460)	($530)	($477)
$618	$1,141	$995	($607)	($478)	($517)
$1,217	$1,014	$832	($429)	($489)	($512)
$984	$956	$1,131	($521)	($499)	($527)
$1,217	$897	$1,517	($501)	($506)	($665)
$1,684	$1,501	$1,654	($612)	($432)	($564)
$1,464	$1,701	$2,551	($479)	($519)	($671)
$2,545	$2,366	$4,652	($1,218)	($871)	($1,132)
$14,256			($988)	($1,015)	($978)
			($1,123)	($1,311)	($976)
			($1,213)	($1,011)	($993)
			($876)	($1,245)	($1,043)
			($1,412)	($1,611)	($3,221)
			($1,211)	($945)	($1,721)
平均獲利 = $1,259.23			平均虧損 = ($721.73)		

總獲利 = $54,147;　　總虧損 = $43,304;　　淨利 = $10,843

　　表7-3並沒有顯示每筆交易的起始風險。很多不瞭解R倍數的人，其交易情況就是如此。可是，即使沒有起始風險資料，仍然可以根據平均虧損為1個R而估計R倍數分配。以下就是根據表7.3資料所做的計算：

$$平均獲利 = \frac{淨利}{103筆交易}$$

$$= \frac{\$10,843}{103}$$

$$= \$105.27$$

$$期望值 = \frac{平均獲利\,/\,每筆交易}{平均虧損}$$

$$= \frac{\$105.27}{\$721.73}$$

$$= 0.15R$$

　　這顯然只是粗略估計，也就是在沒有起始風險數據情況下的估計方法[4]。現在讓我們看看兩套交易系統，然後藉由兩者的期望獲利來判斷何者較佳[5]。

A系統

　　第一套系統來自於某選擇權交易者君。由5月日到8月31日，他總共進行21筆交易，摘要資料如表7.4。

　　4個月期間的21筆交易，總共獲利$1,890.43，相當於每筆交易平均獲利$90.02。由於平均虧損為$686.55，我們將此設定為1個R。把$90.02除以$686.55，期望報酬為0.13個R。

表 7.4　A君的選擇權交易資料摘要

	獲利交易	虧損交易	
	$2,206.86	$143.14	
	$1,881.86	$68.14	
	$3,863.72	$543.14	
	$181.86	$1,218.14	
	$1,119.36	$143.14	
	$477.79	$3,866.57	
	$48.43	$340.64	
	$327.36	$368.14	
	$21.80	$368.14	
		$358.14	
		$493.14	
		$328.14	
總計	$10,129.04	$8,238.61	= $1,890.43
N	9	12	= 21
平均	**$1,125.45**	**$686.55**	= **$90.02**

　　這套系統的最大問題，是發生單筆重大虧損$3,867，剛好抵銷了最大一筆獲利$3,864。如果沒有發生這筆虧損，那麼A系統還算不錯。於是，A君要進一步研究這筆虧損，看看將來是否能夠避免發生。他很可能沒有想辦法及時停損，把損失侷限在1個R範圍內。

B系統

　　接著，我們觀察B系統在2年內所進行的一些股票交易。B君的某筆交易購買1,000股的股票，獲利$5,110；另一筆交易買進200股，獲利$680；還有一筆交易放空300股，虧損$6,375。剩餘的所有其他交易，交易單位都是100股。所以，為了避免考慮部位規模的問題，我們假定所有交易都是100股。

經過調整後，這套系統在2年內的18筆交易總共獲利$7,175，相當於每筆獲利平均$398.61。相較於A系統，我們發現A系統每筆交易平均獲利只有$90。另外，B系統的勝率為55.6％，A系統只有45％。所以，B系統顯然優於A系統。不是嗎？

表7.5是B系統的交易摘要資料，包括每承擔$1風險的期望獲利與機會因素。如果把這些因素考慮進去，結論是否仍然相同？

B系統的18筆交易賺進$7,175，平均每筆獲利$398.61。B系統的損失為$1,527.63。期望獲利為0.26個R。所以，B系統的期望獲利是A系統的2倍。

請注意，A系統的獲利主要來自於單筆交易，B系統的情況也是如此，其最大單筆獲利為$7,358，甚至超過整個2年期的淨利$7,175。所以，單筆交易獲利就足以代表兩年交易的結果。事實上，這往往是長期好系統的普遍性質。

表 7.5 B系統的交易摘要

	獲利交易	虧損交易
	$511	$2,125
	$3,668	$1,989
	$555	$3,963
	$1,458	$589
	$548	$1,329
	$3,956	$477
	$340	$1,248
	$7,358	$501
	$499	
	$503	
總計	$19,396	$12,221
N	10	8
平均	**$1,939.60**	**$1,527.63**

比較：A系統與B系統

　　可是，如果考慮機會因素，這兩個系統的評估會受到什麼影響呢？A系統在4個月內進行21筆交易；依此類推，2年將進行126筆交易。以下按照2年期間評估這兩個系統，比較獲利期望值乘以交易次數的結果。

　　由期望獲利乘以交易次數的角度比較，A系統顯然勝過B系統。可是，這是假定兩位投資人都會充分運用交易系統提供的機會。

　　比較兩個系統，需要考慮機會因素。B系統在2年期間內只進行18筆交易，但這未必代表該系統只提供18個交易機會。唯有在下列條件下，交易者才算充分運用系統提供的交易機會：（1）交易機會出現時，投資人已經充分投資；（2）策略啟動時，投資人按照出場策略離開市場；（3）只要有資金可供運用，投資人會充分運用其機會。如果這三個條件沒有滿足，未必能夠有效比較系統之間的期望獲利與機會。

A 系統			B 系統		
期望獲利	機會次數	總計	期望獲利	機會次數	總計
0.13R	108	14.04R	0.26R	18	4.68R

判斷系統績效

　　假定交易系統已經進行足夠數量的交易樣本，譬如：我們已經在許多不同市場進行200筆交易。所以，我們大概知道該系統的R倍數分配狀況。現在，如同先前討論的案例一樣，我們繼續假定每筆交易等同於由袋子內抽取彈珠。一旦抽出彈珠，記錄R倍數之後，

就把彈珠重新置回。透過這種方式模擬交易，經過100次或更多，我們大概就知道如何期待交易系統的未來表現。

首先，我們需要設計一套策略決定部位大小，協助達成交易目標。另外，這套策略應該反映每筆交易的起始風險，以及帳戶淨值狀況。此處不妨暫時採用最簡單的1％風險模型，就如同表7.2顯示的情況。

其次，你需要決定所抽取彈珠的潛在分配狀況。原則上，交易系統的勝率與發生連續虧損的交易筆數，兩者之間應該存在反比例的關係。所以，決定部位大小的方法，必須讓你禁得起連續虧損，使得交易系統最終可以實現期望獲利。請注意，系統勝率即使高達60％，每100筆交易之中，還是很可能發生連續10筆虧損交易。因此，你必須判斷發生這類連續虧損的可能狀況，交易系統必須要有能力因應這類事件[6]。

很多人沒有辦法運用一套健全的交易系統，因為（1）他們不清楚系統運用於實際交易可能出現的連續虧損分配，（2）信用過份擴張或交易資本不足。我們一旦知道系統的勝率，就可以估計交易發生連續虧損的可能狀況，但畢竟還是不知道這方面的「真正」數值。舉例來說，投擲公正的銅板，往往會出現連續的正面。

圖7.1顯示某個彈珠抽取遊戲（如同表7.1顯示者）的60筆交易樣本。請注意，這只是一個樣本而已，其他樣本的結果可能全然不同。請注意第46筆到第55筆交易之間發生的連續虧損。碰到這種情況，很多人可能會有下列兩種反應：（1）他們相信接下來發生成功交易的機率愈來愈高，或者（2）他們決定將來要好好運用這種連續虧損的現象。如果連續虧損發生在交易初期，第（2）種反應很普遍。可是，如果連續虧損發生在交易後期，通常會發生第（1）

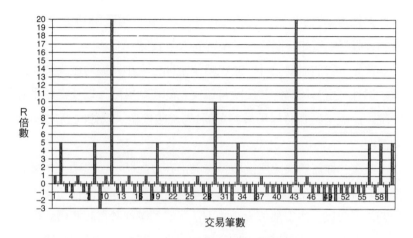

圖 7.1　彈珠遊戲：系統的R倍數

種反應。一旦發生連續虧損，他們知道下一筆交易獲利的機會愈來
愈大，下注也會愈來愈大。我猜各位讀者應該知道這種心態會招致
什麼後果。

　　關於前述圖7.1之60筆交易，圖7.2顯示整個過程的帳戶淨值曲
線，假定下注金額分別固定為淨值的1.0%、1.5%或2.0%（交易者
始終保持冷靜）。下注金額固定為淨值之1%的情況，60筆交易的報
酬為40.1%，由峰位到谷底的最大淨值跌幅為12.3%。過程中曾經
發生三次較嚴重的連續虧損，分別為5筆、6筆與10筆。下注金額如
果提高為淨值的2%，報酬將加倍，淨值最大跌幅也同樣加倍。如
果交易者禁不起損失而在連續虧損發生之後不再使用該系統，那會
如何呢？就圖7.2的情況來說，部位規模愈大，最後結果愈理想。
可是，另一些樣本中，較大的部位規模可能導致帳戶破產，尤其是
當連續虧損發生在交易初期，如果部位規模較小，將有助於交易者
安然度過這段連續虧損期間，使得系統最終仍然可以獲利。

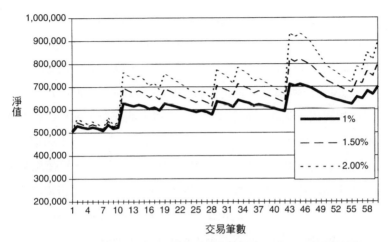

圖 7.2　淨值曲線：每筆交易承擔不同的風險（不同的部位規模）

　　圖7.3顯示逆向操作的情況，賭金設定為帳戶淨值的1.0%。所謂逆向操作，就是讓輸與贏相互反轉。這種情況下，你的勝率雖然高達64%，甚至曾經連續出現10筆獲利的交易，但最終仍然虧損37%。

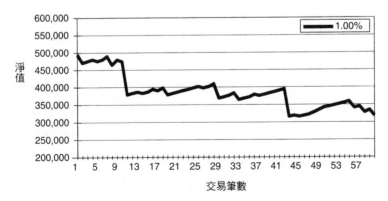

圖 7.3　淨值曲線：逆向操作（部位規模為淨值的1%）

　　如果真的想知道這套系統的運作狀況，或許至少需要評估100個這類的樣本。到了那時候，我們可以更明智決定部位規模策略。另外，關於這套系統的未來表現，我們也可以更清楚知道如何期待。這個例子說明我們如何把系統的R倍數視為一袋彈珠做分析。

　　　如同我建議的，如果做了100次以上的模擬，就可以針對未來可能發生的各種狀況做演練——試著處理各種可能發生的情節。記住，即使有100個樣本，我們仍然無法確知袋子裡的彈珠情況（或未來行情發展）。更重要者，我們仍然不知道將來是否會發生目前不可想像的重大損失。這也是為什麼我們要預先演練各種可能發展情節，想像自己將如何處理不可預期的重大變故。

摘要結論

　　讓我們稍微複習一下。一旦擁有交易系統，或系統的某種雛形，你需要計算其獲利期望值，觀察幾個有關期望獲利的因素。處理步驟如下。

　　如果知道每筆交易的R倍數，就可以精準計算交易系統的期望獲利。系統的期望獲利，就是個別交易期望獲利的平均數。就是這麼簡單。

　　如果你已經使用或測試某套交易系統，但你並不知道系統的R倍數，那麼不妨把每筆交易平均虧損看成是1個R。因此，只要把系統的每筆交易平均盈虧除以平均虧損，結果就是系統的期望獲利。

　　你需要評估系統取得獲利期望的機會狀況。交易頻率有多高？一年可以進行幾筆交易？把期望獲利乘以交易頻率，大概就知道自己對於交易系統能夠期待什麼（藉由R倍數表示）。

關於交易系統的運用，一旦有了足夠大的樣本，不妨每個樣本視為袋子內的彈珠，嘗試瞭解系統的R倍數分配。你可以重複抽取彈珠（每次都把彈珠置回），用以表達一年的交易，然後留意（1）每筆交易的風險，（2）淨值曲線的變化，（3）對於每筆交易的心理反應。如此重複至少100次。若是如此，你對於交易系統將來的表現，就能有不錯的瞭解。

務必記住，系統的期望獲利與勝率是兩碼子事。人們通常都希望每筆投資或交易都正確。因此，人們通常都偏愛勝率高的系統。可是，勝率高的系統，一旦發生虧損時，虧損程度往往都很嚴重，結果導致負數的期望獲利。總之，勿必要由期望獲利的角度評估系統風險。

最後，即使系統的期望獲利很高，還是可能賠錢。如果部位大小沒有做適當的控制，只要不幸發生連續虧損，系統可能根本沒有機會發揮其獲利能力；換言之，在系統有機會發揮獲利能力之前，交易帳戶已經先破產了。

附註

1. 「單位」可以是指股票1股或期貨1口契約。

2. 這似乎意味著：如果把交易成本考慮進來，那麼交易頻率愈高愈好。這個推論雖然沒錯，但沒有考慮頻繁交易所造成的心理壓力與耗損。

3. 就這種交易系統來說，如果每年進行100筆交易，你幾乎一定會碰到連輸3次的狀況。事實上，100筆交易之中，很可能會出現連輸7次的狀況。

4. 本書第一版沒有把期望獲利表示為的平均數。我後來的著作已做了修正，包括《運用電子當日沖銷交易取得財務自由》（Financial Freedom through Electronic Day Trading）與《資產生財，富足有道！》（Safe Strategies for Financial Freedom）。本書第一版由於缺乏這方面的概念，我把交易劃分為幾組，藉此估計期望獲利。目前，我們把平均虧損視為1個R，然後把平均盈虧除以平均虧損而計算期望獲利。這種方法雖然不夠精確，但比本書第一版運用的方法理想。

5. 一旦考慮部位大小因素，還有更好的辦法可以評估交易系統的性質。可是，這些方法的相關討論已經超過本書範圍。

6. 請記住湯姆·巴索給我們的意見。連續虧損的情況一定會出現，這是交易不可避免的部分。

第 III 篇
瞭解交易系統的關鍵部分

　　　本書第III篇將協助各位建構交易系統。請注意，閱讀這部分講解之前，各位務必要徹底瞭解第I篇與第II篇的內容，因為這是實際建構交易系統所需要的根本基礎。

　　　第8章將討論架構（setup）。架構是指某事件發生的必要條件。第III篇首先討論架構，因為多數進場或出場系統，就是由架構與觸發扳機構成。各位可以透過第8章學習最常用的進場架構——適用於股票市場與期貨市場。這些都是頂尖玩家使用的架構。可是，市面上經常可以看到只包含架構的系統，人們往往基於彩券偏頗心理而傾向於接受這類產品。讀者一旦瞭解本書內容，就知道架構只是交易系統的一部份，還需要配合其他因素。

　　　第9章討論進場技巧。交易系統的可靠程度——勝率——基本上是取決於進場技巧。我們知道，系統勝率的重要性不如期望獲利，因為勝率高的系統，期望獲利仍然可能是負數。投資或交易的時間架構愈長，進場方法愈顯得不重要。」根據第9章的說明，我們發現多數進場方法未必顯著優於隨機猜測，但某些進場方法的勝率確實突出。

　　　第10章介紹如何界定系統的單位部位風險（換言之，1個R）。任何系統都應該採用某種停損策略，藉以保障交易資本。這即是系統的「災難性停損」，也是交易系統最重要

的功能之一。第10章將說明這類災難性停損的設定理由，

闡述寬鬆或緊密停損的優、缺點。

第11章探討獲利了結的方法。獲利了結的出場策略，目

標是要讓交易系統儘可能提高報酬-風險比率，藉以提昇期

望獲利。我們將討論各種出場策略的目標、種類、分批了

結的優點，並且強調出場策略應該儘量單純。讀者將學習

如何藉由出場方法改善系統的期望獲利。

有關第8章到第11章的討論，我的目的不是提供包羅萬

象的完整內容，而只是想讓讀者瞭解哪些技巧是有用的，

但我並沒有特別探討無用的方法（除了概略性的說明之

外）。總之，本篇目的不在於提供完整的系統，因為每個人

的信念都未必相同，絕對沒有適用於每個人的完整系統。

我希望讀者可以藉由本篇的討論，掌握真正有用的工具，協

助各位克服心理障礙與偏頗，建立自己適用的交易系統。

另外，本篇也會探討一些很普遍的交易系統。各位可以

藉此機會瞭解多數交易者或投資人究竟重視什麼，並且琢

磨如何改進一般人所忽略的東西。我不打算批評這些系統，

因為它們多數很有名氣、運用得很普遍，素質通常也很

高。事實上，讀者如果覺得這些系統不錯，我鼓勵各位做

進一步研究。總之，我希望點出這些系統的長處與短處。

運用架構啓動系統

真正的投機需要高瞻遠矚的預測。

──理查・懷可夫（Richard D. Wyckoff）

架構（setups）是指採取任何其他行動之前的必要條件。架構也是多數進、出場策略的最根本部分。我之所以決定先討論這部分內容，是因為這是稍後講解進、出場策略的基礎。

架構的最主要功能之一，就是讓我們知道什麼時候可以啓動交易系統。就本書第6章討論的宏觀看法來說，我建議目前的空頭行情將持續發展到2020年。可是，這並不代表這段期間內不會出現適合參與股票市場的強勁多頭走勢。至於如何啓動股票交易系統，這就需要仰賴簡單的架構。

本書第5章討論的點子，很多都與進場架構有關。譬如說，有關「市場秩序」的概念，多數都可以提供市場可能呈現走勢的機會視窗。這些視窗也就是時間的架構，它們並不是進場訊號或交易系統。

我曾經碰過一位艾略特波浪理論專家。他表示，他的行情判斷大約有70%正確，但成功的交易大概只佔30%。他的進場方法採用相當緊密的停損，藉以保障資本。所以，他經常被停損出場。對於

特定看法，他往往要重複進場3、4次。另外，經過3、4次的訊號反覆之後，他對於特定看法可能喪失信心而不敢進場，結果很可能因此錯失了機會。另一些情況下，他的看法雖然正確，但市場的走勢太過猛烈，導致風險過高而使他不敢進場。原則上，這位交易者把架構（換言之，根據艾略特波浪理論衡量市場狀況）與交易系統的概念弄混淆了。他實際上沒有進場系統（參考下一章的定義），因此沒有辦法有效運用其精準度很高的判斷。

　　經過本書後續幾章的討論，我們可以修正這些問題。請注意，對於多數投資人與交易者來說，他們往往弄不清楚架構與完整交易系統之間的差別。很多技術分析系統的書籍，內容實際上只包含架構。對於這些書籍，如果作者提供足夠數量的巧合案例，讀者或許就相信這些方法是萬靈的聖盃。請注意，在整個交易系統之

> 各位可以由本書學習的最重要概念，就是：在整個交易系統之中，架構的作用可能不到10％。多數人只知道強調正確的架構，但架構實際上卻是交易系統最不重要的成分之一。

中，架構的作用可能不到10％。多數人只知道強調正確的架構，但架構實際上卻是交易系統最不重要的成分之一。

　　讓我們藉由基本分析概念來說明架構的意涵。概略而言，基本分析所提供的只是一些條件，這些條件顯示市場在什麼情況下適合進場做多或賣空[1]。這些條件可能是供-需狀況顯示的價值高估或低估。可是，基本分析結論並沒有涉及時效因素；換言之，基本分析可能顯示交易者應該進場，但究竟在什麼時候進場，則不在架構處理範圍。

　　接下來，我準備討論進場的5個層面，進一步釐清架構條件。任何投資人或交易者都多少會考慮下列每個層面。

進場的5個層面

適用某交易系統的條件

　　首先，我們需要考慮當時的市況條件，決定是否適合採用某特定交易系統。如果答案是肯定的，才能考慮後續層面。如果答案是否定的，那就要另外尋找適合當時市況條件的其他系統。

　　讓我引用《資產生財，富足有道！》書中的例子。該書曾經提到一種適用於空頭市場的共同基金交易技巧。如果各位決定採用這種技巧作為交易系統，你可以投入50％資金於逆向共同基金（inverse mutual fund），其績效表現在方向上剛好與S＆P 500相反。可是，引用這類技巧，市況條件必須正確。

　　這種系統只適合使用於長期空頭市場。前文曾經談到我的宏觀看法；我認為，未來10～15年內，股票市場將呈現空頭行情。可是，這套系統比較適合運用於我所謂的紅燈模式。所謂紅燈模式，是指下列3個條件至少有2個滿足：

1. 市場價值高估，S＆P 500的本益比超過17倍。最近幾年來，這個條件始終滿足。
2. 聯邦準備銀行沒有擋路；聯邦準備銀行或是傾向於緊縮銀根，或者保持中立。換言之，過去6個月內的最近行動是調升利率。就目前來說（2006年底），聯邦準備銀行已經連續調升利率17次。
3. 市場表現不理想。這是說市場處在45週移動平均之上。

　　這波空頭行情發展至今，始終處在紅燈模式。我每個月發行的

免費報告都會更新這項指標[2]。這類的架構是很概略性的，只能反映宏觀狀況。可是，自從2005年7月以來（到2006年8月），市場呈現橫向發展，前述空頭市場共同基金策略並不成功。

讓我們再看另一個例子。本書第一版曾經提到莫特利傻瓜投資指南建議的方法（Motley Fool Foolish Four）[3]，並做相當深入的探討。可是，由於這套方法只強調道瓊指數30支成分股，而且繼續持有一年，所以我不認為這套方法適用於目前的任何市況。共同基金對於其所追蹤的股價指數，通常都有顯著的支撐作用。

可是，隨著1950年代嬰兒潮人口逐漸邁入退休年齡，共同基金開始出現顯著的贖回壓力，我估計主要股價指數可能崩跌。所以，在目前環境之下，任何策略如果需要持有主要股價指數成分股達一年以上，恐怕就不適用。這些就是如何根據邏輯思考決定某套方法是否適用的例子[4]。另外，當莫特利傻瓜網站推出這種簡單的技巧，我們不難想像後果將如何：無數投資人集中買進4支股票。這種情況下，如果大家都買進特定4支股票，買進「道瓊落水狗」的策略就不可能繼續有效。

選擇市場

進場的第二步驟，是挑選交易市場。市場必須具備哪些條件，你才會想要進場？不妨考慮採用下列某些準則：

1. **市場流動性**。你估計相關市場將來的活絡程度如何？這基本上是市場流動性的問題，也就是進場與出場之容易程度的問題。市場通常提供雙向報價，有買進與賣出報價，出場可能要採用較低的買進報價，進場則必須支付較高的賣出報價；當然，如果市場流動

性很好，實際交易價格可能介於買進-賣出報價之間。如果市場欠缺流動性，那麼買進與賣出報價可能拉得很開；換言之，單是進場與出場，就必需支付顯著的價差成本（外加佣金費用）。

　　市場流動性是挑選市場的重要考量之一。為什麼？如果部位規模夠大，你的出現就足以牽動行情。反之，如果部位很小，或許不難進、出流動性不足的市場，但你仍然應該儘量避開這類市場，因為一筆「愚蠢的」大額交易，就可能導致行情大幅波動。

　　舉例來說，股票交易者或許應避免介入每日成交量少於10,000股的股票。對於這類股票，任何最基本的100股交易，就佔整天成交量的1%，所以你很難順利進場或出場。

　　2. 新成立的市場。一般來說，最好避免介入新成立的市場，不論是新的期貨契約，或是新掛牌的股票。對於這些新市場，很多事情還搞不清楚，很容易出差錯。市場至少應該成立一年以上，我們才知道可以期待什麼。

　　某些人很擅長交易新上市股票。沒錯，處在多頭市場，新上市股票經常能夠快速上漲，但隨後往往也會暴跌。各位或許擁有這方面的「優勢」，非常清楚新上市公司的狀況，使各位覺得這方面的投資很安全。可是，這絕對不是業餘玩家的樂園。

　　3. 誰是造市者？你是否清楚相關的交易法規？你需要知道相關交易的背後是由誰主宰。誰是造市者？他們的信譽如何？與他們打交道的過程中，你是否知道自己可以期待什麼？這些造市者的主管機構是誰？如果遞入停止單，你知道這些交易指令是否會獲得公平對待？或者徒然讓自己受人宰割？

　　舉例來說，某些證券交易所或期貨交易所特別不容易進行交易，撮合價格往往不理想。對於這些市場，如果你已經有相當經

驗，知道自己可以期待什麼，或許問題不大。反之，如果是新手，最好是在一些比較有制度的市場從事交易，譬如：紐約證交所、芝加哥期貨交易所或芝加哥商業交易所。

對於沒有經驗的交易者來說，海外市場可能代表大好機會，也可能是一場災難。從事這方面交易之前，最好向一些有經驗的人打探消息，瞭解一下自己可以期待什麼？最糟的情況將如何？務必確定自己可以承擔相關風險。

1992年，我跟一位很棒的女人結婚，她出生在新加坡，在馬來西亞長大。1993年底，我前往馬來西亞拜訪她的親戚們。我們在全國各地旅行，每到一個地方，大家都談論著馬來西亞股票市場很容易賺錢。因此，根據我信念，這代表馬來西亞股票市場即將崩盤。1994年1月，股票市場暴跌50％。很不幸地，當時並沒有很好的管道可以放空馬來西亞股票市場。

目前，投資人可以透過交易所掛牌基金（ETFs）參與幾乎每個海外市場。請參考圖6.5，其中顯示一般投資人可以建立部位的海外市場。所以，如果我現在想放空馬來西亞股票市場，我只需要放空馬來西亞ETF（EWM）。換言之，我們身在美國，就可以輕鬆放空馬來西亞股票，雖然馬來西亞政府認為這是非常不友善的行為。

4. **價格波動程度**。價格波動是指特定期間內的價格走勢程度。舉例來說，當日沖銷者需要價格波動劇烈的市場，因為他們必須在一天之內建立與結束部位。所以，通常只有外匯市場、股價指數與流動性特高的個別股票，或者是債券市場，才適合當日沖銷者活動。

如果你採用的交易系統試圖在行情轉折點建立部位，就要挑選價格波動程度夠大的市場，如此才能創造夠大的獲利。所以，價格波動程度是一項重要考量。

不論是當日沖銷或區間交易，你都需要有足夠大的價格波動，報酬潛能才足以彌補所承擔的起始風險；換言之，報酬潛能至少要是起始風險的2、3倍。所以，如果你打算從事這類交易，價格波動程度就是挑選市場的重要考量因素。

5. **資本市值**。股票交易者經常會根據資本市值挑選股票。有些人喜歡資本市值高的大型股，另一些人則喜歡資本市值低的小型股，兩者各有其理由。

一般來說，投機客偏愛小型股（資本市值不到\$2,500萬的股票）的劇烈走勢。根據研究資料顯示，股價能夠上漲10倍或以上的股票，是以小型股為主。小型股由於資本市值相當有限，所以當需求增加時，股價很容易上漲。

反之，天性保守的投資人，則不喜歡股價劇烈波動。他們不希望看到股價因為1,000股買盤而上漲1點，然後又因為1,000股賣盤而價格下跌1點。他們希望看到緩慢而穩定的價格變動。具備這種股性的股票，通常都是大型股，其流通籌碼可能有好幾億股。

6. **市場是否適合你採用的交易概念？**一般來說，不論交易概念是什麼，你都需要找到一個適合展現該概念的市場。交易資本愈少，這項選擇程序也就愈重要。

所以，如果採用順勢交易系統，就需要找到趨勢明確的市場：或是呈現相對強勢的股票，或是每年都會有幾波明確趨勢的期貨市場。如果歷史資料顯示某市場適合某種交易概念，這種性質通常會持續發生。其他交概念的情況也是如此。如果你重視季節性型態，就要挑選季節性型態明確的市場，譬如：農產品或能源市場。同樣地，如果你想採用艾略特波浪理論，就要尋找這套理論最適用的市場；如果你偏愛區間交易系統，也要尋找適當的市場。總之，任何

交易概念都需要一個能夠充分展現該概念的市場。

　　7. **挑選彼此獨立的**[5]**市場建構投資組合**。這個話題或許有點超越交易系統發展介紹性書籍的處理範圍。可是，我建議各位觀察個別市場走勢彼此間的關連程度。挑選走勢彼此獨立的不相關市場，同時在這些市場進行交易，績效通常比較理想。換言之，我們通常不希望自己所交易的市場，價格走勢彼此之間的相關程度太顯著。

行情方向

　　進場的第3步驟，要考慮行情發展方向。不論你是要猜測行情轉折點，或是想要介入已經發展成形的快速走勢，都要評估未來6個月內的市場主要趨勢方向。面對當今的市場，你需要知道自己打交道的對象是什麼「東西」。這也就是市場的長期趨勢。

　　有位在市場賺進無數財富的順勢交易老手告訴我，他會把走勢圖掛在牆上，然後走到房間的另一端。由房間另一端做觀察，如果走勢圖仍然呈現很明顯的趨勢，就代表適合交易的市場。這是一種適用於1960年代與1970年代的方法，當時的市場經常呈現顯著的長期趨勢。至於目前，前述方法的原理雖然還是適用，但判斷趨勢的時間架構恐怕要縮短一些，因為現在的趨勢通常比較短。

　　一般來說，明確的上升趨勢或下降趨勢，都相對容易賺錢。可是，金融市場有三種走勢方向：上升、下降與橫向。市場大約只有15～30％的時間呈現明確的趨勢方向（向上或向下）。剩餘的時間裡，市場呈現橫向發展。所以，身為市場交易者，你必須判斷當時的市況究竟如何。舉例來說，很多交易者使用的系統，會讓他們始終留在市場裡。可是，如果你認為橫向走勢不適合進行交易，那麼你的系統就必須能夠讓你留在場外觀望。換言之，你的系統必須有

辦法判斷當時的市場是否存在顯著的上升或下降趨勢。關於這點，培利‧考夫曼（Perry Kaufman）設計了一套很好的工具，本章稍後會討論。

　　交易者如果始終待在市場內，勢必會經常碰到橫向走勢；對於順勢交易者來說，橫向走勢會造成訊號反覆，最好的情況仍然會不斷發生小額損失，而且還會浪費交易佣金。所以，如果採用順勢交易系統，就必須想辦法避開橫向走勢。

架構條件

　　進場的第4步驟，是考慮架構條件。如同前文說明的，架構條件是根據相關概念進場之前，所必須預先具備的條件。具備架構條件，通常可以顯著提升交易成功的機會。多數人之所以能夠賺錢，是因為市場由進場點展開一大段走勢。本書第5章討論的各種概念，設計上就是要找到一些明確的條件，使我們能夠更確定所預期的走勢會發生。原則上，這些概念都包含市場架構。這些概念是要幫助我們「預測」未來發展，協助我們判斷正確的行情方向。

　　架構可能包含我們預期發生行情轉折的機會視窗，這可能是我們進場之前必須存在的經濟基本面條件，或是我們想要看到的季節性型態，或是任何其他我們認為有用的準則。

　　架構通常不是進場準則。架構是我們考慮進場建立部位之前所必須預先存在的條件；換言之，架構是進場的必要條件。

| 由於本書第2章討論之彩券偏頗的緣故，市面上銷售的很多交易系統，事實上都只是架構而已。 |

　　本章準備討論一些有用的架構，包括適用於股票市場、期貨市場、外匯市場[6]、選擇權市場或其他投機領域的架構。

由於本書第2章討論之彩券偏頗的緣故，市面上銷售的很多交易系統，事實上都只是架構而已。可是，在正式討論架構之前，讓我們再談談進場的最後一個步驟：市場時效。

市場時效

　　進場的最後一個步驟，是拿捏市場時效。假定你已經挑選交易市場。你也相信目前市況符合你打算採用的交易概念，而且你判斷架構條件已經滿足。現在，你還需要等待最後一個要素，然後才能真正採取行動：所期待的走勢確實啟動。換言之，假定你根據基本分析、季節性型態、技術分析或任何其他理由而預期某大幅漲勢將發生；這種情況下，該走勢非常不可能剛好發生在你做預測的時候。精明的交易者或投資人，通常會等到預期走勢即將發動的時候才進場。

> 精明的交易者或投資人，通常會等到預期走勢即將發動的時候才進場。

　　如同各位將在下一章看到的，很少進場技巧能夠勝過隨機進場（換言之，隨便在什麼時候投擲銅板決定買進或放空）。所以，你需要盡一切所能來提升自己的勝算。提升勝算的最好辦法，就是等到預期走勢確實啟動之後才進場。這也就一般所謂的時效訊號。本書稍後會討論幾種重要的時效訊號。

追蹤市場的架構

　　讀者如果熟悉我的「顛峰績效自修課程」（Peak Performance Home Study Course），就知道頂尖玩家經常會固定做10種工作，其中之一就是「追蹤」（stalking）。基本上，這就是縮短交易的時

間架構，藉以尋找風險更低的進場條件。短期架構是最好的這類
追蹤工具。這類架構很多，此處只提出三類這種短期架構與例子。
我對於這些架構的評論，只代表我個人的看法。康納（Connors）
與拉斯克（Raschke）的著作《精明玩家》（Street Smarts）[7]，談到
很多這類的短期架構。各位如果真的打算採用這種交易模式，我建
議你閱讀這本書。

「測試失敗」的架構

　　這是指走勢測試先前高點或低點將失敗。當走勢創高點或低
點，將呈現很多有趣的型態。下面討論的方法，是由肯恩・羅伯特
（Ken Roberts）提出，屬於測試失敗的架構。

　　這種架構之所以有用，是因為很多交易者以此作為進場訊號。
依據這些進場訊號建立的部位，可能賺取豐厚利潤。這種方法的邏
輯根據是，市場經常出現假突破。

　　舉例來說，康納與拉斯克有一種稱之為烏龜湯（Turtle Soup）
的型態，這個名稱是源自於一群名為「龜族」（Turtles）的交易
者，他們採用20年移動平均突破作為進場訊號：如果行情向上突破
20天移動平均，進場建立多頭部位；反之，如果行情向下跌破20天
移動平居，則進場建立空頭部位。

　　目前，這類的20天期突破，大多屬於假突破（換言之，突破之
後，行情卻朝相反方向發展）。所以，烏龜湯基本上就是一種20天
期假突破的架構。龜族曾經藉由這種突破訊號賺了龐大的財富（細
節請參考本書第9章有關通道突破的討論），所以務必要小心。

　　圖8.1是烏龜湯型態的例子。7月中旬曾經出現幾次突破20天期
高點的例子。這些高點突破發生之後，都曾經出現相當大的跌勢

（至少短期內是如此）。各位可以藉由這些短線走勢賺取不少錢。

　　關於這種型態，如果我提供更多一些成功的案例，各位或許會覺得很興奮。事實上，這種測試失敗的案例確實很多，但相反的案例也不少。我認為，這只是很多值得考量的型態之一，而且必須納入整個交易系統內處理；換言之，必須配合系統的出場策略與部位規模法則，如此才能成為有效的賺錢工具。

　　讓我們在觀察另一種現象，價格如果收在當天交易區間的頂端，那麼隔天開盤通常也會開高。反之亦然。這種現象成功的機率很高，可能高達70％或80％。我們可以運用這種現象作為交易系統的出場方法，但也可以作為測試架構。

　　前述現象還有下文。市場開盤方向雖然很可能會朝著前一天收盤方向繼續發展，但收盤繼續朝相同方向發展的可能性就遠較為低了。另外，如果前一天出現顯著的趨勢（換言之，市場開低走高，或開高走低），那麼隔天出現反轉的機率更高。這種現象可以作為測試型態架構的基礎。關於這種型態，你所需要的是一些反轉徵

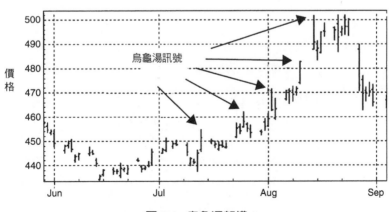

圖 8.1　烏龜湯架構

兆。所以，這種「測試」型態涉及3種架構，請參考圖8.2。

圖8.2顯示相關型態起始於12月8日星期四。當天價格開高收低，呈現明顯的下降跌勢。這是第一部份架構。

1. 第一天（12月8日星期四）的趨勢很明確，價格開高收低。

2. 隔天開盤繼續前一天的走勢而跳空開低（換言之，前一天呈現顯著下降趨勢，隔天行情開低；如果前一天呈現明顯的上升趨勢，則隔天價格跳空開高）。所以，12月9日星期五，市場跳空開低。

3. 星期五市場開低之後，如果價格回升到昨天（星期四）最低價之上，代表買進訊號。（如果星期四呈現明顯上升趨勢，星期五出現跟進的跳空開高，然後價格跌破星期四的最高價，則代表賣出訊號。）請注意圖8.2，12月9日市場開低之後，價格向上反轉，穿越12月8日的收盤價。這是最後部分的架構（實際上也代表進場訊號）。

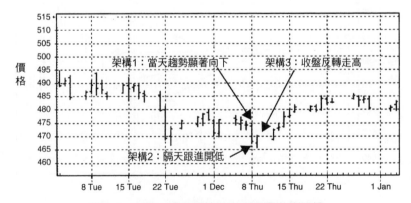

圖 8.2　架構：明確趨勢隔天出現跟進的開盤

　　請注意12月9日的隨後發展，當天價格收高，而且在隨後幾天繼續上揚。記住，此處只是挑選一份剛好可以說明這種型態的走勢圖。所以，各位千萬不要太興奮，因為這一切對於交易是否能夠賺錢，關係並不特別重要。

　　如果你打算從事短線交易或波段交易，或許可以使用這種測試失敗的架構。現在，各位已經知道什麼叫做測試失敗的架構：市場成功測試某極端價位，隨後卻朝相反方向發展。當然，各位可以發展自己的架構，大可不必拾人牙慧。放膽嘗試吧！

高潮反轉或竭盡型態的架構

　　這種架構的原理與前述測試失敗架構相同，只是此處所呈現的趨勢更極端、明確，充分顯示隨後很難繼續出現跟進的走勢。這種架構設計上是要鎖定趨勢反轉的低風險交易機會。此處需要有某種訊號顯示行情走勢已經發展到極端狀況（此乃架構的條件之一），隨時可能朝你想要交易的方向反轉。這類型態很多，但多數高潮走勢都屬於很難客觀判斷的走勢型態（因此也很難電腦化）。我通常不贊成使用價格型態，因為我們肉眼在走勢圖上看到的型態，很可能只是偏見而已，未必是真正有效的型態。因此，此處只針對一種案例做討論：跳空高潮走勢（gap climax move）。

　　跳空高潮走勢　行情跳空創新高或新低，但沒有出現應有的跟進走勢，這往往代表高潮走勢進入迴光反照階段的跡象。然後，價格開始折返，收在高潮走勢的相反方向。另一種可能性，是價格在隨後幾天出現填補缺口的跡象。這種架構是建立在兩種觀察上：（1）極端走勢的跳通缺口會被填補；（2）極端走勢之後出現的反轉走勢通常會持續發展。

以下是這類走勢的可能交易方法：

1. 市場跳空創新高或新低（高潮走勢架構）。
2. 或許可以設計另一種反映價格波動變得更劇烈的架構，譬如說：最近5天的平均真實區間，是最近20天平均真實區間的2倍或3倍。不過，這類的架構或許沒有必要。
3. 行情發展有轉弱的跡象，譬如說，（a）收盤落在整個交易區間的另一端，（b）後續走勢似乎會填補跳空缺口。
4. 根據你預期的反向短期走勢，設定進場訊號。

根據我個人的看法，這種型態操作起來相當危險。你所做的，就好像是要「阻擋」快速前進的火車。你預計既有趨勢會稍微出現反轉，讓你有從中獲利的機會，但既有趨勢隨時可能重新啟動，而且走勢可能跟先前一樣猛烈。

我認為，高潮反轉架構是那些大膽短線玩家的遊戲。對於長期交易者來說，應該要避免運用這種架構，因為這種反轉純屬短線機會。當然，如果各位對於這種型態真有興趣，不妨閱讀康納與拉斯克的《精明玩家》。

折返架構

接下來所要考慮的短線交易架構，是所謂的折返（retrace-ment）。這種架構原則上涉及：（1）尋找市場的長期趨勢，（2）鎖定該趨勢的某轉折返走勢，（3）在折返走勢中，順著長期趨勢方向尋找進場點（換言之，尋找既有趨勢恢復的徵兆）。這是一種古老的交易技巧。舉例來說，1920年代著名的交易者理查·懷可夫

（Richard D. Wyckoff）曾經說過，「不要在突破當時買進，等待折
返測試。」

　　最初的順勢訊號出現之後，隨後通常會跟著出現折返走勢（至
少盤中會出現）。這種盤中發生的折返走勢，可以作為低風險的進
場架構。圖8.3清楚顯示幾個這類的折返走勢。

　　請參考圖8.3，首先順著主要趨勢方向出現突破走勢（圖形上
端的箭頭）。每個這種突破走勢發生之後，隨後都出現折返走勢
（圖形下端的箭頭標示處）。請留意其中代表的機會。

　　對於順勢交易者來說，折返架構是很值得考慮的，優點包括：
（1）允許設定緊密的停損，有效提升報酬-風險比率；（2）適用於
短期的「波段交易」或長期的「部位」交易；（3）讓你重新掌握
原本錯失的機會；（4）在既有趨勢內遭到停止出場之後，可以藉
由折返走勢重新進場。各位不妨根據這種概念設計自己的方法，因

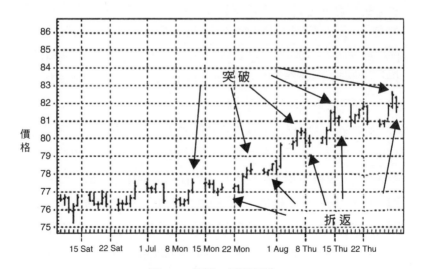

圖 8.3　範例：折返架構

為我所見過幾種最棒的順勢交易策略，就是建立在這種概念之上。事實上，我的老朋友朗恩（Ken Long）所開設的ETF講座，其中就提供了幾個很好的例子。

濾網 vs. 架構

濾網是進場之前必須被引發的某種指標。過去，我認為濾網是任何交易系統的10種關鍵成分之一。可是，我們系統開發課程的講座查爾斯・拉寶（Charles LeBeau）認為，交易者完全不應該採用濾網。濾網或許可以讓你滿足一些後見之明，但對於目前的交易則沒有多大幫助。

關於拉寶的見解，讓我稍做說明。彩券偏頗是一種普遍存在的心理，所以交易者總希望自己的進場訊號儘可能完美，讓他們在實際進場之前就能「控制」市場。當我們觀察歷史資料的時候（譬如：進行歷史測試），運用的指標愈多，套入資料的程度愈高，系統的預測能力也就愈好，甚至能夠預測每個行情轉折。

多數交易軟體提供的技術指標數量可能有數百種。你會儘可能使用這些指標，甚至很難克制這方面的慾望，乃至於利用技術指標來套入歷史資料。舉例來說，你可以使用某種擺盪指標、幾條移動平均，以及一些循環指標，使得你的系統幾乎能夠精準預測歷史資料展現的每個行情轉折。這可能讓你對於自己的交易系統深具信心，但這種高度「最佳化」系統只適用於歷史資料，對於未來的實際交易幫助不大。

為了迴避這方面的缺失，有些人只針對最近期的歷史資料進行最佳化程序（譬如說，最近幾個月的資料），希望這些能夠精準預測最近期歷史資料的系統，也同樣能夠預測即將發生的行情。這通常都是白費功夫，因為所使用的指標數量太多了。

一般來說，愈單純的系統，實際運作的效果愈好。可是，這個結論有一個例外：如果系統的各種指標是分別採用不同類型的資料。

這實際上也就是濾網與架構之間的差別所在。濾網通常是採用相同的資料，所以交易系統應該避免使用濾網。架構則是建立在不同的資料之上。所以，只要架構是建立在不同而可靠的資料上，架構數量通常是愈多愈好。

> 濾網通常是採用相同的資料，所以交易系統應該避免使用濾網。架構則是建立在不同的資料之上。

讓我們看一些各位可以運用的架構，或許有助於瞭解我所謂不同類型資料的意思。以下是一些例子：

時間架構

關於走勢什麼時候會發動，根據各種模型，你可能會有些概念。時間資料不同於價格資料，所以這類的架構很有用。時間濾網可能包括循環、季節性資資料，乃至於占星學的影響。不妨參考第5章有關「時間架構」的討論。

價格資料序列

你所需要的價格資料可能要某特定序列關係。如果你想根據所觀察的高機率關係進行交易，或許更需要這類的價格資訊。譬如

說，讓我們考慮前文討論的折返架構，你可能需要下列順序的價格資料：（1）市場呈現某種明確的趨勢；（2）行情發生折返走勢；（3）市場呈現某種徵兆，顯示價格即將恢復原有的明確趨勢。這些雖然也是價格資料，但按照特定順序發生，自然有特殊的意義。

經濟基本面資料

對於所交易市場的供需狀況，你可能有些看法。舉例來說，你可能擁有一些黃豆作物的資料，以及一些海外需求的新資料。請參考本章稍後由葛拉契爾與巴菲特提供的經濟基本面架構案例。一般來說，由經濟基本面驅動的趨勢，勁道往往最強。

成交量資料

成交量資料明顯不同於價格資料。文獻上有很多關於成交量運用的資料，尤其是股市專家理查・阿姆斯（Richard Arms）的著述。現在，很多資訊供應商都會提供阿姆斯指數（Arms Index）。這項指數最初稱為TRIN交易指數（TRIN trading index）。這項指數是把「上漲／下跌家數比率」除以「上漲／下跌成交量比率」的數據表示為指數形式。

接下來談談阿姆斯指數的架構運用。採用阿姆斯指數的移動平均（通常是5天期移動平均）。讀數如果大於1.2，意味著潛在底部；讀數如果小於0.8，意味著潛在頭部。此乃適用於1～3天的短期交易，但必須配合預期方向的價格移動平均進場訊號運用。

成分資料

如果相關市場是由很多成分構成，那麼個別成分的資料也很有

用。就股票市場來說，大盤、類股或個股的表現往往全然不同。上漲家數有多少？價格上漲成交量與價格下跌成交量之間的關係如何？

對於股價指數來說，我們也可以觀察個股資料。一般來說，從事S＆P 500指數交易的人，除了指數本身之外，通常不會留意個股，如此顯然沒有充分運用資訊。

> 一般來說，從事S＆P 500指數交易的人，除了指數本身之外，通常不會留意個股，如此顯然沒有充分運用資訊。

跳動檔（tick）是每個市場都提供更新資料的綜合指標之一：紐約證交所成交價格向上跳動vs.向下跳動的差額。如何使用跳動檔資料作為架構？跳動檔出現極端讀數，代表行情即將反轉（至少短期內會反轉）。所以，跳動檔極端讀數是一種測試架構。你可以採用某種反轉訊號來配合這種架構運用。

價格波動率

這是指行情活絡程度而言，通常定義為價格區間。這項資訊很有用，顯然不同於價格本身。

幾年前，我曾經舉辦一場電腦交易研討會，目的是要（1）讓學員們熟悉某些交易軟體，然後（2）根據歷史測試發展一些系統，其績效在沒有經過最佳化之前，能夠達到每年100%或以上的報酬。我認為，多數人都會運用適當的出場策略與部位規模設定方法，發展高期望報酬的系統。多數人確實這麼做，但有一個人例外。這位例外的人，他藉由某種指標衡量市場呈現狹幅交易的程度，並配合其他參數，經常可以鎖定極具爆發力的走勢。這種狹幅交易架構，配合好的進場方法，就大有機會創造報酬-風險比率很高的交易。

以下是有關這種交易架構的點子。

1. 透過某種指標衡量市場的趨勢，例如：移動平均或ADX。
2. 比較最近5天與最近50天的價格區間比率，判斷市場是否進入狹幅交易區間。前述比率讀數如果跌到某水準之下（譬如：0.6），代表行情陷入狹幅交易。

　　相較於長期順勢交易系統，這種架構很容易就可以讓績效提升10美分或15美分（對於每$1承擔風險來說）。
　　第二種狹幅交易架構可以設定為：

1. 當天線形出現內側日（換言之，當天長條圖完全被前一天長條圖吃掉，也就是說今天的最低價高於昨天的最低價，而且今天最高價低於前一天最高價）。
2. 當天交易價格區間是最近X天以來最小者。

　　當線形出現前述內側日，不論價格朝哪個方向突破，都代表短線交易機會。至於進場訊號的選擇，可能性有很多，詳細討論請參考本書第9章。

經濟基本面

　　華倫‧巴菲特使用的架構，多數都屬於經濟基本面的，威廉‧歐尼爾（William o'Neil）也是如此。企業的盈餘能力如何？股息殖利率多高？銷貨情況如何？毛利率多少？每股盈餘多少？發行股數有多少？每股帳面價值如何？企業成長狀況如何？這類資訊顯然不

同於股票價格資料。下一節會更深入討論經濟基本面相關內容。

公司管理資訊

你所投資的企業是由誰負責經營？其績效紀錄如何？華倫‧巴菲特提供這方面的一些參考準則。不論你是購買個股或共同基金，經理人的績效紀錄很重要，跟投資成敗有很大的關連。

當然，想必還有其他跟價格關係不大的資料可供運用。如果你可以找到這方面可靠而其他人不容易取得的資料，或許就能掌握交易優勢，建立有價值的進場架構。所以，各位應該瞭解有用的架構，往往是來自無關價格的資料。現在，各位可以發展自己的架構，這可能是各位創造聖盃系統的關鍵因子。

千萬不要太過沈溺於進場架構。進場架構雖然可以提升系統的可靠性，但即使擁有高勝率的系統，期望報酬還是可能是負數——如果少數失敗交易的虧損很嚴重的話。你花在停止策略與出場策略的時間，至少應該與進場或架構一樣多。至於部位規模的設定，其重要性遠超過進場、出場或其他要素。如果你真瞭解部位規模的重要性，就應該就可以找到符合你需要的聖盃。

著名交易系統使用的架構

股票市場架構

請注意，此處的討論不打算涵蓋股票市場所能夠運用的所有架構。相反地，我準備講解兩種方法。這兩種方法之間的差別很大。比較每種方法使用的架構，各位應該能夠更進一步掌握架構的真正

意義，然後發展符合自己需要的架構。如果各位對於某種方法有興趣，我建議各位研究原始資料。以下的種種評論，都只反映我個人對於不同模型的看法。

威廉·歐尼爾的 CANSLIM 順勢模型

CANSLIM模型是由威廉·歐尼爾與大衛·萊恩（David Ryan）共同推廣的一套成功模型。歐尼爾在他的著述《歐尼爾的股市賺錢術》（How to Make Money in Stocks）一書內暢談這套模型[8]。另外，歐尼爾發行的《投資人商務日報》（Investor's Business Daily）與走勢圖服務公司《每日圖譜》（Daily Graph）也參與這個模型的推廣。很多人曾經參與有關這套模型在美國各地開辦的講座。此處之所以談到這套模型，不是要講解或發表評論。各位如果想要瞭解這套模型，我建議各位直接閱讀原始資料。目前，我想要說明CANSLIM模型使用的架構。

CANSLIM是一個字頭語，每個英文字母都代表一種進場架構。

C 代表當期每股盈餘（current earnings per share），歐尼爾認為當期每股盈餘較去年同期必須至少成長70%。所以，當期每股盈餘是這套模型的第一個架構準則。

A 代表每股年度盈餘（annual earnings per share），歐尼爾建議，過去5年的每股年度盈餘至少必須要有24%的複利成長率。這是另一種架構。

N 代表有關公司的一些新東西（something new），所謂的新東西，可能是公司的新產品或服務，或經營團隊的新變動，甚至包括產業的新變化。這也可以代表股價創新高。所以，N

代表兩種進場架構。可是，股價創新高實際上是一種進場訊
號（細節請參考第9章）。

S 代表在外流通股數（shares outstanding），歐尼爾的研究發
現，價格表現最佳的股票，流通股數平均不超過1,200萬
股，中位數為480萬股。所以，歐尼爾的另一項架構準則是
在外流通股數偏低，最好少於2,500萬股。

L 代表領導（leader），歐尼爾相信市場相對強度模型。關於相
對強度的運用，多數人是比較股價在過去12個月內的表現。
股價表現勝過其餘75～80%股票者最值得考慮。有些人比較
強調最近30天內的表現，特別提高這部分的權數。歐尼爾的
股價相對強度排列，大概也屬於這種性質。他認為，應該挑
選排列在80%以上的股票；所以，這是另一種架構。

I 代表機構法人的贊助（institutional sponsorship），領導股票
通常都多少需要機構法人的贊助。可是，機構法人介入的程
度太深，也未必是好現象，因為其表現一旦出現差錯，賣壓
也會很沈重。另外，等到機構法人察覺到該股票值得投資，
通常已經太遲了。然而，歐尼爾認為，機構法人的贊助還是
必要的。

M 代表整體大盤（overall market）表現。絕大部分股票（超過
75%）的價格會隨著大盤起伏。所以，歐尼爾把大盤表現
也視為一種架構。

　　以上說明字頭語CANSLIM代表的歐尼爾架構。關於實際的進
場方法，這套模型說明不多，只有N代表的股價創新高。另外，這
套模型也沒有提到如何設定停損、如何出場，更沒有談到交易系統

> 多數人所謂的歐
> 尼爾交易系統，
> 實際上只是一些
> 架構而已。

最重要的部位規模設定。所以，多數人所謂的
歐尼爾交易系統，實際上只是一些架構而已。
很有趣，不是嗎？我們稍後在適當場合還會談
論歐尼爾的準則。

華倫・巴菲特的價值模型

　　華倫・巴菲特可能是全球當今最成功的投資人之一。巴菲特自
己從來沒有正式出版有關其投資方法的書籍，但市面上有不少談論
巴菲特投資方法的書，較著名者包括：安德魯・基爾派崔克
（Andrew Kilpatrick）的《永恆的價值-巴菲特傳》（Of Permanent
Value）；羅傑・羅恩斯坦（Roger Lowenstein）的《巴菲特：一個
美國資本家的成長》（Buffett: The Making of an American Capitalist）；
以及羅伯・海格史騰（Robert Hagstrom Jr.）的《巴菲特之路》（The
Warrant Buffett Way）。最後這本書包含作者對於巴菲特投資哲學
之瞭解的詳細解釋。我個人最喜歡的，則是華倫・巴菲特本人的論
文集《巴菲特論文集：美國企業啟示錄》（The Essays of Warrant
Buffett: Lessons for Corporate America），其中包括他寫給投資人的
年度報告。所有這些書都列入本書最後的建議閱讀參考書目。

　　同樣地，此處並不準備詳細討論巴菲特的策略，只打算簡單介
紹他所採用的進場架構。各位如果想進一步瞭解巴菲特的投資哲
學，我建議你閱讀海格史騰的書。我之所以挑選巴菲特，一方面是
因為他可能是最成功的美國投資人，另一方面是因為他的方法相當
獨特。

　　巴菲特引用的策略，實際是用於購買整家企業，他不認為自己
是購買股票。一般來說，當我們買進一家企業時，通常不會想再賣

出——巴菲特也故意讓人們產生這種「他絕不賣股票」的印象（至少我個人認為如此）。對於任何想要學習投資的人，巴菲特建議他們嘗試瞭解美國每家上市公司，並且把相關知識儲存在腦海裡，以備不時之需。如果你覺得美國上市公司25,000多家實在太多，巴菲特建議你不妨按照企業名稱的字母順序處理，由A開始。

很少人會真的按照巴菲特的建議去做。事實上，對於一般人來說，即使是想要買進的股票，也很少人會遵照巴菲特建議的方式去做研究、分析。所以，我們不難瞭解巴菲特在這方面——尋找價值被低估的企業——佔有什麼樣的優勢。

根據海格史騰的研究，巴菲特的投資有12個準則，其中個屬於進場架構，另外3個可以視為進場準則。事實上，這些進場準則也可以看成是架構。巴菲特不太強調進場的時機問題，因為其投資都屬於終身的投資。可是，我們在第9章還是會稍微討論他的進場方法。至於本章，我們準備觀察他的 9 項架構。

最初3種架構與企業性質有關。（1）對於所打算投資的企業，巴菲特必須要能夠瞭解，而且企業概念必須很單純。巴菲特不願意投資高科技企業，因為他不瞭解，也不喜歡其中蘊含的風險。（2）企業必須擁有穩定的營運紀錄。他會觀察長期營運記錄，不喜歡那些曾經出現劇烈變革的企業。他認為，投資報酬與企業嚴重變動是不能共存的。

有關企業性質的第3個架構，（3）巴菲特希望企業能夠定期調升產品售價而不擔心喪失客戶。當然，除非企業產品沒有顯著的替代產品，而且價格也沒有受到管制，否則就不能具備這種性質。

接下來的三種架構與企業經營管理有關。巴菲特認為，企業經營完全取決於管理團隊的強度。所以，巴菲特要求（4）管理者必

須誠實面對大眾。巴菲特痛恨那些透過某些合法會計程序隱藏企業
營運缺失的作法。另外，他認為，管理者如果不能誠實面對大眾，
也不可能誠實面對自己。自欺欺人絕對有礙其領導與企業經營。

　　巴菲特認為，企業管理者最重要的任務，就是資本配置。所
以，巴菲特的次一個準則（5）是觀察管理者的資本配置合理性。
企業再投資於本身企業的資本報酬率如果低於一般水準（這是企業
界常見的現象），那是完全不合理的。巴菲特會避開這類的企業。

　　巴菲特對於企業經營管理的最後一項準則是（6）避免那些不
知變革、墨守成規的經理人。這些人通常會抗拒變動，所設計的營
運方案往往只是為了消耗預算，只懂得模仿同業，聘用一些唯唯是
諾的下屬。所以，如果想要找到符合巴菲特架構的企業，勢必要廣
泛而深入地分析各家公司。

　　最後，巴菲特的投資準則還包括3個財務方面的架構。第一個
財務架構是（7）債務少，展現很好的股東權益報酬。股東權益報
酬就是把「營運盈餘」（盈餘減掉非經常性科目，譬如：資本盈虧）
除以「股東權益」，這是按照成本而不是市場價格計值。

　　巴菲特很在意（8）業主盈餘。業主盈餘包括淨利，加上折舊
攤提等費用，減掉資本支出與維持公司營運的流動資本。巴菲特認
為，95％美國企業的資本支出起碼需要等於折舊費用；所以，估計
業主盈餘時需要考慮這點。

　　巴菲特關心（8）毛利率。因此，他會觀察經理人是否能夠有
系統地刪減企業營運成本。巴菲特認為，如果買進某種值得投資而
價值被低估的東西，市場價格遲早會反應該投資應有的價值。所
以，這種投資方式的報酬應該很理想。第9章會討論巴菲特的投資
進場方法。

如同威廉・歐尼爾的情況一樣，巴菲特主要是強調進場決策。可是，由於巴菲特很少賣掉其投資，而且實際投資績效可以證明巴菲特的觀念是正確的。

期貨市場的架構

現在，讓我們看看期貨交易使用的一些模型。根據我在第6章談到的一些宏觀看法，商品價格在未來10～15年內，將有不錯的表現。同樣地，這部分討論也沒打算涵蓋期貨市場所有可能使用的架構。我只打算談談幾種可行的方法，以及這些方法採用的架構。當然，此處挑選的方法，都是我認為不錯的，我的評論也只代表我個人的觀點。

以下討論包括：裴利・考夫曼（Perry Kaufman）在《精明交易者》內建議的方法；葛拉契爾（Gallacher）在《穩操勝算》（Winner Take All）內建議的方法；以及羅伯（Ken Roberts）傳授給初學交易者的一套方法。

裴利・考夫曼的市場效率模型

裴利・考夫曼在《精明交易者》書內談到一種有關順勢交易方法的有趣調整[9]。他表示，順著趨勢發展方向進行交易比較安全，也是比較保守的交易方式。可是，所引用的交易系統，必須要能夠區別「明顯趨勢」與「市場雜訊」，所謂「雜訊」是指市場隨時可能呈現的價格隨機波動。

考夫曼認為，較長期趨勢的指標雖然可靠，但對於市況的反應則有點遲鈍。舉例來說，長期移動平均雖然可以顯示主要趨勢方向，但不能及時反映短期價格走勢。另外，長期指標發出訊號的時

候，相關價格走勢往往已經結束，或起碼已經完成一大段了。所以，考夫曼認為，順勢系統需要做修正。我們需要透過某種方法，當行情啟動的時候，加速指標提供訊號的速度，當市場呈現橫向走勢的時候，技術指標不提供訊號。考夫曼的方法是採用調整型移動平均。讀者對於這套方法如果有興趣的話，我建議各位閱讀考夫曼的書（本書第10章會簡單介紹）。此處，我們將介紹他的「市場效率」濾網（market efficient filter），這個濾網幾乎可以運用於任何進場方法。

原則上，我們所能夠運用的最快「趨勢」，乃受限於市場雜訊程度。市場價格波動劇烈時（雜訊嚴重），就只能採用比較慢的趨勢，如此才能避免訊號反覆。舉例來說，如果每天的價格波動平均為3點，那麼4點的走勢就稱不上重要或顯著，因為這種程度的走勢，隨時都可能「折返」而變成雜訊。反之，在同樣每天3點的雜訊背景下，一個月的30點走勢就非常值得交易。

可是，由另一個角度說，如果行情走得很快，雜訊因素也變得比較不重要。舉例來說，如果行情在一天內出現20點的走勢，那麼即使每天有3點的雜訊，也就無關緊要了。所以，我們需要透過某種方法來衡量市場效率，後者同時考慮走勢速度與雜訊程度。價格走勢如果純淨、快速，進場就可以採用較短期的時間架構；反之，如果價格走勢吵雜、緩慢，進場就要採用比較長期的時間架構。

考夫曼根據市場雜訊與走勢速度，計算效率比率。基本上，這是計算某段期間的價格淨變動，除以相同期間的價格變動總和，也就是把走勢「速度」除以「雜訊」程度。考夫曼採用10天期，但讀者可以採用較長的期間。

效率比率計算如下：

走勢速度＝當天收盤價－10天前收盤價

價格波動＝過去10天之（當天收盤－前一天收盤）絕對值的總和

$$效率比率＝\frac{走勢速度}{雜訊}$$

效率比率讀數介於0與1之間，0代表市場價格變動完全有雜訊構成，1代表市場走勢完全沒有雜訊。效率比率是很好的濾網，可以運用於很多種不同的進場方法。關於這點，考夫曼透過很多例子來說明，分別引用不同的移動平均。可是，我們可以更簡單的方式，規定效率比率的特定讀數作為架構門檻，譬如：當效率比率讀數為0.6或更大，則接受進場訊號。

我們在後續章節陸續探討交易系統的其他成分時，會更詳細說明考夫曼如何運用這套方法，不過我強烈建議有興趣的讀者，最好閱讀考夫曼的著作。

威廉・葛拉契爾的基本分析交易方法

在《穩操勝算》書中，葛拉契爾首先強烈抨擊系統交易方法[10]。然後，他強調某些基本分析方法可以賺很多錢。葛拉契爾方法的運用並不普遍，但基本分析交易方法在當今市況下確實很有用。所以，我決定藉此機會談談。本節將處理葛拉契爾方法的架構。

第一，葛拉契爾表示，我們首先要根據價值挑選市場，由歷史角度評估價格「昂貴」或「便宜」。這對於某些市場來說，相當簡單（譬如說培根，每磅$0.75很便宜，每磅$3.49就很貴），但對於另一些市場就很難判斷。舉例來說，黃金價格由每盎司$35上漲到$850，然後跌回到$280，最近又上漲到$740。所以，葛拉契爾問：

「什麼叫貴？什麼叫便宜？」對於葛拉契爾引用的方法來說，進場
階段如何挑選市場很重要。

第二，葛拉契爾認為，對於特定市場，交易者必須培養敏銳的
判斷力，知道什麼經濟基本因素是重要的。究竟什麼經濟基本面因
素重要？他認為，這個問題的答案，隨時都可能不同，隨時都在改
變。可是，他引用目前的各種期貨市場做為例子，說明什麼經濟基
本面因素是重要的。

他以玉米為例來說明，供給面的年度變動，是決定玉米價格的
主要因素。一般來說，美國玉米主要是做為豬飼料。美國產的玉
米，主要都消費於國內，出口大約只佔25％。所以，需求面相當穩
定，玉米價格主要取決於供給面變化。玉米行情如果不好的話，舊
作物轉結存量就會很高。可是，玉米的這種轉結存量通常都不高，
所以新作物的收成如果不好，價格就會暴漲。就玉米來說，舊作物
的「轉結存量」與新作物的「供給」是重要的基本面架構。

葛拉契爾透過這種方式，分別討論黃豆、小麥、可可、糖、活
牛、豬腩、貴金屬、利率期貨、股價指數期貨與外匯。各位如果
對於這方面的資訊有興趣的話，請閱讀葛拉契爾的著作。可是，
有一點要特別注意，葛拉契爾的書是寫於幾年前，某些觀點可能
過時了，因為中國、印度與其他新興國家最近對於基本物料的需求
殷切。

我個人認為，我們很難就商品的經濟基本面發展精確的架構，
通常只能籠統地說，我們的看法中性、偏多或偏空。所以，所謂的
架構，只是閱讀各種基本面資料之後的看法。有了特定看法之後，
葛拉契爾認為相關交易仍然需要進場訊號、侷限虧損、有系統地獲
利了結，而且還要有合理的部位規模，這些都是本書的內容主題。

肯恩·羅伯的方法 [11]

　　肯恩·羅伯在全球各地行銷他的商品交易課程。他談到好幾個系統，但主要方法乃採用一種相當主觀的1-2-3簡單架構。大致上，這套方法要求市場創主要新高點或新低點，然後呈現倒勾型態。最後，當主要趨勢「明顯」反轉時，則進場建立部位。

　　主要高點或低點——這套方法的第1個架構，是市場要創9個月或1年以來的新高點（或新低點）。所以，市場如果創最近9個月以來的新高點，或創最近9個月以來的新低點，第1個架構就滿足了。這就是1-2-3型態的1。

　　市場呈現倒勾型態——行情創新高點或新低點之後，折返到點2，然後再朝新高點或新低點的方向移動到點3。點2與點3形成所謂的「倒勾」，但點3不得超過新高點或新低點。最後，價格再回到點2的位置，此為進場點。圖8.4與8.5顯示1-2-3型態的幾個例子。

　　我認為，羅伯的方法相當主觀。主要高點或低點的判斷雖然客觀，但沒有提到相關的時間架構。另外，1-2-3型態的界定，似乎也

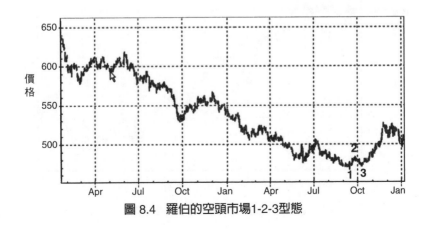

圖 8.4　羅伯的空頭市場1-2-3型態

很主觀。一般來說，只要市場創主要高點或低點，這種型態幾乎就一定會發生，羅伯並沒有針對1、2、3的時間條件做明確的規定。所以，這種型態有很大的主觀解釋空間。

圖8.4顯示相當典型的1-2-3型態長期底部。主要低點（點1）發生在9月中旬。10月份出現高點 2，然後又下跌到點 3（點3的位置高於點 2）。請注意，大約在1個月之後，價格創新高。

這類架構存在問題，我們一旦認定這種型態的可能性，很容易產生主觀偏見。當然，這並不是說這種型態完全不可取，只要設定適當的停損、獲利了結策略與部位規模設定準則，這種方法還是可以使用的。接著，讓我們看看圖 8.5，其中先出現3個失敗的 1-2-3 型態。這種架構雖然稍嫌主觀，但整體方法還是值得考慮。本書後續章節還會繼續討論1-2-3型態的其他成分。

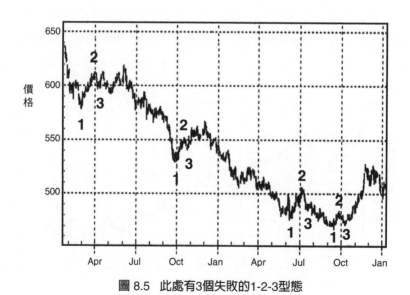

圖 8.5　此處有3個失敗的1-2-3型態

摘要結論

- 多數人太過強調交易系統的架構部分。事實上，我們只應該把10%的經歷與時間用來處理架構的選擇與測試。

- 進場劃分為5個步驟：（1）系統選擇，（2）市場選擇，（3）市場方向判斷，（4）架構，（5）時效拿捏。最初4個步驟都屬於架構。

- 短線交易採用三種短線交易架構：（1）測試行情創新高或新低之後反轉，（2）高潮或竭盡型態視為反轉訊號，（3）折返作為順勢進場的架構。

- 濾網對於交易系統的幫助不大，因為濾網只是由不同角度觀察相同的資料。這類濾網雖然可讓我們在歷史測試中精準預測行情轉折，但對於未來的實際交易運用幫助不大。相反好的架構會採用不同類型的資料（請參考下一點說明）。

- 架構如果使用價格之外的其他資料，對於交易系統會產生額外助益。所謂的其他資料，包括：（1）時間，（2）事件發生順序，（3）基本經濟面資料，（4）成交量資料，（5）綜合資料，（6）價格波動資料，（7）商業資訊，（8）企業管理資料。我們可以運用這些資料作為基礎，發展有用的交易架構。

- 只運用價格資料來從事股價指數的交易，勢必非常困難，因為我們的競爭對手採用很多其他類型的資料。

- 本章介紹了兩套股票市場系統：威廉・歐尼爾的CANSLIM系統，以及華倫・巴菲特的購買企業模型。這兩套系統基本上都是由架構組成的。

・我們由架構的立場探討3套期貨交易系統，包括：裴利・考夫曼的市場效率方法，葛拉契爾的經濟基本分析模型，以及羅伯在全球各地傳授的方法。

附註

1. 股票市場的基本分析稍有不同，觀察對象是企業的盈餘、管理、帳面價值，或其他有關個別企業的狀況。

2. 各位可以訂閱我的《沙普觀點》（Tharp's Thoughts）：www.iitm.com。

3. 在莫特利傻瓜網站的大力推廣之下，這套方法已經不靈了。這類方法強調少數幾支股票的表現，一旦方法眾所周知之後，就不太可能繼續有效。

4. 這套方法將因為其普及性而無效（因為每個人都只買進4支股票），並且在空頭行情向下反轉之後，這套方法將徹底失敗。

5. 此處採用的形容詞，最初是「不相關的」（noncorrelated）。可是，湯姆・巴索強調，嚴格來講，所有市場彼此之間都是相關的。所以，我最後還是決定採用「獨立的」（independent）。

6. 所謂的外匯市場，是指從事外匯交易的全球性銀行間市場。這是規模最龐大的24小時營運市場。

7. 請參考Laurence A. Connors and Linda Bradford Raschke,《Street Smarts: High Probability Short-Term Trading Strategies》（Sherman Oaks, Calif.: m. Gordon publishing, 1995）。

8. 請參考William O'Neil,《How to Make Money in Stocks: A Winning System in Good Times or Bad, 2nd ed.》（New York: McGraw-Hill,

1995）。

9. 請參考Perry Kaufman,《Smarter Trading: Improving Perfomance in Changing Markets》（New York: McGraw-Hill, 1995）。

10. 葛拉契爾的評論未必公平，因為他只採用單一的反轉方法來代表系統交易（這套方法當然有缺點，但獲利畢竟高達350%）。反轉方法讓交易者永遠留在場內，通常不能運用細膩的出場策略。所以，我認為，這類方法有很大的改進空間。不過，葛拉契爾在他的書裡談到很多有趣的觀念；我想，多數交易者都會喜歡這本書。請參考William R. Gallacher,《Winner Take All: A Top Commodity Trader Tells It Like It Is》（Chicago: Probus, 1994）。

11. 請參考Ken Roberts, The World's Most Powerful Money Manual and Course（Grants Pass, Oreg: Published by Ken Roberts, 1995）。該疏於1997年重新發行。請參考William Dunnigan,《One Way Formula for Trading Stocks and Commodities》（London: Pitman, 1997）。

CHAPTER 9

進場時效

避免犯錯，會讓你變愚蠢；保持正確，會讓你落後。

—— 羅伯・清崎（Robert Kiyosaki），

《如果你想富有而快樂，那就不要上學[1]》。

多數人認為，進場訊號的主要功能，是提升進場時效，並因此而增進交易系統的可靠性（勝率）。根據我的估計，大約有95％以上的人認為，交易系統的基本功能，就是尋找「最棒的」進場訊號。可是，即使是運用勝率為60％或更高的短期交易系統，我們仍然經常聽到交易者抱怨不能賺錢。這些人搞不清楚自己為什麼不能賺錢。除非各位由本章開始閱讀，否則現在應該知道，高勝率系統的期望報酬還是可能為負值。想要利用交易系統賺錢，關鍵是系統要有很高的正值期望報酬，並且設定適當的部位規模，使交易者能夠長期留在場內，有效運用期望報酬上具備的統計優勢。所以，關於如何在市場上賺錢，進場訊號並不特別重要。雖說如此，交易者仍然應該花點工夫，尋找適合自己目標的進場方法。這可以由兩方面來處理。

第一種方法假定系統勝率很重要，因此試著尋找一些勝率高於隨機猜測的進場訊號。事實上，很多書都假定你只要能夠挑選正確

的股票，就能藉由股票投資賺大錢，譬如說：《如何精明選股》（How to Buy Stocks the Smart Way）、《擊敗市場的最佳11種選股戰術》（Stock Picking: the Eleven Best Tactics for Beating the Market）、《如何買股》（How to Buy Stocks）、《專家選股方法》（How to Pick Stocks Like a Pro）與《如何購買科技股票》（How to Buy Technology Stocks）[2]。本章也採取類似的假定：進場訊號所提供的系統可靠性是重要的，然後談談一些可能的好訊號。

第二種方法並不特別強調系統可靠性，而是尋找那些能夠鎖定偏高R倍數交易對象的進場訊號。這種方法全然不同於前述第一種方法，因為兩者對於「什麼是賺大錢關鍵」有著不同的假設。這兩種處理方法雖然都可行，但第二種方法將徹底改變人們對於交易的看法。

各位如果讀過我的「顛峰績效自修課程」，就理解追蹤監視（stalk）市場的重要性。「追蹤監視」的目的，是要尋找最恰當的進場時機，如此才能把風險降到最低。我們都知道，印度豹是跑得最快的動物之一，但牠不會因此而魯莽行事，而會挑選最適當的發動時刻。牠會挑選最弱的羚羊，然後隱藏自己、慢慢靠近，等到機會成熟，突然躍出、快奔襲擊。交易者的進場技巧也是如此。對於多數人來說，所謂的追蹤監視，就是轉移到更短期的時間架構上，決定「突然躍出、快奔襲擊」的時機。

我把本章內容劃分為4個部分。第1部分談論隨機進場與如何提升其勝率。第2部分討論符合前述兩種假設之一的常見技巧。第3部分談論如何設計各位自己的進場訊號。最後的第4部分繼續討論特定的股票與期貨交易系統，讓各位瞭解這些著名系統的進場方法。

> 各位如果想採用本章的任何建議，最好要經過實際的測試。經過自己的測試之後，才能讓這些東西變成自己的東西，才能有真正的感覺與信心。

我故意避免使用一些讓這些方法看起來效益特別突出的說明案例，因為我不想說服各位相信這些方法的效力。我相信，這種態度可以避免引發某些人性弱點或自然偏見。所以，各位如果想採用本章的任何建議，最好要經過實際的測試。經過自己的測試之後，才能讓這些東西變成自己的東西，才能有真正的感覺與信心。你只能採用符合自己條件的交易系統。經過「測試」之後，才能讓別人的系統，變成自己的系統。

設法擊敗隨機進場

1991年，我與著名的金融怪傑湯姆・巴索合辦一個研討會（請參考本書第3與第5章的有關部分）。湯姆在課堂裡表示，其系統的最重要部分，在於出場策略與部位大小設定方法。某位聽眾提出質疑，「根據你的說法，只要採用好的出場策略與部位規模設定方法，即使是隨機進場似乎也可以賺錢？」

關於這個問題，湯姆認為他或許真的辦得到。於是，他立刻回到辦公室，針對「投擲銅板」的隨機進場方法，測試他的交易系統。換言之，他的系統模擬四種不同市況，他永遠留在場內，根據隨機訊號或做多、或做空。系統只要產生出場訊號，出場的同時又根據隨機訊號進場。湯姆的測試結果顯示，他的交易系統能夠穩定獲利，甚至是採用每口期貨契約$100的滑移價差與佣金成本。

　　隨後，我們又陸續測試更多市場，結果都很類似；我把相關資料刊載在我的投資通訊刊物，而且也針對這項結果發表多次演講。我們採用的系統非常簡單。根據平均真實區間的10天期指數移動平均決定市場價格波動率。部位的起始停損，設定為價格波動率的3倍。依據投擲銅板的方式進場之後，除了起始停損之外，也根據收盤價為準設定價格波動率3倍的追蹤型停止點，但只允許朝有利方向調整（換言之，多頭部位的追蹤型停止價位不得低於起始停損，空頭部位的追蹤型停止價位不得高於起始停損）。所以，隨著走勢朝有利方向發展，或者是價格波動減緩，我們就會朝相同方向調整追蹤型停止點。另外，我們也採用1%風險模型決定部位大小（細節請參考第14章）。

　　就是這樣！整個交易系統的設定很簡單：隨機進場，追蹤型停止點設定為價格波動率的3倍，部位大小設定為帳戶淨值的1%。這套系統運用於10個市場，每個市場都始終留在場內，或是做多、或是做空（取決於銅板投擲結果）。這個例子充分顯示交易系統的結構可以很單純。

> 這套交易系統很簡單，包括：隨機進場、3個價格波動率的追蹤型停止點，以及簡單的1%資金管理。結果，每個市場的測試都能獲利。

　　隨機進場系統的測試，每次結果都不同。這套系統如果每次都交易1口期貨契約，在80%的市場能夠獲利（10個不同市場，交易期間都是10年）。如果採用1%的資金管理系統，則每個市場都獲利。獲利程度雖然不大，但隨機進場系統卻能在每個市場都獲利，而且是隨時都留在場內。這套系統的勝率為38%，約略是一般順勢系統的平均水準。

拉寶與盧卡斯的研究

　　查爾斯·拉寶與大衛·盧卡斯（David Lucas）在《期貨市場電腦分析》一書中[3]，針對進場策略做了一些有趣的研究。運用歷史資料進行測試的過程中，他們採用各種不同的進場方法。可是，他們只引用一種型態的出場方法：按照第5、第10、第15或第20個交易日的收盤價。進行這些測試的主要目的，是想知道進場方法與系統賺錢能力之間，究竟有多大關連。換言之，他們想知道，特定進場方法的表現是否優於隨機進場。結果，他們發現，絕大部分的指標都未必優於隨機猜測，包括一些運用得很普遍的擺盪指標與各種移動平均穿越組合[4]。

　　假定某系統所建立的部位，決定按照隨後第20個交易日的收盤價出場；這種情況下，如果所運用之進場方法的勝率為60％或更高，看起來是很不錯的。可是，如果部位都固定在20個交易日之後出場，這段期間內可能發生災難性的損失。如果想避免發生這類的災難，可以設定保護性停損。可是，一旦這麼做了之後，進場方法的勝率就會降低。為什麼？部位建立停損之後，價格可能會先引發停損，隨後才朝預期方向發展而最後產生獲利。如果碰到這種情況，使得原本可以獲利的出場策略，將因為設立停損而沒有機會獲利。另外，如果系統採用某種形式的追蹤型停止策略，進場方法的勝率還會進一步下降，因為某些追蹤型停止點遭到引發時，部位還沒有進入獲利狀態。這也是為什麼一套很好的順勢系統，其勝率往往也很難超過50％。

　　多數順勢系統的獲利，通常會集中發生在少數幾筆交易內。另外，好的系統都會強調偏高的R倍數。接下來，讓我們看看一些常見的進場方法。

常見的進場方法

多數交易者或投資人只使用少數幾種類型的進場方法。本節準備討論一些常見的進場方法，並探討其效用。

通道突破

身為順勢交易者，假定你不希望錯失任何主要的行情，那麼應該採用什麼進場方法呢？關於這個問題，最典型的答案之一是：通道突破（channel breakout）。原則上，根據這套方法，當行情突破最近X天的最高價，我們進場做多；反之，當行情跌破最近X天的最低價，我們進場放空。行情如果要朝上發展，勢必要創新高價；同理，行情如果要向下發展，也勢必要創新低價。所以，通道突破進場方法不會錯失主要的上升或下降走勢。圖9.1顯示40天期通道突破方法運用於上升趨勢的例子。這份圖形內有幾個向上突破，但8月2日的突破最明確。

就圖9.1而言，所謂「通道」好像有點名不符其實。通道應該是一段狹幅交易的區間，然後向上或向下突破。對於這類的走勢，

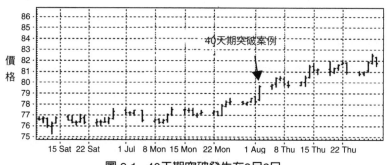

圖 9.1　40天期突破發生在8月2日

通道突破應該可以掌握不錯的進場時機。可是，我們首先需要知道
（1）通道的長度，（2）通道在什麼時候開始。

　　這促使我們需要處理通道突破的最重要問題：趨勢到達什麼規
模，我才準備進場？這個問題的答案，將決定系統引用多少天數的
通道（換言之，多少天期的最高價／最低價）。

　　通道突破方法最初是由董銓（Donchian）在1960年代提出的，
後來則由一群叫做「龜族」（Turtles）的商品交易者推廣，他們運
用這套方法賺進數十億的財富[5]。最初，20天期通道的效果很不
錯。可是，經過持續運用之後，20天期通道最終還是失效了。因
此，這些交易者改用40天期通道突破。

　　近來的研究資料顯示，40天～100天期的通道突破，效果仍然
不錯。至於比較短天期的通道，效果就不太理想了，除非用來建立
空頭部位，因為空頭走勢的發展速度較快，通常需要引用較敏感
（較短期）的進場方法。

　　這套方法很容易使用。就20天期的通道突破系統來說，只要價
格向上超越最近20天的最高價，就進場建立多頭部位；反之，如果
價格項下跌破最近20天的最低價，就進場建立空頭部位。表9.1顯
示這套方法的運用，其中顯示1995年初的60天玉米價格。粗體字代
表新的20天期最高價。每個粗體字都代表當時進場建立多頭部位的
價格門檻。

　　請注意，截至1995年1月30日為止的資料，只是用來建立基準
門檻價位。這段期間的最高價落在1月12日的170.25。隨後在2月6
日，盤中價格曾經到達170，幾乎穿越當時的20天期最高價；沒過
多久，2月6日的最高價就成為後續的20天期最高價。一直到3月6
日，當天最高價為171.50，突破當時的20天期最高價，發出進場訊

表 9.1 1995年初的玉米價格

日期	開盤	最高	最低	收盤
1/3/95	164.5	164.5	161.5	162
1/4/95	162	163	**161.25**	162.25
1/5/95	163.5	164.5	163	164.25
1/6/95	165.25	165.5	163.75	165.25
1/9/95	165.25	166.75	164.25	166.25
1/10/95	165.25	166	165	165.75
1/11/95	166.25	166.25	165.5	166
1/12/95	168.5	**170.25**	167.75	167.75
1/13/95	168	168.5	166.5	167.5
1/16/95	167	168.5	166	168
1/17/95	168.5	170	168	169
1/18/95	169	169	167.75	168.25
1/19/95	167.75	168.25	167	167.75
1/20/95	167.75	168.5	166.25	167
1/23/95	166.25	166.5	165	166.5
1/24/95	166.75	167.25	166	166.75
1/25/95	167	167	166.25	166.75
1/26/95	166.5	167.5	166	166.5
1/27/95	166	166.5	165.5	165.75
1/30/95	165	165	162.25	163
		最初20天基準期間結束		
1/31/95	162.75	164	162.5	163
2/1/95	163	165	162.75	164.5
2/2/95	164	165.75	164	165.25
2/3/95	165.5	166.5	165.5	166
2/6/95	166.25	170	165.75	169.25
2/7/95	168.25	169	167	167.25
2/8/95	167	167.5	166.5	167.25
2/9/95	166	167.5	165	167.25
2/10/95	168	169	167	168
2/13/95	167.75	168	167	167.5
2/14/95	167.25	168.5	167	168.25
2/15/95	168	168.25	166.75	167.75
2/16/95	167.25	167.25	166.5	166.75

（續下頁）

表 9.1　1995年初的玉米價格 （續）

日期	開盤	最高	最低	收盤
2/17/95	166.25	166.75	165.75	166.25
2/21/95	165.75	166	164.75	165.75
2/22/95	165.5	167	165.25	166
2/23/95	167	167.75	166.25	167.25
2/24/95	167	167.75	166.75	167.25
2/27/95	167.5	167.5	166.5	167.25
2/28/95	167	168	166.75	167.5
3/1/95	167	168.5	167	168
3/2/95	167.5	168.25	167	167.75
3/3/95	167.5	167.5	165.75	166
3/6/95	165.75	**171.5**	165.75	169.25
3/7/95	169	**171.5**	168.5	170.5
3/8/95	169.75	170.5	169	170
3/9/95	169.75	170.75	169.5	170.25
3/10/95	170.5	**171.75**	169.75	170.75
3/13/95	171.25	**173.25**	171.25	173
3/14/95	172.75	**173.5**	172.25	172.75
3/15/95	173.25	**174.5**	172.25	174
3/16/95	173.25	174.25	172	172.5
3/17/95	172.5	174	172	172.75
3/20/95	172.25	173.5	171.75	172

號。請注意，隨後在3月10日、3月13日、3月14日與3月15日都分別創20天期新高價（分別表示為粗體字）。這波行情也代表玉米有史以來最棒的走勢之一。

就這些資料來說，如果採用40天期通道，我們也會得到相同的訊號。3月6日的訊號也代表40天期最高價。接下來，讓我們看看賣出訊號。在最初的20天期間內，最低價為161.25，時間落在1月4日。這個低點始終沒有被穿越。不久之後，新的20天期最低價變成是1月30日的162.25。這個價位也沒有被穿越。到了2月底，20天期最低價也就是先前第20天的最低價，因為價格幾乎每天不斷上漲。

　　威爾考克斯（Cole Wilcox）與克里坦頓（Eric Crittenden）也針對股票市場的通道突破方法做了一些有趣的研究[6]。他們觀察的股票相當多，大約是2,500支（不包含廉價股與流動量不足的股票）。所謂的通道突破，他們採用終極定義：股價創歷史新高。換言之，當股價創新高，按照隔天開盤價買進。另外，為了確保充分掌握趨勢，多頭部位採用追蹤型停止，這是根據最近45天之ATR（真實平均區間）的10倍設定的。

　　在22年測試期間內，他們總共進行18,000筆交易，每筆交易平均獲利15.2％。單就成功交易來說，每個部位平均持有時間為441天，平均獲利為51.2％（換言之，他們原本可以獲利100％，但價格波動劇烈的股票讓獲利吐回50％）。至於失敗交易，部位平均持有時間為175天，每筆交易平均損失為20％。所有交易之中，總共有49.3％獲利——所以，結果相當不錯。

　　我擔心他們的結果，主要是受惠於多頭市場末期R倍數偏高的少數交易。可是，情況顯然並非如此。在他們的測試之中，R倍數最高的年份實際上是2003年。所以，不論在多頭或空頭市場，他們方法的表現似乎都不錯。

　　我很想知道這項歷史測試的期望報酬狀況。非常感謝克里坦頓，他幫我做了這方面的分析，並繪製圖9.2。這份圖形顯示R倍數分配，橫軸計數間隔為0.5個R。換言之，圖形橫軸代表R倍數，縱軸則代表R倍數發生的交易筆數。R倍數平均數為0.71個R，標準差為2.80個R，相當不錯的系統。

　　圖9.2顯示一套絕佳順勢交易系統的R倍數分配。這個例子驗證了我的的信念：R倍數分配能夠充分展現交易系統的性質。本書第13章還會提供這方面的更多說明。

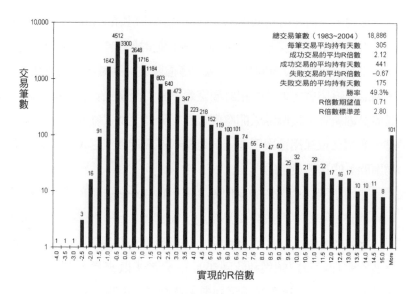

圖 9.2　某長期股票系統的R倍數分配

　　請注意，獲利至少為15個R的交易，總共有109筆，但虧損為1.5個R的交易只有91筆，虧損為2個R或以上的交易只有22筆。R倍數分配的性質很好。另外，兩位作者還根據他們設計的部位規模設定方法進行模擬，結果的複利年度報酬率為19.3%[7]。

　　這套系統的進場與出場方法很單純。當股價創歷史新高則進場，這算得上是最單純的進場方法之一；同樣地，部位採用非常寬鬆的追蹤型停止。

　　可是，除了進場方法之外，很多人通常還會引用某些架構。他們可能會思考一個很簡單的問題：「我如何剔除一些可能對象，只挑選那些走勢已經啟動的最棒股票，因為我不希望投資組合內持有1,600支股票？」如此一來，納入架構之後，交易系統會變得比較複雜。

對於本書第8章討論的架構，不論股票或期貨，都可以與通道突破進場方法配合。舉例來說，你可能希望所挑選的對象，基本面條件必須夠強。所以，你可能規定股票的每股盈餘必須滿足某門檻水準，或商品的需求面必須夠強。

通道突破本身也可以被當作一種架構。突破發生之後，你可以在折返走勢尋找進場點，採用另一個較短期的價格突破作為進場訊號。這種情況下，起始停損可以設定在折返走勢的低點稍下方，起始風險顯然會低於10倍的ATR。追蹤型停止仍然可以繼續採用10倍的ATR，等到行情朝有利方向發展到某種程度之後，就可以用追蹤型停止取代起始停損。如此一來，交易系統的勝率應該會顯著下降，但獲利R倍數則會提升。

通道突破的運用方法，實際上只受限於想像力。如果用之作為進場訊號，絕對不會讓你錯過重大走勢，因為（1）任何重大走勢都會突破通道，（2）萬一錯失某個訊號，只要該機會確實有效，隨後一定還會產生新訊號。

通道突破有兩大缺點。第一，連續虧損程度經常很可觀。這當然取決於停止策略。舉例來說，如果採用另一個通道突破作為出場點──即使通道長度設定得很短──仍然可能吐掉不少獲利。可是，這實際上屬於出場策略的問題。

通道突破的另一個重大缺點，是這種方法通常需要不少交易資本。我們曾經採用55天期通道突破進場方法，配合13天期通道突破出場方法，然後運用各種不同的部位規模設定，結果顯示這類系統的最佳交易資本大約是$100萬。如果帳戶內只有$100,000，能夠交易的市場數量將很有限，有別於這類系統通常在15～20市場同時進行交易。

　　總之，通道突破是很不錯的進場方法，可以確保交易者不會錯失趨勢明確的訊號。可是，這套方法也經常會造成部位反覆。因此，這類系統的勝率不會比隨機進場高明多少。這種方法需要相當規模的交易資本，因為通常起碼需要同時交易15個市場。

　　讀者如果打算採用通道突破方法，我建議各位考慮下列措施。第一，採用某種價格序列條件的進場架構（換言之，在突破訊號發生之前，價格先發生某種現象）。

　　舉例來說，你可以採用（1）通道突破之前，價格波動程度顯著下降，（2）突破訊號發生之前，出現「效率市場」，（3）所考慮的股票呈現相對強勢。一般來說，這些架構是在通道突破發生之前，你所希望看到的價格現象，但也可能是價格以外的其他條件（請參考第8章）。

　　第二，關於通道突破方法涉及的缺點（連續虧損與帳戶規模），都可以透過慎選市場與停止／出場策略而獲得改善，但這些都屬於本書其他章節的主題。

運用肉眼觀察走勢圖決定進場

　　很多玩家並沒有採用明確的進場方法，他們只是透過肉眼觀察走勢圖，然後根據觀察的感覺決定是否進場。

　　舉例來說，有位很棒的交易者告訴我，對於考慮進場的對象，他會把價格長期走勢圖掛在牆上，然後走到房間的另一端觀察，如果趨勢很明顯，譬如像是圖9.3，他就會毫不猶豫地建立順勢部位。

　　我有一位客戶，他經由自己的帳戶從事股票交易，每年可以賺進數百萬。他的進場方法也是只憑肉眼觀察股價型態，完全靠直覺判斷。

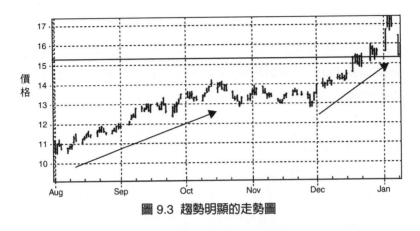

圖 9.3 趨勢明顯的走勢圖

　　如果交易者能夠培養嚴格的紀律，那麼這種進場方法確實有其
優勢。舉例來說，價格資料本身所能夠提供的資訊，純度往往遠勝
於很多技術指標。如果價格資料呈現明確的趨勢，那麼該趨勢繼續
發展的可能性就很高，甚至可能高達60％以上。所以，根據肉眼觀
察的趨勢進場，勝率應該會顯著超過隨機進場。

價格型態

　　很多人進一步透過肉眼判斷價格走勢圖的結構。舉例來說，很
多技術分析技巧講究走勢圖上呈現的價格型態。某些型態被歸類為
多頭，有些則被歸類為空頭。因此，這些型態可以提供進場訊號。
譬如說，日線圖可能呈現跳空（gaps）、突兀線型（spikes）、關鍵
反轉日（key reversal days）、衝刺日（thrust days）、奔騰日（run
days）、內側日（inside days）或大區間（wide-range dyas）。這些型
態通常屬於短線交易訊號。

　　另外一些型態被歸類為連續型態，譬如：三角形（triangles）、
旗形（flags）、三角旗形（pennants）等。這些型態通常會朝既有趨

勢發展方向突破，所以被稱為連續型態。

最後，還有頭部與底部型態，包括：雙重頂／雙重底（double bottoms and tops）、頭肩型態（head and shoulders patterns）、圓形頂／圓形底（rounded tops and bottoms）、三角形（triangles）、楔形（wedges）與島狀反轉（island reversals）。這些顯然可以作為猜測頭部或底部位置的進場訊號。

有一種走勢圖稱為日本陰陽線或燭形圖（cnadlesticks），其價格線型劃分為紅線與黑線，兩者取決於開盤價與收盤價之間的關係，如果開盤價較低而收盤價較高，線形繪製為紅色，如果開盤價較高而收盤價較低，線形繪製為黑色。很多書籍專門探討這種走勢圖的意義與型態。陰陽線形太往往有很古怪的名稱，例如：十字線（doji）、槌子（hammer）、吊人（hanging man）等。圖9.4是Google在2006年初的陰陽線股價走勢圖。

各位如果對於價格型態有興趣的話，可以閱讀史瓦格的《史瓦格期貨技術分析》[8]，這本書對於重要的價格型態有詳細的說明，並且提供很多案例。可是，這類型態很難電腦化，因此也很難進行

圖 9.4　陰陽線走勢圖範例：2006年初的Google

測試。另外，當人們測試這些價格型態時，並沒有發現任何證據顯示這些型態有助於進場訊號的可靠性。所以，本章不打算花太多篇幅討論價格型態。交易者與其觀察特定價格型態，還不如直接順著主要趨勢方向建立部位[9]。

純粹預測

本書第5章有關「宇宙秩序」的討論，曾經談到一些預測技巧，譬如：艾略特波浪、甘氏理論，以及各種逆趨勢的頭部或底部價格型態。我認為，預測技巧與交易技巧是兩種關連不大的領域。有些人雖然十分擅長預測行情，但似乎不知道如何在市場上交易賺錢。

我曾經碰到一位自詡為金融市場麥可・喬登的人，因為他相信沒有任何人的交易技巧能夠勝過他。他宣稱市場存在完美的秩序，而且他知道其中的一些奧秘，不過他表示自己永遠都不會透露這些奧秘。他甚至拿出一個歷史帳戶資料給我看，他憑藉著特殊的知識與技巧，在短短6個月之內，讓帳戶淨值由$5,000變成$40,000。

對於他宣稱的市場奧秘，我並沒有特別的興趣，但我很想知道他如何進行交易。所以，我大約花了6個月時間觀察他進行交易。這段期間內，他的帳戶淨值大約減少97%。所進行的全部交易之中，大約只有22%能夠獲利，而且帳戶在整段期間內，從來沒有處於獲利狀態。

對於那些自稱交易技巧高超的人千萬要當心。實際觀察他們的交易，尤其是他們如何設定部位大小。關於部位規模設定，他們如果沒有特別留意風險，那就不要「走」開，而是要「跑」開。

他的交易勝率之所以顯著偏低（這是行情預測者的通病），主要原因之一，是他很喜歡預測行情轉折點。舉例來說，11月份的時

> 他的交易勝率之所以顯著偏低（這是行情預測者的通病），主要原因之一，是他很喜歡預測行情轉折點。

候，他預測美國中西部會發生霜害而嚴重影響明年的黃豆收成。可是，這並沒有發生。他經常宣稱市場即將出現週期性的趨勢反轉。他表示，這些趨勢反轉的規模很大，所以他要早點進場。然而，這些趨勢反轉始終沒有發生，或即使是發生了，規模也遠不如預期。

　　預測行情是可以的，前提是要經過市場實際走勢的驗證。舉例來說，如果你認為自己可以預測行情頭部或底部，那是沒問題的，但在採取行動之前，這些預測必須經過市場某種實際走勢的驗證。下文即將討論的價格波動突破，就是很典型的確認訊號。

價格波動突破

　　接下來，我們準備討論的兩種技巧——價格波動突破（volatility breakout）與趨向變動（directional movement）——都是韋達（J. Welles Wilder, Jr.）在《技術交易系統新概念》（New Concepts in Technical Trading Systems）一書內首先提出的[10]。這兩種技巧都很簡單，而且也禁得起時間考驗。

　　價格波動突破就是朝某特定方向發展的爆發性價格走勢。假定平均真實區間（ATR）為3點。我們可以把「價格波動突破」定義為某單日內發生的價格變動量為ATR的0.8倍或更多（由前一天收盤價起算），這相當於2.4點。換言之，由前一天收盤價起算，當天價格如果上漲或下跌超過2.4點，就視為價格波動突破。

　　假定前一天收盤價為35，當天價格只要上漲到37.4，則屬於向上的價格波動突破，應該買進；反之，如果當天價格下跌到32.6，則屬於向下的價格波動突破，視為賣出訊號。對於那些採用行情預

測作為架構的系統，我建議採用這種類型的進場訊號。

韋達的系統稍有不同。他建議把平均真實區間乘以常數3.0（稱為平均真實區間乘以常數，簡稱ARC）。原則上，這是根據收盤價設定追蹤型停止，既代表目前部位的出場點，也代表新部位的進場點。這與我們稍早談到之隨機進場系統的出場策略幾乎相同（換言之，追蹤型停止點設定為平均真實區間的3倍）。

大致上而言，如果市場在某天出現特定方向的強勁價格走勢，通常都適合進場建立該方向的部位。舉例來說，在顯著的上升趨勢中，如果某天出現向下的價格波動突破，可能意味著既有的上升趨勢已經告一段落，適合進場建立新的空頭部位。發生價格波動突破時，即便不建立新部位，最起碼也應該結束既有部位，細節請參考下一章討論。

圖9.5顯示債券價格波動突破的例子。實際狀況取決於價格波動突破的定義，但7月24日顯然出現突破走勢，8月2日的走勢更明確。請注意突破當天的價格區間很大，價格顯著脫離前一天收盤價。

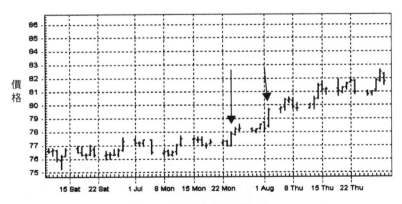

圖 9.5　價格波動突破範例

　　使用價格波動突破，我們享有一些有趣的優勢。第一，這類的價格走勢相當不同於通道突破——當後者採用長期通道（40天或以上的通道），通道突破代表明確的趨勢。可是，圖9.5顯示的兩個例子，也是通道突破。

　　價格波動突破可能只代表既有趨勢結束而新趨勢開始。因此，價格波動突破的價格走勢，至少有一部份與通道突破沒有太大關連。事實上，如果很快就出場的話，這兩種進場訊號創造的獲利，很可能也沒有關係。

> 價格預測是很危險的行為，除非配合適當的交易系統使用。如果你對於市場運作法則具備「某種神秘的知識」，就可以利用價格波動突破方法，協助你建構紮實的系統。

　　至於第二個優勢，我稍早已經提過：交易者如果採用某種價格預測模型，就適合採用價格波動突破方法。價格預測是很危險的行為，除非配合適當的交易系統使用。如果你對於市場運作法則具備「某種神秘的知識」，就可以利用價格波動突破方法，協助你建構紮實的系統。

趨向變動與平均趨向指標

　　關於何謂「趨勢」的問題，曾經讓技術分析研究者相當傷腦筋。你怎麼判斷市場什麼時候呈現有效的趨勢？韋達在《技術交易系統新概念》一書中，另外提出兩種概念：趨向變動量（direction movement）與平均趨向指數（average direction movement index），很多人用以界定趨勢程度。舉例來說，布魯斯・貝考克（Bruce Babcock）在過世之前，每年都會發行《市場趨勢程度》[11]（Trendiness in the Market）。

　　在這本書中，貝考克按照趨勢程度排列各種期貨市場的可交易性。他認為，如果挑選「歷史趨勢」最顯著的市場，也最可能掌握該市場未來的趨勢。貝考克所衡量的趨勢程度，就是衡量28天期趨向變動指數（參考下文）的獲利能力。當趨向淨變動量上升，則做多；反之，趨向淨變動量下降，則做空。能夠交易獲利的市場，被認定為「具有趨勢」，獲利能力最高的市場，則被認定為「最具趨勢」。

　　有關趨向變動的基本假設如下：

1. 趨勢向上發展時，今天最高價應該高於昨天最高價。兩個最高價之間的差值，即是向上趨向變動量。
2. 同理，趨勢向下發展時，今天最低價應該低於昨天最低價。兩個最低價之間的差值，即是向下趨向變動量。
3. 內側日，如果今天價格區間完全落在昨天價格區間的內部，則趨向變動可忽略（趨向變動量等於零）。
4. 外側日，如果今天價格區間完全吃掉昨天價格區間，趨向變動量取決於下列兩者的較大者：最高價之間的差值，或最低價之間的差值。

趨向變動指標的計算方法如下：
1. 分別計算某特定天數期間的向上趨向變動量（$\Sigma DI+$）與向下趨向變動量（$\Sigma DI-$）（韋達建議採用14天期）。
2. 把前述兩個數值，分別除以相同天數期間的真實平均區間。
3. 計算$\Sigma DI+$與$\Sigma DI-$之間的差值的絕對值，換言之，DI差值$= |(\Sigma DI+) - (\Sigma DI-)|$。

4. 計算 $\Sigma DI+$ 與 $\Sigma DI-$ 之間的加總和，換言之，DI總和＝（Σ DI＋）＋（$\Sigma DI-$）。

5. 趨向變動指數定義為〔（DI差值）／（DI差值）〕×100。前述商值之所以乘以100，目的是讓數值常態化（讀數介於0與100）。

6. 雖然韋達建議採用14天期，但拉寶與盧卡斯發現，14天到20天之間都不錯，但18天為最佳。

　　關於趨向指標的運用，最重要的延伸可能是平均趨向指數（average directional movement index，簡稱 ADX）。ADX 就是趨向變動指數的移動平均，移動平均期間通常設定與前述計算的期間相同（換言之，14）。

　　拉寶與盧卡斯表示，「適當解釋ADX可以顯著提升交易者選擇好市場的成功率。」他們相信ADX可以把價格趨勢強度數量化，而且他們自認為在這方面的研究相當投入。我與拉寶經常一起舉辦講座，相當瞭解他對於ADX的熱愛與運用。

　　大體上，ADX讀數愈大，市場的趨向愈明確。可是，我們不知道趨勢究竟是向上或向下。另外，ADX讀數愈小，市場愈缺乏趨向。所以，ADX讀數大小，可以顯示市場的趨勢強度，但沒有顯示趨勢方向。

　　拉寶與盧卡斯認為，我們不能根據ADX數值大小而判斷趨勢的強弱。他們提出下列建議：

1. 只要ADX讀數位在15之上，而且讀數繼續上升，就代表市場存在趨勢。

2. ADX的上升速度愈快，趨勢愈強。舉例來說，ADX由15上升到20，其代表的趨勢，可能強過ADX由25上升到27。

3. ADX讀數下降，代表趨勢轉弱，市場已經不存在明確趨勢。

4. 只要ADX處於上升狀態，擺盪指標所顯示的超買或超賣，將沒有意義。換言之，顯示超買或超賣的擺盪指標，只有在ADX處於下降狀態才有用。

說明ADX的進場訊號之前，首先談談ADX經常碰到的兩個問題：突兀變動與時間落後。

如果價格走向突然改變（換言之，價格走勢圖出現突兀線形），ADX很難調整。舉例來說，如果行情突然改變方向，拉寶與盧卡斯建議使用的長期ADX會突然走平，顯示市場缺乏趨勢。所以，這很可能讓交易者忽略了可交易的反向趨勢。。

其次，就如同任何長期移動平均一樣，長期ADX存在時間落後的問題。換言之，唯有當趨勢已經進行相當程度，ADX才會呈現趨勢明確的訊號。所以，對於短線交易者，或者想要及早進場的人，這都是很可慮的缺點。當然，如果我們只想掌握非常強勁的趨勢，那麼ADX的時間落後就不是問題。

現在，各位已經瞭解什麼是趨向變動與ADX，接下來準備談談一些有用的進場訊號。下列進場訊號只代表我提供的一些建議：

1. DI＋向上穿越DI－，而且前一天最高價被穿越，進場做多；DI－向上穿越DI＋，而且前一天最低價被穿越，進場做空。這是韋達最初的使用方式，他相信DI＋與DI－之間的交叉訊號很重要。

2. ADX在2天之內增加4點[12]，進場建立順向部位。當然，你需
　要透過某種架構判斷市場趨勢方向（譬如：運用肉眼觀
　察），因為ADX只能顯示趨勢強弱，不能顯示趨勢方向。

3. 當ADX到達最近10天的最大讀數，進場建立部位。同樣地，
　必須根據其他訊號決定做多或放空。

移動平均與調整型移動平均

　　移動平均是一種運用得很普遍的交易指標，因為其結構很單
純、容易計算。就我所瞭解，自從有了金融交易市場，人們就已經
使用移動平均了。

　　移動平均的概念很簡單：利用一個數字來表達最近X天的價
格。換言之，加總最近天的價格，把總和除以X天。移動平均數值
會隨著時間經過而變動。當我們取得最新的價格，就加入新價格，
把先前第X天的價格去掉（使得加總價格仍然保持X個），然後除以
X，這就是新的移動平均。

　　對於很多人來說，相較於X天（譬如說，30天）的數據，單一
數據更容易掌握，雖然30個數據代表更多的市場資訊。可是，數據
經過某種方法處理之後，人們會更有「取得控制」的感覺。因此，
很多交易者與投資人都使用移動平均。

　　移動平均如果加總很多期數的價格，對於最新價格變動的反
應，就會變得相對遲鈍。反之，如果移動平均只加總少數幾期的價
格，對於最新價格變動的反應，就會顯得相對敏感。舉例來說，很
多股票投資人採用1年期移動平均來代表長期趨勢。所以，當股票
價格穩定上漲時，股價應該會高於1年期移動平均。反之，當股票
價格跌破1年期移動平均，很多人相信這代表股價趨勢向下發展。

考貝（Colby）與麥爾（Meyers）在《市場技術指標百科全書》

> 當股價向上穿越1年期移動平均則買進，股價向下穿越1年期移動平均則賣出，這種策略的績效顯著優於單純的買進-持有。

（Encyclopedia of Technical Market Indicators）內主張[13]，當股價向上穿越1年期移動平均則買進，股價向下穿越1年期移動平均則賣出，這種策略的績效顯著優於單純的買進-持有。

反之，短期移動平均比較敏感。行情上漲不了幾天，價格就會向上穿越5天期移動平均。同理，價格只要下跌幾天，很容易就跌破 5 天移動平均。

董銓（Donchian）是最早運用移動平均觀念建構交易系統的人之一。他同時採用5天期與20天期移動平均。當5天期均線向上穿越20天期均線，則買進；當5天期均線向下穿越20天期均線，則賣出或反轉放空。

這類系統只適用於趨勢明確的市場，這等於是假定市場只有兩種方向：上或下。不幸地，市場大約只有15%的時間呈現明確的趨勢，剩下85%都處於橫向整理狀態。所以，如果碰到整理走勢，這類系統就會不斷反覆。

為了克服訊號反覆的問題，某些交易者決定採用3條移動平均的系統。亞倫（R. C. Allen）在1970年代提出4-9-18期的移動平均系統[14]。當4天與9天移動平均位在18天移動平均的同一側，則做多或放空。持有多頭部位時，如果4天期均線向下穿越9天期均線，代表多頭部位的出場訊號，但還不能建立新的空頭部位，除非4天與9天期均線同時位在18天期均線的下方。所以，這類系統可保持空手[15]。

移動平均有很多不同處理方式，包括：簡單移動平均（如同前文討論的）、加權移動平均（weighted moving average）、指數移動

平均（exponential moving average）、錯置移動平均（displaced moving averages）、調整型移動平均（adaptive moving average）等。每種移動平均在設計上都是要克服某些問題，但也因此產生另一些問題。

加權移動平均

　　簡單移動平均假定每個成分價格都相同重要。某些人認為，計算平均價格時，最近發生的價格應該比較重要。所以，加權移動平均通常都給予最近發生價格較大的權數，愈早期的價格，權數愈小。

　　加權移動平均的結構可以變得很複雜，完全取決於如何設定權數。舉例來說，對於10天期加權移動平均，可以把第天價格的權數設定為1，第天價格權數設定為2，依此類推，最近價格權數設定為10。這看起來似乎有點過份，但有些人就是相信較複雜的結構。「愈複雜、愈有效」的看法是錯的，但很多人還是這麼做。

> 有些人就是相信較複雜的結構。「愈複雜、愈有效」的看法是錯的，但很多人還是這麼做。

指數移動平均

　　指數移動平均實際上也是一種加權移動平均，愈近期的資料，權數愈大。舉例來說，0.1的指數移動平均（大約相當於20期移動平均），是把新發生價格乘以0.1，然後加到昨天的平均數。沒有必要扣減任何價格，計算程序相當方便。

錯置移動平均

　　移動平均通常很接近價格，訊號往往會發生得太早。因此，很多人決定把移動平均稍微「錯置」，往前移動幾天（換言之，往

未來方向移動）。如此一來，移動平均比較不容易出現訊號反覆
的現象。

調整型移動平均

調整型移動平均在1990年代中期相當風行。包括考夫曼[16]
（Kaufman）與香狄／克洛爾[17]（Chande and Kroll）在內，很多技術
分析者分別提出各種不同的調整型移動平均。這些移動平均會根據
市場的趨勢與速度而調整變動速度。

不妨思考市場的雜訊程度。我們基本上可以根據每天的價格波
動來衡量雜訊程度。市場如果充滿雜訊（價格波動劇烈而沒有明確
方向性走勢），移動平均就應該慢（遲鈍）一點，避免訊號反覆。
可是，如果市場走勢很純（雜訊很少），就不用太擔心訊號反覆，
應該採用快（敏感）一點的移動平均，及早掌握趨勢變動。所以，
調整型移動平均首先必須透過某種方法，衡量市場走勢速度與雜訊
程度之間的關係。

因此，調整型移動平均必須（1）至少透過某種方法衡量當時
的市場效率（或衡量雜訊的嚴重程度），並且（2）讓移動平均根據
前述資料進行調整。本章稍後會探討裴利・考夫曼設計的這方面進
場方法。

擺盪指標與隨機指標

類似如相對強弱指標（RSI）、隨機指標（stochastics）、威廉斯
%R（Williams's percent R）等擺盪指標，其目的在設計上都是協助
交易判斷行情頭部與底部。我認為，這純屬蠢人的遊戲，沒有任何
證據顯示依據擺盪指標建構的進場訊號，其勝率能夠超過猜測。因

此，此處不準備用太多篇幅討論一些我不相信的東西。可是，我們可以運用「超買／超賣」擺盪指標——譬如：韋達的RSI——協助設定緊密的停止點（請參考第11章討論的保護性停止策略）。關於這類的交易，以下是各位所必須做的：

1. 必須先等市場產生明確趨勢的訊號。這是價格為基礎的架構。
2. 前述明確趨勢訊號出現之後，還必須等到行情稍微反轉，而且擺盪指標顯示折返走勢已經告一段落。這也是價格為基礎的架構。
3. 訊號顯示市場重新恢復第1點的明確趨勢方向時，進場建立順向部位。所謂的訊號，可以是價格折返之前的極端點（高點或低點，取決於主要趨勢方向朝上或朝下）。

這類的安排可以提升交易系統的可靠性，採用較緊密的停損（換言之，停損可以設定在折返走勢的端點）。另外，由於這類交易的風險很低，因此也意味著交易的報酬-風險比率可以很高。事實上，這也是先前章節談到的折返架構，我認為這是運用擺盪指標的最好方式。我所見過的一些最棒系統，就是根據這種概念建構的。

設計自己的進場訊號

你所能夠使用的最佳進場訊號，或許是專門為自己設計的。至於如何自行設計這類的訊號，最好的辦法，應該是徹底思考進場訊號想要奠定在什麼根本概念之上。接下來，我想經由一個例子說明

如何從事這方面的思考——只是舉例說明而已。我首先採用很多人普遍接受的觀念，然後談論另一種比較獨特者。此處談到的觀念都沒有經過實際測試，但在各位找到更有用的替代品之前，不妨試試看。

讓我們根據物理學的基本運動定律設計一套系統。舉例來說，我們想預測一輛行進中的汽車。我們不知道這輛車要到哪裡（試想自己處在巨大的停車場內，車子可以在很多地方轉彎），但我們知道車子曾經在哪裡。我們也知道車子目前行進的方向、速度、加速度與動能。知道這些資訊之後，在某些條件之下，我們對於車子短時間內可能到達的位置，應該會有一些概念。我們想知道，車子什麼時候會朝相同方向前進很長一段時間。

如果車子正朝某方向前進，則它繼續朝該方向前進的可能性高於轉彎。車子雖然可能改變方向，但這種可能性低於繼續朝相同方向前進。另外，如果我們知道車子的速度、加速度、動能等資訊，那麼在某些狀況下，我們更有把握認定車子會朝相同方向繼續前進。

一般來說，車子如果要轉彎，應該會放慢速度。如果車速很快，那麼它維持既定方向的可能性很高。是不是這樣？如果市場價格朝某方向快速發展，那麼在轉彎或倒退之前，通常會先降低速度。市場技術分析者稱此為「動能」（momentum），不過這是很容易造成誤解的術語[18]。所謂的動能指標，通常都是衡量價格（大多是收盤價）在兩個不同時間點的差異。此處採用的字眼是「速度」，因為其意義比較明確。

速度的衡量單位，通常表示為每單位時間內所跨越的距離（譬如：每小時60英里）。如果速度計算採用固定的時間單位X天，那麼

所考慮的速度就是每X天所跨越的距離。很有趣地，在比較專業的研究著述中，通常都用「速度」取代「動能」。

進場訊號如何運用速度概念呢？速度為零，代表沒有運動。速度顯示的讀數，可能時大時小，可能是正數或負數。我們想要的進場訊號，是發生在速度改變方向（讀數由正變負，或由負變正），並且朝該方向加速發展的時候。

> 我們想要的進場訊號，是發生在速度改變方向，並且朝該方向加速發展的時候。

加速度與減速度

加速度與減速度是指速度的變化。相較於固定速度的車子，一輛速度持續增加的車子，比較不可能改變方向。反之，車子的速度如果降低，就比較可能改變方向。

市場價格運動的速度變動，其預測行進方向的功能，雖然不如汽車的加速度或減速度，但仍然是重要考量因素。可是，我從來沒有見過任何技術指標直接處理市場價格運動的加速度或減速度。這種公式如果存在的話，可能類似如：

$$速度變動 = \frac{今天速度 - 某天速度 \, X}{時間}$$

關於進場指標如何運用加速度或減速度的觀念，我們雖然沒有做深入的研究，但確實做了一些計算。請參考表 9.2，其中顯示前文談到的玉米收盤價，不過此處的資料是從第21天開始。我們記得，不論是20天或40天期通道，突破訊號都發生在3月6日（第46天）。表9.2也顯示最近20天的價格平均變動率（換言之，速度）；速度減少標示為粗體字，速度增加標示為正常印刷體。

表 9.2　速度與加速度研究

日期	收盤	速度20天	加速度5天	加速度10天
Day 21	166.5	0.225		
Day 22	165.75	0.175		
Day 23	163	− 0.0625		
Day 24	163	− 0.1125		
Day 25	164.5	− 0.0875	− 0.3125	
Day 26	165.25	− 0.025	− 0.2	
Day 27	166	0	0.0625	
Day 28	169.25	0.075	0.1875	
Day 29	167.25	0.0625	0.15	
Day 30	167.25	− 0.025	0	− 0.25
Day 31	167.25	− 0.0125	− 0.0125	− 0.1875
Day 32	168	0	− 0.075	0.0625
Day 33	167.5	− 0.075	− 0.1375	0.0375
Day 34	168.25	0	0.025	0.0875
Day 35	167.75	0	0.0125	0.025
Day 36	166.75	− 0.0125	− 0.0125	− 0.0125
Day 37	166.25	− 0.0125	0.0625	− 0.0875
Day 38	165.75	− 0.05	− 0.05	− 0.1125
Day 39	166	− 0.0375	− 0.0375	− 0.0125
Day 40	167.25	0.0375	0.05	0.05
Day 41	167.25	0.075	0.0875	0.075
Day 42	167.25	0.2125	0.2625	0.2875
Day 43	167.5	0.225	0.2625	0.225
Day 44	168	0.175	0.1375	0.175
Day 45	167.75	0.125	0.05	0.1375
Day 46	**166**	0	− 0.2125	0.0125
Day 47	169.25	0	− 0.225	0.05
Day 48	170.5	0.1625	− 0.0125	0.2
Day 49	170	0.1375	0.0125	0.1
Day 50	170.25	0.15	0.15	0.075
Day 51	170.25	0.1125	0.1125	− 0.1
Day 52	173	0.275	0.1125	0.05
Day 53	172.75	0.225	0.0875	0.05
Day 54	174	0.3125	0.1625	0.1875
Day 55	172.5	0.2875	0.175	0.2875
Day 56	172.5	0.3125	0.0375	0.3125

　　請注意，20天期速度由負轉正，是發生在第40天，較通道突破
訊號的時間（發生在第46天）提早7個交易日。表9.2有兩欄分別顯
示5天與10天期加速度或減速度（這是代表速度最近5天或10天的變
動）。此處顯示的長天期（10天）加速度在第40天開始呈現正值，
隨後只短暫出現1天的負值。

　　圖9.6繪製20天速度、5天與10天期加速度的走勢圖，橫軸代表
時間。請注意，通道突破訊號發生在第46天（3月6日）。速度與加
速度訊號發生得較早。可是，在通道突破訊號即將發生之前，速度
與加速度曾經下降，但讀數仍然維持正值。

　　這代表什麼意思？當然不是建議你採用正值的速度或某種加速
度現象作為進場系統。我只是告訴你某種關係。一旦瞭解這種關
係，就可以作為交易概念的基礎。

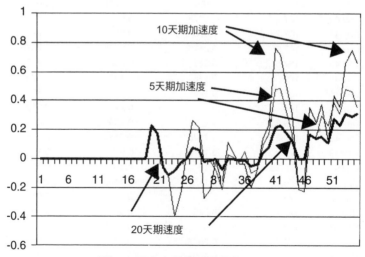

圖 9.6　玉米走勢的速度與加速度

　　不要忘掉，正確的進場時機並不代表能夠賺錢。反之，你所設定的進場點，如果能夠更經常掌握R倍數偏高的交易，就能讓交易系統有更穩定的高獲利能力。加速度開始增加，可能讓你掌握低風險的進場點，允許你採用更緊密的停損。這代表風險很低，有更大機會掌握偏高的R倍數獲利。當然，這一切都需要經過更廣泛的測試。

　　加速度可能是折返架構的完美工具。舉例來說，在通道突破之後的折返走勢之中，一旦減速度剛轉變為加速度時，這可能代表完美的進場點，允許採用緊密的停損，能夠掌握R倍數偏高的交易。就圖9.6的例子來看，在通道突破訊號綱要發生之前，速度開始下降。

評估一些常用系統的進場訊號

　　接下來，我們準備觀察一些股票市場與其他投機市場交易系統使用的進場訊號。

股票市場交易系統

威廉・歐尼爾股票系統

　　如同前文討論的，威廉・歐尼爾股票市場交易系統是採用CANSLIM架構。對於這套系統，進場是根據股票走勢圖之各種價格型態來拿捏時效。這種進場基本上是採用價格突破，也就是突破最近7週到15個月的價格整理走勢。最典型的排列包括帶柄杯狀（a cup and a handle）、長期底部突破、帶柄碟狀（a saucer and a handle）、雙重底或雙重頂；其中以前面兩種型態最常見。威廉・歐

尼爾在他的著述中提供不少這類型態的案例。

　　進場訊號還有一個關鍵因子：突破當時，成交量必須顯著放大。舉例來說，根據歐尼爾的建議，突破當天的成交量，至少必須是每天平均成交量的150%。不幸地，這套系統的許多使用者，往往忽略了這項成交量因素；多數人只強調價格型態的突破。不妨把成交量看成是汽車的質量。相對於小型車隨時能夠靈巧地轉彎，快速行駛的大卡車，更可能朝既有方向繼續前進。

華倫·巴菲特的基本面評估模型

　　根據前一章討論的各種濾網，巴菲特的基本面評估模型，可能沒有採用特定的進場方法（當然，這只是我個人的推論）。我認為，只要資金許可，巴菲特隨時都會買下那些符合其投資準則的企業。所以，巴菲特的進場方法，關鍵在於如何尋找那些符合其投資準則的企業（雖然我不確定在價值普遍高估的市場內，究竟如何找到符合巴菲特投資準則的公司）。巴菲特曾經說過下面這段話，意味著他顯然不在意市場如何表現：

　　股票市場只是一種參考依據，看看是否有人做了傻事。投資股票等於是投資事業，你必須按照理性原則行事，而不是幹一些時髦玩意兒。

期貨市場交易系統
裴利·考夫曼調整型交易

　　本書第8章曾經討論考夫曼的調整型交易方法，他根據行情發展方向、速度與市場雜訊程度，建構一種市場效率比率。考夫曼提

供一些例子，說明效率比率的可能運用方法。

下列計算過程，我們假定效率比率讀數介於0與1之間，0代表市場走勢完全由雜訊構成（價格波動劇烈，但最終卻沒有淨走勢），1代表市場走勢完全沒有雜訊（價格只朝單一方向移動）。處在效率很高的市場內，短期內的價格變動（波動）幾乎完全累積為最終的價格淨變動。最極端的情況就是完全沒有雜訊，效率比率為1.0。譬如說，每天的價格變動為1點，10天的價格淨變動為10點；這種情況下，效率比率為 10 /（10×1）= 1.0。

處在高度缺乏效率的市場，短期間內的價格波動劇烈，每天的價格波動大，但這些價格波動最終不能累積為較長期間的價格淨變動。舉例來說，每天價格都變動1點，但時漲時跌，經過10天之後，最終的淨價格只出現1點的走勢；這種情況下，效率比率很低：1 /（10×1）= 0.1。

其次，我們要把效率比率映射為某移動平均速度。我們可以稱2天移動平均為快速，30天移動平均為慢速。考夫曼運用下列公式，把移動平均速度轉換為某平滑常數（smoothing constant，簡稱SC）：

$$SC = \frac{2}{N+1}$$

快速移動平均的平滑常數為 2 /（2＋1）= 2/3 = 0.66667。慢速移動平均的平滑常數為2 /（30＋1）= 2/31 = 0.06452。此兩者的差值為0.60215。

最後，考夫曼建議按照下列方式，利用效率比率調整平滑常數：

調整後平滑常數＝〔效率比率×（SC差值）〕＋ 慢速SC

代入我們的數據：

調整後平滑常數＝〔效率比率×0.60215〕＋ 0.06452

324 ·第 III 篇 瞭解交易系統的關鍵部分

　　所以，如果效率比率為1.0的話，調整後平滑常數為0.66667；如果效率比率為0的話，調整後平滑常數為0.06452。請注意，這兩個數據也就分別是2天與30天的平滑常數。

　　由於30天的平滑常數仍然可能產生顯著影響，所以考夫曼建議實際運用的時候，最好取這些數據的平方值，目的是要在效率比率很低的情況下，儘可能不要進行交易。

　　調整型移動平均（AMA）的公式如下：

AMA＝AMA昨天＋SC^2×（價格今天－AMA昨天）

　　舉例來說，假定昨天的AMA為40，今天價格為47，兩者之間有7點的差值。處在效率市場內，這可以讓移動平均出現顯著的變動，大約增加3.1點，幾乎是7點的一半。可是，若處在效率差的市場，假定效率比率只有0.3，則今天價格對於AMA的影響不大，大約只能增加0.4點。所以，對於今天產生的固定價格變動，效率市況下的AMA系統比較可能產生交易。

　　根據考夫曼的見解，AMA對等於指數平滑，這種移動平均一旦產生方向變動，就應該進行交易。換言之，當AMA上揚則買進，當AMA下降則賣出。

　　可是，根據這些訊號進行交易，訊號反覆的情況很嚴重。因此，考夫曼提供下列濾網：

濾網＝某百分率×（最近20天之1天期AMA變動的標準差）

　　考夫曼建議，期貨與外匯交易採用較小的百分率（譬如：10％），股票與利率市場則採用較大的百分率（譬如：100％）。針對你所希望交易的市場，挑選適當的百分率。下降趨勢中，把這個濾網加到最低價，作為買進訊號；在上升趨勢中，把這個濾網由最高價扣減，作為賣出訊號。原則上，這就是你的調整型進場點。

我們討論的許多進場技巧，實際上也可以根據市場效率比率進行調整。舉例來說，我們可以採用調整型通道突破系統，其中的通道長度可以市場效率做調整。另外，我們也可以採用調整型價格波動突破，其中把突破程度根據市場效率進行調整。

威廉·葛拉契爾基本分析

本書第8章曾經談到，葛拉契爾根據經濟基本面條件設定市場架構。當經濟基本面條件強勁時，我們應該順著基本面條件建議的方向建立部位。請記住，每個市場所應該強調的基本面條件不一樣。另外，本書第5章討論基本分析時，拉寶建議我們採用基本分析專家的意見。拉寶也警告我們，即使經濟基本面的判斷正確，進場時機也可能非常不恰當。因此，根據經濟基本面進行交易，絕對需要一套很好的時效系統。

為了方便起見，葛拉契爾利用10天期通道突破反轉系統，說明技術分析的不當之處。我雖然沒有見過任何人曾經採用這種系統，但葛拉契爾以此為例而強調基本分析的功能。基本分析一旦有了結論，就可以根據基本分析建議的方向交易10天期通道突破系統。我個人相信，這類短天期系統會有嚴重的訊號反覆問題，但如果採用50天期通道突破系統，再配合經濟基本分析運用，進場訊號應該很不錯。

肯恩·羅伯的1-2-3反轉方法

實際進場之前，肯恩·羅伯採用兩種架構。第一個架構是市場必須創9個月新高或新低。第2個架構是市場必須出現1-2-3反轉型態。本書第8章已經談論這兩種架構的細節，並且舉出幾個案例。

運用這種架構時，應該採用哪種進場方法呢？

　　兩個架構條件都成立之後，當價格再度向點2發展而創新極端價位（參考圖9.7），這代表進場訊號。圖9.7顯示價格創歷史新高，然後出現 1-2-3 反轉型態。圖9.7標示的橫線，代表進場點。一旦價格朝預期方向跌破點 2，就可以進場建立空頭部位。

　　這種交易方法的基本假設如下：行情長期走勢告一段落而出現1-2-3型態，並且朝相反方向創新極端價位點4，代表行情將反轉。可是，即便在這種狀況下，趨勢往往不會反轉。市場可能只是做橫向整理，結果造成一系列反覆訊號。雖說如此，但只要有正確的停損、出場策略，以及適當的部位規模（參考後續章節討論），這種方法還是可以成功。

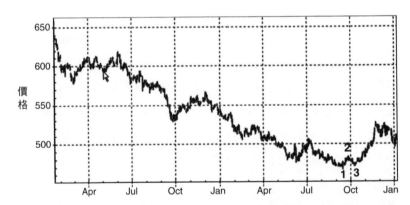

圖 9.7 英鎊在1988年12創歷史新高（點1），然後價格急跌到（點2），再向
　　　上反彈到（點3），接著在1月11日再度暴跌而創新低價（點4），這
　　　代表進場訊號。跌勢進行了幾個星期，然後行情再度創新高。

摘要結論

- 絕大部分投資人／交易者都太過於重視進場方法。過份強調進場方法是不恰當的，往往會忽略交易系統最關鍵的部分。雖說如此，但進場時效如果可以提升系統的可靠性，而且不至於破壞應有的報酬-風險比率關係，那麼進場方法還是值得費心的。

- 隨機進場也可以賺錢。事實上，很少進場方法的可靠性，能夠超過隨機猜測，尤其是持有時間超過20天的話。

- 好的進場方法包括：
  - 40天期以上的通道突破
  - 價格波動突破系統，如果單天價格走勢超過平均真實區間的0.8倍左右。這種方法尤其適合與市場預測方法配合。
  - 趨勢方向明確情況下，ADX單日（或2天期）出現重大變動。
  - 調整型移動平均改變方向，或變動量超過濾網設定門檻。
  - 主要趨勢明確情況下，運用擺盪指標判斷折返走勢告一段落。

- 本章討論各種系統常用的進場方法。某些情況下，我們也討論改善技巧。

附註

1. 請參考Robert Kiyosaki,《If You Want to Be Rich and Happy, Then Don't Go to School》（Lower Lake, Calif.: Asian Press, 1992）。

2. 我提到這些書，並不代表我不滿意這些書的素質。我只是想強

調，為了滿足某些人的偏頗愛好，這些作者寫了這些書。至於這些書好不好，我建議各位自行判斷：

a. Stephen Littauer,《How to Buy Stocks the Smart Way》(Chicago: Dearborn Trade, 1995)。

b. Richard J. Maturi,《Stock Picking: the Eleven Best Tactics for Beating the Market》(New York: McGraw-Hill, 1993)。

c. Louis Engel and Harry Hecht,《How to Buy Stocks, 8th ed.》(New York: Little, Brown, 1994),

d. Michael Sivy,《Michael Sivy's Rules of Investing: How to Pick Stocks Like a Pro》(New York: Warner Books, 1996)。

e. Michael Gianturco,《How to Buy Technology Stocks》(New York: Little, Brown 1996)。

3. 請參考Charles LeBeau and David W. Lucas,《The Technical Trader's Guide to Computer Analysis of the Futures Market》(Homewood, Ill.: Irwin, 1992)。

4. 相較於尋找某種長期的可靠出場方法，一天或不足一天的短線交易（譬如說，按照第二天開盤價出場）比較容易找到勝率超過50％的方法。

5. 關於龜族的交易成功，我覺得更重要的因素，是他們的部位規模設定方法，而不是採用通道突破作為進場方法。

6. 我使用的參考資料，可以透過下列網址下載：www.blackstarfunds.com/files/Does_trendfollowing_work_on_stocks.pdf

7. 在測試過程的某個階段，他們曾經持有1,500個部位，所以其部位規模設定方法必須考慮這點與其他相關風險。另外，兩位作者願意公布進場與出場方法，但對於部位規模設定方法卻保密，這足

以證明我對於部位規模重要性的強調。

8. 請參考Jack Schwager,《Schwager on Futures: Fundamental Analysis》, （New York: Wiley, 1996）。

9. 這份研究的重心不同於本書，並沒有嘗試尋找R倍數偏高的交易，或發展期望報酬偏高的系統。這份研究嘗試尋找多數人基於彩券偏頗心態而想要的高勝算進場訊號。

10. 請參考 J. Welles Wilder, Jr.,《New Concepts in Technical Trading Systems》（Greensboro, N.C.: Trend Research, 1978）。

11. 請參考Bruce Babcock,《Trendiness in the Market》（Sacramento, Calif.: CTCR Products, 1995）。

12. 讀者可以根據自己的交易目標設定門檻點數。

13. 請參考 Robert W. Colby and Thomas A. Meyers,《Encyclopedia of Technical Market Indicators》（Homewood, Ill.: Dow Jones Irwin, 1988）。

14. 詳細討論請參考LeBeau and Lucas,《Technical Traders' Guide》。

15. 拉寶告訴我，他們曾經測試所有能夠想像得到的移動平均穿越系統。這些系統在趨勢明確的市況下，表現都很不錯，但都沒有辦法處理橫向走勢。這些系統的表現，都跟隨機進場差不多。

16. 請參考Perry Kaufman,《Smarter Trading: Improving Performance in Changing Markets》（New York: McGraw-Hill, 1995）。

17. 請參考Tushar Chande and Stanley Kroll,《The New Technical Trader: Boost Your Profit by Plugging into the Latest Indicators》（New York: Wiley, 1994）。

18. 請參考1988年1月4日的《Fortune》雜誌：The Big Bad Bear on Wall Street，第8頁。

CHAPTER 10

知道何時打包：如何保障資本？

保護性停損就像紅燈一樣。你可以闖紅燈，但此並非明智之舉。如果你打算闖越每個紅燈，恐怕沒有辦法安然到達目的地。

—— 李察・哈定（Richard Harding），
于交易系統研討會的演講

最近參加我們研討會的一位學員，他的心情非常沮喪沒辦法專心聽課，因為他的股票投資最近遭逢嚴重損失。去年的前半段，他讓退休帳戶由$400,000成長到$1,300,000。他表示，他之所以想要參加研討會，一方面是想讓大家知道他是多棒的投資人。可是，就在研討會即將開始的前兩個星期，帳戶內的一些股票突然暴跌，帳戶淨值也急遽萎縮70%。他手頭上的一支股票，股價由$200多跌到大約$50，他最終忍無可忍而在$50附近認賠。該股票目前價格大概是$60，他相信自己是賣在最低點。

我希望讀者認為這段故事很罕見，但…希望歸希望，我還是相信這類故事每天都在發生。人們因為聽到某種小道消息或藉由某種熱門系統而進場；一旦進場之後，他們再也不知道如何出場。出場——不論是認賠或獲利了結—— 都是金融市場致勝的關鍵。事實上，交易有個黃金法則：

迅速認賠，並且讓獲利部位持續發展。

這個黃金法則就是出場的最佳註解。約翰・史威尼（John Sweeney）在《交易征伐》（Campaign Trading）一書中曾經精闢的點出：

> 小孩子半夜由惡夢中驚醒，往往不敢察看床底下或衣櫥裡的惡魔，投資人也一樣，在股票市場遭逢挫敗，經常不願正視或承認虧損。小孩子寧可把頭埋藏在被單下，投資人也同樣會採取自欺的手段。（我最經常聽到的說法是：「這個交易法則無效！」好像交易虧損真的是進場策略造成的一樣[1]。）

請注意，如果你想成為一位成功的交易者，關鍵是如何出脫虧損部位。多數人誤以為，主要關鍵在進場方法與架構；實際上，這對於交易成功沒有多大幫助。唯有掌握出場與部位規模設定的技巧，你才會真正成功。

我認為，除非你在進場當時就已經知道如何出場，否則就算不得擁有交易系統。設定最糟狀況的出場點，其目的是要預先決定如何保障交易資本。另外，關於如何獲利了結，或如何讓獲利部位繼續發展，事先也必須有概略的計畫。關於如何出場的問題，細節部分留待第11章討論。

> 我認為，除非你在進場當時就已經知道如何出場，否則就算不得擁有交易系統。

關於如何設定保護性停損點，讓我們再看看其他交易大師的看法：

威廉・歐尼爾：「在股票市場致勝的關鍵奧秘，是當你判斷錯誤的時候，如何儘可能減少虧損。」

傑西・李佛摩（Jesse Livermore）：「投資人是大賭徒。他們下賭注，然後繼續堅持，萬一出了差錯，就完全虧損。」

停損的功用

停損有兩種重要功能。第一，停損代表我們願意承擔的最大損失（風險）。這也稱為起始風險R，因為這是決定第7章討論之期望報酬的基礎。我認為，不論是交易者或投資人，每位市場參與者都必須瞭解起始風險R的概念。記住，為了保障資本而必須結束部位時，起始風險代表我們預期

> 記住，為了保障資本而必須結束部位時，起始風險代表我們預期發生的損失。進場建立部位而沒有預先決定起始風險，這等於是做盲目的賭博。

發生的損失。進場建立部位而沒有預先決定起始風險，這等於是做盲目的賭博。

經過一陣子交易之後，你可能發現，失敗部位的平均虧損只是起始風險的一半（0.5R），實際狀況取決於追蹤型停止策略。可是，有些情況下，市場發展可能讓我們沒辦法在預定位置停損出場，某些部位的損失可能是2R，甚至3R。但願這類失控損失不會經常發生。

假定我們在玉米市場建立部位，停損設定為每天平均價格波動程度的3倍。假定玉米的每天價格波動平均為3美分，將此乘以5,000英斗，每口契約每天的價格波動金額相當於$150。所以，每口契約的起始停損是$450。假定失敗部位的平均損失是0.5R，也就相當於$225。

再看一個股票市場的例子。假定我們買進100股ABC公司股

票，價格為$48。另外，假定該股票每天的平均價格波動為50美分，因此起始停損預定為每股$1.50。這種情況下，只要股價跌到$46.50，我們就認賠出場。就目前這個例子來說，停損相當緊密，100股的預期最大損失只有$150[2]。

停損的第二項主要功能，就是設定獲利的衡量基準。身為交易者，我們所設計的交易系統，當然希望賺取很高的R倍數獲利。舉例來說，交易系統如果能夠經常出現10R或20R的獲利交易，那就很不錯了。就玉米交易來說，10R或20R的獲利，相當於是每口契約賺進$2,250或$4,500。如果能夠經常出現這種程度的獲利，我們就非常願意承擔每口契約$225的最大預期損失。

我們稍早已經談過R倍數的概念，但因為這個主題非常重要，所以我們不妨藉此機會再做說明。就前面談到的股票例子來說，我們在$48買進100股，停損設定在$46.5。現在，經過一段期間之後，假定股價上漲20%而成為$57.63，每股獲利為$9.63。就整個100股來說，我們相當於是承擔$150的風險，藉以取得$963的獲利機會，約略等於6個R稍多的獲利

事實上，股票交易還有佣金與滑移價差，如果不是透過網路交易的話，這筆成本很可能是$30。把這部分成本考慮在內，起始損失將增加為$180（150＋30），獲利將變成$933（963－30）。獲利相當於5.35個R。現在，各位應該清楚R倍數的概念了吧？透過R倍數來思考，才能讓各位真正掌握交易的真諦。本版另外增添第12章內容，協助讀者每進行一筆交易，都要徹底瞭解其報酬-風險比率潛能。

當我們在$48買進100股，多數人認為這等於整個$4,800都承擔風險[3]。事實上，如果設定明確的停損，而且有決心執行，那麼部

位承擔的風險並沒有那麼大。停損就是我們預先決定承擔的起始風險。身為交易者，我們的主要任務就是設計一套計畫，使得交易獲利潛能儘可能是起始風險R的好多倍。換言之，交易者的主要任務是儘可能取得R倍數偏高的交易。

請記住，設定停損的第一項主要功能，就是侷限我們所願意忍受的最大損失R。R的數值設定得愈小，潛在報酬表示為R的倍數也就愈大。可是，R愈小（停損愈緊密），交易失敗的機率也變高（換言之，交易系統的勝率降低）。我們先前介紹的隨機進場系統，勝率為38％。隨機系統的勝率原本應該是50％，但因為交易成本與停損設定（雖然設定得頗為寬鬆）的關係，使得勝率減少了12％。停損如果設定得更緊密，交易系統的考靠性也會更進一步下降；一筆原本可以創造重大獲利的交易，可能因為稍早被停損而不得實現。當然，遭到停損的部位還可以重新進場，但這類反覆訊號會累積可怕的交易成本。

因此，關於停損設定，我們需要引用某種合理的準則。這需要考慮：（1）假定進場方法的可靠性類似於隨機進場，停損設定應該要超越市場雜訊；（2）尋找成功交易的最大折返程度（maximum adverse excursion），按照這個折返程度的某個比率設定停損；（3）緊密停損可以讓潛在報酬的R倍數更大；（4）根據進場方法選擇合理的停損。

超越雜訊

我們不妨把每天的價格波動都視為雜訊。舉例來說，如果價格上漲或下跌1、2點，很難搞清楚這究竟是少數造市者在混水摸魚，或是代表真正的走勢。即使單日價格走勢很明確，我們也不確定該

方向的走勢是否能夠持續。因此，我們有理由假定每天價格波動，大部分都屬於雜訊。基於這個緣故，停損通常應該設定在市場雜訊範圍之外。

可是，我們如何合理估計雜訊的程度呢？關於停損設定，有人喜歡採用趨勢線。舉例來說，請參考圖10.1，其中顯示的下降趨勢線可供空頭部位設定停損。交易者也可以利用支撐／壓力設定停損。

舉例來說，技術分析者可能認為$56.50有強勁支撐。如果該支撐守得住，而且價格向上穿越下降趨勢線，則短線交易者甚至可以把空頭部位轉換為多頭部位，停損設定在$56.50稍下方。

可是，$56.50萬一跌破呢？由於附近再也沒有可靠的支撐，價格可能出現重大跌勢。這種情況下，$56.50將轉變為上檔壓力，空頭部位可以把停損設定在這附近。

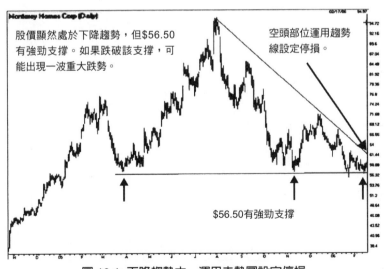

圖 10.1　下降趨勢中，運用走勢圖設定停損

　　圖10.2是巴西ETF的走勢圖，呈現明顯的上升趨勢。對於這類股票，順勢交易者絕對希望建立多頭部位，停損可以根據趨勢線設定，或設定在下檔支撐處。

　　可是，如此設定停損，存在一個問題：大家都知道趨勢線與重要支撐／壓力在哪裡，因此大家都知道停損位置在哪裡。正因為這個緣故，我們經常可以看到，在重大走勢發生之前，這些停損往往會先被引發。

　　關於停損的設定，各位獲許想採用一些市場比較不熟悉的設

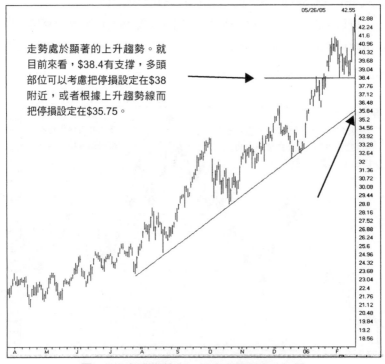

圖 10.2　上升趨勢中，運用走勢圖設定停損

定，但仍然要超越市場雜訊程度。假定我們認為每天的價格活動基本上都是雜訊。這種情況下，可以利用真實價格區間來表示這種價格活動。

譬如說，我們取最近10天的平均真實區間（換言之，10天期移動平均），用以約估每天的雜訊程度。然後，我們把這個移動平均，乘以某個介於2.7～3.4之間的常數，藉此設定停損[4]；如此一來，根據假設，停損應該不會被雜訊引發。這種停損設定方法，相當適合期貨的長期順勢操作部位。對於股票長期部位來說，或許應該有更大的迴旋空間，停損可以設定為每週價格波動的3倍，或是每天價格波動的10倍。

關於前述停損設定，各位如果覺得太寬鬆而認為：「我絕對不允許任何部位承擔如此大的風險。」那麼我們或許可以由另一個角度觀察，等到各位閱讀有關部位規模設定的解說之後，應該可以更瞭解一些。

停損設定所控制的是1個交易單位承擔的風險，部位規模設定則是控制總風險。所以，停損雖然設定為平均真實區間（ATR）的10倍，但部位規模卻可以把總風險侷限為帳戶淨值的 0.25%。換言之，如果部位規模夠小，那麼寬鬆的停損並不代表嚴重風險。如果最小交易單位所蘊含的風險程度，看起來已經令人無法承受，那麼你可能不適合從事這筆交易——也許是因為機會不夠好，也許是因為你的資本不足。

另外，起始停損R代表的是最糟情況下的損失。多數情況都不會是最糟情況，所以實際損失大多不會超過1個R，因為隨著時間經過，如果價格朝著有利方向發展，停損也會朝有利方向調整。各位不妨回頭翻閱圖9.2顯示的股票長期交易系統虧損分配。

最大折返程度

《股票商品技術分析》（Technical Analysis of Stocks and Commodities）的前總編約翰‧史威尼談到交易征伐的概念[5]。各位如果瞭解前文談到的R概念，應該就能理解史威尼透過交易征伐想要表達的想法。根據我的瞭解，交易征伐想要強調的是：部位建立之後，價格走勢對於交易成功與否的影響程度，遠超過進場方法。

讓我們思考價格與進場點之間的距離。當我們開始思考進場之後的價格變動，就會產生一些有趣的概念。第一個就是最大折返程度（maximum adverse excursion，簡稱MAE），這是指一筆交易持有過程內，可能導致最嚴重損失的盤中價格。這個盤中價格，通常是發生在某一天的極端價格，至於究竟是最高價或最低價，則取決於你持有空頭部位或多頭部位。

圖10.3顯示一個多頭部位由進場開始的最大折返程度。這份圖形包括價格長條圖，以及一條代表MAE的粗線。就目前這個例子來說，MAE是$812，但起始停損是$3,582（設定為ATR的3倍，但此處沒有顯示）。所以，MAE還不到起始停損的25％。

圖10.4顯示一筆虧損交易的MAE。多頭部位進場點是9月23日的85.35，起始停損為$5,343。MAE位在80.9，潛在損失為$2,781.25。所以，起始停損距離MAE還有好幾千美元的距離。價格最終還是回升一些，部位認賠的時候，損失為$1,168.75，距離起始停損非常遙遠，甚至與MAE也有一段距離。就目前這筆交易來說，MAE是實際損失的2倍有餘，大約是起始停損的一半。

以下我們運用表格說明成功與失敗交易的MAE狀況。目前這個例子，我們觀察7年期的英鎊走勢，採用通道突破系統，停損設定

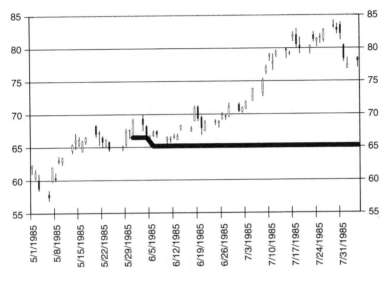

圖 10.3　成功交易的最大折返程度

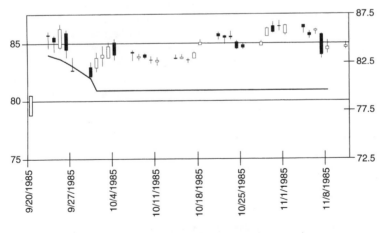

圖 10.4　失敗交易的最大折返程度

為ATR的3倍。表格分別列示虧損與成功交易，以及兩類交易的MAE。請注意，我們可以把MAE表示為R的函數，這是約翰‧史威尼沒有察覺的。

　　請注意，這只是用來說明相關運用技巧的例子，交易筆數不多，請不要過份解讀。請注意成功與失敗交易之間的差別。成功交易之中，沒有任何一筆交易的MAE大於0.5R，24筆交易中只有3筆

表 10.1　英鎊成功與失敗交易的MAE（表示為R的倍數）

日期	1R	獲利	虧損	日期	1R	獲利	虧損
03/25/85	$6,189	0.70R	0.00R	09/23/85	$5,343	0.22R	0.52R
05/31/85	$3,582	1.83R	0.23R	11/21/85	$1,950	0.13R	0.14R
02/24/86	$3,993	0.05R	0.33R	01/22/86	$4,386	2.61R	0.33R
09/22/86	$2,418	0.44R	0.14R	04/17/86	$3,222	0.22R	0.23R
12/19/86	$975	5.49R	0.13R	05/20/87	$1,593	1.18R	1.18R
02/23/87	$1,764	0.36R	0.00R	09/01/87	$2,175	0.43R	0.43R
10/26/87	$4,593	2.16R	0.00R	02/05/88	$2,532	1.10R	1.10R
06/28/88	$2,814	2.68R	**0.40R**	03/02/88	$2,850	0.09R	0.09R
10/12/88	$2,244	3.36R	0.04R	02/18/88	$3,582	0.61R	0.66R
03/01/89	$3,204	0.11R	0.10R	01/19/89	$3,264	0.56R	0.59R
05/08/89	$2,367	2.54R	0.23R	09/15/89	$6,765	0.47R	0.47R
12/20/89	$1,839	3.70R	0.03R	12/24/90	$3,804	0.72R	0.72R
05/15/90	$1,935	4.09R	**0.50R**	06/12/91	$2,559	0.03R	0.05R
07/18/90	$3,420	2.03R	0.31R	03/04/92	$2,859	0.45R	0.50R
10/05/90	$4,254	0.71R	0.02R				
01/24/90	$3,759	0.00R	0.15R				
03/15/91	$3,750	1.46R	0.03R				
09/06/91	$2,934	0.46R	0.13R				
11/07/91	$4,794	0.00R	0.00R				
05/01/92	$1,980	0.73R	0.07R				
06/05/92	$2,460	1.94R	0.06R				
08/21/92	$2,850	0.28R	0.18R				
09/15/92	$6,915	2.89R	0.03R				
		1.65R	**0.14R**			**0.63R**	**0.50R**

（125％）的MAE大於0.33R。反之，失敗交易有66.7％的MAE大於
0.33R，有幾乎半數的MAE大於0.5R。各位是否看出某種型態來？
成功交易的MAE平均數為0.14R，獲利平均數則是1.65R。至於虧損
交易，MAE平均數為 0.5R，平均虧損為0.63R[6]。

如果你自行處理這些資料（而
且起始停損夠大的話），將發現成
功交易的MAE很少低於某特定水

> 一筆好交易通常不會出現太
> 嚴重的不利價格走勢。

準。換言之，一筆好交易通常不會出現太嚴重的不利價格走勢。

如果你經常查核相關資料（當行情變動時），將發現交易系統
可以採用更緊密的停損。就圖10.1的資料來看，如果採用ART的2
倍作為停損，應該會比3倍ATR更好。假定採用2倍ATR作為停
損，沒有任何成功交易會被停損出場，但失敗交易可以更早停損，
獲利的R倍數也變得更大。當然，這些結論都是來自於事後，所以
有曲線套入之嫌。總之，採用較緊密的停損，會減少損失（但失敗
交易筆數則會提高），成功交易的獲利R倍數也會提高。

緊密停損

某些情況適用緊密的停損，譬如：我們預測市場即將發生重大
趨勢變動，而且市場的走勢也開始確認這點。另外，當我們採用短
期走勢圖時，也可以採用緊密的停損。如果各位的交易方法允許採
用緊密停損（記住，這一方面也是取決於個人的風險容忍程度），
那麼你就享有一些優勢。首先，萬一交易失敗，每交易單位的損失
比較輕。其次，由於損失比較少，允許你重複嘗試，有更多機會捕
捉重大走勢。最後，一旦掌握走勢，獲利的R倍數比較大。

可是，緊密停損也有一些嚴重缺點。第一，交易系統的可靠性

（勝率）會下降。為了取得一次獲利，通常必須進行更多筆交易。如果各位不能忍受很多小虧損——確實有很多投資人／交易者是如此——就不適合採用緊密停損。

第二，緊密停損會導致交易成本暴增，因為那些市場專業者共謀設計了一套造就自己利益的制度：你進行愈多交易，他們的獲利也愈多。交易成本是我們從事交易的人無法逃避的負擔。造市者可以透過買進-賣出報價之間的價差獲利。經紀商要賺取佣金。如果你打算購買基金，還要根據投資金額支付管理費，甚至手續費。事實上，很多交易系統創造的獲利，甚至還不能彌補因此而發生的交易成本。

> 事實上，很多交易系統創造的獲利，甚至還不能彌補因此而發生的交易成本。

舉例來說，我有一套進出相當頻繁的交易系統，2004年創造的淨獲利（扣除交易成本）為30%，但交易成本大約就佔起始帳戶價值的20%。換言之，這套交易系統賺取的總獲利之中，我分得60%，我的經紀人分得40%。如果你經常在市場進進出出，交易成本會逐漸侵蝕整個帳戶。如果交易規模很小，單位交易成本就會變得很大，甚至成為難以克服的障礙。

當我們決定放棄一筆交易時，如果其損失可以很小，多數人應該都樂意見到這種情況。可是，交易者最擔心的，應該是錯失賺大錢的走勢。因此，每當交易系統出現進場訊號，我們必須願意立即進場重新建立部位。

很多人無法容忍連續出現3、5筆虧損，但採取緊密停損策略的交易系統經常會如此。舉例來說，假定每筆損失都侷限為$100，連續發生5筆損失之後，市場突然出現我們期待的走勢。一個星期之後，部位獲利了結，賺取20R或$2,000的利潤。沒錯，經過連續5次

失敗，最後換取1次成功。就此而言，勝率不到17%——很多人恐怕不能接受——但6筆交易的總獲利為$1,500，還要扣除佣金成本與滑移價差[7]。

讓我們看看這究竟代表什麼意思。假定我們採用寬鬆的停損，譬如ATR的3倍。假定停損是$600，而且我們對於走勢判斷正確，部位不會被停損出場。這種情況下，我們只進行一筆交易，獲利為3.33R，相當於$2,000。扣除每筆交易的佣金與滑移價差$100，淨獲利為$1,900。相較於先前例子，扣除佣金與滑移價差之後的獲利只有$900。

在停損設定為$600的情況下，如果先被停損一次，隨後才獲利$2,000，結果仍然優於前述採用緊密停損$100的情況。如果先被停損一次，損失為$600，第二次建立部位獲利$2,000，扣除先前損失$600與佣金、滑移價差$200，淨獲利為$1,200，仍然勝過前述緊密停損案例的淨獲利$900。

可是，寬鬆停損如果遭遇多次的失敗，情況就會快速惡化。如果先被停損2次，然後才獲利$2,000。兩次停損的損失為$1,200，三筆交易的佣金與滑移價差共$300，所以淨獲利只有$500。萬一獲利$2,000之前先被停損3次，將會產生淨損失$200。

這些例子想要強調的是：不要輕忽保護性停損設定的重要性。務必要根據自己的交易目標與個性，謹慎思考這方面的策略。

採用合理的停損

關於停損設定，最重要的考量包括：該停損是否符合交易目標？是否符合交易概念？是否符合自己的個性？我們只能採用合理

的東西。首先,讓我們看看有哪些保護性停損設定方法,然後才決定相關議題。

固定金額停損

很多人喜歡設定固定金額的停損。這種停損具備某種程度的心理優勢:交易者預先知道每筆交易的最大損失金額。除此之外,這種方法還有其他技術方面的優勢。第一,這類停損不容易預測。別人很難猜測我們設定的停損究竟是$1,500或$1,000。第二,如果停損可以設定剛好在MAE之外,結果將是很好的停損。設定方法很簡單,只要能夠精準估計MAE,就可以把停損設定得稍大於MAE。

可是,有些人把固定金額停損與部位規模設定的概念混為一談。根據這些人的想法,如果某個部位只想讓帳戶淨值$100,000承擔1%的風險,停損就設定為$1,000,並稱此為符合資金管理的停損。相當天真的想法。

如果各位把停損設定為固定金額,千萬不要認為這就代表部位規模設定策略。部位規模設定是整個交易系統最重要的成分之一,絕對不該把如此重要的概念,看成是單純的設定固定金額。

百分率折返

某些人的停損設定,允許讓價格走勢由進場點折返某固定百分率。股票交易者經常採用這類作法,譬如說,我們在$30買進股票,停損設定在10%之外的$27。同樣地,如果在$10買進,停損設定在$9;在$100買進,停損設定在$90。如果折返百分率是根據MAE估計,那就沒有問題。可是,如果各位是憑空挑選數據—— 多數人是如此——那就喪失了停損設定的大部分意義。

價格波動停損

價格波動停損假定價格波動率——在某種程度內——可以代表市場雜訊。因此，如果把停損設定為ATR的某個倍數（先前討論的例子採用3倍ATR），那麼該停損可能不容易被市場雜訊干擾。我認為，根據價格波動率設定停損，是最好的停損設定方法之一。

標準差停損

辛西亞・凱斯（Cynthia Kase）在《勝算交易》一書用整章篇幅探討標準差停損[8]。市場價格如果呈現常態分配的話，則以平均價格為準的1個標準差範圍，大概可以涵蓋67％的價格，2個標準差範圍可以涵蓋97％左右的價格。可是，市場價格並非呈現常態分配，而是有點朝右偏頗，所以標準差需要做些修正：第1個標準差需要修正約10％，第2個標準差需要修正20％。

對於停損設定，平均真實區間的標準差相當有用。換言之，取最近30天的平均真實區間與其標準差。把停損設定為平均真實區間，加上經過10％修正的1個標準差。另一個停損則可以設定為平均真實區間，加上經過20％修正的2個標準差。

通道突破與移動平均的停損

通道突破與移動平均概念可以用作進場訊號，也同樣可用來設定停損。我個人認為，如此設定的停損，效果不如根據ATR或MAE設定者。雖說如此，但相關概念還是值得談談。移動平均穿越系統是運用得非常普遍的交易方法（參考第9章的討論）。如果只採用兩條移動平均，則屬於反轉系統；換言之，某訊號使得既有部位結束，也同時建立反向部位。運用這種系統交易者始終停留在場內。

　　亞倫（R.C. Allen）建議採用3條均線的移動平均[9]。當短期與中期均線同時位在長期均線的上側，而且短期均線向上穿越中期均線，代表多頭部位買進訊號，當短期均線向下穿越中期均線，則代表多頭部的出場訊號。反之，當短期與中期均線同時位在長期均線的下側，而且短期均線向下穿越中期均線，代表空頭部位建立的進場訊號，當短期均線向上穿越中期均線，則代表空頭部的出場訊號。

　　本書第9章也提到通道突破系統。舉例來說，我們可以在價格創最近40天新高價而進場買進，停損則設定為價格創最近20天新低價。這種方法的優點，是讓價格走勢有很大的迴旋空間，停損不容易被正常行情波動（雜訊）引發，很多著名交易者採用這種停損設定。可是，這種方法也有顯著的缺點：把最糟狀況停損與獲利了結停止點設定為相同，經常會吐回很多到手的獲利。

時間停損

　　很多交易者／投資人認為，部位建立之後，行情如果不能很快朝有利方向發展，那麼該筆交易最終失敗的可能性很高。因此，時間停損成為另一種常見的停損設定方法。換言之，部位建立之後的某特定期間之後，如果不能獲利，就認賠出場。

　　某位頂尖交易者曾經說過，他把每個交易日都視為嶄新的一天。對於任何一天，如果市場走勢不能說服我們在該天持有部位，就應該結束部位。這基本上也屬於時間停損。

　　是否採用時間停損，這屬於個人抉擇的問題。如果各位是長期交易者，而且當市場發生預期之內的重大走勢時，如果你沒有辦法重新進場，那最好不要採用時間停損。遭到停損之後，如果你很不

願意重新進場，那就不要採用時間停損。可是，如果你偏好短線交易，那麼時間停損是值得考慮的選項。

運用某種時間停損之前，務必要查核相關設定是否符合你個人交易方法的時間架構。舉例來說，當日沖銷者可以考慮採用10分鐘的停損，長期投資人可能採用1個月的時間停損。假定你想採用3天期停損。這種情況下，需要先評估系統建立的部位，有多少機會在3天之內沒動靜，但預期行情隨後還是發動了。如果發現這類的案例很多，代表3天期停損將讓你錯失很多重大走勢。反之，如果發現3天停損可以讓失敗交易即早認賠，甚至避免發生虧損，那就適合採用。

自由心證停損與心理停損

如果你對於行情發展有著敏銳的直覺，獲許可以考慮採用自由心證停損，包括時間停損在內。很多頂尖的專業玩家採用這種方式設定停損，但我不建議業餘者或初學者採用。

反之，心理停損則適用於多數市場玩家。除非你想持有長期部位（至少1年以上），否則就應該考慮採用心理停損。長期順勢操作系統也不適合採用時間停損，因為一整年的交易結果可能取決於單筆交易。除非各位的心理狀態非常平衡，否則當重大行情即將啟動之前，你很可能決定要外出渡假或執行心理停損。

某些情況下，交易的最重要因素——你——會顯得相對脆弱；若是如此，應該考慮暫時出場。碰到下列情況，如果還堅持繼續交易，幾乎必定會發生災難：（1）離婚或與重要伙伴分手，（2）生命中很重要的人死亡或住院，（3）兒女初生或生活出現重大變動，（4）搬家或工作變遷，（5）心理疲憊或心思耗損，（6）涉入法律

訴訟案件，（7）對於行情發展覺得很興奮，部位想要立即加碼一倍。碰到這類情況，各位最好暫時停止交易活動。這些是你能夠採用的最佳心理停損。所以，除非你是長期交易者，否則我建議各位立即開始採用心理停損。

常見交易系統使用的停損

股票交易系統

威廉‧歐尼爾的CANSLIM方法

　　威廉‧歐尼爾沒有推薦使用行情相關的停損，但他主張交易者絕對不該聽任股票出現7～8%的不利走勢。所以，這屬於前文談到的百分率折返停損。歐尼爾所謂的7～8％，是指價格由進場點折返7或8％，與帳戶淨值完全無關。舉例來說，如果你在$20買進，就不得聽任股價下跌$20的7%或8%（相當於$1.40或$1.60）。如果在$100買進，就不允許股價下跌$7或$8。歐尼爾強調，7%或8%是允許發生虧損的最高極限，平均水準最好是5～6％。

　　歐尼爾的系統雖然算得上是最棒的股票交易系統之一，但我認為還有改進空間。如果採用行情相關的停損，績效應該會更好。估計歐尼爾系統實際運用的MAE，這部分或許應該根據不同股價區間做計算。低價股（不足$25者）如果進場點恰當的話，通常不會出現$1以上的不利走勢；若是如此，停損可以考慮設定為$1。即使是$100的股票，只要進場價格恰當，通常也不會出現$2以上的不利走勢；這種情況下，停損可以設定為$2（若是如此，高價股的報酬-風險比率非常大）。

　　由於歐尼爾建議投資人在股價完成（突破）打底階段的時候進

場，所以股價一旦折返原先的底部就應該停損出場，要不然在跌破底部下限的時候也該出場了。另一種可能的停損設定：不利走勢距離到達每天平均價格波動的3倍。

華倫‧巴菲特的投資方法

根據許多相關報導顯示，華倫‧巴菲特視其投資為終身投資。他認為，他的相關投資長期報酬，應該顯著超過行情波動起伏所可牟取的利益。另外，他不認為進出市場的交易成本，是值得支付的費用（更別提稅金引發的後果）。因此，華倫‧巴菲特自認為他的主要工作，就是買進那些值得永遠持有的企業。基於這個緣故，巴菲特似乎沒有採用保護性停損的必要。

> 我從來都不想在股票市場賺錢。我始終秉持著一項假設做投資：股票市場明天就關閉，直到5年之後重新開張[10]。

可是，我們知道巴菲特也偶爾會出脫先前所做的投資。請記住，保護性停損是用來保護交易資本、防範最糟狀況的措施。因此，我相信巴菲特一定會定期檢視其投資，看看它們是否仍然符合其投資準則。

你能夠愈精明挑選投資對象、愈瞭解投資對象內部的營運狀況、愈能夠合理評估其管理績效，就愈適合採用這種投資方法。不過，各位即使是死硬派的長期投資人，也應該預先設定最糟狀況的出場條件。我覺得，25%應該是相當合理、簡單的停損。相較於進場價格，如果股價下跌超過25%，就應該認賠出場。

期貨交易系統

裴利・考夫曼的調整型移動平均

　　考夫曼對於停損性質的看法，相當有趣而值得一提。他認為，市場出現各種不利走勢的價格幅度，乘以該種走勢發生的次數，結果都應該一樣。舉例來說，5點走勢發生20次，10點走勢發生10次，20點走勢發生5次，這三種事件發生的機率大致相同。由於這三種事件都造成100點損失，然後外加佣金成本與滑移價差。所以，為了節省交易成本，應該儘量採用寬鬆的停損。

　　考夫曼在其著述內測試幾種簡單的停損。第一，如果損失超過某預定百分率，就根據收盤價停損出場。這很像歐尼爾的概念。第二，如果出現反轉訊號，就結束既有部位（包括發生虧損的部位在內）。

　　我個人認為，本章探討的很多概念，都可以提升調整型移動平均系統的操作績效，譬如：價格波動停損、MAE停損或標準差停損。

威廉・葛拉契爾的基本分析交易

　　葛拉契爾是一位基本分析交易者。他運用經濟基本面的資料進行判斷，然後順著所判斷之行情方向，運用10天期通道突破系統建立部位。他的停損很簡單：相反方向的10天期通道突破訊號。

　　葛拉契爾主張的交易方法雖然頗有見地，但我相信讀者不難發現本書建議的停損方法，對於葛拉契爾的方法應該有所幫助。

肯恩・羅伯特的1-2-3方法

　　羅伯特使用的架構是行情創9個月新高，然後出現1-2-3型態。

進場訊號是價格朝9個月新高之相反方向突破極端點；換言之，當價格朝9個月新高之相反方向突破點2，則進場建立部位。至於停損，最合理之處莫過於點1的外側。

關於這種進場方法，我同樣建議採用統計極端點為基礎的停損，譬如：（1）ATR的3倍，（2）標準差停損，（3）停損設定在估計MAE的稍外側。

摘要結論

- 保護性停損就如同交通號誌的紅燈一樣。沒錯，你可以闖紅燈，但相當危險。

- 保護性停損主要有兩個功能：（1）部位所願意承擔的最大損失，（2）用以衡量部位獲利潛能的基準。

- 身為投資人或交易者，你有任務設計某種方法，使得獲利是起始風險R的最大倍數。

- 停損應該設定在正常雜訊所及範圍之外。這可以設定為ATR的某個倍數；採用標準差停損；或估計MAE而把停損設定在其外側。

- 緊密停損可以讓成功交易之獲利享有較大倍數的R，失敗交易可以及早認賠。可是，緊密停損也會讓交易系統的可靠性降低，重複進場將導致交易成本提高。所以，唯有不錯的進場方法，才適合採用緊密的停損。

- 其他類型的停損還包括：固定金額停損、百分率折返停損、價格波動停損、通道突破停損、時間停損、自由心證停損、支撐／壓力停損等。每種停損方法都有其優點，我們必須根

據自己的交易系統挑選適合的停損方法。

・關於停損，你有什麼信念？唯有符合自己信念的停損，使用
起來才會自然。

附註

1. 請參考John Sweeney,《Campaign Trading: Tactics and Strategies to
Exploit the Markets》（New York: Wiley, 1996）。

2. 這類交易實際上不容易進行，因為即使透過折扣經紀商，佣金費
用也頗為可觀。可是，隨著網路交易興起，一切都改觀了。

3. 證券交易所似乎主張這種概念，因為融資交易可以取得50%的貸
款。可是，證券交易所也有理由這麼做，因為絕大多數人都沒有
交易計畫，心理上早就準備賠錢。

4. 韋達（Welles Wilder）在《New Concepts in Technical Trading
Systems》（Greensboro, N.C.: Trend Research, 1978）一書內建議使
用。

5. 關於最大折返程度的詳細討論，請參考史威尼的著作《Campaign
Trading》。

6. 請注意，由於交易佣金與滑移價差，實際虧損可能超過1R或
MAE。另外，如果MAE發生在起始停損朝有利方向調整之前，
那麼MAE會大於實際損失。

7. 如果每筆交易的佣金與滑移價差平均為$100，那麼利潤$1,500還
要扣掉$600。所以，20R的獲利將縮水為9R。這也是為何短期交
易者務必要謹慎思考交易成本的問題。交易成本可能是影響短期
交易績效的最重要因素之一。

8. 請參考 Cynthia A. Kase,《Trading with the Odds: Using the Power of Probability to Profit in the Futures Marekt》（Chicago: Irwin, 1996）。

9. 關於這個主題，請參考Charles LeBeau and David W. Lucas,《The Technical Traders' Guide to Computer Analysis of the Futures Market》（Homewood, Ill.: Irwin, 1992）。

10. Jeremy Gain引用巴菲特的話，請參考其The Bull Market's Biggest Winners刊載於1983年8月8日的Fortune，第36頁。

CHAPTER 11

如何獲利了結？

你必須知道什麼時候應該打包；

什麼時候應該走開；什麼時候應該跑開。

—— 肯尼‧羅傑斯（Kenny Rogers）

摘自《The Gambler》

　　傑克‧史瓦格在《金融怪傑》曾經提到我們的某個研討會[1]，其中曾經談到各位如果想要學習交易，應該到海邊觀察海浪的起伏。我們將發現，海浪會湧向海灘，然後又退回大海。如果我們的手開始配合著海浪起伏的韻律，隨著海浪湧進而把手拉往胸前，在隨著海浪退回而把手往外推。如此經過一陣子之後，將慢慢融入海浪的脈動。「一旦你能夠融入海浪起伏的脈動，就能體會交易者應該如行因應市場行情起伏。」融入海浪起伏，就知道波浪走勢什麼時候結束。

　　有位交易者遠從澳洲來找我。他在電腦軟體開發方面賺進無數財富，現在想要研究交易系統。他拜訪美國各定的專家們，學習有關交易的知識。我們曾經一起共進晚餐，他詳細地告訴我有關他的交易構想。當他說明完畢之後，構想雖然都不錯，但我還是覺得蠻困惑的，因為他始終只談論進場技巧，完全沒有涉及出場方法，以

及如何控制部位規模。當我建議他至少應該花費相同的時間研究如何獲利了結，甚至要花更多時間研究如何控制部位規模，他似乎有點不高興，因為他堅信只要挑對股票，就可以在股票市場獲致成功。

人們似乎故意想要忽略出場的問題，可能是因為他們不能控制出場的行情。可是，對於那些想要獲得出場控制者，有兩個重要變數需要考慮：是否獲利？獲利多少？出場是交易系統最重要的關鍵之一。

獲利了結出場方法的功能

關於出場，有一大堆問題需要解決。如果最糟情況沒有發生（換言之，沒有被停損出場），那麼交易系統就應該儘可能取得最大獲利，吐回最少已經到手的獲利。你必須仰賴出場方法辦到這些。

請注意，前文談到「出場」時，我都採用複數格式，因為多數交易系統都會根據不同目的設定不同的出場點。所以，各位應該根據系統的各種交易目標，採用不同的出場策略。設計交易系統的時候，務必要隨時記住你要控制報酬-風險比率，運用本章討論的各種出場策略儘可能獲取最大的利潤。

除了起始停損之外，還有很多類別的出場方法，包括：發生虧損而程度小於起始停損的出場；最大獲利的出場；儘可能避免吐回到手獲利的出場；心理出場。這幾種類別，可能彼此重疊。對於每種出場類別，各有幾種方法可以考慮。各位應該深入思考每種方法如何運用於自己的交易系統。多數出場方法都相當具有彈性，適用於各種不同的系統目標。

虧損程度小於起始風險的認賠出場

　　第10章談論的起始停損，是用來保護交易資本的最糟情況虧損。可是，我們現在打算討論的，則是要讓虧損儘可能小些。

時間停損

　　一般來說，人們之所以進場建立部位，是預期行情很快會朝某特定方向發展。因此，我們如果是根據明確的進場訊號建立部位，可以考慮把出場點設定在某特定一段期間之後，如果部位仍然沒有獲利的話。舉例來說，出場點可以設定為「按照兩天之後的收盤價出場，如果部位當時仍然沒有獲利的話。」這類的出場會導致虧損，但程度會小於最糟狀況停損。

　　還有另一種版本的時間停損。假定你碰到某個很棒的投資機會，但當時資金已經充分投資，沒有多餘的錢可以做新投資，怎麼辦？如果你真相信這個新機會很棒，我建議你評估手頭上的投資組合，尋找績效表現最差股票作為套取現金的對象。你可以挑選某個賠錢貨，或獲利不符合預期者。

追蹤型停止點

　　所謂的追蹤型停止，就是根據某種數學運算方法，定期調整出場的停止點。第9章談論的隨機進場，我們當時採用3倍價格波動的追蹤型停止點（每當價格朝有利方向發展時，當天收盤做調整）。舉例來說，如果進場當天的收盤價走高，而且價格波動縮小，則多頭部位停止點朝有利方向調整。經過調整之後，停止點可能仍然代表虧損，但虧損程度小於起始停損。所以，如果行情這個時候朝不利方向發展而引發追蹤型停止點，部位仍然發生虧損，但不至於像

起始停損那般嚴重。追蹤型停止點可以根據很多準則設定，譬如：價格波動、移動平均、通道突破、各種價格整理型態或其他，每種準則都有不同的控制因子。明確的案例，請參考下一節。

追蹤型停止調整的最重要特性，就是停止點會朝愈來愈有利的方向移動（程度取決於行情是否持續朝有利方向發展）。停止點移動未必代表該停止點能夠獲利，但起碼可以降低潛在虧損。

各位應該謹慎考量追蹤型停止策略，經過實際的測試，評估這類策略究竟恰當與否。舉例來說，經過追蹤型調整而降低起始風險，可能徒然減少部位獲利機會；換言之，這可能讓一筆原本可以獲利的交易，最後是小賠出場。系統設計過程中，務必小心處理這部分細節，如果系統採用緊密的停止點，就需要思考重新進場策略。

獲利最大化的出場

為了獲取最大利潤（讓獲利持續發展），我們就必須在某種程度上願意「得而復失」。事實上，這是系統設計上很有趣的部分：想要獲取最大利潤，就必須願意吐回許多曾經取得的獲利。如同某位頂尖交易者說的，「如果不願賠錢，就不可能賺錢。如同呼吸一樣，你不能只要吸氣而不吐氣。」我們可以運用很多出場策略協助辦到這點，包括：追蹤型停止設定與百分率折返停止設定。

追蹤型停止設定

追蹤型停止策略也可能協助我們獲取重大利潤，前提是我們必須願意吐回一部份帳面獲利。以下藉由一些例子，看看如何在這方面運用追蹤型停止策略。

　　前文已經提到價格波動追蹤型停止設定，這是把停止點設定為每天價格波動的某個倍數。韋達是首先提出這種概念的人，他主張根據最近10天之平均真實區間的2.7～3.4倍設定追蹤型停止點。稍早，我們的隨機進場系統採用3倍的ATR。取ATR的某個倍數，主要是讓停止點落在短期雜訊的干擾範圍外。如果採用週線價格波動，停止點或許應該取ATR的0.7～2倍。

　　固定金額追蹤型停止設定，是另一種可能。我們可以根據最近收盤價設定某固定金額（譬如：$1,500）的停止點。根據某種合理基礎來設定固定金額停止點那也是不錯的。可是，如果針對一口S＆P 500契約、玉米契約、單價$150或$10的股票設定$1,500的停止點那就有點瘋狂了。我們應根據每個市場的個別狀況，挑選合理的固定金額停止點。關於這部分，最好或許是觀察個別市場的價格波動程度；若是如此，那還不如乾脆採用價格波動為基礎的停止設定。

　　通道突破追蹤型停止設定也是很有用的。各位或許希望把最近X天的極端價位設定作為出場停止點。所以，對於多頭部位，出場停止點可以設定為最近20天的低價；空頭部位則設定為最近20天的高價。這種出場停止點，原則上會隨著行情朝有利發展而朝有利方向移動。

　　移動平均追蹤型停止設定是另一種常見的方法。當價格明確朝某方向發展時，長期（慢速）移動平均會落後價格，所以可以作為出場停止點。當然，這需要決定採用多少期間長度的移動平均。舉例來說，如果採用200天移動平均，那麼在1982年到2000年之間的長期多頭市場，多頭部位很少被引發停止點。

> 如果採用200天移動平均，那麼在1982年到2000年之間的長期多頭市場，多頭部位很少被引發停止點。

移動平均有各種不同計算方法，包括：簡單、指數、錯位、調整型與其他等等。這些移動平均都可以用來設定追蹤型停止點。交易者的工作，就是尋找最適合自己交易目標的運用工具。本書第9章曾經討論各種移動平均計算方法。

追蹤型停止點也可以根據整理排列或其他價格型態來設定。舉例來說，每當行情發展穿越某整理區間，該整理區間就可以被設定為新的停止點。這屬於自由心證的追蹤型停止設定，而且也會吐回部分的帳面獲利。雖說如此，但如果配合其他出場方法運用，也頗值得考慮。

獲利折返停止設定

這是假定交易者必須願意犧牲某特定百分率的帳面獲利，如此才能讓獲利有持續發展的機會。這種情況下，我們可以設定適當的百分率納入交易系統。可是，為了採用這種策略，我建議帳面獲利至少必須已經到達2R。

讓我們看看例子。假定我們在$52買進100股ABC，最初的1R風險為$6，起始停損設定在$46。一旦帳面獲利到達2R（$12），也就是股價到達$64，開始採用獲利折返停止設定。假定我們願意吐回30%的帳面獲利，也就是願意接受$3.60的折返損失。

當帳面獲利擴大為$13，30%的獲利折返將是$3.90。帳面獲利為$14，30%的獲利折返將是$4.20。如果採用固定百分率的話，那麼獲利折返損失金額將隨著帳面獲利增加而擴大，所以也可以考慮讓百分率隨著獲利增加而縮小。

舉例來說，當帳面獲利增加到3R時，折返百分率由30%縮小為25%，4R獲利則採用20%。交易者可以繼續依此類推，直到7R採

用5%的折返百分率為止，或者決定4R以上一律採用20%折返。總
之，這完全取決於系統設計的性質與目標。

百分率折返停止設定

　　價格百分率折返停止設定是另一種簡單辦法。舉例來說，最初
可能採用25%百分率折返設定停損，然後每當價格創新高，就由該
新高價位重新設定25%的停止點（對於多頭部位而言）。當然，這
種設定方式，只會讓停止點愈來愈高，絕對不會調降。

　　1999年，當史提夫·蘇哲羅（Steve Sjuggerud）擔任牛津俱樂
部（Oxford Club）的投資指導時，我應邀擔任他們的顧問。史提夫
看過本書第一版，並且在他擔任投資指導的期間內（1999年2月到
2000年5月），針對牛津俱樂部的所有建議，採用25%的停止設定。
這段期間的交易，期望報酬高達2.5R，我認為如此績效主要是因為
採用25%停止設定的緣故。

　　其他投資快訊曾經嘗試採用50%追蹤型停止設定，結果並不理
想，因為（1）吐回太多的帳面獲利，（2）股價允許下跌的程度太
大，以致於隨後很難扳平。不妨想想看，股價如果下跌49%，隨後
要出現將近100%的漲勢才能扳平。反之，股價如果下跌24%，大
約只要33%的漲勢就能扳平。我認為，25%的停止設定能夠有效取
代過去老套的買進-持有策略。本書第13章將顯示某些我知道之投
資快訊的R倍數分配，表13.5尤其值得參考。

避免吐回太多帳面獲利的出場設定

　　如果你負責操作別人的資金，那麼首先要避免淨值減少，其重
要性遠超過創造獲利。這種情況下，出場策略要避免吐回太多到手

的獲利。舉例來說，3月31日的時候，對帳單顯示的投資組合帳面獲利為15%，如果這些獲利得而復失，客戶會很不高興。客戶認為，這些帳面獲利都是他們的錢。因此，當帳面獲利到達某特定目標，出場策略就必須要能夠鎖定大部分的獲利。

前文曾經提到，不同出場方法有很多地方是相互重疊的。如果想要鎖定獲利，可以綜合採用百分率折返出場策略與獲利目標出場策略（詳見下文）。可是，還有其他出場辦法也不錯。

獲利目標出場策略

有些人採用的交易系統，通常會預測獲利目標（譬如：艾略特波浪）。如果採用這類系統，就可以考慮設定獲利了結的目標。

另外還有一種方法可以設定獲利了結目標。透過歷史測試資料，我們可以判斷交易系統的報酬-風險比率通常是多少。舉例來說，假定歷史測試資料顯示，獲利經常可以到達起始風險的4倍（4R）。若是如此，當交易獲利到達該水準時，就可以準備獲利了結，或調緊停止點。下文討論的每種方法，都適用於這方面。

獲利折返出場策略

前文曾經討論過這種辦法，當帳面獲利到達某重要目標之後，就調緊停止點，只允許吐回有限百分率的帳面獲利。舉例來說，一旦帳面獲利到達2R，為了讓獲利持續保持成長空間，雖然不立即出場，但頂多只允許吐回30%的帳面獲利。帳面獲利愈大，前述百分率可以設定得愈小，譬如：帳面獲利到達4R之後，獲利折返百分率可以設定為10%或5%。

舉例來說，假定我們在$400買進黃金，停損設定在$390。所

以，起始停損為10點，相當於每口契約$1,000。一旦價格上漲到$420，帳面獲利為20點（2R）。這個時候將引發獲利折返出場策略，部位只允許吐回20點獲利的30%，相當於6點。所以，價格如果跌到$414，部位就獲利了結。

　　假定黃金價格繼續上漲到$440，獲利變成4R或$4,000。對於帳面獲利4R，我們只允許吐回30%，相當於$1,200。可是，帳面獲利為4R時，如果我們只允許吐回10%，那麼停止點將設定在$436，只允許吐回$400的獲利。

　　請注意，我只是建議一種出場停止點的設定方法，但沒有建議採用特定的百分率（譬如：4R的10%）。對於各位使用的交易系統，最適當的百分率究竟是多少，這是每個人必須自行決定的。

嚴重的不利價格波動

　　藉由嚴重的不利價格波動出場，這是最佳設定之一。事實上，這也是一種很好的進場方法：價格波動突破系統。

　　關於這種方法，各位要留意平均真實區間。當市場出現不尋常的重大不利走勢（譬如說，每天平均價格波動的2倍），就結束部位出場。舉例來說，我們持有200股的IBM，當時價格為$145，平均每天價格波動為$1.50。我們決定，市場如果在單日內出現$3.0的跌勢，就結束部位。換言之，只要股價跌到$142，就出脫股票。2倍的平均價格波動，是相當嚴重的發展；萬一發生這種情況，我們不想繼續持有股票[2]。

　　顯而易見的，這不能是唯一的出場設定。舉例來說，如果我們繼續引用2倍價格波動的停止設定。所以，今天的價格為145，停止點設定在142。假定今天收盤價為144，則新的停止點設定在141。

然後，價格跌到143，新的停止點設定在140。依此類推，如果價格每天下跌，但都沒有引發停止點，豈非沒完沒了，直到價格跌到零。所以，部位還需要另外的出場設定，藉以保障交易資本。

拋物線停止設定

拋物線出場策略（parabolic exits）是由韋達提出的方法，相當有用。對於多頭部位來說，拋物線停止曲線最初起始於某先前的低點，然後透過某種加速因子向上做調整。因此，隨著趨勢發展，停止點會愈來愈接近價格。所以，這是鎖定帳面獲利的好辦法。不幸地，採用這種方法的話，最初停止點與價格之間的距離相當遠，往往不能有效保障資本。另外，到了末期階段，停止點可能太接近價格，雖然趨勢還繼續發展，但部位的停止點很容易被正常雜訊引發。

我們可以透過一些技巧，解決前一段談到的缺點。我們可以根據趨勢發展性質，調整拋物線的加速因子，使得停止點更快或更慢接近價格。如此一來，我們就可以根據交易系統與市況，調整拋物線停止設定。

最初階段，為了有效保障交易資本，我們可以另外設定停損。舉例來說，如果拋物線方法最初設定的停損是$3,000，我們可以另外設定$1,500的固定金額停損，直到拋物線停止點進入$1,500範圍之內，才改用拋物線停止設定。

另外，如果採用拋物線出場策略，交易系統就需要引用某種重新進場的方法。等到拋物線停止點加速到非常接近價格的階段，很可能在既有趨勢還繼續發展的情況下，停止點卻被雜訊引發。只要趨勢還繼續發展，我們當然不希望錯失剩餘的部分，所以需要想辦

法重新進場。由出場策略的觀點來看，拋物線方法並不特別能夠控
制風險，但可以有效保障已經到手的帳面獲利。

心理出場

　　心理出場策略是一種絕對值得考慮的方法。是否應該引用這種
出場策略，基本上是取決於交易者本身的心理狀況，跟市場行情發
展的關係不大。

　　某些情況下，我們交易失敗的可能性會顯著提高，這與行情發
展無關。這些期間包括生理或心理狀態發生問題的時候，譬如：離
婚、搬家、職務變動、妻子生產…等。這些期間內，市場交易發生
虧損的機會大增。因此，我建議各位運用心理出場策略，暫時不要
進行交易。另外，渡假或出差的期間，也應該引用心理出場策略，
因為這些時候不適合繼續留在市場內。

　　有些人或許會主張，一筆交易就可能決定整年的績效，所以絕
對不該錯失這類機會。我同意這種觀點，前提是你必須秉持著嚴格
紀律，透過機械方式進行交易。可是，多數人並不具備如此條件。
換言之，即使碰到大好機會，如果本身不具備適當條件，交易失敗
的可能性仍然很高。因此，各位務必要瞭解自己的狀況。當我們判
斷自己甚至不能有效掌握好的交易機會時，最好引用心理出場策略。

只設定起始停損與獲利目標

　　使得高R倍數交易的機率最大化，這可能是設計交易系統的主
要目標之一。舉例來說，各位可能想採用緊密的停損，並且把獲利
目標設定為20R。於是，你可能決定採用第10章談到的突破折返策

略來設定緊密的停損。假定你想買進100股單價$100的股票，每股停損設定為$1。對於強勁向上突破的股票來說，這是很緊密的停損。你可能連續被停損5次，每次損失$100，總共損失$500。如果有某支股票出現$20的走勢，這可以讓你獲利$2,000，扣減先前5筆虧損，淨利為$1,500。所以，6筆交易只成功1筆，但獲利高達$1,500（不考慮交易成本）[3]。

為了有效執行這類策略，你應該避免使用追蹤型停止策略，或者只能採用很寬鬆的停止設定。這些交易的出場點只有兩處：起始停損點與獲利目標。換言之，這些交易或是發生1R損失[4]，或是取得20R獲利。

單純性與多個出場點

交易系統設計應該採用單純的概念。我們之所以強調單純性，因為這代表相關系統是建構在「瞭解」的基礎上，而不是最佳化。單純的概念可以引用到許多不同市場與不同交易工具。

我們雖然強調單純，但交易系統仍然可以設定多個出場點。這是兩個不相互衝突的概念，單純性是交易系統之能夠有效的必要條件，多重出場點則是滿足交易目標的必要條件。出場點雖然有很多個，但每個出場點都可以源自簡單的概念。

讓我們看個例子。假定我們想使用順勢系統，而且希望留在市場久一點。我們不相信神奇的進場訊號，所以要留給部位較大的迴旋空間。另外，萬一出現重大不利走勢，系統必須保障資本，部位必須認賠。最後，由於起始停損相當寬鬆，我們將儘可能獲取較大的利潤，當獲利達到4R時，停止點將設定得更緊密一些。因此，我

們要根據這些信念，設計一套適用的交易系統。這個例子顯示一項重要觀念：交易系統設計上必須符合個人信念。這也是交易系統設計的秘訣之一。

首先，進場點的起始停損必須相當寬鬆，提供充分的迴旋空間，不至於造成訊號反覆而增添交易成本。我們決定採用前文提到的辦法：3倍的價格波動。這是最糟狀況的停損，但也是後續的追蹤型停止點，因為每天收盤價如果朝有利方向變動，我們將依此重新設定停止點。

其次，我們相信，如果市場出現強勁的反向走勢，就應該結束部位。所以，我們決定，只要任何一天的價格反向走勢超過每天價格波動的2倍（由前一天收盤價起算），就結束部位。這個停止點與前一段的停止點是並存的。

最後，獲利一旦到達4R，將採用緊密的停止點，避免吐回太多帳面獲利。所以，獲利到達4R之後，停止點將設定為平均真實區間的1.6倍（不是原來的3倍）；從此之後，這也是唯一的停止點。

請注意，這些停止設定都很單純，清楚反映我們所想要的目的。沒有經過歷史測試，所以沒有最佳化的問題。完全沒有涉及火箭科學，所以很簡單。總共有3種停止點，但任何時刻都只有一個停止點真正有效，也就是最接近當時市場價格者。

應該避免者

有一種避免發生虧損的出場設定，這種方法完全違背交易基本準則：迅速認賠，讓獲利持續發展。相反地，這種方法會造成大額損失與小額獲利。根據這種方法，最初持有大量部位，然後分批出

場。舉例來說，最初持有300股，在整個部位打平的時候，先賣掉100股。獲利$500的時候，再賣掉100股；持有最後100股，準備等待重大獲利。很多短線交易者經常採用這種策略。乍看之下，這種方法似乎頗有道理，因為可以「確保」獲利。可是，稍微仔細想想，將察覺這是一種很危險的作法。

這種方法違背交易基本準則。在獲利最少或虧損最大的時候，持有最大量的部位。就前述例子來說，發生虧損的時候，是持有全部300股。獲利最大的時候，則持有最少的股票。對於那些只想要交易成功的人，這或許是不錯的辦法，但這種方法不能創造最佳獲利，甚至不保證能夠獲利。

各位如果仍然不能察覺其中的問題，不妨用實際的數據試試看。假定我們只接受單一的認賠點，以及單一的獲利了結點。運用過去的交易資料做實驗。每當我要求客戶這麼做時，他們都訝異完整部位所能夠多賺的錢。

常見交易系統的出場設定

股票市場系統

威廉・歐尼爾的CANSLIM

這套系統的基本獲利準則為20％。由於停損設定為8％，這意味著獲利為2.5R。這個基本的獲利了結點，是交易者設定的目標。

對於這個基本獲利準則，歐尼爾另外還提出36個其他賣出法則。這些法則有些是基本法則的例外，有些則是提早賣出的法則。可是，其中也有8個繼續持有股票的法則。至於相關細節，我建議各位閱讀歐尼爾的著作，那是一本非常棒的書。此處的討論只是由本

章內容架構，談談各種系統的運作；換言之，我沒打算討論細節。

華倫·巴菲特的投資方法

　　大體上，華倫·巴菲特基於幾個理由不會賣出股票。第一，賣出股票會涉及資本利得稅。所以，如果我們認為自己所投資的企業提供很好的報酬，為何要賣出呢？否則只會讓政府的稅捐機關獲利。

　　第二，對於一家基本面健全、能夠提供優異投資報酬的企業，為什麼要賣出呢？

　　第三，賣出股票必須支付交易成本。所以，如果行情波動只是徒然造成情緒起伏而已，實在沒有必要因為短期行情波動而賣出優異的投資。

　　關於巴菲特不賣股票的說法，我認為，神話的成分大於事實。這種神話之所以產生，一方面可能是因為巴菲特從來沒就其投資策略有過任何著述，另一方面是因為多數人都強調進場，因此只由進場的角度琢磨巴菲特的方法。

　　對於所持有的股票，如果基本面狀況顯著惡化，相信巴菲特沒有理由不考慮賣出。讓我們看個例子。1998年初，巴菲特表示他擁有全球白銀供給的20%左右。白銀不發放股利；持有如此大量的白銀，還會涉及可觀的儲存與保管成本。對於這項投資，巴菲特如果沒有構思出場策略，將是一項重大的投資瑕疵[5]。反之，如果他對於這項投資預先安排了出場計畫，那麼他所持有的股票也應該如此。有關巴菲特投資哲學與方法的書籍，都是由別人寫的，這些人的著述當然會反映作者本身的偏見，特別強調進場與架構方面的策略，忽略了他的出場策略。

期貨市場系統

考夫曼調整型方法

考夫曼特別強調，千萬不要認為他的基本順勢交易系統屬於完整的系統。他只是提出一種簡單的方法，沒有深入討論進場或出場的細節。

本書第9章談到的調整型移動平均，只是基本的進場技巧。當移動平均變動程度超過濾網設定的某門檻水準，就進場建立部位。

考夫曼認為，當市場效率到達某預定水準，部位就應該獲利了結。舉例來說，他表示市場不可能繼續維持偏高的效率比率，所以效率比率通常會很快由高水準下滑。因此，考夫曼運用兩種出場訊號：（1）調整型移動平均朝不利方向變動，（2）效率指數觸及偏高水準，譬如：0.8。

我認為，調整型出場策略的潛力，應該超過其他出場方法。我的某些客戶，他們採用的出場策略會隨著行情演變而調整；趨勢明確時，出場點設定得相當寬鬆。反之，只要行情開始轉向，這些出場點就能讓他們很快結束部位。這些設計非常具有創意，也很單純。當市場恢復趨勢，基本的順勢系統又能立即重新進場。關於系統設計，我強烈建議各位多花點時間在這個領域。

葛拉契爾的基本分析交易方法

按照本書第9章的講解，我們知道葛拉契爾系統的進場安排為：（1）基本面架構到位，（2）價格創10天期新高或新低。原則上，這是一種反轉系統——部位由多翻空或由空翻多，交易者永遠留在市場內。可是，葛拉契爾並不將其視為反轉系統。

記住，葛拉契爾只建立順著基本經濟面方向的部位。因此，除

非基本面狀況急遽變動，否則當價格創10天期新低時，他只會結束多頭部位（而不是反轉為空頭部位）；同理，當價格創10期新高，只會結束空頭部位（而不是反轉為多頭部位）。這種出場方法很簡單，雖然不會讓交易者陷入大麻煩，但我還是建議採用更細膩的出場策略。

肯恩・羅伯特的1-2-3方法

我認為，肯恩・羅伯特採用的獲利了結方法相當主觀：追蹤型停止點設定在最近整理區。按照羅伯特的方法，假定順利建立部位，羅伯特建議把追蹤型停止點設定在最近的整理區外緣。

這是相當傳統的順勢交易方法，其績效在1970年代非常傑出。問題是：這種出場方法往往會吐掉太多帳面獲利。這種出場方法目前仍然有效，甚至優於本章討論的其他許多出場設定。我尤其建議採用多重出場點的策略。

摘要結論

人們之所以不喜歡研究出場策略，因為出場設定不能讓他們覺得擁有市場控制力量。可是，出場策略還是控制著某些東西。出場策略控制著部位盈虧，控制著盈虧大小。由於出場設定非常重要，絕對值得交易者花費更多的工夫做研究。

我們概略探討四種不同類別的出場設定：減少起始風險的出場設定，最大化獲利的出場設定，盡可能減少帳面獲利得而復失的出場設定，心理出場設定。每種類別內的各種出場策略都有很多重疊之處。

　　讀者應該謹慎思考採用多重的單純出場點。單純的出場設定比較容易概念化，不必要採用過度最佳化。我之所以建議採用多重出場設定，因為這最容易滿足各種交易系統的目標。

　　我們已經講解如何建構期望報酬高的交易系統，這種系統本身的績效表現應該很不錯。稍後，第13章將討論機會因子與期望報酬之間的互動。

附註

1. 請參考Jack D. Schwager,《Market Wizards: Interviews with top Traders》（HarperCollins: New York, 2006）。
2. 這只是虛構的案例，這個數據未必適合用於IBM。各位應該根據自己的準則做測試。
3. 這又再度說明佣金折扣的重要性。
4. 行情如果發生劇烈走勢（偶爾會發生），損失可能超過1R。
5. 巴菲特是在歷史低價附近（每英兩$4左右）買進，而且多數都出租給客戶，所以能夠賺取收益。就目前的環境來看，我相信巴菲特的理財能力將來會更為凸顯。

第 IV 篇
彙 整

本篇主旨是要協助讀者把前文討論的內容彙整起來。各位將學習如何評估自己設計的系統。各位將學習頂尖交易者如何思考各種市況。更重要者，各位將學習如何根據自己的目標設定部位大小。各位也將學習一些其他的知識，使得各位能夠建構完整的交易系統，提升交易績效。

第12章是綜合整理的討論。我們將介紹7位交易者，每位對於市場都抱著不同的觀點。讀者將觀察他們如何分析5個真實市況，並進行6個星期的交易。對於每種市況，讀者可以自行判斷哪位交易者貼近自己，然後看看交易結果。

第13章探討機會與成本因素，這也是其他交易書籍很少涉獵的主題。只要交易機會夠多的話，我們就沒有必要追求完美的表現。可是，隨著進出頻繁程度增加，成本將變成一項重要考量。第13章也會討論帳戶淨值下降的潛在衝擊。最後，我們將觀察過去兩年來投資快訊涉及的一些期望報酬與機會因子。

第14章討論部位大小設定的策略，也是本書最重要部份之一。部位大小設定，實際上是運用於相關交易系統的另一套系統。這是顯示「多少」的部分。擁有一套期望報酬很高的交易系統之後，接下來需要運用部位大小設定來達成交易目標。

如果你真的期待擁有一套「聖盃」系統（完美系統），就需要徹底瞭解部位大小設定策略的內涵。這也是由不錯系統提升為頂尖系統的關鍵所在。這是很少人願意深入思考的重要領域。第14章內容希望引導讀者朝正確的方向發展。

歷史文獻非常缺乏部位大小設定方面的資料。市面上有關交易系統設計的書籍，很多甚至沒有談論這方面內容；第14章將告訴各位其中緣故。各位也會看到一些從來沒有被引用到股票市場的部位規模設定方法；所以，這部分知識將讓各位擁有某種程度的優勢。

最後，第15章是我針對本書內容所做的總結。另外也藉此機會補充一些我們稍早沒有充分討論的重要概念。

CHAPTER 12

機會充裕

你不能交易市場；相反地，你只能針對自己對於市場的信念進行交易。可是，如果瞭解低風險觀點、期望報酬與部位大小設定等基本概念，就可以把這部分工作做好。

—— 沙普（Van Tharp）

本章準備分析5位不同的人，他們對於交易／投資的信念都各自不同。我們要觀察他們對於一些常見市況的處理方法。這5個人都是很成功的投資人／交易者，始終很穩定地在市場上賺錢。這5個人有一些共通之處，他們都具備10種有助於成功的素質（詳見下文）。

可是，他們分別屬於不同的類型，代表本書第5章敘述之不同概念。接下來，我們準備觀察這5個人如何處理各種不同的市況。首先，我們要瞭解下列觀念：

- 不同類型的人，可以採用不同的方法處理相同的市況，而且都獲得成功。
- 他們都分別根據自己的信念，判斷交易點子是否具備低風險潛能。

·他們對於市場的信念與處理方法雖然不相同，但每個人都能獲取長期的成功。

這5個人具備下列10種共通特質：

1. 他們都至少具備一種經過徹底研究、測試的交易系統，系統的期望報酬為正值。

2. 他們使用的交易系統都符合自己的個性與目標。他們都清楚認知，他們之所以能夠賺錢，是因為運用符合自己使用的交易系統。

3. 他們都徹底瞭解自己的交易概念，清楚知道自己的概念可以產生低風險交易點子。

4. 進場建立部位當時，他們都知道該筆交易在什麼情況下算是失敗；換言之，他們知道，什麼時候應該為了保障交易資本而認賠。這也就是說，他們知道所建立之每個部位的1R風險。

5. 對於所進行的每筆交易，他們都要評估報酬-風險比率。對於機械傾向較強的人，報酬-風險評估程序屬於交易系統的一部份。對於自由心證傾向較強的人，他們進場之前，會實際計算報酬-風險比率。

6. 他們都擁有運作計畫，用以指導交易-投資行為。

7. 他們都知道，為了達成交易目標，部位大小設定屬於關鍵因素。由於本書最後才會討論部位規模設定的議題，所以本章不準備涉及這部分問題。可是，為了單純起見，此處假定他們建立的每個部位，所願意承擔的最大風險，都是帳戶淨值

的1%。所以，1R損失代表帳戶淨值損失1%，3R獲利代表帳戶淨值成長3%[1]。同理，如果每筆交易願意承擔的最大風險為帳戶淨值的2%，則1R損失代表帳戶淨值損失2%，3R獲利代表帳戶淨值獲利6%。

8. 他們都瞭解，交易績效完全取決於個人心理狀態，所以他們花很多時間在這方面。

9. 他們都瞭解交易結果全由自己負責。換言之，他們都有明確的目標；每當踏上岔路，他們會設法做修正重新回到正途。

10. 他們都瞭解所謂的錯誤，就是沒有遵循交易系統與運作計畫的指示；他們也不斷由錯誤中學習。有些交易者旁邊都有教練，可以隨時叮嚀或提供建議，讓他們可以更接近目標。

　　這5個人處理市場的方法各自不同，但每個人都賺取6位數的收入。為什麼？因為他們每個人都具備優異的投資／交易條件，我建議讀者也要讓自己具備前述10項條件。關於這10個條件與投資／交易之間的關連，我相信各位現在都已經很清楚，如果還有含糊之處，請重新閱讀前文的相關章節。

　　除了這5位好手之外，本章還會談到另外兩個人：X女士與Y君，他們兩人未必具備前述10種性質。X女士是個生意人，她依照某投資快訊的建議操作，因為交易很有紀律，而且也瞭解一些交易者應該具備的條件，所以還算成功，雖然績效不能與頂尖好手相提並論。Y君是一位隨性的交易者，沒採用明確的系統，只憑著直覺與喜好進行交易。他自認為是交易者，但多數時候都賠錢，因為完全欠缺前述10項條件。讀者稍後或許可以看出來，他們2位與先前5位好手之間的差別。

這7個人如何從事交易？

這7個人分別為A女士、B君、C君、E女士、F君，以及X女士與Y君。A女士與B君都採用機械性交易方法，前者為長期交易者，後者則屬於短期交易者。他們兩人花了很多工夫研究、設計機械性系統，相當清楚這方面的運作。C君、E女士與F君屬於自由心證交易者，建立每個部位之前，都會深入做研究。當然，這些交易者都是虛構的人物，但他們代表我認識之某些交易者的綜合體。至於X女士與Y君，他們也屬於自由心證交易者，他們仰賴「期待」的成分多過「直覺」。

A女士：長期順勢交易者

A女士屬於本書第5章描述的長期順勢操作者。她買進那些價格趨勢看起來向上發展的，放空那些價格趨勢看起來向下發展者。我們可以把價格走勢圖擺在稍遠的距離外，觀察價格發展的大致趨勢；A女士就是根據如此觀察的趨勢建立部位。非常單純。當價格不存在明確趨勢的時候——根據其衡量方法判斷——她就結束部位。進場方法採用通道突破，起始停損設定在下列兩者的較近者：最近20天低價外側，週線價格波動的3倍。一旦價格朝有利方向移動之後，按照相同方法設定追蹤型停止點。所以，部位出場方法是起始停損或追蹤型停止點。

A女士希望儘可能持有長期部位，最好能夠達到數年之久。可是，她有時候也會在幾天之內結束部位。這通常是因為起始停損遭到引發。A女士採用的交易系統屬於機械性質，完全透過電腦操控。

每天晚上，電腦會根據最新的資料做運算，然後發出新的交易

指令，或更改停止設定。這套系統的交易績效很不錯。A女士是工程師出身，具備電腦與程式設計方面的專業知識。她經常做測試，偏好採用自動化系統。

B君：短線波段交易者

　　B君是短線波段交易者。他使用幾套不錯的系統，其中之一是帶狀交易系統。這套系統會提供帶狀區間，當價格穿越帶狀上限而反轉重新跌破帶狀上限時，建立空頭部位。當價格觸及帶狀區間下限，則結束部位，但某些情況下，部位也會提早獲利了結，把起始停損移到損益兩平位置。這套系統也建立多頭部位：當價格跌破帶狀下限而反轉重新穿越帶狀下限時，則買進。當價格觸及帶狀區間上限，則結束部位，但某些情況下，部位也會提早獲利了結，這套系統平均每天進行3筆交易，每個部位平均持有4天。系統基本上屬於機械性，但B君有時候也會根據直覺調整帶狀寬度。每天晚上，B君會透過電腦更新資料，提供新的交易指令，調整停止點。

　　B君也有一套短期順勢系統，在帶狀系統不適用的時候取而代之。換言之，使用帶狀系統的過程中，如果價格突破帶狀，而且突破幅度高達2.5個標準差，B君就認定帶狀系統不適用，改用短期順勢系統，順著價格趨勢方向建立部位。這個時候，他會計算每個部位的潛在報酬-風險關係，獲利潛能至少必須有3R，否則不建立部位。這套系統平均每個星期交易2次，每個部位平均持有3～4星期。

　　B君原本是外科醫生。執業過程中，他發現（1）由別人管理投資事務，通常都賠錢；（2）自己很喜歡從事金融交易；（3）自己有能力設計很好的交易系統。另外，他對於政府、健保管理機構、保險公司對於其醫療業務的干涉，已經覺得煩不勝煩。於是，他最

終決定不繼續開業，做些自己真正覺得有趣的事情。

C君：價值型交易者

　　C君是純粹的自由心證交易者。我們也可以稱他為「心智情節交易者」。關於市場宏觀狀況的決定因素，C君很有自己的看法。關於這類的看法，他知道如果請教10個人的話，每個人的看法可能都不同，甚至彼此衝突。雖說如此，C君仍然追蹤市場各種部門表現的相對強度，比較每個星期的績效與變動。他希望在表現最強的部門建立部位，但他希望能夠及早進場。另外，他也希望在所持部位表現由盛開始轉衰時，就結束部位。

　　C君也可以被看成是「基本分析者」與「價值交易者」。他偏愛買進內含價值高而大家棄之如敝屣的東西。換言之，他喜歡那些下檔空間不大而上檔獲利潛能幾近無限的投資對象。譬如說，當白銀價格跌到每英兩$4出頭，華倫‧巴菲特持有12,900萬英兩。在歷史低價附近建立這類的部位，下檔空間能有多大呢？另外，巴菲特也知道自己持有的資產是大家需要的。C君也是透過這種方式進行交易，雖然其規模不能與巴菲特相提並論，至少目前還不行。

　　總之，C君投資的對象，是價值相當可觀，但風險不大的東西。另外，他還希望（1）當時的價格非常低而幾乎不存在下檔風險，（2）價格已經有上漲的徵兆。他希望用幾分錢買進價值幾塊錢的東西，因為他相信價格會回到正常水準，甚至期待需求會突然轉強而讓他大撈一筆。這就是C君偏愛的低風險投資。

　　C君擁有華頓商學院的商學碩士學位。他研究過許多著名的價值投資人，譬如：班傑明‧葛拉罕，也相信這種投資哲學。最初，他相當沈迷於學術界的投資模型，相信市場效率理論、現代投資組

合理論，以及資本資產訂價模型。可是，隨著市場經驗的累積，他愈來愈覺得學術理論似乎不切實際。舉例來說，他很快就接受了華倫・巴菲特的論點：分散投資是無知者的工具，除非你不知道應該投資什麼，否則就不需分散投資。另外，C君認為應該分析每筆交易的報酬-風險關係，他相當熟悉本書談論的R倍數、期望報酬、部位大小設定…等概念。目前，C君管理自己的資金，非常認真研究市場行情，不過他也獲得辛苦工作的代價。

E女士：宇宙存在秩序

　　E女士對於神秘理論很有興趣。她研究「三角洲理論」（Delta Phenomenon），清楚這套方法計算的行情轉折點。她瞭解甘氏理論與艾略特波浪理論，並且花很多時間研究各種市場的走勢演變。她也熟悉費波納奇數據的各種折返比率[2]。所以，當她做了預測，通常都有很明確的目標價位。另外，她也很擅長季節性分析，知道如何根據規律性的季節型態來判斷行情。E女士並沒有特別強調哪種工具，而是分別根據多種工具進行分析，一旦發現很多工具的結論呈現高度吻合，她才會進場建立部位。所以，E女士並不常進行交易；可是，一旦進場，成功的機率就很高。

　　最初，E女士對於自己的交易非常講究完美。如果無法拿捏明確的轉折點，她就不進場。所以，她經常錯失大好機會。有時候，她會提早一天進場。如果預期的行情轉折到時候沒有發生，她就出場，結果往往在隔天看著自己預期的行情發動了。現在，E女士閱讀本書之後，採納其中某些觀點，問題也迎刃而解。首先，當她做某項預測時，並不立即進場，而會等待某種確認訊號。由於她所做的預測相當明確，所以起始停損設定得很緊。她在掌握實際想

要的走勢之前，往往會先被停損幾次。可是，這類的損失大多是1R，而獲利通常高達10R或以上。因此，E女士交易的成功率雖然只有38%（由於假突破的緣故），仍然有不錯的績效。

F君：價差交易-套利者

F君是個人交易者，但也是某交易所的會員，所以他有資格提出買-賣報價的造市服務。另外，他也可以接觸到很多研究資料，可以在各市場進行很有趣的交易。有些時候，他會進行低風險的選擇權價差交易。另一些時候，則運用市場的漏洞進行交易。對於後者，只要市場漏洞沒有被封堵，就能夠繼續賺取幾乎沒有風險的利潤。因此，F君經常建立龐大的部位，賺了不少錢。有時候，每個部位只賺1R或2R，但如果找到漏洞，就可以大幹一場。可是，對於這些沒有風險的機會，他會密切觀察漏洞是否被封堵，要預先想好退場方法。

打從小時候開始，F君就很喜歡觀察市場的交易情況，決定長大要從事專業交易工作。因此，高中畢業之後，他到芝加哥某商品交易所擔任跑單員，然後晉升為辦事員，最後成為場內交易員。如此經過5年，他發現自己是少數能夠從事這方面工作長達5年的人，多數人因為缺乏風險控管觀念，最終不堪虧損而離開。現在，F君雖然不再從事場內交易，但仍然具備場內交易員特有的靈敏判斷力與相關技巧。他目前經營一家小型交易公司，旗下大約有10多個交易者。F君擁有公司35%的股權，其餘股權則屬於某些相信F君交易能力的其他投資人。

接下來準備介紹的這兩位──X女士與Y先生──算不上是模範交易者。X女士通常根據別人的建議進行交易，Y先生則屬於衝

動型交易者。Ｘ女士雖然賺錢，但績效不能與前述5位好手相提並
論。至於Ｙ先生，則是典型的輸家。

Ｘ女士：根據投資快訊建議進行交易的生意人

　　Ｘ女士是某大型企業的高級主管。她每年賺取6位數的高薪，
但不願意把錢交給別人管理。過去，她曾經委託專業人士管理資
金，但對於相關績效非常不滿意。另外，專業經理人通常強調相對
表現（換言之，目標是超越S＆P 500）而不是絕對績效，她不能接
受這點。專業資金管理的收費很高，而且要求她長期投資，讓資金
有成長的機會。她過去確實曾經這麼做，不過卻發現資金不但沒有
成長，反而持續萎縮。

　　可是由於工作忙碌，Ｘ女士沒有時間自己做市場研究，所以她
訂閱了5份績效紀錄優異的投資快訊[3]，其中3份強調價值投資，另2
份強調重大獲利機會。這些刊物都瞭解停損的重要性，甚至有2份
刊物還會提供部位大小的建議，這屬於非常罕見的特例。所有這些
投資快訊都會定期公布每個月的績效紀錄，這是Ｘ女士堅持的。績
效紀錄會顯示：相關建議、建議當時的價位、目前價格，以及盈虧
結果。這些績效雖然沒有表示為R倍數，但她知道如何自行處理[4]。

　　Ｘ女士雖然接受投資快訊的建議，但她瞭解所挑選的每個交易
機會，都必須符合自己的個性。所以，對於這些可能對象，她會觀
察相關的價格走勢圖，因為她絕對不買進那些處於跌勢的東西。另
外，Ｘ女士也很重視每筆交易秉持的根據與理由，因為她必須知道
為什麼[5]。Ｘ女士堅持每筆交易都必須設定出場點，做為操作不順
利的認賠位置。最後，Ｘ女士非常清楚部位大小設定的重要性，
任何單筆交易承擔的風險都不得超過帳戶淨值的1%[6]。

Y先生：衝動型交易者

　　Y先生屬於衝動型的交易者，他自認為非常瞭解市場，但實際上只具備了一些禁不起考驗的信念。舉例來說，他認為成功的真正關鍵，在於挑選正確的股票。根據他的看法，頂尖投資人不就是很會挑選股票而已嗎？他相信，挑選股票有祕訣，但他不認為那些掌握這項祕訣的人會隨便透露給其他人（包括他在內）。

　　他也相信，股票投資涉及濃厚的運氣。所以，當他賠錢的時候，原因只有兩個：別人提供的建議不好，或自己的運氣不佳。另外，Y先生覺得在市場上進行交易，能夠產生無比的快感。他發現，看著價格在一天之內出現5%的走勢，實在很刺激，即便賠錢也很爽。

5種關鍵市況下，如何進行交易？

　　本書新版增添這章內容，理由之一是希望讀者瞭解不同的交易系統，如何提供低風險交易概念，以及獨特的R倍數分配。因此，我根據2006年2月17日的市場收盤狀況，挑選幾個「有意思的」研究對象。前述時間點或特定市況並不重要。事實上，我可以隨便挑選任何時間點或市況，因為此處的目的，是說明前述幾位交易者如何針對這些市況做因應。

　　除了顯示這些交易者對於市況所做的處理之外，我們還會觀察6個星期之後的演變（2006年3月31日）[7]。對於長期投資人來說，6個星期的時間或許不足以評估相關結果，但至少可以彰顯一些共通關鍵：（1）如何產生低風險的構想或點子？（2）交易如何決定1R？（3）交易者有何期望？

市況1：Google（報價代碼GOOG）

　　美國股票市場最夯的熱門股市哪一支？2005年是Google。可是，1990年代的高科技榮景，最熱門者不是網路類股嗎？現在，6年之後，最熱門的股票還是網路類股。我們知道，兩個多頭行情的熱門類股通常不會相同，但目前的情況卻是如此。

　　圖12.1是Google從掛牌以來的週線圖，上升趨勢非常明顯，股價幾乎到達$500。可是，在短短一、兩個月之內，股價暴跌。現在，我們這7位交易者如何處理此案例？

　　觀察這7位交易者的處理方式之前，各位不妨先想想：你會如何處理？2006年2月17日，Google收盤價$368.75，就在5個星期之前的2006年1月11日，股價創歷史新高$475.11。目前的情況是

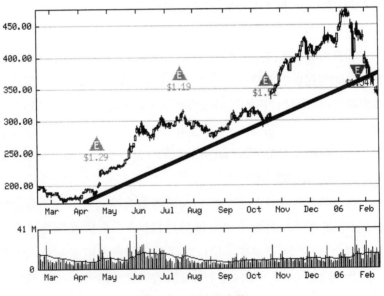

圖 12.1 Google走勢

大好的買進機會？或是即將崩盤？或者會做整理？各位也許已經
知道後續的走勢，但不妨假裝不知道，因為「後見之明」通常是沒
有用的。所以，各位準備如何因應？

關於這支股票，你是否想要進場建立部位？

如果要建立部位，究竟是多頭部位（預期價格上升）或空頭部
位（預期價格下跌）？

如何設定停損？

1R是多少？

未來6個星期，你預期獲利將如何（表示為R的倍數）？

潛在的獲利-風險比率是多少？

關於行情漲跌的判斷，假定機會各半。這種情況下，進場建立
部位是否合理？

你準備承擔多少風險？帳戶淨值的0.5％？1％？2％？或更多？

繼續閱讀之前，請你把相關的處理方式寫下來。現在，讓我們
看看這7位投資人如何處理。

A女士：長期順勢交易者

A女士已經持有這支股票的時間已經超過一年，也是表現最優
異的股票之一。目前，獲利為$153，相當於8.4R。追蹤型停止點設
定為週線價格波動的3倍，由歷史高價起算，停止價位為$329.31，
還沒有被引發。關於這支股票，A女士確實有點緊張，但決定繼續
尊重停止點。她的起始停損比較緊，大約是18點；所以，如果停止
點被引發，獲利將是$112，相當於6R。

B君：短線波段交易者

對於B君來講，他是在稍微不尋常的情況下做多這支股票。他針對Google建立帶狀架構，但察覺這個部位的獲利潛能似乎高於正常情況。上個星期一，《拜倫週刊》發表一篇不利於Google的評論，預測股價將下跌50％。週一開盤時，價格跳空下跌，然後開始盤整。B先生認為，Google股價正式下跌之前，應該會回來填補跳空缺口。請參考圖12.2。

B君建構一個涵蓋當時整理走勢的帶狀區間。2月15日，當價格觸及帶狀下限而回升，B君進場建立多頭部位，價格為$340.80，採用相當緊密的停損$338.80。這個部位設定的最低目標價位是帶狀上限$351，獲利大約是5R。一旦到達目標價位，他會先了結一半部位，剩餘部位的停損點設定在損益兩平位置。

圖 12.2 B君的帶狀架構

根據估計，$357附近有顯著壓力，所以他決定在此另外了結剩餘半數部位的半數，並且把停止點調整到帶狀上限。這個時候，已經有半數部位在5R獲利了結，四分之一部位在8R獲利了結。最後四分之一部位的獲利目標在$362，相當於10R的利潤。起始風險是帳戶淨值的0.5％。所以，部位的下檔風險1R是淨值的0.5％[8]。如果一切順利的話，大約1個星期左右，整體部位就可以取得7.5R的獲利。

2月16日，B君的獲利目標完全達成，Google股價上漲到$367。圖12.3顯示B君部位的獲利了結狀況。

請參考圖12.3的點1，當時是2月16日的中午時分，Google股價穿越帶狀上限，B君在$352.10了結半數部位，把停損點往上調整到損益兩平位置。股價繼續快速攀升，直接穿越B君估計的重大壓力

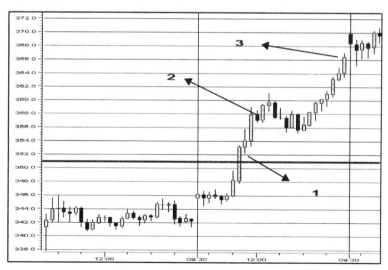

圖 12.3 B 君部位獲利了結狀況

區。隨後,當股價顯著回檔時,他在$357.20結束半數的剩餘部位
(請參考圖12.3的點2)。對於最後的四分之一部位,停止點往上調
整到$346支撐的稍下方$344.60。情況發展相當順利,因為Google
股價繼續挺進。因此,臨收盤前,剩下的最後部位也在$366.42獲
利了結,請參考圖12.3的點3。整體獲利結果如下:半數部位為
5.1R,四分之一部位為7.15R,四分之一部位為12.2R。整個部位的
平均獲利為7.4R。

C君:價值交易者

　　C君通常雖然不放空股票,但實在沒辦法放過這支最標準的放
空對象。股價本益比高達100倍,股價對每股銷貨的比率高達20
倍,他告訴自己:「太荒唐了,簡直是1999年的重演,甚至同樣是
網路股票。這些人永遠學不乖。」

　　C君決定,只要股價漲到$500或明顯向下突破,他就進場建立
空頭部位。結果,股價從來沒有到$500,C君在圖12.4顯示的向下
突破過程進場放空,價位為$435,部位規模相當大,約為帳戶淨值
的3%。他決定,只要價格創新高,部位就認賠,所以停損設定在
$477。可是,只要價格穿越$500,他就尋找另外機會放空。

　　關於這個部位的獲利目標,C君並沒有設定明確的水準,但只
要股價跌破$300,或許會了結半數部位。根據他的想法,只要大盤
出現主要跌勢,類似如Google這類價格明顯高估的股票,本益比很
可能跌到20倍或更低。C君認為,Google股價如果跌到20倍本益比
(大約$100),大概就算合理了。

　　2月17日,Google收盤價為$368.75,每股獲利$66.25,相較於
起始風險$42,帳面獲利為1.6R。

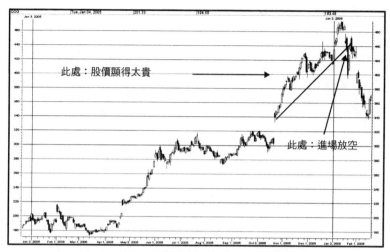

此處：股價顯得太貴

此處：進場放空

圖12.4 Google顯著向下突破：C君進場放空

　　請注意，這三位交易者／投資人分別根據不同的概念而建立Google部位。A女士持有多頭部位，帳面獲利大約8.4R。C君放空Google，帳面獲利大約1.6R。B君已經獲利了結，短短幾天取得大約7.4R的獲利，相當於整體帳戶淨值的3.7%。

E女士：宇宙存在秩序

　　E女士的處理方法完全不同。運用一些神奇的數據，她預測Google在2月16日會發生大變盤，但不確定是向上或向下發展。圖12.5顯示2月16日發生的突破。

　　E女士根據2月13日開盤與2月15日收盤價之間的橫向整理，繪製一個帶狀通道。價格可能向上或向下突破這個通道。直覺告訴她，行情應該向下突破，不過還是決定讓市場幫她做決定。

　　2月15日的收盤價為342.38，大概位在通道的中央。通道上限

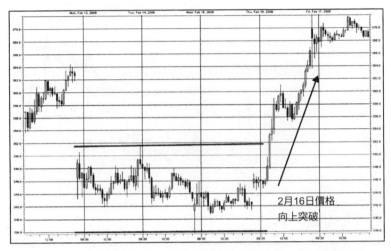

圖 12.5　E 女士相信2月16日會出現重大價格突破（向上或向下）

為$352，下限為$338。如果價格向上突破$352，E女士將建立多頭部位；反之，如果價格跌破$338，則建立空頭部位。2月16日，價格顯然向上突破，所以E女士在$352出頭位置建立多頭部位，停損設定在下檔支撐外緣$339。

　　關於部位的上檔目標價位，則根據費波納奇比率設定，請參考圖12.6。

　　根據估計，上檔第一個目標是$391，第二個目標是$407，最後目標是$424，更上方的壓力重重。E女士決定在此三個目標價位分批獲利了結。2月17日，價格上漲到$370，部位停止點向上調整到$367.45，鎖定15點（相當於1.2R）的獲利。第一道獲利目標$391大約可以提供2R利潤。

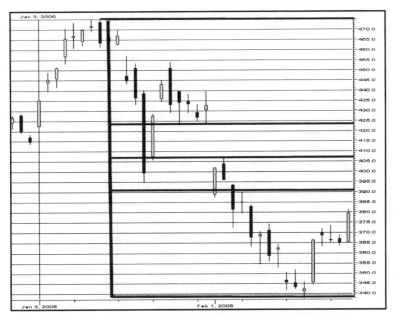

圖 12.6 E女士運用費波納奇比率設定上檔目標

F君：價差-套利交易者

　　當Google呈現圖12.2與圖12.5的帶狀盤整，F君也相信價格會回頭填補星期一的跳空缺口。於是，他買進履約價格340的買權，權利金$18.70。這個選擇權讓他有權利在3月中旬之前，按照履約價格$340買進Google股票。關於這個選擇權部位，F君準備接受$4的風險，所以起始停損設定在$14.70。等到Google收在$348的時候，他銷售履約價格$350的Google 3月份買權，權利金收入為$19.30（這個選擇權的持有人，有權利在選擇權3月中旬到期之前，按照每股$350價格向F君購買Google股票）。現在，他已經賺取了權利金差價$0.60，而且選擇權到期時，如果Google股價等於或高於$350，還

可以賺取履約價格的每股差價$10。所以,他已經保證獲利 0.15R,
另有最大獲利潛能 2.5R。舉例來說,選擇權到期時,如果Google
收盤價為$350或更高,F君可以按照$340價格買進Google,然後
把這些股票交割給先前的買權購買者,並收取履約價格$350,如
此可以賺取$10的差價。萬一選擇權到期時,Google股價介於$340
與$350之間(譬如說,$344),則F君銷售的選擇權沒有價值,但所
持有的選擇權仍有價值($4)。最後,當選擇權到期時,如果
Google價格低於$340,則他所持有與銷售的選擇權都沒有價值,部
位獲利只限於先前的權利金差價$ 0.60。

X女士:根據投資快訊建議操作者

　　關於Google當時的狀況,X女士覺得困擾,她雖然未持有該股
票,但所訂閱的兩份投資快訊,對於當時的股價走勢有著截然不同
的看法。其中一份認為,Google是典型的價值高估股票,價格將會
繼續下跌,建議放空股票。另一份報告則認為,Google是長期投資
對象,星期一出現的價格暴跌,代表買進時機。她應該怎麼辦?

　　對於那些沒有自己的系統而訂閱多種投資快訊的人,這是相當
典型的情況。可是,X女士決定自己做決定。她看著圖12.1的走勢
圖,決定不該買進一支價格已經由高點暴跌100多點的股票,但也
不想放空某投資快訊建議買進的股票。所以,X女士決定不採取任
何行動。

Y君:大幹一場先生

　　Y君對於即將到期的Google選擇權很感興趣。根據《拜倫週刊》
的預測,Google股價可能腰斬。2月16日,Google似乎呈現緩步下

跌的走勢，Y君發現履約價格360的2月份到期賣權幾乎沒有時間價值。3月份賣權的時間價值很高，但2月份賣權還剩下兩天到期，所以幾乎完全沒有時間價值[9]。按照走勢圖判斷，Y君認為Google股價在未來兩天內，大有可能下跌20～30點。所以，如果現在買進3單位這種賣權，應該可以讓$4,000投資賺進$9,000。他心中想著，自己真是天才。所以，2月16日，他買進3單位履約價格360的2月份賣權，權利金為$15.20，總計投資$4,569。

2月16日，Y君大概損失$600，但他安慰自己：「我還有一天的時間。」隔天，Y君一直等到早上10:30才查閱價格。Google股價已經上漲到$356，他的選擇權大約只剩下$4價值。他敲自己的腦袋，懊悔自己沒有早點看盤，如果根據開盤價結束部位，大概只會發生$5損失。可是，現在已經太遲了，心想：「既然已經發生嚴重損失，那就乾脆賭大一點，看看股價會不會大回檔。」臨收盤前，Y君總算勉強出脫選擇權，價格是30美分左右。如果把佣金考慮在內，這筆交易的總損失大約$4,500，相當於整個帳戶淨值的11%。

所以，看起來一點也不像「天才」，反而比較像「白癡」。請注意，Y君沒有遵守本章談到的幾個重要原則。

第一，他沒有安排最糟狀況的認賠計畫。這意味著他的最糟損失也就是全部損失（每單位選擇權$1520）。他的實際損失是$1,490，相當於 0.98R。

第二，他沒有考慮報酬-風險比率，只想著賺取$9,000。可是，由於部位最大損失是完全損失，大約$4,500，所以獲利潛能只有2R。假定一筆交易成功的機率為50%，那麼2R的獲利潛能實在太小了。獲利潛能至少必須有3R或更高。

第三， 單筆交易承擔的風險，是帳戶淨值的11%，而不是比較

合理的1％。沒錯，他可能在兩天之內創造20％的獲利，但因為沒有遵循應有的準則，結果發生11％的虧損。

現在，讓我們看看這7位交易者在2月17日的情況，參考表12.1。

表 12.1　市況 1：7位交易者的情況

投資人／交易者	採取行動	2月17日收盤結果
A女士（長期順勢交易者）	買進 $ 217.30 1R＝18點	如果停止點遭到引發，獲利為 6 R。
B君（波段交易者）	買進$340.80	獲利了結 7.4 R。
C君（價值交易者）	放空$435	目前獲利 1.6R
E女士（預測者）	買進$352	目前獲利 1.2R
F君（價差／套利交易者）	價差交易	每單位獲利 $ 0.6，外加獲利潛能 $10
X女士（投資快訊）	沒有採取行動	無
Y君（無方法）	買進3單位履約價格360的3月份賣權，總投資$ 4,569	認賠1R，相當於帳戶淨值的 11％。

請注意，凡是採用交易系統的人，他們都在自己選定的時間採取行動。其中一位交易者已經獲利了結，剩下4位都有停止設定作為保護。所以，這5個人雖然抱持著不同觀點，但分別運用其系統建構低風險部位。

至於兩位沒有採用交易系統的人，表現就不是很好。X女士決定不採取行動，因為所獲得的指示彼此衝突。Y君則不瞭解低風險

交易概念，為了渺茫的20％獲利機會，結果造成整個帳戶損失11
％。

市況2：南韓ETF（代碼：EWY）

　　國際股票市場的情況如何呢？南韓的表現很不錯，圖12.7顯示
南韓ETF的走勢，從2004年8月份以來，南韓ETF就處於明確的上升
趨勢。

　　2月17日是否有低風險的好機會？或者有什麼應該迴避的危
險？對於這份走勢圖，你會如何因應？是否會買進？對於各位來
說，目前進場買進，風險是否太高？若是如此，是否想要放空？或
者保持空手？

圖 12.7　南韓ETF（EWY）的週線圖。兩條長期上升趨勢線都沒有跌破。

是否建立EWY的部位？

如果打算建立部位，考慮買進（期待價格上漲）或放空（期待價格下跌）呢？

停損設定在哪裡？

1R是多少？

相關部位未來6個星期的預期表現如何（表示為R）？

相關交易的報酬-風險比率如何？

對於行情發展方向，假定各位的判斷有50%錯誤機會，這筆交易是否合理？

你的整體投資組合願意就這筆交易承擔多少風險？0.5%？1%？2%或更多？

　　繼續閱讀之前，請把前述問題的答案寫下來。接著，讓我們看看7位交易者如何反應。

A女士：長期順勢交易者

　　A女士早在2005年8月就買進韓國ETF而持有至今。當時的買進價格為$36.50，其後一直採用週線價格波動3倍的追蹤型停止設定。目前，停止點設定在$41.10，預計鎖定獲利$4.60。部位的起始停損大約是$4.50，所以目前帳面獲利為2R，停止點鎖定獲利大約是1R。最近5個星期以來，EWY處於盤整狀態，但她期待股價會恢復漲勢。

B君：短線波段交易者

　　B君建立帶狀區間，發現下檔$44有強勁支撐，所以當EWY在2

月13日由此水準向上彈升時，進場建立部位，價格為$44.20，停損設定在$43.20。2月17日，EWY收盤價為$45.73，帳面獲利為$1.53（相當於1.5R左右），但這些獲利完全沒有鎖定，因為停損還沒有調整。B君準備在$46.80結束半數部位，然後把停止點提升到損益兩平位置，但在2月24日星期五，如果價格還不能超越$46.80，則結束整個部位。

C君：價值交易者

C君目前未持有EWY。他偏好投資那些能夠透過研究分析決定期望價值的個別股票，所以不準備買進這種代表整體股票市場的對象。

E女士：宇宙存在秩序

E女士很想把她的方法運用到股票基金。她相信，每支股票都有其能量，所以「很容易」預測價格轉折點。EWY是涵蓋整個股票市場的基金，情況顯然不同，但股票市場本身也應該有其能量，所以她相信自己的方法也適用於此。另外，ETFs的開盤價經常會跳空，因為美國與韓國的開盤時段不同。

經過研究之後，E女士認定EWY在2006年2月20日星期一會變盤。可是，這存在一個問題。南韓股票市場當天開盤，但美國股票市場則休市，所以當天不能交易EWY。另外，她預期市場會變盤，但不知道是向上或向下發展。

根據圖12.8，E女士決定當價格向上突破46.20壓力或跌破44.4支撐的時候，進場建立部位，停損設定在反向的支撐或壓力外緣。她很擔心20日的走勢，但打算在突破點的1點範圍內進場。根據分

析，她相信價格很可能穿越$48.50而創新高，或跌破$43.50的低
點。一旦價格穿越前述價位，就把停止點移到損益兩平位置。

就目前狀況來說，即使E女士對於轉折點的判斷正確，還是可
能出現重大風險。舉例來說，EWY可能在幾天之內到達$48.50，然
後拉回。這種情況下，部位獲利很有限，頂多只有1R左右。同樣
地，價格跌到$43.50之後可能反彈，使得空頭部位獲利很有限。可
是，她認為EWY在突破之後，可能出現5R以上的重大走勢，所以
決定試試看。

2月21日，EWY開盤價為$46.35，剛好穿越壓力水準，所以E女
士進場建立多頭部位，停損設定在$44.20。一旦價格觸及$48.50，
她決定了結半數部位，然後把剩餘部位的停止點調整到損益兩平
位置。

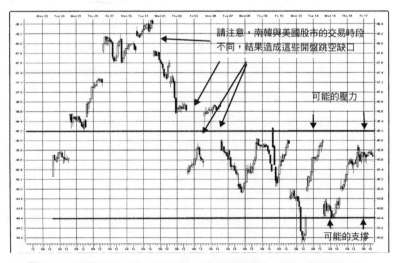

圖 12.8 南韓 ETF（EWY）的30分鐘走勢圖，顯示支撐與壓力。

這種情況下，獲利只有1R，但因為她從來沒有把這套方法運用在股票市場基金，心情有點緊張。

F君：價差 / 套利交易者

關於這個案例，F君看不出有什麼好機會。雖然考慮運用EWY與其他ETFs作對沖交易，但還沒有找到低風險的好點子。

X女士：採用投資快訊的生意人

X女士訂閱的一份投資快訊專門追蹤ETFs，她在2005年11月買進EWY，價格為$41.30。這個部位採用25%的追蹤型停止設定。目前，帳面獲利為0.6R，但停止點被引發仍然會造成0.5R損失。

Y君：大幹一場先生

Y君不知道什麼是ETFs，但圖12.7的走勢圖讓他覺得興奮：明確的上升趨勢，價格可能一飛沖天。因此，他在$44.54買進100股，沒有上檔目標，也沒有設定停損，所以1R風險為$4,468（含佣金）。

這種情況下，EWY價格必須上漲一倍，部位才能有1R獲利。另外，這個部位承擔的風險，相當於整體帳戶淨值$33,415的12.6%。

讓我們看看市況2在2月17日的情形。7位交易者的觀點各自不同，表12.2顯示摘要資料。

表 12.2　市況 2：7位交易者的情況

投資人／交易者	採取行動	2月17日收盤結果
A女士（長期順勢交易者）	買進$36.50	帳面獲利2R，鎖定1R獲利。
B君（波段交易者）	買進$44.20	當天買進，結果未知。
C君（價值交易者）	沒有進場	無
E女士（預測者）	沒有進場，但在2月21日買進$46.35	無
F君（價差／套利交易者）	沒有進場，但想利用EWY與其他ETFs建立對沖部位	無
X女士（投資快訊）	買進$41.30	帳面獲利0.6R，但可能發生損失。
Y君（無方法）	2月17日買進$44.54	剛買進，但1R風險代表整筆投資。

　　請注意，不同信念會產生不同的交易。除了Y君之外，其他人都由R倍數角度思考（換言之，報酬-風險比率），所以都很可能成功。

市況3：Westwood One（代碼WON）

　　現在觀察一支處於下降趨勢的典型案例。

　　圖12.9顯示WON的走勢圖，下降趨勢非常明確。關於這個案例，各位準備如何處理。

圖 12.9　Westwood One（WON）的走勢圖，呈現明確的下降趨勢。

對於這支股票，各位是否想要建立部位？

如果打算建立部位，準備買進（預期價格上漲）或放空（預期價格下跌）？

停損設定在哪裡？

1R是多少？

相關部位未來6個星期的預期表現如何（表示為R）？

相關交易的報酬-風險比率如何？

對於行情發展方向，假定各位的判斷有50%錯誤機會，這筆交易是否合理？

你的整體投資組合願意就這筆交易承擔多少風險？0.5%？1%？2%或更多？

　　繼續閱讀之前，請把前述問題的答案寫下來。接著，讓我們看看7位交易者如何反應。

A女士：長期順勢交易者

　　A女士曾經在2004年4月放空WON，價格大約是$27.40。12月，這個部位的停止點被引發，取得些許獲利。可是，A女士對於這支股票還是念念不忘，準備找機會放空。2005年1月，當股價觸及下降趨勢線而彈開，她重新在$24.80放空股票。隨後，在5月到9月份的盤整過程中，部位的停止點機會被點到，還好停止設定夠寬鬆，目前仍然持有部位。2月17日，股價為$14.30，停止點設定在$16.40。根據起始風險計算，目前的帳面獲利為2.5R，停止點鎖定的獲利為 2R。

B君：短期波段交易者

　　圖12.10顯示B君的想法。他在小時走勢圖上建立帶狀區間，尋找放空的機會。就目前這個例子來說，由於下降趨勢非常明確，所以B君不考慮買進。可是，價格如果跌破帶狀下限$13.70，他就打算進場，停損設定在14.60。目前，B君還在等待進場訊號。

C君：價值交易者

　　C君深入瞭解WON的基本面狀況，發現公司管理階層顯然不勝任，股價嚴重高估。首先，該股票屬於媒體類股，C君不認為該產業在短期之內的展望會好轉。第二，該公司目前的股東權益為負數的$203百萬。第三，內線在最近6個月內賣掉半數持股。即使是公司經營者也出脫股票。因此，C君在2005年11月放空該股票，價格

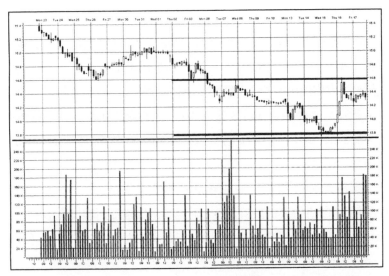

圖 12.10　Westwood One（WON）小時走勢圖。價格曾經出現單日漲
　　　　勢，觸及$14.60壓力。

為$21.10。WON執行長於2005年12月份宣布辭職，這項消息非但
沒有讓C君覺得意外，反而肯定了他的判斷。C君估計該公司股票
應該會在2006年的年中跌到個位數字。截至2006年2月17日為
止，部位獲利為$4.10，稍微超過1.5R。C君預料這個部位的獲利應
該超過5R。

E女士：宇宙存在秩序

　　根據E女士的分析方法判斷，股價在2月24日會出現重大走勢，
而這天也剛好是WON宣布第四季盈餘的日子。E女士還是不能判斷
重大走勢究竟是向上或向下發展。她沒有充分的資訊可供設定進場
價位，但WON股價到時候如果還沒有跌破$13.80，那麼跌破該價位
就視為放空訊號。

F君：價差／套利交易者

F君也看空WON。因此，他銷售履約價格$12.50的3月份WON買權，權利金收益為$2.45。可是，為了保護這個部位，他也同時買進履約價格$15的3月份買權，權利金費用為$0.35。所以，每單位價差交易的權利金淨收入是$2.10。選擇權到期時，如果WON股價高於$15，每單位價差交易將損失$2.50，扣除權利金收益$2.10，淨損失為$0.40。

換言之，這個部位的最糟狀況損失為40美分。可是，如果WON到期價格如果低於$12.50，則兩個選擇權都到期沒有價值，權利金淨收入$2.10將完全是獲利。如果一切順利的話，部位可以實現最大獲利潛能4.25R。

X女士：採用投資快訊建議的生意人

X女士訂閱的一份投資快訊建議在$16.00放空WON，20%的停損設定在$19.20，她按照指示建立部位。2月17日，WON收盤價為$14.30，帳面獲利為$1.70。目前停損設定在$15.66，仍然可能發生34美分的損失，相當於0.1R的損失。

Y君：大幹一場先生

Y君看著股價走勢圖，心中想著：「這支股票最近已經跌得夠多了，想必會反彈吧，我打算買進400股。」2月17日，當他看到股價出現不錯的漲勢之後，他在$14.43買進400股。同樣地，Y君完全沒有設定停損，所以1R等於全部的$14.43。部位承擔的總風險為$5,800，相當於帳戶淨值的16.8%。事實上，Y君根本不瞭解投資金額與承擔風險之間的差別。

　　讓我們看看市況3在2月17日的情形。7位交易者的觀點各自不同，表12.3顯示摘要資料。

表 12.3　市況 3：7位交易者的情況

投資人／交易者	採取行動	2月17日收盤結果
A女士（長期順勢交易者）	放空$24.80	帳面獲利2.5R，鎖定2R獲利。
B君（波段交易者）	如果有機會的話，放空$13.70	無
C君（價值交易者）	放空$18.40	獲利1.5R。
E女士（預測者）	沒有進場，但期待在2月24日建立空頭部位	無
F君（價差／套利交易者）	運用3月份買權建立價差交易，權利金淨收入為$2.10	最大風險40美分，獲利潛能4.25R。
X女士（投資快訊）	放空$16.00	帳面獲利0.5R，但可能發生些微損失。
Y君（無方法）	買進$14.43	損失13美分。

　　請注意，這些人的處理方式雖然不同，但都建立空頭部位，唯一例外是Y君。

市況 4：Toll Brothers（代碼TOL）

　　讓我們再看一支處於下降趨勢的股票：營建股Toll Brothers。

營建類股的表現原本不錯，直到短期利率走高之後才改觀（2005年7月份左右），價格開始下跌。Toll Brothers代表很典型的例子，圖12.11是週線圖。這份圖形也顯示股價已經跌破$36的強勁支撐。

對於這支股票，各位是否想要建立部位？

如果打算建立部位，準備買進（預期價格上漲）或放空（預期價格下跌）？

停損設定在哪裡？

1R是多少？

相關部位未來6個星期的預期表現如何（表示為R）？

相關交易的報酬-風險比率如何？

對於行情發展方向，假定各位的判斷有50%錯誤機會，這筆交易是否合理？

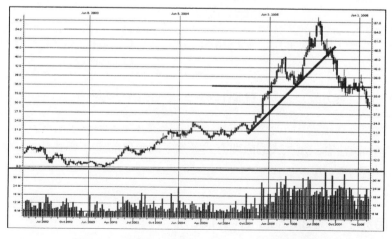

圖 12.11 市況4：Toll Brothers（TOL）週線圖

你的整體投資組合願意就這筆交易承擔多少風險？0.5%？1%？2%或更多？

繼續閱讀之前，請把前述問題的答案寫下來。接著，讓我們看看7位交易者如何反應。

A女士：長期順勢交易者

A女士持有這支股票相當長一段期間，直到股價在$47跌破上升趨勢線，她才獲利了結。等到股價跌破$36支撐，她在$35.30建立空頭部位，停損設定在$44.88。2月17日，股票收盤價為$29.75，部位的帳面獲利大約是0.6R。目前的停損設定在$38.20，所以還可能發生3點的損失（相當於0.3R）。

B君：短線波段交易者

圖12.12顯示B君對於TOL的想法。他曾經在通道上限放空TOL，然後在價格觸及通道下限時回補。可是，當價格顯著突破通道下限時，系統轉換進入順勢操作模式，在$31.60建立空頭部位。

B君建立的部位，永遠會設定目標與停損。這個部位的起始停損設定在原先通道下限$33.40。為了判斷可能的後續發展，B君觀察15分鐘走勢圖（圖12.13）。這份圖形顯示$29.60有強勁支撐。由於2月17日收盤價相當接近$29.60的支撐，所以半數部位在$29.90了結，獲利稍高於1R。他希望隔天價格會向下突破$28.80，然後結束剩餘部位。目前，剩餘部位的停止設定在$30.80，鎖定80美分的獲利。

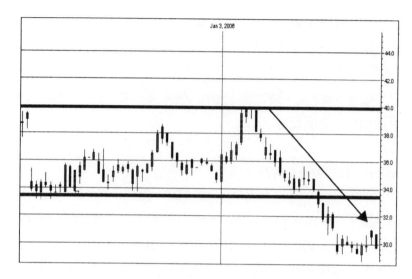

圖 12.12 Toll Brothers（TOL）日線圖：通道突破

圖 12.13 Toll Brothers（TOL）15分鐘走勢圖

C君：價值交易者

C君仔細分析TOL的基本面狀況，覺得很不錯。首先，TOL最近會計年度的每股盈餘為$4.78，目前本益比只有6.97倍。單是這點，就足以引起C君的興致。可是，他決定等到股價走勢已經向上翻升的時候才進場。

C君也觀察TOL的資產負債表。公司的流動資產[10]將近有$60億，負債總值大約是$35億。這意味著公司的清算價值大約有$25億。目前，在外流通股票有1.55億股，每股清算價值為$15.48。這個數據雖然不錯，但還不具備足夠的吸引力，因為股價大約是這項數據的兩倍。所以，TOL價格不算頂便宜，至少還不算。可是，C君準備將此納入觀察名單。只要股價開始明顯翻升，或再跌個$20左右，或許就可以考慮買進。

很不巧地，2月18日的《拜倫週刊》有篇文章提到TOL，認為股價顯著低估，未來的表現應該會超過大盤。C君很不樂意看到媒體刊載這類的消息。不過，這似乎確認了C君的看法：TOL的股價還跌得不夠深。

E女士：宇宙存在秩序

對於TOL的重大走勢，E女士在時間上並沒有明確的概念，但她認為股價很可能由目前水準展開一波反彈，這個看法的根據顯示在圖12-14，其中標示費波納奇折返比率的估計目標。TOL的跌幅已經逼近0.618折返比率目標，很可能會由此大幅反彈，尤其是《拜倫週刊》還有明顯偏多的報導。

星期六，當她看到《拜倫週刊》的文章，決定下週一開盤買進TOL，只要價格不超過$30的話。根據她的估計，反彈走勢可能到

圖 12.14 TOL長期走勢圖：下降走勢已滿足前波段漲勢幅度的0.618目標

達$34～35。由於停損大約在$1.50之外的$28.50，所以最低獲利目標$4.50相當於是2.6R。

F君：價差／套利交易者

F君也察覺TOL跌幅已到達費波納奇折返比率目標，所以在2月14日買進履約價格30的3月份買權，權利金為$1.10，TOL當時價格為$29。2月16日，TOL價格接近$31，F君銷售履約價格35的3月份買權，權利金收入為$0.70。所以，這個價差交易的權利金費用為$0.40。選擇權到期時，這個部位的最大獲利潛能為$5（還要扣減權利金費用），如果TOL當時的價格為$35或更高的話。這個部位的最大損失為$0.40，最大獲利潛能為$4.6，後者相當於11.5R。

X女士：採納投資快訊建議的生意人

X女士訂閱的投資快訊都沒有提到TOL，所以她沒有注意到這支股票。

Y君：大幹一場先生

Y君曾經聽過房屋市場泡沫化的說法，所以當他看到TOL呈現明顯的下降趨勢，就很想試試剛學會的放空方法。他已經設立可以進行放空的保證金帳戶，於是在$30.15放空100股TOL。該股票2月17日的收盤價為$29.75，所以該空頭部位的帳面獲利為$25（扣除佣金）。由於部位沒有設定停損，所以1R相當於$3,030（換言之，整個投資都承擔風險），帳面獲利為0.008R。

表12.4顯示這7位交易者處理市況4在2月17日的結果。

我們在這個例子看到，不同處理方式，產生不同的部位。有三個人建立空頭部位，而且都有獲利。有位交易者建立借方價差交易，最大獲利潛能高達11.5R（選擇權到期時，如果TOL股價超過$35的話）。有位交易者準備開盤買進（如果價格適當的話）。另外兩位交易者還沒有建立部位，其中一位準備做價值投資。

請注意，由R倍數角度思考獲利，讓他們得以執行低風險概念（Y君是例外）。

表 12.4　市況 4：7位交易者的情況

投資人／交易者	採取行動	2月17日收盤結果
A女士（長期順勢交易者）	放空$35.30，1R損失為$9.58	帳面獲利0.6R，可能發生0.3R損失。
B君（波段交易者）	放空$31.60，1R損失為$1.80	獲利了結（1R）半數部位，剩餘部位鎖定0.8R獲利。
C君（價值交易者）	考慮投資，但還沒有採取行動	無
E女士（預測者）	只要價格不超過$30，準備開盤買進；1R為$1.50或更少	無，但計畫中的交易獲利目標至少為3R。
F君（價差／套利交易者）	運用3月份買權建立價差交易，權利金淨支出為$0.40，所以1R為40美分	獲利潛能高達11.5R（如果到期股價超過$35）。
X女士（投資快訊）	未建立部位	無
Y君（無方法）	放空$30.15	帳面獲利0.008R，因為整體投資完全承擔風險。

市況5：Phelps Dodge（代碼PD）

　　現在，讓我們看看一支純商品股票（商品行情在未來10年大好）。Phelps Dodge是典型的商品股票，由2003年以來就呈現明確的上升趨勢（圖12.15）。關於這份股價走勢圖，各位的看法如何？

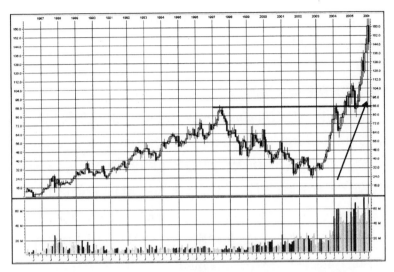

圖 12.15　Phelps Dodge（PD）月線圖。2003年以來，呈現明確的上升
趨勢

對於這支股票，各位是否想要建立部位？

如果打算建立部位，準備買進（預期價格上漲）或放空（預期
價格下跌）？

停損設定在哪裡？

1R是多少？

相關部位未來6個星期的預期表現如何（表示為R）？

相關交易的報酬-風險比率如何？

對於行情發展方向，假定各位的判斷有50%錯誤機會，這筆交
易是否合理？

你的整體投資組合願意就這筆交易承擔多少風險？0.5％？1
％？2%或更多？

　　繼續閱讀之前，請把前述問題的答案寫下來。接著，讓我們看看7位交易者如何反應。

A女士：長期順勢交易者

　　A女士目前持有Phelps Dodge，過去曾經兩度展現很好的趨勢。圖12.16顯示她所進行的三筆交易。第一筆交易建立於2003年8月，部位停止點在2004年3月被引發，獲利7R。2004年9月，她又進場買進，但在隨後3個月內，停止點差點被引發，最終在2005年春天結束部位，損失0.5R。第三筆交易是在2005年7月29日進場，買價為$108.20，停損設定在12點之外。2月17日，PD收盤價為$145.02，帳面獲利為37點，大約是3R。

　　目前的停止點設定在$118.77，距離相當遠，因為價格波動劇烈。就這個停止點而言，鎖定獲利只稍多於1R。可是，A女士認為

圖 12.16　Phelps Dodge走勢圖：A女士的三筆交易。

這是一筆可以延伸數年而獲利高達20R的交易。

B君：短期波段交易者

　　圖12.17顯示B君對於PD的想法。小時走勢圖的帶狀區間相當明確，B君在2月15日於帶狀區間下限（圖12.17的點1）買進，該部位在點2賣出，獲利5R。2月17日，當價格由帶狀上限彈開，B君在點3建立空頭部位，進場價格為$145.90，停損設定在$147.60。根據預期，PD應該會朝帶狀下限發展，他計畫在$140附近獲利了結。所以，1R相當於$1.70，6點獲利潛能相當於3.5R。如果一切進行順利的話，B君對於8點的獲利覺得很滿意（包括前一筆交易在內）。可是，帶狀區間通常只適用1～2筆交易。

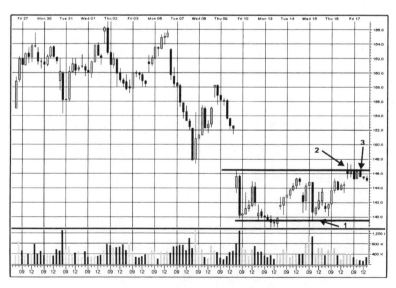

圖 12.17　Phelps Dodge小時走勢圖：B君思考的帶狀區間。

C君：價值交易者

　　由宏觀角度觀察，C君預期商品在未來十年內將有大行情。所以，當聯邦準備銀行調降貼現率到2%之下時，C君決定買進幾支商品相關股票，PD就是其中之一。他在2003年買進，價格為$44.50。這個部位實際上沒有停損，因為價格如果繼續下跌，他也不考慮賣出。可是，如果非要設定停損的話，他覺得或許是50%吧。所以，這個部位的潛在損失是$23。

　　PD目前價格為$145.20，帳面獲利超過100點，即便以1R＝$23計算，獲利仍然有4R。C君準備繼續持有PD至少5年，但不希望吐回太多帳面獲利，所以把停止點設定在$104，距離下檔顯著支撐$126與$108都有相當空間。

E女士：宇宙存在秩序

　　由高點167.12開始衡量PD的3個費波納奇折返比率，E女士認為相關比率發揮作用（請參考圖12.18），PD目前似乎正由$142附近的50%水準向上彈升。所以，2月16日，E女士在$142.10買進，停損設定在$140.10，1R損失為$2。

　　截至2月17日收盤，E女士的部位大約獲利3點，相當於1.5R。她設定的目標，是股價在未來5天之內至少上漲到$150，停止點現在調整到進場點$142.10。

F君：價差／套利交易者

　　F君看好PD的後市，他買進履約價格140的3月份買權，權利金為$7.20。幾天之後，他銷售履約價格145的3月份買權，權利金收入為$6.20。

圖 12.18 Phelps Dodge的費波納奇折返目標。

　　所以，這個借方價差交易的費用是$1.0，整個部位的狀況雖然不如前一筆交易，不過他還是蠻滿意的。最糟糕的結果是兩個買權到期都沒有價值，這將造成$1權利金的損失，但選擇權到期時，如果股價是$145或更高（F君認為很可能），則部位可以實現最大價差$5，扣除權利金之後的淨獲利為$4（相當於4R）。

X女士：採納投資快訊建議的生意人

　　X女士訂閱的某份投資快訊建議在$73買進PD，採用25％的追蹤型停止點。她認同這份投資快訊的見解，於是隔天在$72.80買進，起始停損設定在25％位置，所以起始風險為$18.20。到了2月17日，PD價格為$145.02，帳面獲利為$72.22，幾乎是4R。部位停止點仍然設定在最近高價$167.12的25％之外（$125.34）。所以，目前停止點如果被引發，獲利大約為3R。

Y君：大幹一場先生

對於Y君來說，PD的股價實在太貴了，他不太可能花$100多去
買一支股票。可是，PD有選擇權可供交易。根據走勢圖看起來，
PD好像是一支即將下跌的股票。

Y君決定買進履約價格145的3月份賣權，價格為$6.20。所以，
他買了2單位賣權，權利金總額為$1,240。如果選擇權到期沒有價
值，總損失是$1,255（含佣金）。這次的風險比較合理，因為大約
是帳戶淨值的3.5％。對於一般人來說，這類交易的風險很高，但
對於Y君來說，已經算是相對保守的。

現在，讓我們看看市況5在2月17日對於這幾位交易者的情形，
參考表12.5。

除了Y君之外，剩餘每個人的部位都獲利，雖然每個人的處理
方式都不太相同。多數部位都看好PD的後市，只有B君與Y君是例
外。另外，除了Y君之外，每個人都由獲利-風險比率的角度思考交
易。

進入下一節之前，我希望讀者能夠體會優秀交易者／投資人對
於市況的掌握。想要取得理想的交易績效，必須願意花時間與精力
做分析研究，徹底瞭解各種概念，譬如：報酬-風險比率、期望報
酬、部位大小…等。

想要成功，我們就要學習這些概念，花時間建立適當的交易系
統。對於此節討論的市況，各位或許不難接受他們所花的時間與精
力。可是，如果我們必須分析100個市況，才能找到一個適合交易
的對象呢？各位是否還願意投入這種程度的努力？

表 12.5　市況 5：7位交易者的情況

投資人／交易者	採取行動	2月17日收盤結果
A女士（長期順勢交易者）	買進$108.20，1R損失為12點。	另外2筆交易的獲利為.5R，目前交易的帳面獲利3R（停止點保障的獲利為1R）。
B君（波段交易者）	放空$145.90，1R損失為$1.70	前一筆交易獲利5R，目前部位獲利為0.5R。
C君（價值交易者）	買進$44.50，1R損失為$23	帳面獲利4R，停止點保障獲利3R。
E女士（預測者）	股價由費波納奇比率支撐彈升：買進$142.10，1R損失為2點	獲利大約1.5R。
F君（價差／套利交易者）	運用履約價格140與145的3月份買權建立借方價差交易，權利金支出$1.0	獲利潛能高達$4，1R損失$1。
X女士（投資快訊）	買進$72.80，1R損失$18.20	帳面獲利4R，停止點保障獲利3R。
Y君（無方法）	買進2單位履約價格145的3月份賣權，價格$6.20	當天收盤損失$35。

6個星期之後的結果

市況1：Google（代碼GOOG）

　　由2月中旬的進場開始，GOOG持續上漲到2月28日，曾經出現$397.54的高價。然後，價格重新恢復跌勢，低點出現在3月10日的$331.55。3月24日，標準普爾宣布GOOG將在3月31日成為S＆P 500成分股。當天，股價跳空上漲，持續攀升到3月29日的高價$399。3月31日的收盤價剛好是$390。圖12.19顯示GOOG截至3月31日的日線圖。

　　讓我們看看前述7位交易者處理GOOG的結果。我們將根據3月31日收盤價$390，計算每個部位的R倍數。

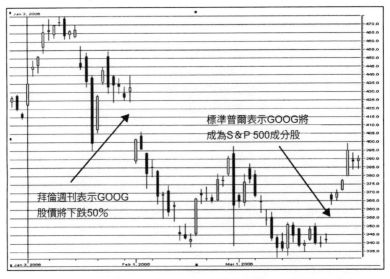

圖 12.19 Google（GOOG）截至3月31日的日線圖：每位交易者的R倍
　　　　數與期望報酬

A女士：長期順勢交易者

A女士持有GOOG的多頭部位。3月10日，當GOOG出現低價$331.55，設定在$329的追蹤型停止點幾乎被引發，但部位還是繼續持有到3月31日，當天收盤價為$390。A女士進場價格為$217.30，起始停損為18點。所以，截至3月31日為止的帳面獲利為172.70，相當於9.6R。

B君：短線波段交易者

B君已經在2月17日結束部位，獲利為7.4R。

C君：價值交易者

C君不喜歡GOOG，但當他聽到標準普爾將其納入S&P 500成分股，實在有點失望，因為這意味著資金只要繼續流入共同基金，機構法人就會買進GOOG。因此，當GOOG在 3月24日跳空開盤之後，C君按照當天收盤價$367.40回補空頭部位。部位獲利$67.60，相當於起始風險$42的1.6倍。對於這個結果，C君顯然不滿意，因為1.6R的獲利相當於帳戶淨值在2個月內成長5％。

E女士：宇宙存在秩序

當GOOG到達第一個獲利目標價位$390，E女士結束三分之一部位，獲利3R。剩餘部位的停止點設定在$367.50，鎖定1.2R。

F君：價差／套利交易者

關於F君建立的價差部位，當選擇權到期時，如果GOOG股價超過$350，就可以實現最高獲利潛能2.65R。當股價上漲到$380

時，雖然距離契約到期還有2個星期，F君還是決定提早獲利了結
（2.5R），因為剩餘的獲利空間不大，不值得繼續冒險。

X女士：採納投資通訊建議的生意人

X女士沒有建立GOOG的部位，因為投資通訊的建議彼此衝突。

Y君：大幹一場先生

Y君已經認賠出場，損失為1R，相當於帳戶淨值的11%。

市況2：南韓ETF（代碼EWY）

2006年第一季，ETF陷入盤整走勢。對於這種市況，唯有手腳
靈活的短線交易者可以獲利，長期交易者只能退場觀望，期待上升
趨勢稍後能夠恢復。3月31日，EWY收盤價為$46.65，價格波動於
低價$43.01（3月7日）與高價$47.30（2月27日）之間。

圖12.20顯示EWY在2005年底到2006年第一季的日線圖，整個
盤勢陷入橫向整理。

讓我們看看這7位交易者處理EWY的結果。

A女士：長期順勢交易者

A女士在41.1買進EWY，直到3月31日為止（收盤價$46.65），
繼續持有這個部位，帳面獲利大約是2.25R。

B君：短線波段交易者

B君在$44.20買進，採用很緊密的停損。到了2月24日預定截止

圖 12.20 EWY日線圖（截至2006年3月31日為止）

日，他在$46.80結束半數部位，獲利2.6R。剩餘部位的停止點調高
到損益兩平位置。2月25日，停止點調高到$46.80，幾天之後遭到
引發。整體部位的績效為獲利2.6R。

C君：價值交易者

C君沒有建立EWY的部位。

E女士：宇宙存在秩序

E女士在2月20日買進，價格為$46.35，停損設定在$44.20。隔
天，部位遭到停損出場。E女士發誓不再交易個別國家的ETFs，尤
其是與美國股票市場交易時段不同的國家。

F君：價差／套利交易者

F君沒有建立EWY的部位。

X女士：採納投資通訊建議的生意人

X女士在$41.30買進，採用25％的停止點。3月31日，EWY收盤價為$46.64，帳面獲利$5.35，相當於0.5R。

Y君：大幹一場先生

3月31日，Y君建立的EWY部位獲利$211。由於整個部位都承擔風險，獲利只有0.05R。

市況3：Westwood One（代碼WON）

WON股價持續下滑。事實上，如同E女士預測的，股價在2月24日大跌[11]。在2月17日到3月31日之間，高價$14.66落在2月22日，低價$10.90落在3月30日。圖12.21的日線圖清楚呈現下降趨勢。

讓我們看看7位交易者的情況。

A女士：長期順勢交易者

A女士在$24.80建立空頭部位。3月31日，WON收盤價為$11.04，帳面獲利為$13.76。按照起始停損$4計算，獲利相當於3.44R。

B君：短線波段交易者

B君原本準備在$13.70建立空頭部位，但WON直接跳空跌到$12附近，穿越適當的進場價位，所以B君沒有機會進場。

圖 12.21 WON日線圖（截至2006年3月31日為止）

C君：價值交易者

C君在$18.41放空WON，停損設定在$21.10。根據3月31日收盤價$11.04計算，帳面獲利2.73R。

E女士：宇宙存在秩序

E女士預測WON會在2月24日出現重大走勢，但不確定是哪個方向。根據直覺判斷，她認為價格會下跌，打算在$13.80進場。可是，就如同B君一樣，當天開盤價格跳空直接穿越進場價位，所以E女士並沒有建立部位。

F君：價差／套利交易者

F君取得貸方價差交易的全部權利金$2.10，相當於4.25R的獲利。

X女士：採納投資通訊建議的生意人

X女士在$16放空WON，起始風險$3.20。根據月31日收盤價計算，獲利為$4.96，相當於1.55R。

Y君：大幹一場先生

Y君買進WON。到了3月31日，損失為$3.39。由於當初的進場價位為$14.43，其損失相當於0.23R。部位承擔的風險是帳戶淨值的4%，目前損失為1%。

市況4：Toll Brothers（代碼TOL）

Toll Brothers的跌勢終止於2月7日，然後橫向盤整到2月14日。接著展開一段漲勢，但很難判斷這波漲勢到底是橫向盤整區間向上擴大，或是展開新的上升趨勢。所以，TOL可能是這5支股票之中，最難交易的一支。7位交易者之中，3位認為價格向下發展，另有兩位交易者看好。

結果，TOL呈現稍微向上傾斜的通道整理。通道高點分別落在2月23日、3月17日與3月27日，低點則落在2月14日與3月10日。3月31日的收盤價為34.63。請參考圖12.22。

讓我們看看這幾位交易者的情況。

A女士：長期順勢交易者

A女士在$35.30放空TOL，停損位在$44.88。隨著TOL價格下跌，停損移到$38.20。可是，當TOL反彈時，停損繼續保持在$38.20。3月31日，TOL收盤價為$34.63，部位稍有獲利$0.67，相當於0.07R。

圖 12.22 TOL日線圖（截至2006年3月31日為止）

B君：短線波段交易者

B君已經了結半數的空頭部位，獲利1R。剩餘部位的停止設定在$30.80，鎖定0.8R的獲利。前述停止點在2月22日被引發。所以，整體部位的平均獲利為0.9R。

請注意，這兩位交易者的空頭部位都獲利，雖然股價從3月10日之後就處於漲勢。

C君：價值交易者

C君沒有建立部位，但將來考慮買進。

E女士：宇宙存在秩序

E女士在2月17日買進TOL，價格為$29.87。3月23日，她在目標價位$34附近賣掉股票，實際成交價格是$34.20。由於部位的起始風險為$1.87，所以獲利相當於2.3R。。

F君：價差／套利交易者

選擇權到期時，F 君幾乎取得全部的$5價差，淨獲利是$4.90。按照起始風險$0.40計算，獲利為12.25R。

X女士：採納投資通訊建議的生意人

X女士訂閱的投資快訊沒有提到TOL，所以沒有建立部位。。

Y君：大幹一場先生

Y君在$30.15放空TOL。3月31日，TOL收盤價為$34.63，損失為$4.48。相較於整體投資承擔的風險$30.15，損失大約是0.15R。這筆投資約佔整體帳戶淨值的12%，所以實際造成1.8%的損失。

市況5：Phelps Dodge（代碼PD）

Phelps Dodge恢復漲勢，但3月8日曾經創該季的新低價$130.28。3月13日，股票由1股分割為2股，並開始上漲。可是，為了避免混淆起見，此處假定股票沒有做分割，請參考圖12.23。

讓我們看看7位交易者的情況。

A女士：長期順勢交易者

A女士持有PD的多頭部位，停止點設定在$118.70，完全沒有受到威脅。3月31日，PD收盤價為$161.06（假定沒有分割），獲利為4.2R。結合稍早進行的兩筆交易，這支股票的獲利為10.7R。

B君：短線波段交易者

B君建立的部位只持有一天，停損在隔天早晨就被引發。所

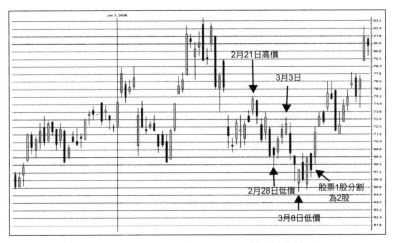

圖 12.23 PD日線圖（截至2006年3月31日為止）

以，空頭部位很快就結束，損失1R。

C君：價值交易者

3月31日收盤時，C君持有的部位獲利頗豐。他當初的進場價位為$44.50，3月31日收盤價為$161.06，獲利為$116.56，相當於5.1R。

E女士：宇宙存在秩序

E女士在$142.10買進，起始風險為$2。2月21日，在$150.20結束部位，獲利$8.10。按照起始風險$2計算，獲利為4R。

F君：價差／套利交易者

F君的這筆交易進行得有點驚險。2月28日，部位看起來要認賠了。可是，他還是堅持下去，直到選擇權即將到期之前，實現$4的獲利。由於起始風險為$1，獲利為4R。

X女士：採納投資通訊建議的生意人

　　X女士在$72.80買進，停止點設定得相當寬鬆，所以到了3月31日，帳面獲利為$88.26。由於起始風險是$18.20，獲利相當於4.85R。

Y君：大幹一場先生

　　Y君買進PD的賣權。他買進履約價格145的3月份賣權，在PD上漲超過$150時，他認賠了結這個部位，損失$480。由於起始風險為$1,240，損失為0.4R。

表示為R倍數的結果

　　現在，讓我們根據R倍數來觀察每位交易者／投資人的操作結果，摘要資料請參考表12.6。請注意，他們的交易大體上都獲利，只有Y君是例外，因為他既沒有方法、也沒有計畫，更沒有採用停損。Y君的交易，就如同蒙古大夫執業一樣，我們不期待他能夠獲利。

表12.6　7位投資人操作摘要結果

投資人	GOOG	EWY	WON	TOL	PD	總計
A女士	+9.6R	+2.25R	+3.44R	+0.07R	+10.7R	+26.06R
B君	+7.4R	+2.6R	無	+0.9R	−1R	+9.9R
C君	+1.6R	無	+2.73R	無	+5.1R	+9.43R
E女士	+1.8R	−1R	No trade	+2.3R	+4R	+7.1R
F君	+2.5R	無	+4.25R	+12.25R	+4R	+23.0R
X女士	無	+0.5R	+1.55R	無	+4.85R	+6.9R
Y君	−1R	+0.05R	−0.23R	−0.15R	−0.4R	−1.73R
	(11%)		(1%)	(1.8%)	(2%)	

　　每個人的處理方式都不太一樣，有些人做多，有些人放空，但大體上都能夠獲利。

　　A女士獲利總計為26.06R，包括先前已經結束部位的獲利在內。由整年的交易來看，這種程度的績效已經很不錯了，但她還有很多其他的部位。如果每筆交易承擔的風險都是帳戶淨值的％，那麼這5支股票的總獲利大約讓帳戶成長20％。

　　B君是短線交易者，他進行的交易很多，所以這5筆交易只是其中一小部分。他持有的部位，時間很少超過一星期，但5筆交易的總獲利仍然有9.9R。即使我們假定每筆交易承擔的風險只是帳戶淨值的0.5％，這5筆交易在6個星期之內就讓帳戶成長7％，換算為年度報酬的話，結果就相當驚人了。

　　C君的部位可能持有數年之久，目前討論的5個市況，他只建立3個部位。雖說如此，他還是賺取了9.43R利潤。由於C君的交易很少失敗，我們可以假定其每個部位承擔的風險是帳戶淨值的2％。這種情況下，這幾筆交易就能夠讓帳戶成長超過19％，就金額來說，結果是相當不錯的。另外，關於GOOG的交易，6個星期大約賺了5％，對於一筆他原本不太想進行的交易，結果確實不錯。

　　E女士發生一筆虧損，而且錯失一個意料之中的交易機會。可是，她仍然運用自己相信的方法，取得不錯的交易績效，在6個星期之內，賺取7.1R的獲利。假定每筆交易承擔的風險為帳戶淨值的1％，前述操作的年度報酬相當驚人。

　　F君是表現最傑出的交易者，單單是這幾筆交易，就在6個星期之內創造23R的獲利。

　　X女士從來沒有期待自己能夠由市場賺近六位數字的利潤，因為她沒有花很多時間觀察、分析行情演變。一般來說，她每個部位

所承擔的風險，大約是帳戶淨值的1％，所以這些股票操作大約只創造7％的年度報酬。由於這只是她進行的少部分交易，所以她相當滿意操作結果。

至於Y君，他的交易完全沒有章法可言，只是隨心所欲地買賣，部位既沒有設定停損，也不考慮部位大小。第一筆交易就讓他損失帳戶淨值的11％。這幾筆交易總共讓他在6個星期內，發生16％的損失。我們必須把交易看成做生意一樣，否則付出的代價恐怕會相當可觀。

摘要結論

你最喜歡哪種方法？受到彩券偏頗心理的影響，多數人可能會喜歡E女士的方法，她對於行情預測相當精確。可是，E女士的交易方法，需要投入許多時間與精力。她採用的方法，未必優於其他人。預測精準與否，未必與交易績效存在直接關連。她只是預測行情發展方向而已。A女士只從事長期交易，其績效不是也很好嗎？請注意，在這5位為專業交易者之中，E女士的表現算是最差的，5筆交易的總獲利為7.1R。

成功的交易者或投資人，通常具備10種共通的特質：（1）他們擁有歷經考驗、期望獲利為正數的交易系統；（2）所採用的系統符合使用者的個性、信念、交易目標，而且運用起來覺得很自然；（3）他們徹底瞭解自己的交易概念；（4）實際進場之前，他們非常清楚每筆交易都必須先設定最糟狀況的停損；（5）他們會盤算每筆交易的報酬-風險比率；（6）他們有投資計畫做為指引；（7）他們知道部位大小設定是達成交易目標的關鍵因素；（8）他

們強調自我檢討，運用交易績效作為衡量基準；（9）交易結果完
全由自己負責；（10）由自己的錯誤之中學習。

　　本章陳述7位交易者的實際操作狀況：A女士是順勢交易者，B
君是區間交易者，C君是價值投資人，E女士是行情預測者，F君是
價差／套利交易者，X女士是採用投資快訊建議的交易者，Y君則
代表一般的投資人／交易者。

　　各位看到這幾位交易者如何處理5種不同的市況，以及他們所
建立之部位在6個星期之後的結果。現在，各位或許慢慢能夠理
解，每個交易系統如何產生R倍數分配；這些R倍數分配的平均
數，也就是交易系統的期望報酬。

附註

1. 風險承擔金額與投資金額是不同的。舉例來說，如果我們採用25
　％的停損，所願意承擔的最大風險是$1,000，那麼風險承擔金額
　就是總投資金額的25％。所以，風險承擔金額如果是$1,000，投
　資金額就應該是$4,000。如果價格突然跌到零（換言之，無法停
　損出場），這個部位的損失是4R。

2. 這些概念都在本書第5章做過討論，唯有「三角洲理論」是例
　外。三角洲理論把股票市場行情關連到太陽、月亮之類的實體行
　為上。

3. 多數投資快訊不會提供精確的績效紀錄。他們會告訴你，如果你
　訂閱他們的刊物，可以賺多少錢；可是，這稱不上是績效紀錄。
　舉例來說，某投資快訊宣稱，他們建議買進的ABC股票價格上漲
　了400％，另外建議買進的XYZ股票價格上漲了250％。所以，人

們認為這意味著投資組合也應該有對等的績效，實際上卻不是如此。事實上，做這類宣稱的投資快訊，其訂閱戶通常還是發生虧損。所以，如果各位打算訂閱投資快訊的話，我建議各位要求對方提供至少兩年的過期刊物，自行計算投資績效。這些資料如果顯示每年至少提供30個建議，而且其平均獲利乘以投資次數的總值超過30R，或許就值得考慮。

4. 本書第13章提供一些這方面的資料，各位可以看到各種不同交易系統提供之R倍數的分配。除了R倍數分配之外，投資績效還可以透過其他方式顯示。

5. 關於建立部位的理由，並不需要有非常周詳的資料，但你需要知道相關方法的獲利期望值，這大概就夠了。

6. X女士算不上是理想的投資人／交易者，但因為很多人都採納投資快訊的建議，因此本章也特別虛構了這麼一位交易者。我並不認為投資快訊是很好的主意，因為其中談論的都是別人的點子。我們並不確定知道這位提供建議的人，是否瞭解真正重要的相關概念。舉例來說，就我所瞭解，只有一份投資快訊有勇氣顯示相關建議的R倍數績效，這份快訊的發行者也就是本書第5章提到的巴頓（Barton）。

7. 6個星期並不很長。我之所以挑選這些市況，是因為當時看起來「很有意思」。挑選當時，我完全不知道6個星期之後究竟會如何演變。我認為，我們應該處在個別交易者的立場，然後思考可能的因應方式。

8. Google價格波動相當劇烈，必須謹慎追蹤。股價很容易就穿越2點的停損而造成2R或3R的損失。由於B君試圖不讓任何部位的虧損超過帳戶淨值的1％，所以起始停損設定得很緊，決定只接受

0.5的風險。

9. 賣權（put）的持有者，在選擇權到期之前，有權利按照履約價格賣出根本股票。所以，Google當時的價格為$344，履約價格360賣權的內含價值為$16，但因為即將到期，所以幾乎沒有時間價值，選擇權權利金幾乎完全由內含價值構成。可是，對於這個選擇權的買家來說，如果Google股價在未來兩天內價格大漲，最大損失仍然有可能是$16（換言之，只要Google價格在未來兩天之內上漲超過$360，這個賣權將變成毫無價值）。

10. 流動資產是指公司如果在一年內處理其資產的總價值。把公司的流動資產減掉債務，其餘額能夠用以衡量公司價值。這大概對應公司的清算價值，很多企業的清算價值甚至是負數。

11. 這些都是虛構的交易者，E女士預測的日期也是無中生有。對於E女士的預測，我原本是信手拈來的，但看到2月24日當天真的出現向下跳空，著實嚇一跳。可是，E女士雖然預測精準，但她並沒有建立部位。我想，對於那些運用神奇數字預測行情的人，很可能經常都會如此。

CHAPTER 13

交易系統評估

多數人會錯失機會，因為機會穿著隱形衣，讓你看不見他。

——湯瑪斯・愛迪生（Thomas A. Edson）

　　現在，各位已經瞭解交易系統設計的最根本部分。對於多數人來說，這些資料已經夠了，因為這也是一般人所在意的部分。可是，如果真的想在市場上賺錢的話，那麼還有兩個最重要的主題還沒有討論：機會因素（包括每個機會的成本）與部位規模因素。

　　截至目前為止，我們所談論的是R倍數與期望報酬。換言之，由R倍數的角度觀察，交易系統的表現如何？R倍數是什麼意思？R倍數也就是期望報酬。各位需要思考的是：「我如何得到最高的期望報酬？」換言之，如何讓每筆交易所承擔的每$1風險，能夠得到最大的報酬？採用本書第7章的打雪仗比喻來說，任何單位時間內（平均來說），我們希望白色（獲利）雪球的總量超過黑色（虧損）雪球的總量。

　　圖13.1顯示期望報酬的一種表達方式。此處採用平面圖形來說明。橫軸表示交易系統的可靠程度，也就是交易系統的勝率。縱軸代表平均獲利相對於平均虧損的比率。

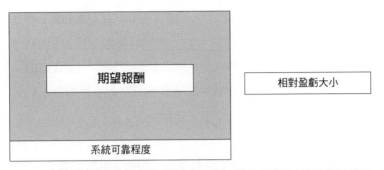

圖13.1 運用平面圖形說明期望報酬表示為系統可靠程度和相對盈虧大小之間的關係。我們希望這個面積愈大愈好。

數種可行方法

各位如果確實瞭解前面幾章的內容，就能夠設計一套期望報酬為正數的交易系統。你可以透過幾種方式辦到這點，以下談論一些可能方法。

交易者1：目標R倍數很大的長期順勢系統

假定你想要採用R倍數很大的長期順勢交易系統。你想運用80天通道突破作為進場架構，藉由折返走勢進場，把停損設定在折返走勢端點的外緣。起始獲利目標設定為至少10R。換言之，部位建立之後，有兩種可能發展：停損出場，或取得10R的獲利。一旦取得10R帳面獲利之後，採用20%折返設定停止點（換言之，你願意犧牲20%的最大帳面獲利）。

這種系統的R風險很小，也就是說你會經常被停損出場（經常失敗），但成功交易的獲利至少有10R。進行測試的時候，你可能會發現，有28%的交易發生虧損，但成功交易的平均獲利很可能是失

敗交易平均虧損的12倍。根據估計，期望報酬可能是2.58R，相當
優異的水準。可是，我們還需要考慮一些關鍵議題：12R的獲利多
久會發生一次？也就是說12R的發生頻率如何？每年一次或每週一
次？這套交易系統發出進場訊號的頻率有多高？發生連續虧損的時
候，帳戶淨值下跌程度有多大（表示為R的倍數）？

交易者 2：標準長期順勢系統 (勝率 40%；報酬／風險比率 2.5：1)

　　就前述系統來說，你或許不能忍受高R倍數所帶來的經常虧
損，因此想要一般化的長期順勢系統。你決定採用調整型移動平君
的進場訊號，停損與停止點都設定為價格波動程度的3倍。

　　起始停損設定為每天平均價格區間的3倍，風險會變得相對可
觀。可是，經過一系列測試之後，你發現實際虧損平均只有0.5R，
平均獲利為3.4R，系統勝率大約是44％。你發現獲利期望值是
1.22R。同樣地，你還有一些關鍵議題需要考慮：這套系統發出進
場訊號的頻率有多高？連續虧損造成的帳戶淨值下降有多少R？對
於這些結果，你是否覺得滿意？

交易者3：高勝率-低R倍數的交易

　　你認為自己沒辦法忍受經常失敗，因此要求系統勝率至少要60
％。當然，想要經常成功的話，就必須犧牲獲利程度。

　　因此，你決定採用價格波動突破做為進場方法。你知道，市場
一旦發生重大走勢，通常都會持續一陣子。當市場的漲勢或跌勢到
達最近5天平均真實際格區間的0.7倍，你就進場。

　　經過測試之後，你發現，最大折損額度（MAE）很少超過平均
真實區間的0.4倍。因此，你決定用此做為起始停損。另外，你也

很樂意把獲利目標設定為平均真實區間的0.6倍,因為這個目標的達成率高達60%。換言之,一旦進場之後,如果沒有被停損出場,就是達成獲利目標。

關於期望報酬,你發現平均大約是0.5R。可是,這套系統進出很頻繁,扣除交易成本之後,期望報酬只有0.4R。現在,你必須考慮:「我是否可以接受0.4R的期望報酬?」系統提供的交易機會是否夠多,使得績效能夠與長期順勢系統競爭?這套系統的連續虧損情況如何,相當於幾個R?

交易者4:賺取買-賣價差的造市者,但偶爾會被行情帶開

最後這位交易者代表極端情況,他是造市者。對於每筆交易,他嘗試賺取買-賣報價之間的價差。假定他大約有80%的機會可以賺取買-賣報價的價差,平均為8美分,另有15%的交易會發生8美分的損失,最後還有5%的交易會被行情帶開而發生重大損失,假定這些重大損失平均每筆為80美分。

換算為R倍數,他發現期望報酬大約是0.15R(1R等於8美分)。扣除交易成本之後,實際上大約是0.11R。他的表現怎麼樣?績效或許不太可能與那些每承擔\$1風險可以賺取\$1以上獲利的人比較。可以嗎?另外,關於連續虧損,這位交易者預期如何(表示為R倍數)?

期望實現報酬:考慮機會因素

表13.1顯示前述4位交易者的期望報酬與其他資料。表面上看起來,期望報酬最高的交易者,顯然應該是操作績效最好的人。事

實上，交易者1的期望報酬，遠遠超過絕大部分長期順勢交易者，所以他的績效似乎應該很好。可是，如同前文強調的，除了期望報酬之外，還要考慮機會因素，也就是表13.1顯示的交易頻率。

表 13.1　4位交易者的期望報酬／成本／機會因素

	交易者 1	交易者 2	交易者 3	交易者 4
期望報酬	2.58R	1.216R	0.5R	0.15R
扣除成本	2.38	1.02	0.4R	0.11R
機會次數	0.05	0.5	5	500
期望實現報酬	0.119R	0.51R	2.0R	55R

假定「交易者1」使用的系統，每20天產生1筆交易，「交易者2」每2天進行1筆交易，「交易者3」與「交易者4」分別每天進行5筆與500筆交易。如此情況下，我們計算每位交易者每天實現的平均報酬（單位為R），結果如表13.1顯示。換言之，這是把期望報酬乘以機會次數，我們稱此為期望實現報酬（expectunity）。

根據表13.1的資料顯示，造市者佔有絕對優勢；正常情況下，他每天都不會發生虧損。假定他所進行的每筆交易，承擔風險是帳戶淨值的0.25%。若是如此，「交易者4」的帳戶每天可以成長13%；至於「交易者1」，帳戶每天只能成長0.03%。

我的「超級交易員課程」有幾位從事場內交易的學員。其中一位的年度交易從來沒有發生虧損，甚至每個月都很少出現虧損。另一位場內交易員在3個月之內，帳戶規模由$100,000成長為170萬。還有一位學員，在我的指導之下，第一個月就賺回整個課程的學費。這難道不是優勢[1]？

現在，各位是否逐漸瞭解交易績效與期望實現報酬（期望報酬

乘以機會次數）？結果是相關期間內，交易系統實現的平均總獲利（單位為R）。平均總獲利配合部位設定法則，可以顯示相關期間內的賺錢能力。

圖13.2顯示期望報酬把機會次數當作第3個維度（暗灰色）的情況。如同這份圖形顯示的，我們現在考慮的是交易系統每天產生的R總值。這個獲利不再取決於2維平面，而是取決於3維體積。

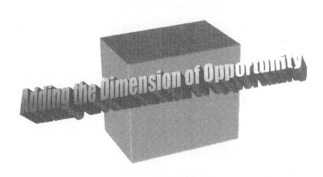

圖13.2 增添機會因素的維度

交易成本

金融交易涉及成本。造市者要賺取報價的差價，經紀人要賺取佣金。唯有扣除這些交易成本之後，剩下的盈虧才是你的。每筆交易涉及的成本，是期望報酬的一部份，由於這項因素非常重要，所以我打算稍微深入談談。交易頻率愈低，交易成本愈不重要。很多長期順勢交易者幾乎不考慮交易成本的問題，因為對於他們交易的獲利潛能來說，交易成本顯得微不足道。舉例來說，如果每筆交易獲利$5,000，你或許就不在意每筆交易支付$50或$100的成本。

可是，對於交易頻繁的短線玩家來說，交易成本就變成是一項重要考量。舉例來說，如果每筆交易的平均獲利只有$50，你當然非常在意每筆交易必須支付的$100成本。

佣金

除非你需要經紀人提供特殊的服務，否則應該取得儘可能低的佣金費率。舉例來說，股票交易者現在可以透過網路進行交易，佣金成本很低。這就是所謂的折扣經紀商；過去，每買100股就必須支付$50的佣金，然後賣出這100股，又必須另外支付$50的佣金。可是，透過折扣經紀商進行交易，你必須確定兩點：（1）執行交易的撮和價格必須合理；（2）價格波動劇烈的時候，你隨時可以透過網路經紀人進行交易。

期貨交易長久以來的佣金費率都較低。期貨交易的佣金計算，通常都是以來回一趟為單位；換言之，建立部位與結束部位總共只需要支付一筆佣金。一般來說，交易者可以爭取到$20或更低的費率，如果交易量夠大的話，或許還可享有更優惠的費率。

執行成本

執行成本是指除了經紀商佣金之外，建立與結束部位所必須支付的費用。這通常是指買-賣報價之間的差價，也就是造市者賺取的價差。一般來說，價格波動愈劇烈、市場流動性愈低，執行成本也就愈高，因為這些情況下，造市者不確定可以從多、空部位的沖銷過程賺多少差價（行情變化很快），所以交易者必須支付較高的執行成本，用以彌補造市者承擔的風險。

某些交易者對於執行成本的控制很講究。舉例來說，史瓦格在

《新金融怪傑》曾經提到某位交易者，他嚴格控制交易過程的滑移價差[2]。剛開始，他透過很多經紀人進行交易，分別記錄他們的滑移價差。一旦滑移價差變得太高，就換經紀人。最後，為了有效控制執行成本，他還是決定自己開設經紀公司。

　　短線交易者要特別留意執行成本的問題。你執行一筆交易，大概要花多少成本？如何降低這方面的成本？各位應該與經紀人好好談談。確定經紀人瞭解你所遞出之交易指令的意義。對於短線交易來說，執行是否恰當，可能關係著交易是否能夠獲利。

稅金

　　交易還涉及第三種成本，也就是政府收取的規費與稅金。換言之，每筆交易都必須支付一些規費，以及資本利得稅。

　　投資人如果出售房地產，只要填寫1031表格，然後購買價格更高的房地產，那麼前筆交易的資本利得就不需繳稅。另外，類似如華倫·巴菲特等長期股票投資人，只要不出售股票，股票投資的未實現利得不需繳稅。所以，如果你只投資房地產，或長期投資股票（不賣出），就可以規避稅金成本。

　　可是，短期交易者所賺取的利得，就必須繳納數量可觀的稅金。舉例來說，期貨交易者的未平倉部位，年底必須根據市價進行結算，未實現獲利也必須繳納稅金。舉例來說，12月31日，如果你的期貨部位有$20,000的未實現獲利，就必須針對這部分利得向政府繳納稅金。即使你後來又賠掉其中的$15,000帳面獲利，也不能要求政府退稅，而必須等到隔年報稅的時候，才能根據實際利得做調整。

　　稅金當然是很重要的交易成本。稅務的細節程序，雖然已經超

出本書打算討論的範圍，但交易者至少要有所準備。

心理成本

截至目前為止，我們只討論金錢衡量的成本。可是，心理負擔也是一項非常重要的考量。交易愈頻繁，這方面的壓力愈大。

短線交易雖然可以創造較多的機會，但心理承擔的壓力也較大。你永遠都要保持最佳狀態，否則可能錯失大好機會，稍有閃神可能就會造成難以彌補的虧損。

很多短線交易者曾經對我說，「我從事當日沖銷交易，每天進出市場好幾回。我幾乎每天都賺錢。我的績效相當不錯。可是，我昨天幾乎輸掉一整年的努力，實在令人喪氣！」這絕對是心理問題。這種錯絕對是來自於重大心理障礙。

當日沖銷雖然可以創造可觀的金錢收益，但造成的心理耗損也很嚴重。如果沒有好好在這方面作調整，心理錯誤所造成的財務損失，很可能會重創你的交易生涯。

即使是從事長期交易，也不可忽略心理問題。長期交易者之所以能夠成功，通常有賴一年少數幾筆真正成功的交易。所以，這些少數交易絕對不允許出差錯。只要錯失最佳機會，那一年往往就無法獲利了。同樣地，心理因素也扮演關鍵角色。

我有位好朋友，他是專業交易者。他曾經告訴我，他和他伙伴從事的交易，完全不涉及心理因素，因為他們採用全然機械化的交易系統。我說，這些交易還是必須由你們執行，所以還是涉及心理因素。他雖然承認，但還是認為心理因素對於他們的交易一點也不重要。幾年後，他們碰到一筆有關英鎊的交易機會，由於他們對於英鎊的交易始終不順利，所以故意忽略這次機會。結果，這是他們

一整年碰到的最好機會。不久,他們就結束了交易業務。這個故事意味著什麼教訓?任何形式的交易,都不免涉及心理因素。

你使用的系統假定每年平均可以創造80R的獲利。另外,你所犯的每個錯誤,假定都會讓你承擔2R的損失(沒有根據的虛構數據),而且你每個星期都會犯錯一次。所以,年底的時候,你所犯的錯誤總共會造成104R的損失,顯然超過系統所能提供的獲利。我認為,這就是很多交易者/投資人之所以會虧錢的理由。

帳戶淨值最大連續耗損

關於所使用的交易系統,我們還要理解該系統在一年之內,可能造成帳戶淨值的最大連續耗損。換言之,由帳戶淨值的最高點,你預期會出現多大的連續耗損?或者,在開始進行交易而還沒有獲利之前,你預期會先發生多嚴重的虧損?關於這些耗損或虧損,請由R的角度思考。

請參考表13.2,這40筆交易實際上是透過抽取彈珠產生的,結果有:27個1R損失,1個2R損失,5個5R損失,7個10R獲利。彈珠每次抽取1個,而且置回。表13.2按照抽取順序顯示結果。

這套系統的期望報酬為0.8R,所以40筆交易的總獲利應該是32R。可是,期望報酬只是R分配的平均數。換言之,有很多樣本的總獲利會超過32R,也有很多樣本的總獲利會低於32R;可是,只要樣本的數量夠多,則樣本總獲利的平均數應該是32R。可是,表13.2只是一個樣本,結果有7個10R獲利(較預期水準少1個),5個5R虧損(較預期水準多1個)。這個樣本出現27個1R虧損,剛好符合預期水準。由於少了1個10R獲利,多了1個5R虧損,使得這個

表 13.2　40筆交易：峰位-谷底的連續耗損

交易編號	R 結果		耗損	交易編號	R 結果		耗損
1	1R	虧損	−1R	21	1R	虧損	−7R
2	1R	虧損	−2R	22	10R	獲利	
3	1R	虧損	−3R	23	10R	獲利	
4	1R	虧損	−4R	24	1R	虧損	−1R
5	10R	獲利		25	5R	虧損	−6R
6	1R	虧損	−1R	26	1R	虧損	−7R
7	1R	虧損	−2R	27	1R	虧損	−8R
8	1R	虧損	−3R	28	1R	虧損	−9R
9	5R	虧損	−8R	29	1R	虧損	−10R
10	5R	虧損	−13R	30	1R	虧損	−11R
11	10R	獲利	−3R	31	1R	虧損	−12R
12	2R	虧損	−5R	32	1R	虧損	−13R
13	1R	虧損	−6R	33	1R	虧損	−14R
14	1R	虧損	−7R	34	5R	虧損	−19R
15	5R	虧損	−12R	35	1R	虧損	−20R
16	10R	獲利	−2R	36	1R	虧損	−21R
17	1R	虧損	−3R	37	10R	獲利	−11R
18	1R	虧損	−4R	38	1R	虧損	−12R
19	1R	虧損	−5R	39	10R	獲利	−2R
20	1R	虧損	−6R	40	1R	虧損	−3R

樣本的總獲利為7R，而不是預期中的32R。可是，請記住，這只是一個樣本而已。事實上，我曾經抽取10,000個40筆交易的樣本，其中甚至有15%樣本的獲利期望值為負數。依此推論，如果你每個月進行這類的40筆交易，很可能有85%的月份是獲利的，但有15%的月份會發生虧損。

　　現在，讓我們看看表13.2顯示的耗損。第1～4筆交易都發生虧損，造成9R的連續耗損。第6～10筆交易也是虧損，使得連續耗損增加為13R。第12～15筆交易，產生淨耗損4R。第17～21筆交易，耗損為5R。

請注意，第11與第16筆交易的2次10R獲利，並沒有辦法讓累積耗損消失。所以，由第6～21筆交易構成的連續耗損，我們必須禁得起考驗。可是，這16筆交易造成的連續耗損，並不是最糟情況。最糟連續耗損發生在第24～36筆交易，總耗損為21R。因此，我們必須禁得起21R的連續耗損，才能實現這個樣本最終取得的正數期望報酬。

對於前述40筆交易構成的樣本，我總共抽取10,000個樣本，觀察最大連續耗損的情況。表13.3顯示相關結果。連續耗損的中位數為17R，所以先前樣本的21R有點偏高。請注意，對於所有的樣本，最大連續耗損起碼都有4R（100%）。就這些樣本觀察，系統之最大連續耗損為29R或更大者，發生機率有10%。至於這10,000樣本之中，連續耗損最大者為72R。

這些資料告訴我們什麼呢？根據期望報酬與最大連續耗損中位數，如果每筆交易承擔的風險是帳戶淨值的1%，則每進行40筆交易，帳戶淨值可以成長32%，但過程中可能要歷經17%的最大連續耗損。各位認為這方面的資訊是否有價值呢？

表 13.3 交易系統之期望連續耗損（單位：R）

連續耗損	機率 %
4R	100
12R	78
17R	50
23R	24
29R	10
35R	5
72R	最大

讓我們看看表13.1之四位交易者進行100筆交易的帳戶淨值最大連續耗損，資料顯示於表13.4。

表 13.4　前述四位交易者進行100筆交易的帳戶淨值最大連續耗損與期望
　　　　　報酬

	交易者1	交易者2	交易者3	交易者4
期望報酬	2.58*R*	1.216*R*	0.5*R*	0.15*R*
最大連續耗損	11*R*	3.5*R*	16*R*	21*R*

請注意，「交易者4」帳戶發生的連續耗損最大。帳戶連續耗損的期望值愈大，帳戶破產的風險也愈高。

運用投資快訊建議做為樣本系統

做為本章的結論，如果我們運用各種投資快訊的建議，將其視為樣本系統，觀察操作績效，我想這方面的分析應該很有趣。過程中，我希望（1）判斷投資快訊整體而言是否代表好系統，（2）判斷某些交易概念是否優於另一些概念，（3）讓各位瞭解如果遵循投資快訊的建議，大體上可以期待什麼。為了做這方面的分析，我接觸三個集團投資快訊機構。我表示，除非績效表現不錯，否則我不會提及他們的名稱。其中兩個集團非常樂意配合，提供各種相關資料，讓我可以計算與分析長期的R倍數分配。

其中一個集團的負責人波特・史坦斯伯利（Porter Stansberry）甚至對我說，「你可以說出我們所有投資快訊的名稱。如果你發現有哪份刊物有問題，我們就把它結束掉。」相反地，有個集團的負

責人則表示,「我們不太瞭解自己的績效,當然不希望你說出那些表現不佳者的名字。」這些投資快訊都提供選擇權方面的建議,此處的分析不想涉及這部分內容。

資料分析

　　對於每份投資快訊,我們觀察所建議的進場日期、進場價格與停止(停損)設定。我們分析的投資快訊,大多採用25%追蹤型停止設定。可是,如果投資快訊沒有建議停損,我們假定起始風險是進場價格的25%。所以,如果股價跌到零的話,相當於4R損失;如果股價上漲一倍,獲利為4R。某些投資快訊每個月只提供一個建議,而且建議繼續持有。所以,我們假定所有部位都在2006年6月30日結束,將當天收盤價視為部位出場價格。有些情況下,我們只有截至2006年3月31日的資料;若是如此,就以當天收盤價做為出場價格。

　　關於投資快訊績效分析,我們計算幾個重要變數。對於我們擁有的整個資料,投資建議的期望報酬如何?平均每個月會新建立幾個部位?我們利用這個資料,計算每個投資快訊兩年期間的交易機會次數,然後計算期望實現獲利。最後,關於部位規模設定如何滿足交易目標,我們運用一種特別工具來衡量其程度。

投資快訊

　　我只觀察史坦斯伯利研究機構(Stansberry Research)與牛津俱樂部(Oxford Club)發行的投資快訊,再加上有位客戶很樂意幫我做評估的另外兩家。以下是一些相關資料(按照字母順序排列)。

　　《藍籌成長》(Blue Chip Growth)　這是某位投資組合經理人發

行的月刊，列舉其精選股票，所有建議股票都至少要持有一年。關於這份刊物，我評估績效的期間是由2003年12月到2006年3月。這段期間內，部位得以結束的建議總共有32個。這份刊物的評估，只考慮部位已經結束的建議。所有的建議都沒有設定停損（停止點），所以我把起始風險（1R）視為進場價格的25％。這份刊物沒有追蹤自己所做建議的績效（包括進場價格與目前價格）。

《奮進》（Diligence）　這份刊物讓我想幾股票分析師精選的股票。刊物主編推薦一些他認為對於消費者將造成重大衝擊之新產品的相關股票。對於他所推薦的股票，刊物主編每個月都與相關企業執行長或代表做溝通。這份刊物的建議沒有設定停損（所以此處把起始風險設定為進場價格的25％），而且只要主編認為相關股票還有潛能，就會繼續長期持有（不在意股價下跌）。。我評估績效的期間是由2001年1月到2006年3月，期間內總共有36個建議，勝率為44.4％。目前投資組合還持有最初建議的22支股票。我們的評估是按照2006年3月31日的收盤價計算。在我們做這份分析之後不久，《奮進》已經停刊。

《極端價值》（Extreme Value）　這份刊物透過各種價值模型挑選股票。最根本的選擇原則，就是挑選價值極度低估的股票。舉例來說，土地通常都按照成本入帳，每英畝數千元的土地，帳面上可能只登錄為$120。所推薦的股票都沒有設定停損，所以1R假定為進場價格的25％。我評估績效的期間是由2002年9月到2006年6月，總共提出37個建議，目前仍持有其中21支股票，所以我採用2006年6月30日收盤價計算R倍數。

《內線策略家》（Inside Strategist）　這份刊物假定企業內線如果大量買進自家股票，意味著該股票值得買進。我評估績效的期間是

由2004年3月到2006年6月，該刊物總共提出27個建議。另外，相關評估還包括主編的「特別推薦」6支股票。目前，該刊物仍然持有過去2年內推薦的58％股票。起始風險同樣假定為進場價格的25％。

《微型奔月》（MicroCap Moonshots） 這份刊物是由某位年輕人發行的，他希望找到真正具有潛力的超小型股票，因為小型股走勢的凌厲程度遠超過大型股。所以，這份刊物鎖定的是「大號全壘打」。我評估績效的期間是由2003年10月到2006年6月。最初的主編在2005年3月18日離職，他表示，「最近幾個月的行情波動程度足以令人發狂。誰還要跟我在一起？」隔週，主編就換人了，並持續到目前。這份刊物推薦的股票，都有明確的停損，我們採用建議的停損。

《牛津俱樂部公報》（Oxford Club Communiqué） 這份刊物是由幾個人共同做推薦，屬於折衷型的刊物。相關推薦都有明確的停止設定，完全採用25％追蹤型停止策略（根據收盤價計算），用以設定停損與出場停止點。這份刊物有幾個不同的投資組合。可是，我只追蹤其中之一：牛津俱樂部交易投資組合（Oxford Club Trading Portfolio）。

另外，其中一位編輯對於股票買進建議，都會同時建議抵補銷售買權。我不認同這種策略，因為獲利只侷限於進場價格與買權履約價格的差價，加上銷售買權的權利金收入，但風險則包括全部股價（扣除有限的權利金收入）。所以，我的評估不包括這些建議在內。我追蹤1999年9月到2006年6月30日之間的166個建議。這些部位仍然有27個沒有結束，所以這些部位採用2006年6月30日的收盤價計算R倍數。

　　《波特‧史坦斯伯利投資顧問》（Porter Stansberry's Investment Advisory）　波特的建議，基本上都是他喜歡的高動能股票。我評估績效的期間是由1998年7月到2006年6月，總計93個月，包括175個建議，其中有12個部位尚未結束。我們採用波特本身建議的停損。

　　《真實財富》（True Wealth）　這是一份在美國相當受歡迎的投資快訊，訂閱人數超過70,000人。刊物主編是史帝夫‧萊格魯（Steve Sjuggerud），他和我一起寫《資產生財，富足有道！》（Safe Strategies for Financial Freedom）。我相當瞭解史帝夫的投資策略，因為我的投資快訊在幾年前曾經訪問他。原則上，史帝夫鎖定那些大家都不喜歡的股票，所以這些股票的下檔幾乎沒有什麼風險，上檔的潛能則很可觀。另外，他與我有一項共同信念：股票必須開始呈現漲勢，然後才買進。

　　一份昂貴而不具名的投資快訊　此處不打算提這份刊物的名稱，因為其績效非常可怕。此處討論的投資刊物中，這是最貴的一份，價格甚至超過其他刊物的價格總和。該刊物每週透過電子郵件提供建議，目標是100％或以上的獲利。這位主編非常懂得行銷策略，如果你是訂戶，則會被告知：（1）他擁有一套神秘的選股系統；（2）他發行的其他投資快訊，獲利雖然也可能超過100％，但這份刊物是經過篩選的精華；（3）根據某獨立評估機構，他是全世界最棒的投資快訊編輯之一。最典型的行銷說詞如下：「我們推薦的XYZ股票，目前獲利50％，ABC股票獲利67％，QRF股票獲利42％！」，然後宣稱其訂戶對於績效表現有多麼滿意。

　　事實上，我曾經與他在視訊會議上接觸，我提出兩個問題：（1）如果你的表現這麼棒，為什麼不提供精確的績效紀錄？（2）停止點為何有時候朝反方向調整？他完全不理會這兩個問題。

投資通訊操作績效

表13.5顯示這些投資通訊建議的績效表現，項目包括：交易筆數、勝率、期望報酬、2年期間的期望實現報酬，以及利用我設計之特殊評估方法，衡量部位大小符合交易目標的程度[3]。根據這項指標，如果交易系統能夠在0.05%水準賺錢，其讀數為1。讀數如果大於2，那就不錯了；讀數大於3，則非常傑出。可是，在我們的研討工作坊裡，某些系統的讀數超過5。

兩個價值導向的投資快訊，交易系統的勝率最高，特殊衡量指標的讀數也最大，這代表投資快訊建議如果使用適當的部位大小，比較容易符合交易目標。這兩份投資快訊建議投資的對象，目前還有不少股票繼續持有，《極端價值》為57%，《真實財富》為29%。

《牛津俱樂部公報》的2年期期望實現報酬最高，2年的R總值為

表 13.5 投資通訊績效分析

投資通訊	交易筆數	勝率%	期望報酬	期望實現獲利（2年）	特殊衡量
藍籌成長	32	36.5	0.05	1.37R	0.21
奮進	36	44.4	1.67	22.37R	1.17
極端價值	37	89.1	1.40	27.06R	2.99
內線策略家	27	48.1	0.35	8.4R	1.47
微型奔月	79	49.4	0.28	16.09R	1.59
PSIA	168	54.2	0.79	38.84R	2.17
牛津俱樂部	174	48.0	0.61	26.68R	1.65
某昂貴無名	77	67.5	0.68	21.68R	2.54
投資通訊	241	36.5	−0.01	−2.2R	−0.05

38.84R。如果每個部位承擔的風險為帳戶淨值的1%，這份刊物創造的報酬率，很容易就超過20%。

《奮進》的期望報酬最高1.67，因為其建議對象有一些擊出全壘打，這也是該刊物強調的性質。可是，某些股票虧損超過50%，而且還繼續持有。由於所建議投資的股票，有些表現很好，有些表現很差，使得其他領域的績效都不好。這份刊物如果採用本書建議的一些技巧，相信績效會顯著改善。可是，這種情況下，有些擊出全壘打的股票，在擊出全壘打之前，就會引發停止（損）設定。在我們做這份研究分析後不久，《奮進》已經停刊。

這些投資快訊各自代表不同的概念，多數的賺錢能力都不差。價值導向系統的表現似乎最理想，但這並不代表價值導向優於順勢操作。不妨回憶圖9.2顯示的系統（買進股價創歷史新高者），在兩年期間內，該系統的期望實現獲利高達429R。可是，這套系統的最大問題，是可能同時進行大量的交易；所以，每筆交易所承擔的風險，可能只是帳戶淨值的0.1%或更低。我曾經見過某些順勢操作系統，系統素質參數超過5.0。所以，我想這些投資快訊的資料，並不足以證明價值概念優於任何其他概念。

最讓我覺得訝異的，是那份最貴的投資快訊，期望獲利竟然是負數。這個結果給我們什麼啟示？這份刊物沒有追蹤自己的績效。如果各位想要訂閱投資快訊，千萬要留意那些沒有定期更新績效紀錄者。順便提一點，這份刊物最近又舉辦促銷活動：在未來一年內（2007年），訂閱戶根據其建議作投資，如果沒有賺到$100萬以上，「保證」退費。依據前述241筆建議的績效紀錄，各位認為未來一年內賺到$100萬的機會有多高？我曾經在2005年三度要求這份刊物退費，結果沒有一次成功。

結論

各位如果準備採納投資快訊的系統，仍然需要找到適當的投資快訊，其交易概念必須符合各位的信念。我也建議各位做此處所做的一些分析。換言之，（1）投資快訊必須提供過期刊物；（2）投資快訊必須有歷史績效紀錄。如果投資快訊的編輯說他不知道自己的績效（也就是說他不告訴你），那就跟他說再見。當然，投資快訊最好能夠公布其過去建議的績效，包括：進場價格、起始風險、出場價格。如此一來，各位就可以自行計算R倍數與期望報酬。

假定各位決定遵循投資快訊的建議，請記住這些建議通常不包括部位大小（參考第14章），通常也不會談論心理層面的因素。舉例來說，投資快訊的建議如果可以讓你每年獲得20R利潤，但過程中你會產生10次錯誤，每次錯誤的損失為2R，結果你將一無所得。

摘要結論

截至目前為止，本書基本上是探討如何設計高期望獲利的交易系統。期望獲利是2維空間的平面，取決於系統的可靠程度（勝率）與盈虧相對大小。

可供交易的機會，則是決定實際獲利程度的第3個維度。期望獲利必須乘以交易次數（頻率），結果才代表交易系統的實際報酬。所以，如果交易頻率很低，期望報酬高的交易系統，未必就是能夠實現高報酬的系統。

最後，交易涉及一些成本，你透過交易賺的錢，還要扣除這些成本。金融交易存在各種成本，每種都值得考慮與評估。如果你可以減少任何一種成本，交易績效都會直接受益。最重要的四種交易

成本分別為：經紀商的佣金、執行成本、稅金成本與心理成本。

　　本章也再度強調一種觀念：交易系統提供的就是R倍數分配，呈現期望報酬的性質。所以，我們評估9種不同投資通訊的建議，觀察它們的期望報酬、2年內的期望實現報酬，並探討好系統如何透過部位大小設定而滿足交易目標。有關投資通訊的分析顯示——也是本書不斷強調的——想要在市場上賺錢，有很多好方法可供運用。

附註

1. 絕大部分的場內交易員都不能成功，他們多數在第一年就耗盡交易資本，因為不知道自己的優勢在哪裡，或不知道如何運用自己的優勢。另外，對於每筆交易，他們所承擔的風險很少超過帳戶淨值的0.5%。

2. 請參考Jack Schwager,《The New Market Wizards》（New York: HarperCollins, 1992）。

3. 我雖然不想在此討論這項特殊指標，不過其與夏普率（Sharpe Ratio）之間存在顯著關連。這項指標的讀數愈高，代表愈容易運用部位大小設定來滿足交易目標。

部位規模設定：
達成交易目標的關鍵

獲利30%時，了結三分之一部位。獲利50%時，再了結三分之一部位。等到反轉型態出現時，結束剩餘部位。

——引用自某股票交易講習會資金管理課程

撇開心理議題不談，交易系統設計的最重要層面，就是任何特定部位應該投資多少的問題。雖說如此，但絕大部分討論交易或系統設計的書籍，幾乎完全忽略這個議題。即便有一些討論，也稱之為「資金管理」或「資產配置」。可是，此兩者通常都不是探討「多少」的問題。對於我來說，這些現象意味著，多數市場「專家」並不瞭解這是交易成功的最重要課題之一。

請參考本章開頭引用的一段陳述。這是某位講師在股票交易講習會資金管理課程上表達的觀點。可是，我認為，這個陳述屬於如何出場的領域，與資金管理完全無關[1]。下課之後，我向這位講師請教，他所謂的資金管理究竟是什麼意思？他表示，「這個問題很好。我想，資金管理就是如何擬定交易決策。」

投資組合經理人大多認為，資產配置是決定投資成功的重要因素。可是，對於你來說，「資產配置」代表什麼意思？你很可能認為，這代表你應該挑選哪些資產類別。這是「資產配置」對於投資

經理人的意涵,因為他們根據規定必須充分投資(至少投資95％)。所以,他們認為,資產配置就是有關挑選哪些資產類別的決策。你是否也有相同的定義?

布里森(Brinson)與其同僚把「資產配置」定義為總資本配置到股票、債券、現金等資產的比率[2]。根據這種定義(譯按:配置「多少」,不是配置「什麼」),他們發現,82種退休基金在10年期間內,績效差異有91.5％是取決於資產配置決策。從此,投資組合經理人與學術界開始強調資產配置的重要性。布里森與其同僚雖然發現配置「什麼」(譬如:如何選股或其他投資對象)對於投資績效的影響不大,但基於彩券偏頗心理作祟,資產配置所處理的,是配置「什麼」的問題。總之,關鍵在於「多少」的決策,不在於選擇「什麼」的決策。

容我重新強調一次,資金管理或資產配置所處理的問題,並非下列任何項目:

- ‧非關任何交易如何決定損失程度的決策。
- ‧非關如何獲利了結的決策。
- ‧非關如何分散投資的決策。
- ‧非關風險控制。
- ‧非關如何規避風險的決策。
- ‧非關投資什麼的決策。

反之,資金管理或資產配置扮演的功能,是在交易系統內負責決定「多少」的程序。所謂「多少」,通常是指交易過程

> 資金管理或資產配置扮演的功能,是在交易系統內負責決定「多少」的程序。

任何特定時間上的部位大小。另外，這也是決定交易者是否能夠達成其交易目標的重要因素。為了避免任何可能引起的混淆，所以本書一律稱此為「部位大小」或「部位規模」。

在處理「多少」之議題的過程中，各位可以考慮上文提到的某些項目，但這些項目本身並不屬於「部位大小」所要處理的對象。對於某些人來說，風險控制的議題，其重要性可能超過部位大小[3]。可是，在各種交易領域裡，投資績效差異主要是來自於「部位大小」。

1997年，應道瓊公司之邀，我前往亞洲各主要城市，向數以百計的專業交易者講解部位大小與交易心理的相關課程。課堂裡，我藉由一個賭局說明部位大小決策的重要性。這是有關彈珠的賭局：一個袋子裝著10顆彈珠，其中有7顆為1R損失，1顆為5R損失，2顆為10R獲利。參與者每次由袋子裡抽取1顆彈珠，記錄結果（代表1次交易），然後把彈珠置回，如此重複抽取40次，最終結果代表交易者使用此特定交易系統進行40筆交易的績效。

這個賭局（交易系統）的期望報酬為0.8R，雖然系統勝率只有20%。參與學員的帳戶資本最初都是$100,000，每個人都可以抽取（交易）40次，每次抽取之前，自行決定該次的R是多少。換言之，所有的參與者都由同一個袋子裡抽取彈珠，相當於每個交易者都使用相同的交易系統，唯一的決策因素是部位大小。參與者進行這場賭局的最後結果如何呢？差異頗大，有些人的帳戶破產，有些人的帳戶淨值超過$100萬（換言之，40筆交易讓帳戶淨值成長1,000%）。

這場賭局的結果，多少可以確認布里森的結論：投資績效的差異，有90%取決於「多少」的決策與個人心理狀況。我曾經在各

種不同狀況下，重複進行這個賭局數百次，結果都很類似。

　　前述賭局通常可以說服學員們相信部位大小的重要性。可是，當我向這些亞洲專業交易員建議，部位規模可以根據帳戶淨值的某個百分率決定，卻發現這些交易員沒有人知道「帳戶資本」是多少。這些交易員都是幫「公司」進行交易，他們不知道「公司」有多少錢可供他們交易。於是，我又問另一個問題：多少交易損失會讓你搞掉飯碗？把這個數據視為帳戶資本，應該算是相當合理的辦法，但我發現也只有10％的學員知道這個數據。這意味著數以千計的專業交易員，他們根本無從決定部位大小。可是，這些交易員手頭上的部位，每個人可能都不下數百萬。我發現，各處的情況都大致如此。

　　大約3年前，我也針對世界各地的投資組合經理人與避險基金經理人，講授相同的課程。我發現，多數人並不知道或不認為部位大小是值得思考的議題，至少投資經理人或轉任為避險基金經理人的前投資組合經理人是如此。對於這些人來說，顯然沒有部位大小的問題，因為資金隨時都至少必須投資90％。

　　部位大小與個人心理雖然是金融交易最重要的致勝關鍵，但金融業者或學術圈子都不太重視：

- 如果各位任職於大型經紀商，通常就不曾接受部位大小或交易心理方面的訓練。這些人接受的訓練，大多是有關於交易法規、公司提供的產品、如何開發客戶、如何推銷產品等。舉例來說，經紀人的專業檢定考試，內容都與部位大小或交易心理無關。
- 如果各位是專業財務規劃師（CFP），情況也大致是如此。

　　請注意，不論是經紀人或專業財務規劃師，一般都被認定為金融市場專家。一般人都會向這些市場專家請教，至於其他市場專家：

- 如果你是某著名大學畢業的MBA，通常也不會接受過部位大小與交易心理的訓練。

- 如果你是頂尖大學的金融學博士，也不太可能受過部位大小與交易心理方面的訓練。你可能涉獵行為金融學，但這與個人交易心理也沒多大關係。

- 如果你是專業財務分析師（CFA），通常應該沒有受過部位大小與交易心理的訓練。事實上，多數CFA甚至不知道如何從事交易，因為他們只懂得如何評估企業股票價值與未來可能表現。

- 如果你是銀行或其他法人機構的專業交易員，應該也不瞭解這兩個領域的知識。事實上，如同前文提到的，多數專業交易員甚至不知道自己允許發生多少虧損。

　　因此，多數投資方面的書籍，乃至於你可能接觸的相關文獻與資料，通常都沒有涉及交易成功的兩個最重要領域：部位大小與交易心理。

　　讀者已經知道，專業交易的績效差異，絕大部分是源自於部位大小決策。關於這點，假定各位還沒有被說服的話，讓我們由另一個角度觀察這個議題。各位應該還記得第7章提到的雪仗模型吧？這個比喻涉及部位大小的兩個因素：起始保障（雪牆大小相當於帳戶規模）與任何時候襲來的雪球數量（同一時堅持有多少部位）。

　　關於總金額數量的決定，圖14.1說明部位大小是另一個需要考

慮的維度。第13章的圖13.2引進交易機會次數，讓原本2維空間的
期望報酬，演變為3維空間的期望實現報酬。現在，圖14.1又引進
另一個維度「部位大小」：在市場上同一時間持有的多單位部位。
由於我們很難藉由圖形表達4維空間，所以圖14.1藉由3維立方體
的個數來表達第4維度。所以，期望報酬是2維平面，增添交易機
會次數之後，則變成3維立方體；現在，部位大小將決定這些3維
立方體同時出現的個數。如此應該不難理解部位大小的重要性。

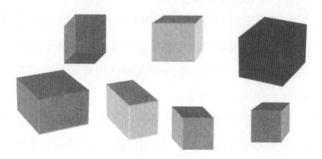

圖 14.1　部位大小將決定同一時間內出現多少個3維立方體

　　各位如果還不能認同部位大小的重要性，不妨回憶本書第2章
談到的拉夫・文斯（Ralph Vince）所做的研究：40位博士參與某期
望報酬為正數之部位大小的遊戲。期望報酬雖然是正數，但有95％
的參與者賠錢，為什麼？關鍵在於個人心理與部位大小。
　　假定起始帳戶資本是$1,000，剛開始的時候，賭金設定為每把
$100。假定連續輸3把（就勝率60％的賭局來說，這種可能性不
低），帳戶資本剩下$700。現在，你想，「既然已經連輸3把了，
第4把獲勝的機率應該很高。」事實上當然不是如此，這只是賭
徒謬誤造成的判斷錯誤；第4把的勝率仍然是60％。總之，你認

為，第4把獲勝的機率很高，所以就把賭金提高到$300。萬一又輸了，現在只剩下$400；這種情況下，獲勝的機會變得很渺茫，因為你隨後必須創造150%的報酬才能扳平。當然，對於勝率60%的賭局，連續輸4把的機率不高（2.56%），但如果有100個參與者，幾乎起碼有1個人會碰到。

　　參與者還有另一種破產可能：每把賭金太大。假定每把賭金設定為$250，萬一連續輸3把，賭本剩下$250。現在，你必須創造300%的獲利才能扳平。這種情況下，你在扳平之前，很可能會先破產。

　　不論哪種情況，參與者之所以失敗，都是因為賭注下得太大。承擔過高風險的心理因素，可能是貪婪、不瞭解勝率，有些情況甚至是故意想要失敗。可是，由數學觀點來看，失敗是因為承擔太多風險。舉例來說，如果10個黑色雪球的總體積大於雪牆，那麼只要10個黑色雪球同時襲來，雪牆就崩解了。這種情況下，不論白色雪球出現的比率有多高也沒用，因為只要10個黑色雪球同時襲來，遊戲就結束了。

　　你的帳戶淨值，等同於雪仗比喻中的雪牆大小。一般而言，人們到金融市場從事投機交易，帳戶資本都太小了。$50,000以下的資本，算是小帳戶；可是，如果統計一般的交易帳戶，我們將發現平均規模大概只有$1,000～$10,000。因此，很多人的部位大小決策不合理，根本原因是帳戶資本太少了。帳戶規模如果不夠大，單是這個原因，失敗的機率就很高。

　　請參考表14.1，其中顯示帳戶如果發生某特定連續耗損，隨後需要創造多少報酬率才能扳平。舉例來說，如果帳戶資本損失20%，隨後大約要25%的獲利才能扳平。如果先發生25%的損失，隨後大約要66.7%的獲利才能扳平。如果先發生50%的損失，隨後要

有100％的獲利才能扳平。所以，交易部位承擔的風險愈高而發生損失，扳回的機會就愈來愈渺茫。

表 14.1　虧損之後的扳平

虧損％	扳平所需要的獲利％
5	5.3
10	11.1
15	17.6
20	25.0
25	33.0
30	42.9
40	66.7
50	100.0
60	150.0
75	300.0

部位規模基本策略

　　長久以來，職業賭徒認為部位大小設定可以劃分為兩種基本策略：平賭（martingale）與逆平賭（anti-martingale）。平賭策略是隨著淨值減少（發生連續虧損時）而增加每把賭金。逆平賭策略的情況剛好相反，在連續獲利或帳戶淨值增加時，才增加每把賭金。

　　玩輪盤或擲蟹骰就可以引用純粹的平賭策略：每輸一把，就把賭金加倍。舉例來說，最初的單位賭金假定是$1，如果輸了，賭金增加為$2，如果又輸了，賭金再倍增為$4，依此類推，一旦贏了之後，賭金就恢復為最初單位$1。

　　賭場經營者很喜歡賭客引用平賭策略。首先，任何機率賭局都可能發生連續失敗。如果賭客的勝率不到50％，那麼發生連續虧損

的機率更高。我們不妨考慮連續輸10把的情況。假定最初的賭金為
$1，連輸10把之後，總共輸掉$2,047。現在，賭金必須增加為
$2,048，結果才能淨贏$1。所以，如果再輸的話，總共輸$4,095，
贏的話，則只贏$1。換言之，對於勝率不到一半的賭局，你用
$4000博取$1。另外，賭場對於賭注通常有規定最高限額。如果最
低賭注是$1的話，最高限額通常不會超過$100。所以，平賭策略只
能引用到某種程度，不論在賭場或市場，通常都不適用。

　　原則上，在連續虧損的過程中，如果風險持續調高，總有一次
連續虧損會讓你破產。即使帳戶資本無限大，只要連續虧損夠嚴
重，你在心理上也未必承受得了繼續引用平賭策略。

　　連續獲利的時候，逆平賭策略會提高承擔風險，這種策略確實
適用於賭博與投資領域。精明的賭徒都知道，當他們手氣很順的時
候，可以提高賭金（在某種限度內）[4]。交易或投資的情況也是如
此。一些有效的部位規模策略，通常也會在賺錢的時候調高部位大
小。總之，不論賭博或投資／交易，原理大致相同。

　　部位大小決策會告訴你，某特定帳戶可以持有多少單位的投資
對象（股票或契約）。舉例來說，某部位規模決策可能認為，你的
帳戶太小而不能持有任何部位。這類決策允許你透過部位大小，決
定投資組合內各部位的報酬-風險性質，也可以協助你，讓投資組
合內每個部位都承擔相同的風險。最後，某些部位大小模型，可以
讓所有市場的1R風險都相同。某些人認為，設定「風險管理停
損」，就等於做足了部位大小工作。這類停損是在部位發生某特定
金額損失（譬如：$1,000）之後認賠出場。可是，這類停損並沒有
告訴你部位持有數量「多少」，所以與部位大小決策無關。透過特
定金額的停損來控制風險，不同於透過部位大小所控制的風險。

　　各位可以引用的部位大小策略有很多種。本章稍後會討論這類有用的策略。當然，不同的交易概念或投資風格，各自適合採用不同的部位大小策略。某些策略適用於股票帳戶，另一些策略適用於期貨帳戶。這些策略基本上都屬於逆平賭性質；換言之，部位規模會隨著帳戶成長而增加。可是，不要忘記，那些隸屬於銀行或機構法人的專業交易員，他們甚至不知道自己可以承擔多少虧損而不影響飯碗，當然更不知道自己有多少錢可供交易。

　　有關部位規模設定的程序，內容有點複雜。可是，我避免使用艱澀的數學公式，儘可能透過例子說明各種策略。所以，各位所要做的，就是謹慎閱讀，直到徹底瞭解為止。

所使用的交易系統

　　為了講解這些策略，我決定採用單一交易系統：在相同期間內，交易相同的商品。這是55天期通道突破系統。換言之，當市場創55天期新高價（新低價），利用停止單進場建立多頭（空頭）部位。不論起始風險或獲利了結，都採用21天期追蹤型停止設定。

　　舉例來說，如果原油價格創55天新高，你進場建立多頭部位，停損設定在21天期低點。如果停損很快被引發，損失可能是1R。可是，如果價格呈現一段顯著的漲勢，然後才引發21天期低點的停止設定，部位應該可以賺取不錯的利潤。反之，如果原油價格創55天新低，你進場建立空頭部位，停損設定在21天期高點。

　　21天期通道突破停止設定，每天都要重新計算，而且只可以朝「減少風險／增加獲利」的方向做調整。如果資金充裕的話，這類突破系統可以創造平均水準以上的獲利。

　　關於這套系統的測試，我們假定帳戶起始淨值為$100萬，交易

10個商品市場，期間為10年。本章提及的期貨資料，都是採用這套
55天／21天突破系統，在前述期間內進行測試。差異只發生在所使
用的部位大小模型。每套系統與所選定的每組資料，可能因為不同
的部位大小模型而產生不同結果。我們之所以挑選這套系統，主要
是因為程式設計上比較單純，方便說明各種部位大小模型的差異。

模型 1：每固定金額支持1單位部位

　　原則上，這就是帳戶內的每X金額，能夠用以支持1單位部位。
舉例來說，帳戶內每$50,000，可以交易100股或1口期貨。

　　各位剛開始從事交易或投資的時候，或許從來沒有聽過部位大
小的議題，本章稍早已經談到個中原因。因此，各位最合理的想法
可能是「我只禁得起交易1單位」。各位如果知道一些有關部位大小
的知識，觀點也未必正確。資金管理或資產配置方面的書籍，所談
論的主題並非部位大小，而是如何把資金配置到各種不同的資產，
藉以分散風險。至於系統設計或技術分析方面的書籍，甚至沒有涉
及部位大小的領域。因此，多數交易者或投資人，根本沒有地方可
以學習這項最重要的課題。

　　所以，由於無知的緣故，你可能拿著$20,000開戶，打算交易
任何商品的1口期貨契約（股票投資人的話，則是任何股票的100
股）。稍後，如果夠幸運的話，帳戶淨值上升到$40,000，你可能決
定每次交易任何商品的2口契約，或任何股票的200股。請注意，帳
戶規模必須成長1倍，部位規模才能倍增。因此，多數交易者都透
過某種方式運用這個模型設定部位大小。這套方法的結構單純、運
用簡便。

　　採用這種「每固定金額支持1單位部位」的方法，「優點」是我們絕不會因為風險太高而拒絕某筆交易。讓我藉由一個例子來說明。兩位交易者，其中一位採用每$50,000帳戶淨值交易1口契約的方法，另一位採用模型3（百分率風險模型），風險設定為帳戶淨值的3%（相當衝），所以部位的曝險程度不能超過超過3%。這兩位交易者各自運用自己的系統交易日圓。

　　對於第一位交易者而言，只要系統出現交易訊號，就可以建立1口契約的部位。對於某特定案例，他建立部位之後，日圓隨後走勢很凌厲，因此也賺取了有史以來最高的單月報酬20%。反之，第二位交易者不能建立部位。他的帳戶淨值只有$100,000，但相關部位涉及的風險超過3%高限。

　　永遠接受交易訊號的性質，雖然可以是優點，但也可以是缺點。就前述案例來說，如果日圓出現不利的走勢，第一位交易者可能發生重大損失（20%或以上），第二位交易者沒有建立部位。

　　表14.2顯示這套交易系統採用第一種部位大小設定模型的結果。請注意，帳戶規模如果是$20,000，結果會爆掉。帳戶規模如果是$30,000，交易過程中，帳戶淨值一度會耗損80%。如果你不願意看到帳戶淨值耗損超過50%，帳戶資本至少需要是$70,000。假定你不願看到帳戶淨值耗損過高，決定在連續耗損到達20%水準就停止交易。這種情況下，表14.2內顯示的任何帳戶規模，都會迫使你停止交易，沒辦法獲利。所以，這個模型看起來似乎不怎麼高明，但如果要真正評估部位大小設定方法，那就要與其他模型做比較（參考表14.4與14.6）[5]。

　　每固定金額支持1單位部位的方法，雖然允許我們一定可以建立部位，但也有一些問題：（1）所有的投資並非完全相同；（2）

表 14.2　55/21天期突破系統：每固定金額支持1單位部位

支持1單位部位的固定金額	獲利	拒絕交易筆數	年度獲利%	追繳保證金	淨值最大連續耗損%
$100,000	$5,034,533	0	18.20	0	36.86
$90,000	$6,207,208	0	20.20	0	40.23
$80,000	$7,725,361	0	22.30	0	43.93
$70,000	$10,078,968	0	25.00	0	48.60
$60,000	$13,539,570	0	28.20	0	54.19
$50,000	$19,309,155	0	32.30	0	61.04
$40,000	$27,475,302	0	36.50	0	69.65
$30,000	$30,919,632	0	38.00	0	80.52
$20,000	($1,685,271)	402	0	1	112.00

對於資金不充裕的帳戶，曝險程度不容易放大；（3）即使風險已經明顯過高，仍然會建立部位。所以，透過這種方法設定部位大小，實在太危險！最後，如果採用這種模型，對於小額帳戶來說，只能把1單位設定得很小。關於這些問題，讓我們做更深入的討論。

每種投資的性質都不太一樣，但模型1卻視它們為相同。假定你是位期貨交易者，決定根據帳戶內的$50,000交易20種商品。原則上，只要交易系統發出訊號，你就建立1口契約的部位。現在，假定長期公債與玉米同時出現買進訊號，所以你分別買進1口公債與1口玉米契約。假定公債價格為$112，玉米為$3。

公債期貨價格為$112，1口契約等於控制價值$112,000的資產。假定公債期貨每天的價格波動平均為0.775，所以只要行情朝某方向發展而幅度是每天平均價格波動的3倍，就會造成公債期貨部位發生$2,325的盈虧。對於玉米契約來說，1口玉米契約等於控制價值$15,000的資產。如果玉米發生3倍於每天價格波動的不利走勢，將導致帳戶損失$550。所以，你的帳戶盈虧，有80%取決於公債行

情，只有20％取決於玉米。顯然地，這套模型與總風險無關。

有些人或許會辯稱，玉米過去的價格遠超過目前，價格波動也更劇烈。過去的情況可能在將來重演。可是，目前的交易應該考量目前的狀況。根據目前的資料顯示，1口玉米契約所造成的影響，只是1口債券契約的20％。

模型1不能迅速提升曝險程度。根據逆平賭策略的主張，手氣順的時候應該增加曝險程度。可是，如果帳戶淨值每$50,000才能支持1單位部位，那就要等到淨值倍增，你才能增加曝險程度。如此一來，當交易處於連續獲利狀態時，恐怕很不容易增加曝險。事實上，就我們討論的例子來說，幾乎沒有辦法調整部位大小。當然如果你的帳戶規模是$100萬。那麼只要淨值成長5％，部位大小就可以由20口契約增加為21口（同樣假定每$50,000支持1口契約）。

根據模型1，只要交易系統發出訊號，你就必須建立部位，即使風險明顯過高也是如此。每固定金額支持1單位部位，這可以是任何的1單位部位。舉例來說，對於$15,000的帳戶規模，你可以買進1口S＆P契約，控制價值$125,000的資產[6]。假定S＆P的每天平均價格波動為10點，你採用3倍每天平均價格波動的停損（30點），那就可能發生$7,500的虧損，相當於帳戶淨值的一半。即使是1單位部位，風險也是非常可觀。

我們之所以強調部位規模策略，一方面是要讓投資組合的每個部位享有相同的機會，承擔相同的風險。我們希望每個部位都有相同的賺錢機會，否則可能會建立獲利機會不高的部位。另外，我們也希望每個部位的曝險程度都相同。如果部位的獲利機會與曝險程度都相同，則當我們進場時，每筆交易的獲利可能性都一樣。如果你可以透過某種方法判斷某些交易的成功機會高於另一些交易，就

可以透過部位大小設定而建立較多單位的高勝算交易。可是，本章假定所有交易的獲利機會都相同。

　　根據我個人的看法，模型1不能讓你享有相同機會，或承擔相同的曝險程度。可是，好的部位規模策略，可以讓投資組合的每個部位彼此一致。下文將討論的模型2，會讓投資組合每個部位的價值相等，模型3則會讓風險相等（為了保障交易資本而認賠的金額相等），模型4讓每個部位的價格波動程度相等。

模型 2：適用於股票交易的等價值單位

　　等價值單位模型通常適用於股票或其他極少擴張信用的交易工具。根據這個模型，帳戶資本劃分為幾個相等單位。每單位決定你可以買進多少的產品。就先前討論的$50,000帳戶來說，可以劃分為5單位，每單位為$10,000。所以，你可以買進$10,000價值的A投資，買進$10,000價值的B投資，買進$10,000價值的C投資，依此類推。結果，整個投資組合可能是100股價格$100的股票，200股價格$50的股票，500股價格$20的股票，1,000股價格$10的股票，1,428股價格$7的股票。細節請參考表14.3。

表 14.3　　相同價值單位模型（每單位$10,000）

股票	每股價格	總股數	總金額
A	$100	100	$10,000
B	$50	200	$10,000
C	$20	500	$10,000
D	$10	1,000	$10,000
E	$7	1,428	$9,996

　　請注意，前述程序經常會發生困難。舉例來說，每單位價值未必能夠讓單位股價整除，更經常無法完整表示為1整張（100股）股票（換言之，會出現畸零股）。請參考表14.3的E股票，$10,000可以購買1,428股，但這些股票的總金額價值並不是$10,000。事實上，就這個例子來說，我們可能買進14張（1,400股）。

　　運用於期貨交易，每單位價值可以代表每種契約所打算控制的資產價值。舉例來說，對於$50,000的帳戶，你可能決定要控制價值$250,000的資產。將此劃分為5單位，每單位價值為$50,000。

　　如果長期公債每口契約價值是$112,000，你就不能持有任何債券契約，因為資產價值已經超過每單位價值。每口玉米契約代表5,000英斗的穀物。假定玉米價格為每英斗$3，1口契約價值為$15,000。所以每單位價值$50,000可以支持3口玉米契約（相當於$45,000）。紐約的100盎司黃金契約，根據每盎司$490計算，每口契約價值為$49,000。所以每單位價值$ 50,000可以交易1口黃金契約。

　　相同價值單位方法讓投資組合每項投資的權數大約相等，也很容易看出信用擴張程度如何。舉例來說，對於$50,000的帳戶，如果持有5個部位，每個部位控制的投資價值為$50,000，整體投資組合控制的價值為$250,000，所以信用擴張程度為5倍。

　　事實上，採用這種方法，在劃分為相同價值單位之前，就必須先決定信用擴張程度。這是很重要的資訊，所以我建議每位交易者都應該記錄他們所控制之產品的總價值與信用擴張倍數。可是，信用擴張倍數不等同於價值波動程度或風險；關於這點，務必要謹慎。相同價值單位方法也有缺點，當你賺錢的時候，很難增加曝險。對於小額帳戶來說，多數情況下，淨值要倍增，曝險程度才能增加1單位。所以，對於小額帳戶，這種方法幾乎不能調整部位大小。

　　某些專業股票交易者不僅採用這種方法控制投資組合起始的部位大小，甚至採用這種方法做後續的調整。換言之，他們定期調整投資組合，每次調整都使得投資組合每個部位的價值恢復等值的關係。所以，調整過程需要把獲利最高的部位賣掉一部份，運用這些資金增添獲利最差的部位。我們知道，交易成功有個關鍵法則：儘速認賠而讓獲利持續發展；可是，目前這種方法，剛好是反其道而行，提早結束獲利部位，擴大虧損部位。本書稍早評估的投資通訊，有些也採用這種方法。另外，很多共同基金投資組合經理人，由於缺乏這方面的訓練，也採用這種不合理的方法。

模型 3：百分率風險模型

　　建立部位的時候，應該要知道該部位在什麼條件下，為了保障資本而必須認賠。這是你所願意承擔的風險，也是最糟情況下願意接受的損失（不考慮滑移價差或行情可能直接穿越停損）。本書稱此為1R風險。

　　最常用的部位規模策略之一，就是根據這種風險來控制部位大小。讓我們藉由例子說明這套模型的運作。假定你希望在每盎司$380買進黃金，而交易系統建議的停損在$370，所以每口契約所願意承擔的最糟狀況損失是10點或$1,000。

　　帳戶資本有$50,000，你希望把黃金部位的最大損失侷限在帳戶淨值的2.5％或$1,250之內。把部位最大風險$1,250除以單口契約最大風險$1,000，代表你可以買進1.25口契約。所以，百分率風險模型只允許你買進1口契約。

　　同一天，假定交易系統發出玉米的放空訊號。黃金價格仍然是

每盎司$380，帳戶淨值仍然是$50,000。所以，玉米部位能夠承擔的最大損失仍然是$1,250（換言之，帳戶淨值的2.5%）。

假定玉米價格為每英斗$4.03，交易系統認為停損設定在$4.08。所以，每口契約承擔的風險是5美分或$250（＝$0.05×5,000英斗）。部位最大風險$1,250除以每口契約最大風險$250，結果顯示你可以放空5口契約。

風險的CPR模型

有些人或許會覺得有點亂。如果R代表每股風險，那麼總風險呢？我們有時候不是把總風險也叫做R嗎？當你採用百分率風險模型決定部位大小，每股風險與總風險的比率相同。所以，你可以運用起始總風險與總盈虧來計算R倍數。透過另一個角度解釋，讓我們把單位風險表示為R，總風險表示為C（現金），部位大小表示為P。這三個變數之間存在簡單的關係，我稱其為CPR[7]。

假定你想買進每股$50的股票，停損設定在$48，每股願意承擔的最大風險是$2，所以R＝$2。你採用百分率風險模型決定部位大小，決定該股票部位所承擔的最大風險是帳戶淨值$50,000的1%，相當於$500。所以，你的總風險 C＝$500。你可以根據下列公式決定部位大小：

$$P（部位大小）= \frac{C（現金）}{R（每股風險）}$$

把這個例子的相關數據R＝$2，C＝$500套入公式，結果P＝250股。

請注意，單價$50的股票，買進250股，總投資價值是$12,500，

相當於帳戶淨值的25％。可是，每股承擔的風險是$2，總風險只有$500，相當於帳戶淨值的1％。

現在，假定股票價格上漲到$60，每股獲利為$10。由於起始風險為$2，所以獲利相當於5R。可是，如果把部位的總獲利$2,500（$10×250股）除以起始總風險$500，結果也是5R的獲利。所以，R倍數可以透過總風險或每股風險決定。

請注意，5R獲利相當於5％獲利。所以，這套系統進行100筆交易的平均獲利如果是80R，那麼使用1％風險模型預期可以賺取80％的獲利。

模型比較

表14.4顯示同一個55/22天期突破系統的操作資料，但部位大小是根據帳戶淨值的某個百分率設定。帳戶的起始淨值同樣是$100萬。

請注意，最佳的報酬-風險比率1.12是發生在每部位設定為25％風險的位置，不過需要忍受帳戶發生84％的連續耗損。另外，在10％風險設定或以上，開始出現保證金追繳（相關數據是採用目前而不是交易當時的資料；所以，就歷史事件來說，這並不正確）。

運用這套系統交易，帳戶資本為$100萬，採用1％風險準則，則每筆交易大小等同於帳戶資本$10萬而採用10％風險準則。所以，根據表14.4的資料顯示，帳戶至少要有$10萬交易資本，才可以運用這套系統；即使是如此，每筆交易承擔的風險，或許還不該超過淨值的0.5％。可是，採用0.5％基準，系統操作績效很差。所以，各位現在應該瞭解，這套系統為何至少要有$100資本來交易10種商品。

表 14.4　55/21天期突破系統：百分率風險模型

百分率 風險	淨獲利	拒絕交易 筆數	年度獲利 %	追繳 保證金	淨值最大 連續耗損%	比率
0.10	$327	410	0.00	0	0.36	0.00
0.25	$80,685	219	0.70	0	2.47	0.28
0.50	$400,262	42	3.20	0	6.50	0.49
0.75	$672,717	10	4.90	0	10.20	0.48
1.00	$1,107,906	4	7.20	0	13.20	0.54
1.75	$2,776,044	1	13.10	0	22.00	0.60
2.50	$5,621,132	0	19.20	0	29.10	0.66
5.00	$31,620,857	0	38.30	0	46.70	0.82
7.50	$116,500,000	0	55.70	0	62.20	0.91
10.00	$304,300,000	0	70.20	1	72.70	0.97
15.00	$894,100,000	0	88.10	2	87.30	1.01
20.00	$1,119,000,000	0	92.10	21	84.40	1.09
25.00	$1,212,000,000	0	93.50	47	83.38	1.12
30.00	$1,188,000,000	0	93.10	58	95.00	0.98
35.00	($2,816,898)	206	0.00	70	104.40	0.00

　　每個部位究竟應該承擔多少風險呢？這個問題的答案，取決於交易系統的性質與個人的交易目標。可是，此處還是可以提供一般性準則供各位參考：如果是幫別人管理資金的話，每個部位承擔的風險，最好設定為帳戶淨值的1%或更低；如果是交易自己的資金，則前述百分率可以設定為05～2.5%，實際數據取決於個人目標與交易系統性質；如果能夠接受高報酬-高風險，則可以考慮2.5%以上的水準。

　　股票交易者通常都不考慮採用百分率風險模型，多數傾向於採用等價值單位模型。以下讓我們再看看一個股票例子。你希望買進IBM股票，帳戶資本為$50,000。假定IBM買進價格是$141，停損設定在$137，所以1R＝$4。根據部位規模策略，這個部位承擔的風險

不得超過帳戶淨值的2.5％（$1,250）。套用前文解釋的公式P＝C/R，把$1,250除以$4，結果是312.5股。

　　按照$141買進312股，這個部位的投資是$43,392，已經超過整個帳戶資本的80％。重複強調一次，部位投資金額與部位起始風險是兩碼子事。這讓各位更能夠瞭解2.5％風險究竟代表什麼意思。

　　事實上，如果部位的起始停損設定在$140，1R是$1，那麼根據部位規模策略，你可以買進1.250股。可是，1,250股的投資金額是$176,250，即使充分運用融資，帳戶資本也不足以進行這筆交易。雖說如此，這個部位的起始風險仍然沒有超過2.5％水準。當然，這些風險衡量都是針對起始風險計算——進場價格與停損價格之間的差值。百分率風險模型是能夠讓每個部位所承擔之1R風險都相同的部位大小模型。假定你準備交易$100萬的股票投資組合，而且願意充分運用融資。你採用1％風險模型，每個部位都承擔$10,000的風險。表14.5顯示投資組合的相關資料。

　　停損是任意設定的，分別代表1R風險。對於這些高價股來說，表14.5顯示的停損，看起來好像太緊了，尤其是TXN，停損只有$0.20。可是，如果我們追求的是高R倍數的獲利，那麼這些停損看

表 14.5　股票投資組合：採用1％風險模型

股票	價格	停損（1R風險）	$10,000風險支持的股數	淨值
GOOG	$380.00	$10.00	1,000	$380,000
INTC	$21.00	$2.00	5,000	$105,000
TXN	$32.00	$0.20	50,000	$1,600,000
SUNW	$4.50	$0.50	20,000	$90,000
VLO	$63.00	$3.20	3,125	$196,875
總計				$2,271,875

起來就不會太緊了。根據表14.5的資料顯示，我們甚至不能進行這5筆交易，因為總投資金額已經超過帳戶資本所能夠融資交易的總額$200萬。可是，每個部位承擔的風險仍然只有$10,000。所以，整個投資組合承擔的風險只有$50,000，外加滑移價差與佣金成本。各位如果是股票交易者，不妨好好研究表14.5，或許可以改變各位一些想法。

可是，如果帳戶的融資額度已經充分用盡，但交易系統又產生新訊號，那怎麼辦？關於這個問題，辦法不多。第一，你可以不理會新訊號。第二，你可以結束一些績效不彰的舊部位。第三，每個部位都設定得小一些，使你能夠持有更多的不同部位。最後，你可以綜合採納前三者。

模型4：價格波動百分率模型

價格波動（volatility）是指根本交易工具在特定時段內的價格走勢程度。這是直接衡量你的部位可能碰的價格變動程度。讓投資組合內每個部位的價格波動程度都彼此相同，讓它等於帳戶淨值的某特定百分率，這相當於是讓投資組合每個部位在短期未來的價值波動程度都相同。

一般來說，價格波動程度是指每天最高價與最低價之間的差值。假定IBM某天的最高價與最低價分別為143.5與141，那麼價格波動就是2.5點。可是，如果採用真實價格區間來代表價格波動，則可以把跳空走勢考慮進去。譬如說，假定IBM昨天收盤價為139，今天最高價與最低價分別為143.5與141，真實價格區間必須把昨天收盤價與今天最低價之間的缺口考慮進去。所以，今天的真

實價格區間是介於139與143.5之間的4.5點。這基本上也就是韋達
（Welles Wilder）所謂的平均真實區間計算，細節請參考本書最後的
名詞解釋。

　　此處就由一個例子來說明價格波動百分率模型的運作。假定帳
戶資本為$50,000，準備買進黃金期貨。黃金目前價格是每盎司
$600，最近20天的每天價格區間平均為$3。我們把價格波動設定為
真實價格區間的20天期簡單移動平均。

　　黃金每天價格波動為3點，每點代表$100（換言之，1口契約代
表100盎司），所以每口黃金契約每天價格波動的價值為$300。假定
我們允許每個部位每天價格波動的價值最多是帳戶淨值的2％。
$50,000的2％是$1,000。把部位允許存在的價格波動總值$1,000，
除以每口契約的價格波動價值$300，結果是3.3口契約。所以，價
格波動百分率模型允許我們買進3口契約。

　　表14.6顯示55/21突破系統交易在11年內交易10種商品的結果，
部位大小模型採用價格波動程度為基準。此處的價格波動，定義為
平均真實區間的20天期移動平均。表14.2、14.4與14.6所呈現的資
料，是相同交易系統在相同期間、運用於相同市場的結果，三者的
差別只在於部位大小模型各自不同。

　　根據表14.6的資料，如果採用2％價格波動部位大小設定，系
統每年獲利介於67.9％與86.1％之間，帳戶淨值最大連續耗損介於
69.7％與85.5％之間。按照這些資料觀察，如果這套交易系統準備
採用價格波動部位大小模型的話，水準或許應該設定在0.5％到1.0
％之間，實際數據取決於每個人的交易目標。此套交易系統的最佳
報酬-風險比率，落在2.5％位置，但很少人可以忍受帳戶淨值連續
發生86％的耗損。

表 14.6　55/21突破系統：採用價格波動程度為準的部位大小模型

價格波動%	淨獲利	拒絕交易筆數	年度獲利%	追繳保證金	淨值最大連續耗損%
0.10	$411,785	34	3.30	0	6.10
0.25	$1,659,613	0	9.50	0	17.10
0.50	$6,333,704	0	20.30	0	30.60
0.75	$16,240,855	0	30.30	0	40.90
1.00	$36,266,106	0	40.00	0	49.50
1.75	$236,100,000	0	67.90	0	60.70
2.50	$796,900,000	0	86.10	1	85.50
5.00	$1,034,000,000	0	90.70	75	92.50
7.50	($2,622,159)	402	0.00	1	119.80

　　如果比較表14.4與表14.6，將發現導致交易系統爆掉的百分率水準設定差異頗大。這方面的差異，是我們使用淨值百分率設定部位規模之前就需要考慮的（換言之，設定停損所使用的21天期極端值vs.20天期價格波動程度）。

　　所以，根據21天期極端值設定停損的5％風險，大約相當於1％的20天期價格波動移動平均。這些數據相當重要，當我們準備決定部位規模百分率時，務必要謹慎考慮。

　　根據價格波動程度設定部位規模，能夠有效控制曝險程度。很少交易者運用這類策略。可是這是比較精密而值得考慮的模型。

模型摘要資料

　　表14.7摘要列舉本章討論四種模型的優點與缺點。請注意，缺點最多的模型，反而是最多人使用的模型：每固定金額支持1單位部位。各位請特別注意這種模型的缺點，因為很重要。

表 14.7 四種部位大小設定模型的比較

模型	優點	缺點
每固定金額支持1單位部位	不會因為風險太高而拒絕一筆交易。	運用這種模型，開戶資本可以很少。
	設定每筆交易的最低風險。	性質明顯不同的交易，被視為相同。
	對於小額帳戶來說，不容易增加曝險程度。	對於小額帳戶來說，曝險程度可能過高。
相等價值單位模型	投資組合的每個部位都有相同的權數。	小額帳戶只能緩慢增加部位規模。
		每個部位的曝顯程度未必相同。
		每個部位的價值往往顯著不同。
百分率風險模型	不論帳戶規模大小，都可以穩定成長。	某些交易將因為風險太高而被拒絕。
	使得每個部位的實際風險相等。	由於滑移價差，設定風險不代表實際風險，按照葛拉契爾的說法，曝險程度不同。
價格波動百分率模型	不論帳戶規模大小，都可以穩定成長。	某些交易將因為風險太高而被拒絕。
	部位的價格波動價值都相同。	每天價格波動不代表實際風險。
	採用緊密停損，但不要建立大部位，則可以讓每個部位彼此相等。	

　　第一，假定你的帳戶資本只有$30,000。這恐怕不足以交易期貨，除非只限於少數幾種農產品。可是，還是有很多人這麼做。這種情況下，你可能交易1口玉米契約、1口S＆P契約與1口長期債券契約，雖然受到保證金限制，恐怕沒有辦法同時交易這些契約。可是，每固定金額支持1單位部位模型存在一些缺失，因為它允許你同時交易這些契約。反之，如果是百分率風險模型或價格波動百分率模型，可能會禁止你交易S＆P與債券，因為風險太高。

　　第二，這種模型允許你各買進1口契約。這是相當荒唐的，因為你會把絕大部分的注意力擺在S＆P契約上，因為其價格波動與風險都最高。雖然同樣是1口契約，但每種契約的性質畢竟是不同的，如果部位大小模型對於每種契約性質一視同仁，最好不要採用該模型，目前這種模型就是典型的例子。

　　第三，假定你準備用每$30,000交易1口契約，將面臨兩個問題。如果帳戶淨值減少$1，你就不能交易任何契約。多數人不會遵守這點。另外，如果幸運的話，你的帳戶淨值必須成長一倍，部位規模才能增加一倍。這已經稱不上是部位規模設定模型了。

　　請注意，另外三種模型顯然優於第一種模型，所以我們為何不由其中挑選適當者？

　　關於部位大小設定的策略，其種類幾乎只受限於使用者的想像力。這方面有無限可能，本章的宗旨只想引導各位入門，讓各位思考這個重要的議題[8]。

常見系統運用的部位大小設定

　　我認為，最頂尖交易者的績效，主要是仰賴部位規模設定方

法。可是，讓我們看看前文討論之常見交易系統使用的部位規模設定方法。就這方面來說，內容相當單純，因為它們基本上都沒有談到這個問題。

股票市場模型

威廉·歐尼爾的CANSLIM方法

　　威廉·歐尼爾沒有處理任何特定部位應該持有「多少」的議題，只談到應該持有幾種股票。他表示，即使是價值數百萬的投資組合，也只應該持有6種或7種股票。如果投資組合規模為$20,000～$100,000，應該頂多持有4、5種股票；投資組合規模為$5,000～$20,000，頂多只能持有3種股票；更小的投資組合，則頂多只能持有2種股票。

　　根據這些原則看起來，他似乎主張每固定金額支持1單位部位的方法，但稍做調整。把帳戶資本劃分為幾個等分，但等分的數量則取決於帳戶規模。對於規模很小的帳戶，只應該劃分為2等分，每等分為$1,500或更少。如果帳戶資金為$5,000，則可以劃分為3等分。更大的帳戶，每等分的價值至少要有$4,000（換言之，對於單價$40的股票，至少可以買進100股），直到整個帳戶持有5等分（$20,000）為止。從這個時候開始，整個帳戶繼續保持5等分，但每等分價值可以繼續增加，直到帳戶規模到達$25,000～$50,000為止。一旦超過$50,000，則頂多可以持有6、7種股票。

華倫·巴菲特的投資方法

　　巴菲特只想擁有少數幾家最棒的企業——那些符合他嚴苛篩選條件者。對於這些企業，他會儘量持有最大量的股權，因為報酬績

效很好，他也沒打算再賣出。當然，他的投資規模高達數十億，能
夠擁有很多企業。所以，就部位規模來說，巴菲特幾乎沒有設限。

　　這是一種相當奇特的部位規模設定方法，但他畢竟是全美國最
富有的專業投資人，也是僅次於比爾‧蓋茲的億萬富豪。對於這麼
成功的人，我想很少人有資格跟他爭論賺錢方法。只要各位有條件
的話，就應該考慮這種方法。

期貨市場模型

考夫曼的調整型移動平均方法

　　考夫曼在《精明交易者》（Smarter Trading）一書內沒有真正談
到部位規模設定的問題，但他提到部位規模設定造成的結果，譬如
風險與報酬之間的關係。關於風險與報酬，他採用學術定義，風險
是股票報酬的年度化標準差，報酬是指股票年度化複利報酬率而
言。他認為，兩套系統如果有相同的報酬，理性投資人應該會挑選
其中風險較低者。

　　考夫曼還另外提到一個有趣的議題：50年法則。他說，美國密
西西比河興建的堤防，只能防範最近50年的最大洪水。換言之，洪
水可能淹過堤防，但不會經常如此，可能一輩子才會發生一次。專
業交易者設計的系統也面臨類似的問題。即使很謹慎地設計交易系
統，但偶爾還是可能面臨無法因應的價格走勢而破產。

　　如同本書各種部位規模設定模型顯示的，安全性多寡直接取
決於帳戶淨值數量與信用擴張倍數。隨著資本成長，如果做更分
散的投資，減少信用擴張倍數，資本就會變得比較安全。反之，如
果獲利不斷拗進去，不願調降信用擴張程度，那麼破產的風險不會
減少。

考夫曼建議，測試某信用擴張倍數時，可以觀察風險標準差來控制最糟情況風險。舉例來說，假定報酬率為40%，1個標準差相當於帳戶連續耗損10%，所以對於任何特定年份：

- 有16%的機會（1個標準差）發生10%的帳戶連續耗損[9]。
- 有2.5%的機會（2個標準差）發生20%的帳戶連續耗損。
- 有0.5%的機會（3個標準差）發生30%的帳戶連續耗損。

這些結果相當棒，但如果你實在不能忍受20%的帳戶淨值連續耗損，考夫曼建議你只交易一部份的資金。

考夫曼也談到資產配置，也就是「把投資資金分散到多個市場或交易工具，藉以創造報酬-風險比率最佳的投資架構。」資產配置可以很單純，把半數資本擺在活絡的市場（股票投資組合），另外半數資本擺在短期收益工具（公債）。另一方面，資產配置也可以涉及很多投資工具的動態組合，包括：股票、商品、外匯…等。請注意，資產配置與本章主題「部位規模設定」是不同的。

根據考夫曼著作的內容判斷，他——雖然沒有言明——是採用本章的第一種模型「每固定金額支持1單位部位」。對於他來說，降低風險的方法，就是增加「每固定金額」的額度。

葛拉契爾基本分析交易

葛拉契爾在其著述《穩操勝算》（Winner Take All）談到很多有關部位規模設定的議題。他認為，風險是直接與市場曝險程度有關，他似乎很不贊同本書談到的百分率風險模型，因為不能控制曝險程度。

舉例來說，對於任何資本規模的帳戶，3%風險可能代表1單位或30單位，完全取決於停損大小。葛拉契爾認為，1單位部位的風險程度，絕對小於30單位部位。他舉例強調，「對於特定帳戶來說，交易1單位商品而承擔$500風險，或交易2單位相同商品而每單位承擔$250風險，前者的危險程度絕對小於後者。」

葛拉契爾的說法完全正確，任何使用百分率風險模型的人都必須理解這點。所謂停損，只是告訴經紀人在這個價位讓交易指令變成市價單，但這並不能保證該市價單必定能夠成交於停損價位。這也是為什麼我們建議那些打算採用緊密停損的人，引用價格波動百分率模型的理由。

葛拉契爾也指出，風險不僅會因為曝險而增加，也會因為時間而增加。交易的時間愈長，愈可能碰到重大價格衝擊。葛拉契爾認為，身為交易者，即使用全世界的錢來交易1單位，只要時間拖得夠久，最終還是會賠光光。這種說法或許適用於多數交易者，但不是全部。

葛拉契爾表示，同時交易多種不同工具，只是加速時間發揮的效應。他認為，就帳戶淨值可能發生的連續耗損來說，1年時間持有N個部位，相當於N年時間持有1個部位。

葛拉契爾建議採用交易者能夠忍受的「帳戶淨值最大期望下跌」（LEED），或許是25%，或許是50%。他主張交易者應該假定LEED明天就會發生。當然，實際情況通常不會如此，但你必須假定是如此。

葛拉契爾隨後運用交易系統的期望報酬，以及各種商品的每天價格波動區間，計算可能出現之帳戶淨值下跌的統計分配。接著，在帳戶淨值不發生50%或以上之連續耗損的原則下，建議各種商品的最低交易金額。根據這種說法，葛拉契爾是推薦採用「每固定金

額支持1單位部位」方法，但「固定金額」是隨著商品的每天價格波動做調整。

另外，「固定金額」多寡也取決於同時交易1、2或4種商品。舉例來說，對於每天價格波動區間$1,000的單一商品，他主張每$40,000支持1單位部位。可是，對於每天價格波動區間$1,000的2種商品，他主張每$28,000支持1單位部位；對於每天價格波動區間$1,000的3種商品，他主張每$20,000支持1單位部位。

讓我們藉由玉米契約來說明。假定玉米目前的每天價格波動是4美分，其價值相當於$200（0.04×5,000英斗）。根據葛拉契爾的建議，由於$1,000是$200的5倍，$40,000可以支持5單位的玉米契約，相當於$8,000可以支持1單位的玉米契約。如果你同時還交易另一種商品，那麼$28,000可以支持5單位的玉米契約，相當於$5,600可以支持1單位的玉米契約。依此類推，如果同時交易三種商品，$20,000可以支持5單位的玉米契約，相當於$4,000可以支持1單位的玉米契約。

葛拉契爾很有技巧地引用「每固定金額支持1單位部位」方法，使得每種交易工具的價格波動程度相同，也克服了這套方法的主要缺失。雖然方法因此變得比較複雜，但還是值得一試。

肯恩・羅伯的1-2-3方法

羅伯認為，商品交易不需要太多資本[10]。關於「多少」的問題，他一概以「1口契約」回應。不幸地，這種主張的訴求對象，是那些帳戶內只有$1,000～$10,000的人。所以，他的部位大小設定法則很簡單，一律都是1口契約。

羅伯確實說過，交易者不該承擔$1,000以上的風險，這意味著

交易者應該避開某些契約，譬如：S&P、各種外匯，甚至是咖啡，因為這些契約涉及的風險通常超過\$1,000。這項陳述讓羅伯看起來蠻保守的。羅伯的系統沒有引用部位大小設定方法。我認為，這相當危險，因為交易者建立的部位，可能是多數部位大小設定方法認為風險太高的部位，

摘要結論

我認為，任何交易系統最關鍵的部分，應該是決定部位應該持有多少數量的機制。不論是資金管理或資產配置，長久以來都被認定是處理這項「多少」的工具，但這兩個名詞顯然是被誤用了，或起碼造成混淆。因此，為了避免誤解，本書採用的名詞是「部位大小」或「部位規模」。

除了可靠程度、報酬-風險比率與機會次數之外，部位規模增添了交易系統的第4個維度，凸顯交易過程可能發生的盈虧潛能。我認為，資金經理人的績效差異，最主要是來自於部位規模大小設定策略。原則上，交易系統的獲利期望值與交易頻率可以決定獲利數量。部位大小則決定任何特定時間發生的獲利數量個數。

部位大小設定也凸顯帳戶淨值的重要性。帳戶淨值很大，部位規模設定方法就有發揮功能的空間。反之，帳戶規模如果太小，部位大小設定就難有用武之地。賭注隨著賭本增加而增加；好的部位大小設定方法，應該具備這種逆平賭性質。本章提到幾種具備逆平賭性質的部位大小設定模型：

每固定金額支持1單位部位。這套模型把所有投資對象視

為相等，每固定金額都可以交易1單位，不論投資對象是什麼。

相等價值單位模型。這套模型讓投資組合每個部位的價值相等。這是投資人與股票交易者經常引用的方法。

百分率風險模型。這是長期順勢交易者最適合採用的模型。每筆交易承擔相同的風險，允許投資組合穩定成長。

價格波動百分率模型。運用緊密停損的短期交易者，最適合採用這種模型，在風險與機會（期望實現獲利）之間取得合理的均衡。

附註

1. 如同本書解釋的，這也不是一種好的出場方法，因為發生虧損是由整體部位承擔，最大獲利則是由某些部位享有。

2. 請參考Gary Brinson, Brian Singer, and Gilbert Beebower, "Determinants of Portfolio Performance II: An Update" 刊載於Financial Analysits Journal 47（May-June 1991）：40-49。

3. 風險百分率是決定部位大小的最好方法之一，譬如：部位承擔的風險是帳戶淨值的1%，如此一來，部位大小決策也可以控制風險。可是，我們用以決定部位大小的決策，也可以完全與風險無關。

4. 請參考William Ziemba, "A Betting Simulation, the Mathematics of Gambling and Investment," Gambling Times 80 (1987)：46-47。

5. 這套55/21天期突破系統呈現的資料涵蓋10年，所以看起來蠻可靠的。可是，這套系統只提供一組R倍數。即使我們假定這組R倍數樣本非常具有代表性，仍然要考慮這些R倍數發生的順序。

同樣一組R倍數的數據，發生順序不同，結果也就不同。另外，我們也知道，實際交易可能發生歷史資料沒有顯示的嚴重虧損。所以，我們根據本章表格資料歸納的結論，是相當粗糙的。

6. 足額的S＆P契約，每點價值為$250。所以，假定S＆P目前為1000點，契約價值就是$250,000。這個例子假定經紀商願意讓你用如此小的帳戶交易這種契約。

7. 我想藉這個機會謝謝Ron Ishibashi提出CPR的想法。

8. 關於如何運用部位規模策略來達成交易目標，更詳細的資料請參考Van Sharp的The Definitive Guide to Position Sizing and Expectancy（Cary, N.C.: International Institute of Trading Mastery），各位可以透過網路洽購www.iitm.com。該書討論的很多議題，都已經超過本書的範圍。

9. 不妨這麼想：對於常態分配來說，68％的報酬會被1個標準差範圍涵蓋，所以±1個標準差所不能涵蓋部分為32％。這也意味著有16％（32％的一半）的機會發生10％（1個標準差）連續耗損。同理，95％的報酬會被2個標準差範圍涵蓋，所以±2個標準差所不能涵蓋部分為5％。這也意味著有2.5％（5％的一半）的機會發生20％（2個標準差）連續耗損。最後，99％的報酬會被3個標準差範圍涵蓋，所以±3個標準差所不能涵蓋部分為1％。這也意味著有0.5％（1％的一半）的機會發生30％（3個標準差）連續耗損。

10. 我認為，這個假設允許很多人從事交易，似乎也讓人以為商品交易沒有什麼風險。本書讀者應該可以自行判斷這項假設是否成立。

CHAPTER 15

結　論

> 由很長期的角度來看，你在賭桌上獲取的總結果，
>
> 將等於對手犯錯的總和，扣減你自己所犯的錯誤。
>
> —— Dan Harrington，1995世界撲克大賽冠軍

　　各位如果能夠因為閱讀本書而瞭解交易系統設計的心理基礎，那麼我寫本書的目的也就達到了。「聖盃」就在你的身上。對於發生在自己身上的所有結果，你都必須完全負責。你必須根據自己的信念，決定自己需要什麼樣的交易系統，整理一份目標合理的交易計畫。

　　我寫本書的第二個目的，是要讀者瞭解任何交易系統都取決於其R倍數分配的性質。這個分配所彰顯的，也就是系統期望報酬（R的平均數）、分配的性質，以及該系統給你的交易機會。容我重複一次！交易系統就是具備某些性質的R倍數分配。事實上，當你取得某交易系統的時候，應該要設法瞭解其R倍數分配的狀況。如此一來，你才能真正瞭解該交易系統。

　　另外，為了讓交易系統具備正值的期望報酬，你必須運用出場方法達成一項目標：迅速認賠而讓獲利持續發展。想要獲得一套期望報酬績效很高的系統，關鍵在於出場方法。最重要者，你必須徹

底瞭解部位規模設定，如此才能達到交易目標。

　　我寫本書的第三個目的，是希望協助讀者瞭解一點：透過適當的部位大小設定方法，才能讓你順利達成交易目標。所以，如果你希望一套交易系統能夠發揮預期的績效，部位規模就不能設定得太大，如此才能確保你能長期地運用該系統進行交易，讓該系統有機會發揮應有的績效。

　　舉例來說，如果交易系統的期望報酬為0.8R，這代表每年交易100次，大概可以讓你享有80R的獲利。可是，你發現，在一年之中的某個時候，帳戶可能出現30R的連續耗損。如果讓每筆交易承擔0.5％的風險，平均每年大概可以至少賺取40％的報酬，帳戶淨值連續耗損應該不會超過15％。

　　對於這種表現，絕大多數人會覺得滿意。如果讓每筆交易承擔1％風險，每年或許可以賺取100％利潤，但過程中可能碰到嚴重的帳戶淨值連續耗損。如果帳戶淨值一開始就耗損30％（對於每筆交易承擔1％風險來說，這是很可能發生的），你最終可能會放棄這套交易系統。如果每筆交易承擔的風險高達3％，你或許可以實現非比尋常的報酬（譬如說，300％或500％），但也可能在初期階段碰到嚴重的淨值耗損而迫使你放棄交易系統。如果各位瞭解部位大小設定的重要性，那麼我就達成本書出版的第三個主要目的。

　　我記得曾經指導某位交易者，並且開始處理部位大小設定的問題。當我看到他按照公司規定所做的，就要求跟他的老闆談談。我告訴他的老闆，如果按照目前這種方式處理部位規模，很快就會關門大吉。他的老闆笑著告訴我，「我們知道自己在做什麼。」結果，6個月之後，這家公司就關門了。事實上，他們如果願意把損失的一小部分拿來當作顧問費支付給我，現在應該不致於倒閉。

　　我寫本書的第四個目的，是協助各位瞭解個人心理對於系統設計可能造成的重大影響。心理因素很重要，因為（1）交易績效是由你創造的；（2）符合自己心理條件的交易系統，才能充分發揮功能；（3）設計系統之前如果不能解決主要的心理問題，那麼交易系統就會受到該問題的影響。舉例來說，如果各位發現自己似乎永遠沒辦法找到適當的交易機會，每個機會都有某些不能接受的問題，這可能意味著你太過於強調完美。如果沒有先解決這方面的問題，就會把完美主義帶到交易系統之內，讓你覺得交易系統永遠都不夠好。

　　如果各位瞭解在金融市場賺錢的6項關鍵因素，以及它們之間的相對重要性，那我就達成寫本書的第五個目的。這6項關鍵要素分別為（1）系統可靠程度，（2）報酬-風險比率，（3）交易成本，（4）交易機會的頻繁程度，（5）淨值大小，（6）部位規模設定方法。

　　各位要瞭解這6項因素的相對重要性，以及成功的關鍵為什麼不是「判斷正確」或「取得控制」。

　　最後，關於如何設計一套交易系統來達成自己的交易目標，如果你能夠擬定一套好計畫，那我就達成寫本書的最後一項目的。你應該要瞭解交易系統是由哪些部分構成，以及每個部分扮演的功能。否則的話，請重新閱讀本書第4章。各位應該要知道如何藉由架構、時效拿捏、停損設定與獲利了結出場方法等，創造一套獲利期望值很高的交易系統。

　　各位應該要瞭解交易機會發生頻率的重要性，以及其與交易成本之間的關係。最重要者，各位要瞭解帳戶淨值大小的重要性，以及帳戶淨值與各種逆平賭部位大小設定方法之間的關連。

避免犯錯

　　如果各位已經瞭解前述關鍵概念，那就擁有穩健的發展基礎。現在，我要特別強調本章最初引用Dan Harrington的一句名言，因為這句話也很適用於交易／投資。可是，我準備把這句話改成：身為交易者與投資人，長期操作的整體績效，將取決於交易系統的期望報酬，減掉你所犯的錯誤。讓我稍做解釋。

> 身為交易者與投資人，長期操作的整體績效，將取決於交易系統的期望報酬，減掉你所犯的錯誤。

　　首先，你必須瞭解，沒有遵守交易系統的指示，這就是一種錯誤。如果你沒有按照本書所建議的，發展一套計畫、一套系統、一組法則來指引交易行為，那麼你所做的每一件事都是錯誤。沒有交易計畫、沒有交易系統做為指引，就是嚴重的錯誤。

　　關於Dan Harrington所談的撲克賭局，身為撲克玩家，你的工作就是要造成對手犯錯；同樣地，對手也會想辦法讓你犯錯。可是，在交易領域裡，我們根本不需要別人來促成我們犯錯，因為我們的本來天性就會犯錯。另外，這個領域孕育了一些機構，（1）你只要把錢交給它們管理，不論管理績效如何，都必須付費，而且（2）只要你採取任何行動，就必須支付佣金與執行費用。

　　其次，你需要瞭解交易者／投資人最容易犯的一些錯誤，包括：

- 專注於投資或交易對象的選擇，不過沒有考慮潛在的報酬-風險比率。舉例來說，第12章提到的Y君，他只考慮到獲利潛能而買進Google選擇權，但沒有考慮對應的下檔可能損失。

- 基於情緒建立部位，沒有採用周詳的計畫。
- 聽取別人的建議而建立部位，卻不瞭解報酬-風險潛能。如果你經常聽取別人或投資通訊的建議，這種態度尤其危險。
- 覺得自己必須正確，因此而儘快獲利了結。
- 覺得自己必須正確，因此而儘量避免認賠。
- 建立部位的時候，沒有準備最糟狀況的因應計畫。換言之，建立部位的時候，沒有設定明確的1R損失。
- 單一部位承擔的風險太高。
- 交易過程允許情緒干擾交易法則。
- 投資組合內的部位數量太多，使得注意力無法集中在關鍵事項。
- 由於不願負責，結果造成不斷重複犯錯。

　　交易者／投資人可能犯的錯誤實在太多了，前面這些例子算是點到為止。假定每個錯誤都讓你發生3R的損失[1]。假定交易系統的期望報酬為0.8R，每年進行100筆交易。平均來說，這套系統一年應該可以賺進80R。可是，假定你每個月發生2次錯誤。那麼，整年獲利突然之間就少掉72R。這使得一套原本不錯的交易系統搖搖欲墜。

　　當交易系統發生連續虧損，如果再配合幾次錯誤，你恐怕就會放棄一套不錯的交易系統。所以，錯誤通常會扮演關鍵的角色。可是，如果你能夠把注意力擺在自己身上，那就有機會讓交易系統每年幫你賺取80R。現在，你是否逐漸瞭解重點在哪裡？這也是為什麼我說「聖盃」在我們自己身上的緣故；務必要搞妥自己，避免讓自己犯錯。不要像本書稍早提到的交易者一樣宣稱：「心理因素對

我的交易沒影響！我的交易完全機械化。」結果，由於忽略一個最重要的因素，他失敗了。

訪問沙普博士：現在還要做什麼？

關於金融交易，除了本書探討的內容之外，各位還有很多需要學習的東西。所以，我想藉由本章最後一點篇幅，簡單介紹一些有用的觀念。由於可能涉及的領域實在太廣泛了，我決定採用「問答」方式來處理，如此可以針對很多特定主題作討論。

如果某人已經徹底瞭解本書討論的內容，那還應該注意什麼？本書談論的內容似乎已經夠廣泛了。

還有許多值得關心的領域。本書談到交易系統與其每個成份的相對重要性。可是，我們並沒有深入討論資料、軟體、測試程序、委託單（交易指令）執行、投資組合設計，以及他人資金的管理。關於這些領域，本書只是點到為止，沒有詳細剖析。另外，關於部位大小設定，本書也是淺談即止，但沒有深入談論如何藉由這方面的設定，達到個人的交易目標。更重要者，本書完全沒有談到交易程序本身，也沒有談到交易紀律與交易／投資日常作業可能涉及的心理成分。

讓我們藉由這個機會談談你提到的這些主題。讀者可以在哪裡找到更多的相關資訊？他們需要知道什麼？讓我們由資料開始。

資料是一個涵蓋面很廣的話題，其本身就值得用一整本書的篇

幅來探討。首先,各位要瞭解,資料只代表市場,並不是市場本身。其次,資料未必如同其表面上所看到的一樣。一般人能夠取得的市場資料,通常都已經存在很多潛在錯誤。因此,根據兩個供應商提供的一組資料,使用相同的交易系統、針對相同的市場與期間進行測試,結果可能明顯不同。測試結果不同,原因在於資料差異。當然,除了歷史測試之外,這也會影想你每天的交易。

關於資料,我們可以歸納兩個結論。第一,沒有完全精確的資料。第二,你要找到可靠的資料供應商,而且要確定他們的資料繼續保持可靠。

關於軟體,這方面應該注意什麼?

不幸地,多數交易軟體在設計上都是呼應人性缺失。多數交易軟體都採用最佳化程序,讓人們誤以為自己擁有一套很棒的系統,實際上該系統甚至不能獲利。這些軟體通常都會根據歷史資料測試而設定最佳化的參數值,所以這些軟體針對歷史資料進行交易,績效當然絕佳,但一般人如果想要賺錢的話,不能針對歷史資料進行交易。

我希望各位最起碼要知道交易軟體通常會這麼做。這當然不是軟體供應商的錯,因為他們只是提供人們想要的東西。

最後,軟體應該要協助你專注於交易／投資的重要領域,譬如:部位大小設定。市面上有一些這類的軟體,例如:Trading Blox、Trading Recipes與Wealth Lab等,但這些軟體都不能讓你隨著時間經過而繼續調整投資組合。事實上,市面上沒有這種軟體,如果想要的話,必須自行設計。

關於測試，人們需要知道什麼？

測試不是一種很精準的東西。我們採用一套著名的軟體，進行一種很單純的測試：按照2天期突破系統進場，1天之後出場。這套方法非常單純，基本上只是觀察所取得線上資料的正確程度。可是，我們發現，當這套非常著名、非常普及的系統運用於即時資料，結果是一種。可是，當這些相同資料變成歷史資料之後，我們運用相同的系統針對這些歷史資料進行測試，結果又是另一種。這種情況不該發生，實際上卻發生了。我認為，這是相當駭人聽聞的。

如果你想用完美主義的態度，處理金融交易或投資，那是絕對行不通的。這個領域裡，沒有絕對精確的東西。你永遠不知道實際結果會如何。交易是一種講究紀律的遊戲，必須隨時掌握市場的脈動。那些能夠在市場上辦到這點的人，就能夠賺大錢。

測試通常是讓人們徹底熟悉交易系統的操作，希望將來實際運用能夠應心得手，曉得自己大概可以期待什麼。可是，測試不是一種精準的程序。多數軟體都有瑕疵，我認為相關錯誤至少有10%是來自於軟體瑕疵。另外，測試需要輸入歷史資料，這又是一個很容易發生嚴重錯誤的領域。相同一套系統根據兩個供應商的資料分別進行測試，結果通常會有顯著的差異。最後，測試是根據已知的歷史資料進行，但實際交易則發生在未知的將來。雖說如此，但如果你認為有必要透過測試來實際感覺系統操作，而且瞭解測試與實際交易之間的差別，當然是無妨的。

聽起來蠻悲觀的，那為什麼還要測試？

測試能夠讓你瞭解自己可以期待什麼，不能期待什麼。各位不該相信我所說的一切，而要自行驗證哪些東西是真的。當你發現某些東西應該是真的，就自然會對這些東西產生信心。如果你對於交易系統沒信心，一旦碰到狀況，恐怕無法堅持。所以，測試雖然不是一種精確的程序，但可以讓你培養信心，讓你知道交易系統運用於實際交易可以期待什麼。

你建議怎麼做？

首先，你必須決定交易系統應該具備哪些性質。你必須思考很多這類的問題：該系統是否適合我？該系統是否符合我的信念？我是否瞭解這套系統？該系統是否符合我的交易目標？進行測試之前，應該先釐清這類問題，但多數人並非如此。對於一套交易系統，如果你發現前述問題的答案都是肯定的，或許就該思考：我是否需要透過歷史資料來做更進一步的驗證？

就我個人來說，我要求交易系統必須符合我的信念、我的目標與我的個性。我還要徹底瞭解交易系統究竟是如何運作的。交易系統只要符合這些條件，我通常就願意透過小部位做實際的交易，藉此收集R倍數資料，分析R倍數分配的性質。一旦掌握這些統計性質之後，我就根據自己的交易目標，設計部位規模設定方法。

恐怕沒有什麼東西是絕對精確的。可是，任何科學都不可能絕對精確。過去，人們認為物理學是精確的，但我們現在知道不是如此，因為衡量行為本身，就會改變被衡量對象的性質。不管交易系統如何，都不要忽略你是其中一部份。這是你無能為

力的，因為實際情況就是如此。這也再度驗證我所說的：追求
聖盃是一種向內的追求。

接下來，讓我們談談交易指令的執行。

交易指令執行是一個重要的溝通問題。交易指令的執行結果，
可能顯著影響交易績效，所以你必須確定經紀人瞭解你的指
令、知道你究竟想幹什麼。換言之，你希望能夠在這方面做很
有效率的溝通。

這是什麼意思？

首先，你必須徹底瞭解自己使用的系統。你必須瞭解自己的概
念，知道相關概念在各種市況下是如何運作的。你必須讓場內
經紀人確實知道你想要什麼。舉例來說，假定你採用順勢突破
系統。這種情況下，你需要的是真正的突破。把這方面的訊
息，精確地傳遞給場內經紀人。場內經紀人在執行你的交易指
令時，如果可以稍微運用自己的判斷，則前述有效溝通就能發
揮作用。譬如說，場內經紀人如果發現相關突破代表真正的走
勢，就會執行你的交易指令。反之，如果相關突破只是某些人
在試盤，經紀人就不會執行你的指令。所以，如果你與經紀人
之間的溝通很好，就可能得到這類的服務。

你的經紀人必須知道你願意支付的執行成本。前一段提到的例
子，顯然只適用於長期交易，絕對不適用於當日沖銷之類的短
線交易。對於當日沖銷者，他需要的是滑移價差愈小愈好、佣
金愈低愈好、執行速度愈快愈好。總之，你必須讓經紀人確實
瞭解你的立場。

請談談投資組合的測試與多重交易系統。

這基本上是要用整本書篇幅討論的話題。可是，不妨思考我們稍早提到的機會因素。針對多個市場進行的投資組合交易，可以享有較多的可交易機會。換言之，一年之內比較容易出現好機會，甚至是幾個好機會。只要機會夠多的話，或許可以不出現任何虧損的月份或季。

多重交易系統的情形也一樣，讓你擁有更多機會。如果這些系統之間彼此不相關的話，好處更大。換言之，永遠有某些系統處於獲利狀況，這有助於減緩帳戶淨值連續耗損。

我想，那些真正瞭解這些原理的人，每年可以輕鬆賺取50％的獲利。我曾經見過許多交易者的績效更甚於此。如果各位瞭解我們能夠根據R倍數分配來評估交易系統，知道如何藉由部位規模設定來達到交易目標，那就明瞭如何辦到這點。可是，為了達成所有這一切，最重要一點就是：充裕的資金。如果雪牆規模太小，只要一顆夠大的黑球，就可以把你一筆勾消。不論交易系統有多棒，體積龐大的黑球一定會出現；所以，千萬要有所準備。

可是，很多專業者主張，很穩定地擊敗市場指數，就已經是一件幾乎不可能的任務。

首先，你必須清楚這些說法是從何而來的：（1）這些人不瞭解本書談論的風險：任何市場部位的起始停損。（2）這些人不瞭解迅速認賠、讓獲利持續發展所創造的期望報酬。（3）他們不瞭解部位規模設定方法對於如何達成交易目標的影響。（4）他們不瞭解成功的真正關鍵在於交易者本身的內在心理素

質與嚴格紀律。這些都是本書的主要論點，也是其他地方學不到的。

可是，多數共同基金的績效也無法超越市場股價指數。

關於這點，請注意兩件事。共同基金在設計上是要長期持有，始終持有相當充分的部位。績效目標是要勝過某基準指數（譬如：S&P 500）；為了不讓績效太過離譜，絕大多數共同基金可能把85%的資金擺在S&P 500指數。可是，共同基金還要收取管理費用，交易進出還涉及佣金成本，除此之外還有其他雜項費用，所以績效很難超過基準指數。

本書主張採用絕對績效，情況則全然不同。舉例來說，假定交易系統每年進行100筆交易，期望報酬為0.7R，意味著每年的總報酬為70R。如果每筆交易承擔的風險為帳戶淨值的1%，每年賺取的複利報酬率應該接近100%。請注意，期望報酬0.7R而每年進行100筆交易的系統，應該算不上特別罕見。

可是，規模是主要因素。每天進行20筆交易的當日沖銷者，一個月可以賺50%。然而，多數人都辦不到，那是因為交易系統變得不適用，或他們出現嚴重的心理障礙，但這種程度的績效是可能的。不妨設想當日沖銷者採用期望報酬0.4R的系統。每個月200筆交易，一個月可以輕鬆賺進80R。假定每個部位承擔的風險是帳戶淨值的0.5%，那麼我們不難瞭解他們每個月如何獲利50%。

每個月進行20筆交易的波段交易者，每個月可以輕鬆取得10～15%的報酬。假定這位波段交易者使用期望報酬0.6R的系統，每個月平均可以賺進12R。假定每個部位承擔的風險是帳戶淨

值的1％，就可以輕鬆賺進15％。

接著，讓我們看看每年進行50筆交易的長期交易者。假定他使用的交易系統期望報酬為1.3R，那麼一年可以賺取65R。如果每筆交易承擔的風險是1％，一年可以獲利75％。可是，只要發生一、兩次心理方面的錯誤，整個報酬很容易就被勾消了。我知道有些學術人士想要測試這種概念是否有效。想要知道部位大小設定方法是否真能發揮功能？想瞭解那些部位規模設定適當的交易者，是否真能創造理想績效？關於這些，我現在就可以告訴各位。你需要找到一些真正瞭解期望報酬、如何運用部位大小設定方法達成交易目標的人。而且，他們還要知道如何自我控制。前面兩個條件已經夠困難了，如果再加上後面這個，我想交易圈子裡具備這方面資格的人不到1％。

帳戶規模是否也很重要？

絕對是如此。帳戶規模如果太小，交易部位規模很容易就變得太大，帳戶也很容易爆掉。

帳戶規模只要不超過$1,000萬，那麼本書所做的建議都有效。不過，帳戶規模如果更大，譬如說，超過$5,000萬或$10億，執行上就會發生問題。某些大型避險基金的資產規模超過$50億，如果每年還能夠創造20％的報酬，那就很了不起了。對於這類情況，帳戶規模放大會導致期望報酬降低。

至於共同基金，資產規模超過$50億的比比皆是。這類基金很難在市場上進進出出。對於本書主張的種種交易概念，如果資金是好幾兆，我們不難想像行情將會受到什麼影響；所以，很多交易概念都是不可行的。這也是為什麼他們會說服投資人相

信「買進-持有」策略，也是他們為什麼強調相對績效的理由。

請你談談交易紀律與交易程序。

這是我在20多年前首先建立模型的領域。如果瞭解這方面的知識，成功的機會就很高。反之，如果不瞭解，成功的機會相當渺茫。

關於這個程序，我首先徵詢很多頂尖交易者的意見，看看他們究竟是怎麼做的。我相信，他們答案的共通之處，就代表成功的秘訣。

是否有什麼步驟可以讓人們在日常交易過程中，訓練自己保持嚴格紀律？請在這方面做簡略的說明。

多數交易者都會告訴我有關他們的交易方法。訪問50位交易者之後，我有了50套方法；所以，我相信，交易方法本身並不是決定成功與否的關鍵。這些成功交易者都秉持著低風險概念，但低風險概念有很多不同型態，而且這也只是成功關鍵之一。想要在這個領域成功，你要擁有高正數期望報酬的系統，而且該系統能夠提供很多交易機會，你要瞭解如何設定部位規模，讓自己活得夠長而能夠實現交易系統的期望報酬。可是，為了辦到這些，你需要有嚴格的紀律。關於交易紀律，我設計了一整套課程，內容與本書重疊的部分不多。

第一步驟是要有交易計畫，並且經過測試。本書提供很多這方面的資訊。交易計畫的基本目的，是要培養信心，充分瞭解自己的交易概念。如果你需要知道如何擬定交易計畫的進一步資

料，請造訪我們的網站www.iitm.com。

第二步驟是要承擔交易相關結果的全部責任。即便經紀人挪用你的錢，或某人拐跑了你的錢，也要假定這一切是自己造成的。我知道，這麼說或許有些過份，但唯有如此，你才能正視自己扮演的角色。一旦你不再推卸責任，就有成功機會了。

我這輩子所犯得最大錯誤，就是相信我的某位重要客戶，結果他根本是個騙子。這讓我損失不少錢，名譽也難免受到波及。可是，如同前一段所說的，我應該捫心自問：「我究竟做了什麼而招致別人要騙我？我究竟犯了什麼錯誤？」如此一來，你就可以避免重複發生同樣的錯誤；否則，那些令人倒胃口的事就會不斷重演。

第三步驟是尋找自己的缺失，設法改正。我有幾位教練專門指點我。同樣地，我在超級交易者訓練課程也扮演教練的角色。這個課程的主要目標包括：（1）設計一套「就事論事」的交易方法，（2）尋找與糾正錯誤。透過交易日誌記錄自己的交易過程。情緒都是你自己造成的，所以要弄清楚相關遭遇的「緣由」，不要只是抱怨。

第四步驟是針對一些可能發生得災難事件，擬定因應計畫。列出一張清單，寫下所有可能發生重大災難事件，以及你的因應辦法。這對於交易成功很重要：如何因應意外事件。對於所有可能出差錯的事情，都應該設計幾種因應辦法，然後不斷演練，最好變成一種直覺反應。這是追求成功的重要步驟。

第五步驟是每天都例行做自我分析。交易與投資的最重要成分，就是你自己。所以，難道不該每天花點時間分析自己嗎？你的感覺怎麼樣？生活的情況如何？多作一點自我分析，自我

就比較不會迷失。不妨問自己，「我是否決心要獲得交易成功？」沒有決心，什麼都不行；有了決心，任何事都可能成功。

第六步驟是在每天開盤之前，思考當天可能發生的差錯，以及自己準備如何因應。必須重複做預演，直到你覺得一切都順暢為止。運動員都會做這方面的心理預演，交易者也一樣。

第七步驟是在每天收盤之後，對自己做個簡報。問自己一個簡單的問題：我有沒有按規矩辦事？如果答案是肯定的，不妨給自己一點鼓勵。事實上，如果你按規矩辦事而發生虧損，那就更應該鼓勵自己。如果答案是否定的，就必須要知道為什麼！將來是否還會發生讓你犯錯的類似情況？如果碰到類似情況，你必須知道如何做正確的因應，而且重複做心理預演。

前述七個步驟對於你的交易可以造成重大影響。

為了提升績效，交易者／投資人有什麼最重要的事可以做？

這個問題的答案很清楚，但很難辦到。對發生在自己身上的所有事情負責，不論是交易或生活。關於這點，我已經說過很多次。你要處理的是事件發生的緣由，不要做外在環境的犧牲者。

我稍早已經說過，有個騙子怎麼騙我的錢。如果不想再發生類似事件，就不該責怪別人，而要思考自己為何會吸引那個騙子，並確定類似情況不會再發生。有些人發生損失的時候，就會尋找別人來負責。這麼做不能讓你得到教訓，同樣的事故將來很可能還會重複發生。舉例來說，我在本地報紙上看到一段報導，某個人被騙了，但他先前也曾經被其他三個騙子騙過。

如果這個例子還不夠，讓我再舉個講習會上曾經玩過的彈珠賭博例子。每個參與者各有$10,000賭金，由袋子內抽取彈珠（重新置回），遊戲參與者可以自由決定每把賭注。假定袋子裡的彈珠有60%是輸的，而且有一顆是輸5倍（換言之，5R）。每個人抽100次，所以每個人都會碰到連續虧損的情況，或許是連輸10把或12把。另外，連輸的時候，很可能包含5R的損失。我做了一些手腳。當某人抽到輸的彈珠，我會要求他繼續抽，直到抽到贏的彈珠為止。所以，每個人對於連續虧損的事件都印象深刻。

遊戲結束之後，通常會有半數以上的人發生虧損，甚至有不少人破產。當我問：「你們之所以發生虧損，有多少人認為，連續虧損應該負主要責任？」很多人都舉手了。如果他們真的如此認為，顯然沒有從這場遊戲中得到應有的教訓。他們之所以破產，是因為賭注設定不當，但很多人責怪連續虧損。

那些最認真的交易者或投資人，很早就知道這個關鍵，他們瞭解所有的錯誤都必須由自己負責，必須自己想辦法糾正。這意味著他們最終能夠釐清那些造成自己失敗的心理障礙。因此，他們也能繼續受惠於自己的錯誤。

所以，如果各位需要我提供意見的話，我的第一個意見就是：生命中所發生的一切，都應該由自己負責。那些差錯有什麼共通型態，如何做糾正？只要抱定決心這麼做，成功的勝算就會大大提高。因為，突然之間，一切都由我們自己做主了。

請問還有什麼最後建議？

本書稍早已經談過信念的問題，但我想藉此機會再強調一次，

因為實在太重要了。第一，你不能直接交易市場，你只能交易你對於市場的信念。因此，你必須決定這個信念是什麼。

其次，有些信念雖然與市場無關，但仍然會顯著影響你的交易。譬如：你對於自己的信念。你認為自己能夠做什麼？交易或成功對你很重要嗎？你認為自己值得享有多大程度的成功？對於自己的信念不足，將會直接影響交易系統的表現。

現在，我想跟各位提一件事，這將能幫助各位進入另一個境界。各位可以從我們的網站下載一個遊戲（www.iitm.com）。這個遊戲的期望報酬為正數，只強調部位規模設定，讓獲利持續發展。我建議各位利用這個遊戲做為訓練交易的平台。看看各位是否可以透過這個遊戲賺錢。這個遊戲的最初三個階層是完全免費的。設計一套遊戲計畫，不要承擔太高風險，設法通過遊戲的最初三個階層。這是辦得到的。看看你是否能夠在不承擔太多風險的情況下，通過整個遊戲。這個遊戲可以協助你瞭解本書講解的原理。儘量去玩這個遊戲，因為（1）可以從中學習很多你身為交易者可能碰到的各種情況；（2）讓你更瞭解自己；（3）學習有關部位規模設定的方法。請記住，最初三個階層是免費的。

讓你有機會證明自己辦得到。遊戲可以反映行為。在我們的遊戲中，如果你辦不到，那麼你在市場上也沒有機會。這個遊戲也會測試你在市場上可能碰到的各種心理問題。這個遊戲可以說是廉價的學習平台。

最後，我建議各位重複閱讀本書，至少4次或5次。我發現，人們會透過自己的信念系統來過濾事物。第一次閱讀的時候，你可能會忽略很多東西。第二次閱讀，或許會讓你拾起一些上次

遺漏的珍寶。多讀幾次，可以讓本書的很多觀念，變成你的觀念。

附註

1. 我們的初步研究結果顯示，一般人犯錯造成的損失大約介於2R到5R之間。當然，這只是我們初步研究的結果。

名詞解釋

adaptive moving average（**調整型移動平均**） 一種移動平均，可以根據市場走勢效率程度，而調整移動平均的速度或訊號發生敏感程度。

algorithm（**運算法**） 一組計算法則，也就是計算數學函數的一套程序。

anti-martingale strategy（**逆平賭策略**） 設定部位規模的策略，隨著交易成功（失敗）而增加（減少）部位規模。

arbitrage（**套利**） 運用價格脫序現象或制度漏洞而賺錢的方法，風險很低。執行這種策略，通常是同時買進與賣出相關物品。

asset allocation（**資產配置**） 專業交易者安排其資本並分散持有各種不同類別資產的程序。由於受到彩券偏頗心理的影響，很多人認為資產配置就是要挑選適當的資產類別（譬如：能源類股或黃金）。事實上，資產配置的真正功能，是決定資產類別的持有比例；換言之，也就是決定「部位規模」的問題。

average directional movement，ADX（**平均趨向變動**） 衡量金融市場價格趨勢程度的一種技術指標。指標讀數愈大，代表趨勢愈顯著。

average true range，**簡稱ATR（平均真實區間**） 最近X天價格真實區間的平均值。所謂價格真實區間，是指下列的最大者：（1）

今天最高價減掉昨天最低價，（2）今天最高價減掉昨天收盤價，（3）今天最低價減掉昨天收盤價。

band trading（**區間交易**）　一種交易形式，交易者認為價格處在特定區間內移動。因此，當價格偏高時（處於超買狀態），通常會下跌。同理，當價格太低時（處於超賣狀態），通常可以假定價格將走高。細節請參考本書第5章。

bearish（**空頭，偏空**）　認為市場價格將下跌的一種看法。

best-case example（**最佳案例**）　導致最佳結果的狀況或案例。很多書籍會透過一些案例來顯示其論點正確，但這些案例往往是經過特別挑選的；換言之，我們實際上碰到的案例，通常並沒有那麼好。

bias（**偏頗，偏向**）　朝某方向移動的傾向。市場走勢會有偏向，但本書討論的偏向，大多是指心理偏頗。

bid-ask spread（**買進-賣出報價的價差**）　造市者對於交易對象會提供雙向報價：買進報價與賣出報價。此處所謂的「買進」與「賣出」，都是按照造市者的角度為準。所以，交易者如果想賣出，必須採納較低的買進報價；反之，如果想買進，必須採納較高的賣出報價。一般來說，這兩種報價之間的差額，也就代表造市者賺取的利潤。

blue-chip companies（**藍籌企業**）　素質最頂尖的企業。

breakout（**突破**）　脫離橫向整理區間的走勢。

bullish（**多頭，偏多**）　認為市場價格將上漲的一種看法。

call（**買進選擇權**）　這種選擇權的持有者，有權利在特定日期之前，按照某固定價格買進特定數量的根本資產。請注意，買權持有者只享有買進的權利，但沒有買進的義務。

candlestick（陰陽線，燭形線） 日本人發明的一種價格走勢圖繪製方式，每支線形是由實體與影線構成，實體的兩端分別為開盤價與收盤價，如果開盤價較低而收盤價較高，實體繪製為紅色（或空白），如果開盤價較高而收盤價較低，實體繪製為黑色。實體上端與下端的影線，則分別代表最高價與最低價。如此繪製的走勢圖，比較容易透過判斷走勢狀況。

capitalization（資本額，市值） 公司股票的市場價值。

channel breakout（通道突破） 參閱breakout（突破）。

chaos theory（混沌理論） 認為物理系統由穩定變為混沌的一種理論。這套理論最近被用來解釋金融市場的爆發性走勢與非隨機性質。

climax reversal（高潮反轉） 價格暴漲之後，突然又暴跌。價格上升趨勢發展到末期，往往會出現爆發性漲勢，頗有迴光反照的味道，這稱為高潮走勢（climax move）。高潮走勢告一段落之後，價格通常會暴跌，這稱為高潮反轉。

commodities（商品） 在期貨市場進行交易的實體商品，例如：穀物、肉類、金屬等。

congestive range（密集交易區間） 參考consolidation（整理）。

consolidation（整理） 行情發展停頓的期間，價格通常會在有限區間內遊走，沒有明顯的趨勢。

contract（契約，合約） 期貨市場的最低交易單位。舉例來說，1口玉米契約代表5,000英斗，1口黃金契約代表100英兩。

credit spread（貸記價差交易） 一種選擇權價差交易策略，所建立的價差交易部位可以提供權利金收入。

debit spread（借記價差交易） 一種選擇權價差交易策略，所建立的價差交易部位會發生權利金費用。

degree of freedom（**自由度**）　一種統計名詞，當我們利用樣本統計量來估計母體時，樣本中可以獨立、自由變動數據的個數，稱為統計量的自由度。歷史測試過程中，自由度愈高雖然有助於套入歷史資料，但通常有害於未來價格預測。

delta phenomenon（**戴爾他現象**）　這是由吉米·史洛門（Jimmy Sloman）發展而由威爾斯·韋達（Welles Wilder）推廣的一套理論，運用太陽系各種現象預測金融市場價格走勢。

dev-stop（**標準差停止**）　辛西亞·凱斯（Cynthia Kase）根據價格走勢標準差設定停止點的一種準則。

directional movement（**趨向變動**）　威爾斯·韋達（Welles Wilder）發明的一種指標，衡量今天價格區間超出昨天價格區間的最大部分。

disaster stop（**災難性停損**）　針對最糟情況設定的停損。請參考stop-loss order（停損單）。

discretionary trading（**自由心證交易**）　憑著直覺進行交易的方法，與「系統性交易」相互對立。最棒的自由心證交易，是採用系統性方法進場，然後憑藉自由心證決定出場與部位規模。

divergence（**背離**）　指幾種指標不能相互確認或彼此衝突的現象。

diversification（**分散投資**）　在彼此獨立的市場之間投資，藉以降低整體風險。

drawdown（**連續耗損**）　因為交易損失或為平倉部位「帳面」損失，導致交易帳戶資本減少。

Elliott Wave（**艾略特波浪**）　艾略特（R.N. Elliott）發展的一套理論，認為市場將朝主要方向呈現5波段發展，然後朝相反方向做3波段整理。

entry（**進場訊號**）　交易系統決定何時、如何進場建立部位的訊號部分。

equal units model（**等值模型**）　一種部位大小模型，每個部位的金額價值都相同。

equities（**股票**）　公司所有人持有的股票。

equity（**淨值**）　交易帳戶價值。

equity curve（**淨值曲線**）　繪製帳戶淨值因為時間經過而變動的曲線。

exit（**出場訊號**）　交易系統決定何時、如何出場建立部位的訊號部分。

expectancy（**期望報酬**）　經過幾乎無數次交易，所能夠期待的平均獲利程度。期望報酬最好表示為每承擔$1風險，所能夠期待的獲利。期望報酬是特定交易系統之R倍數分配的平均數。

expectunity（**機會期望報酬**）　本書使用的特殊名詞，這是指期望報酬乘以交易機會次數的結果。舉例來說，某交易系統的期望報酬為0.6個R，平均每年進行100筆交易，則機會期望報酬為60個R。

false positive（**假陽性**）　拒絕某種成立事件的錯誤。

Fibonacci retracements（**費波納奇折返**）　最常用的3個折返百分率分別為61.8%、38%與50%。當某走勢開始折返時，我們可以根據該走勢由低點到高點的距離，計算前述3個百分率距離作為折返走勢的可能終點。希臘與埃及數學家也知道這些比率。這個比率被稱為黃金分割，經常運用於音樂與建築。

filter（**濾網**）　一種指標，篩選符合某準則的資料。交易系統如果使用太多濾網，往往會有過度最佳化的問題。

financial freedom（**財務自由**）　根據本書作者的定義，當你的被動

收益（資金所賺取的收益）超過你的支出時，就屬於財務自由的狀況。舉例來說，如果你每個月的開支為$4,000，而你的資金每個月可以創造$4,300的收益，那麼你就享有財務自由。

floor trader（場內交易員） 在期貨交易所的場內擔任專業交易員。有些場內交易員是運用自己的資金進行交易，有些則擔任經紀工作。

forex（外匯交易） 外匯交易主要是在全球銀行間市場進行，規模非常龐大。

fundamental analysis（基本分析） 分析市場供給與需求之性質的方法。對於股票市場來說，基本分析試圖決定某特定股票的價值、公司盈餘、經營管理與相對資料等。

futures（期貨契約） 契約持有人有權利與義務在特定時間、按照固定價格買進特定資產。後來，期貨市場交易的對象除了商品之外，也包含股價指數與外匯等契約，使得期貨契約的根本資產涵蓋更廣。

gambler's fallacy（賭徒謬誤） 一種謬誤的觀點，認為連續輸幾把，就會讓贏的機率提高；同理，連續贏幾把，就會讓輸的機率提高。

Gann concepts（甘氏理論） 著名股票交易者甘氏（W.G. Gann）發展的理論，用以預測市場走勢。舉例來說，甘氏矩陣（Gann square）是根據特定期間內極端高價與低價預測支撐／壓力的數學系統。根據甘氏的說法，矩陣所呈現的特定價位，能夠預測可能出現的次一個極端價位。

gap（缺口） 價格走勢圖內，沒有交易進行的價位。這通常是發生在開盤的時候，換言之，開盤價不在前一天交易價格區間內，使得

開盤價與前一天價格線形之間，出現沒有交易的缺口。很多事件可能造成這種結果，譬如：昨天收盤之後，如果發生特殊利多或利空消息，今天開盤價可能向上或向下跳空。

gap climax（高潮跳空缺口） 高潮走勢最初的跳空缺口。

hit rate（安打率，勝率） 在一系列交易之中，成功交易所佔的比率，也代表交易系統的可靠程度。

Holy Grail system（聖盃系統） 神話中的完美系統，能夠針對任何市場提供正確的訊號，完全不會發生虧損。實際上不存在這類系統，但聖盃也可以解釋為交易者內心的正確心理狀態。

indicator（指標） 透過摘要方式、更有意義地傳達資料提供的資訊，協助交易者／投資人擬定決策。

inside day（內側日） 某天交易的價格區間，完全處在前一天交易區間之內。

intermarket analysis（跨市分析） 運用某個市場的價格走勢資料，分析另一個市場的行情發展。舉例來說，美元匯價走勢可能受到美國公債、英鎊、油價…等影響。

investing（投資） 通常是指一般人引用的買進-持有策略。如果你經常進出市場，而且願意做多與放空，則屬於交易。

judgment heuristics（判斷力啟發） 人們用之以擬定決策的捷徑。這類捷徑使得人們可以快速做決策，而且可以處理各種情況，但往往也會因此導致決策偏頗。本書第2章討論一些這類的偏頗。

largest expected equity drop，簡稱LEED（帳戶淨值最大期望下跌） 葛拉契爾使用的名詞，描述人們承擔的風險極限：投資人或交易者所能夠承擔的帳戶淨值最大下跌程度。

leverage（槓桿倍數） 這是指交易者控制某資產之價值與實際投入

資金之數量間的關係。高槓桿倍數，是指交易者實際投入的資金數量相對有限，卻控制大額的資產，如此擴大盈虧的潛在規模。

limit move（**停板走勢**）　契約價格變動量已經達到交易所規定的最大限度。價格一旦鎖住停板，意味著幾乎沒有人願意在允許價格範圍內進行交易。。

limit order（**限價單**）　一種交易指令，指定交易允許進行的最差價位，所以經紀人只能根據優於指定價位的價格進行交易，否則不得進行交易。

liquidity（**市場流動性**）　是指股票或期貨部位轉換成為現金的方便程度。一般來說，成交量很大，也就意味著市場流動性很高。

long（**做多**）　持有某資產或證券，期待未來價格將上漲而使部位獲利。參閱「放空」（short）。

low-risk idea（**低風險交易策略**）　交易策略的期望報酬為正數，而且短期內即使發生最糟狀況，損失也很有限，使得策略得以實現長期期望報酬。

MACD　請參考moving average convergence divergence

marked to market（**根據市價進行結算**）　交易部位如果每天按照市價進行結算，即使部位還沒有平倉或結束，每天仍然根據市場價格做結算，然後借記或貸記帳戶。所以，當我們考慮為平倉部位的價值時，應該根據當時的市場價格計算其價值。

market maker（**造市者**）　針對某交易資產或證券，提供買進與賣出之雙向報價的個人、經紀商或銀行。

market order（**市價單**）　指示按照目前市場價格進行撮合的交易指令。一般來說，市價單的成交速度很快，但成交價格未必理想。

martingale strategy（**平賭策略**）　設定部位大小的一種策略，通常

是隨著虧損持續累積而不斷調高部位規模。最典型的平賭策略，是
每當發生損失的時候，下一筆交易就把部位規模調高一倍。

maximum adverse excursion，簡稱MAE（最大折損額度） 特定部
位交易過程中，曾經出現的最大損失。

mechanical trading（機械性交易） 一種交易形式，所有相關決策
都由電腦處理，沒有涉及人為判斷。

mental rehearsal（心理預演） 針對某事件或策略，在腦海裡先做
預演。

mental scenario trading（心智情節交易） 交易者根據其宏觀見解
而發展的交易概念。

modeling（模仿） 判斷最佳表現是如何產生，然後運用相關經驗
訓練其他交易者的一種程序。

momentum（動能） 一種技術指標，比較今天價格與先前第X天價
格的變動。動能指標屬於領先指標。Momentum在技術分析領域裡
稱為「動能」，顯然不同於物理學所謂的「質量」。

money management（資金管理） 往往代表如何決定部位規模的
方法，但還有很多其他意涵，人們通常不暸解其具體意義。舉例來
說，這個名詞也代表（1）管理別人的資金，（2）風險控管，（3）
管理個人財務，（4）取得最大報酬。

moving average（移動平均） 計算平均值的一種程序，但平均值
會隨著時間經過而不斷更新或移動。舉例來說，當我們計算X天的
價格期移動平均，則是計算最近X天的價格平均數，但時間每經過1
天，都必須根據新的最近X天價格計算新的平均值資料。

**moving average convergence divergence，簡稱MACD（移動平均
收斂發散指數）** 這是由吉拉・亞裴（Gerald Appel）設計的一種技

術指標，主要是反映兩條移動平均的差值。運用上，這種指標通常顯示兩條曲線：MACD線與訊號線。當MACD線向上穿越訊號線，代表買進訊號；當MACD線向下穿越訊號線，代表賣出訊號。由於MACD線與訊號線都是經由移動平均計算產生，所以擅長捕捉行情大幅擺動。MACD也可以引用背離、趨勢線、支撐／壓力的概念做分析。

negative expectancy system（**負值期望報酬的系統**） 也就是期望報酬為負數的交易系統。舉例來說，賭場設計的賭局，期望報酬通常都是負數。請注意，即使是勝率很高的交易系統，如果偶然發生的虧損非常可觀，該系統的期望報酬也可能是負數。

neuro-linquistic programming，**簡稱NLP（神經語言程式學）** 由系統分析專家李查‧班德勒（Richard Bandler）與語言學專家約翰‧葛林德（John Grinder）共同發展的一種心理訓練形式。這套科學適合人類行為模仿的相關訓練。可是，大部分的NLP訓練，都是強調模仿程序本身。我們舉辦的訓練課程則不同，強調的是如何模仿頂尖交易者的行為、如何發展交易系統、如何設定部位規模⋯等，重點不是模仿程序本身。

opportunity（**交易機會**） 請參考「交易機會」trade opportunity。

optimize（**最佳化**） 交易系統進行歷史資料測試的過程中，針對系統引用的技術指標或其他參數，尋找最佳的數值而使得測試績效最理想。一般來說，經過高度最佳化的系統，運用於未來的實際交易，績效通常都很不理想。

option（**選擇權**） 一種證券契約，持有者有權利在未來某時間、按照固定價格買進（或賣出）根本資產。具備買進權利的選擇權，稱為買進選擇權或買權（call option）；具備賣出全力的選擇權，稱

為賣出選擇權或賣權（put option）。

options spread（選擇權價差交易） 同時建立兩邊選擇權部位的一種策略。所謂同時建立兩邊部位，是指同時購買選擇權與銷售選擇權，前者必需支付權利金，後者有權利金收入。建立選擇權價差交易部位的最後淨結果，可能有權利金收入（稱為貸記價差交易credit spread），或需要支付權利金（稱為借記價差交易debit spread）。

oscillator（擺盪指標） 一種抽離趨勢（detrend）的常態化（normalized）指標。擺盪指標讀數通常介於0與100之間。根據一般的解釋，當擺盪指標讀數接近0時，行情處於超賣（oversold）狀態，指標讀數接近100時，行情處於超買（overbought）狀態。可是，對於趨勢明確的市場來說，超買或超賣狀態都可能維持很久。

parabolic（拋物線指標） 一種技術指標，其圖形曲線結構大體上反映拋物線函數 ax^2+bx+c 的軌跡。由於指標數值會隨著時間經過而加速上升，因此經常被利用來設定追蹤型停止點，避免吐回既有獲利。另外，當我們說價格以拋物線方式上漲，是指上漲速度很快，譬如1999年代的科技股，價格往往每個月上漲一倍。

passive income（消極所得） 資金賺取的收益。

peak-to-trough drawdown（由峰位到谷底的折損） 這通常是指帳戶淨值有最高點掉到最低點的距離。

percent risk model（百分率風險模型） 設定部位大小的模型，把部位大小設定為帳戶淨值的某特定百分率。

percent volatility model（百分率價格波動模型） 設定部位大小的模型，部位大小根據價格波動（通常按照平均真實區間定義）設定，侷限為帳戶淨值的某個百分率。

position sizing（部位規模或部位大小） 這是交易成功6項關鍵要素

中最重要者。這個名詞是本書第一版引進的，也是交易系統是否能夠符合個人交易目標的決定因素。這項因素將決定部位在整個交易過程的大小程度。多數情況下，部位大小都是根據當時的帳戶淨值決定的。

positive expectancy（正值期望報酬） 交易系統（賭局或遊戲）如果經過長期運作，其平均報酬為正數。就本書來說，這代表R倍數分配的平均數為正值。

postdictive error（後估錯誤） 採取事後才能取得之資料做預測的錯誤。舉例來說，假定進場方法設定為：某天收盤價上漲，則根據當天的開盤價買進。這種情況下，這套系統的獲利潛能明顯偏高，因為我們採用買進當時無法知道的資訊。

prediction（預測） 根據相關資料猜測未來事件的結果。多數人都希望能夠猜測未來行情發展，因為如此就能夠賺錢。分析師的工作之一，就是預測未來價格。可是，真正頂尖交易者之所以能夠賺錢，是因為「迅速認賠而讓獲利持續發展」，這基本上與預測無關。

price/earnings ratio，P/E ratio（本益比） 這是每股價格除以每股盈餘的結果。舉例來說，某股票價格為每股$20，最近一年的每股盈餘為$1，本益比為20倍。過去100年來，S＆P 500成分股的本益比平均值大約是17倍。

proprietary methodology（私有方法） 不對外公開的方法。交易者之所以採用私有方法，可能是因為（1）不希望別人知道，（2）不希望做相關的解釋。

put option（賣出選擇權） 這種選擇權的持有者，有權利在特定日期之前，按照某固定價格賣出特定數量的根本資產。請注意，賣權持有者只享有賣出的權利，但沒有賣出的義務。

R multiple（R倍數） 這是把交易結果表示為起始風險R之倍數。任何交易盈虧都可以表示為起始風險R的倍數。舉例來說，10R代表獲利是起始風險的10倍。所以，如果起始風險是$10，$100的獲利相當於是10個R。透過這種方式衡量獲利，就可以敘述交易系統的R倍數分配。我們藉由分配的平均數與標準差來瞭解該分配的性質。

R value（R值） 這是指部位建立的起始風險程度，也就是部位建立最初的停損。

random（隨機） 純粹根據機運決定的事件，完全不能預測。

relative strength index，簡稱RSI（相對強弱指數） 韋達（Welles Wilder, Jr.,）所創的期貨技術指標，藉由收盤價對收盤價的關係，顯示超買與超賣程度。

reliability（可靠性） 這是指勝率而言。某系統的可靠性如果是60%，意味著有60%的交易可以獲利。

resistance（壓力） 價格走勢圖上，位在目前價格上方的某個區域，該處的賣壓很重而難以超越。

retracement（折返） 價格朝先前趨勢的相反方向發展。折返通常是指價格修正。

reward-to-risk ratio（報酬-風險比率） 交易帳戶整年的平均報酬，除以由峰位到谷底的最大耗損。根據這種方法計算，報酬-風險比率如果超過3，績效就非常好。另外，報酬-風險比率也可以是指「成功交易平均獲利」除以「失敗交易平均虧損」。

risk（風險） 這是指部位進場價格與最糟狀況下出場價格之間的差額，也代表部位所願意承擔的最大損失。舉例來說，你在$20買進股票，最糟情況下的出場價格為$18，則風險就是每股$2。請注意，這個定義全然不同於學術界用詞，學術界把風險定義為價格報

酬的變異程度（標準差）。

round turn（**來回一趟**） 這是指期貨交易由進場到出場的完整程序。期貨契約的佣金計價通常是根據來回一趟計算；換言之，交易者支付的佣金，同時包括進場與出場的部分。

scalping（**搶帽子**） 這通常是指場內交易員根據買進-賣出報價，很快地建立與結束部位，藉以賺取小額利潤的行為。買進報價是造市者願意買進的價格（也就是一般交易者賣出所適用的價格），賣出報價則是造市者願意賣出的價格（也就是一般交易者買進所適用的價格）。

seasonal trading（**季節性交易**） 根據每年相當穩定、重複發生之季節性價格型態所進行的交易。

secular（bull or bear）market（**長期多頭或空頭市場**） 這是指市場上相當長期的價格趨勢，包括上升趨勢（多頭行情）或下降趨勢（空頭行情）。這種長期趨勢，可能歷經好幾十年。

setup（**架構**） 這是指交易系統的一部份，代表進場之前必須先滿足的一組條件。很多人往往把架構視為交易系統。舉例來說，CANSLIM就是威廉・歐尼爾所使用之架構的字頭語。

short（**放空**） 賣出未實際擁有資產的行為。採用這種策略，通常是希望先高價賣出，稍後再低價買回，藉以賺取兩者之間的差價。

sideways market（**橫向走勢**） 市場行情既不上漲、也不下跌，而是橫向發展。

slippage（**滑移價差**） 進行交易時，預期成交價格與實際成交價格之間的差價。舉例來說，你預期在15買進，結果實際上是在15.5買進，滑移價差為0.5點。

specialist（**專業報價員**） 當某股票的一筆交易，在場內沒有對沖

交易存在，被指派接受該筆交易的場內交易員。

speculating（**投機**）　在價格波動非常劇烈的市場從事交易。就學術觀點來說，這種交易的「風險」很高。

spreading（**價差交易**）　在兩個或多個市場，針對這些市場之價格關係建立部位。譬如說，我們可以同時在日圓與英鎊市場建立部位，針對兩者的價格關係進行交易。

stalking（**追蹤**）　準備建立部位之前的行情追蹤程序。在沙普博士的模型中，這屬於交易的十項工作之一。

standard deviation（**標準差**）　隨機變數與其平均數之差的平方值加總和，然後取其正數平方根。用以衡量常態化格式的變異程度。

stochastic（**隨機指標**）　喬治‧雷恩（George Lane）發明的一種技術指標，顯示超買-超賣程度，這種指標引用的基本概念是：上升趨勢中，收盤價傾向於落在整天價格區間的上端；下降趨勢的情況剛好相法，收盤價傾向於落在整天價格區間的下端。

stop，stop loss，stop order（**停止，停損，停損單**）　一種交易指令，預先遞給經紀人，一旦市場價格觸及停止單上設定的停止價位，該停止單即刻變成市價單。這種交易指令稱為停止單或停損單，因為通常用來結束部位，目的往往是避免虧損擴大（所以稱為「停損」）。可是，請注意，當價格觸及停止價位，該交易指令只是即刻變成市價單，這並不保證交易指令能夠在停止價位成交。實際成交價格可能遠不如停止價位。多數電子化撮合系統允許交易者使用停止單，一旦停止價位遭到觸及，電腦會自動遞出市價單。所以，這種交易指令並沒有預先遞入場內，外人不能預先看見。

support（**支撐**）　位在下檔而價格很難跌破的價格水準，也代表買盤較多的價格水準。

swing trading（波段交易） 掌握市場短期波段走勢的交易方法。

system（系統） 系統代表一組交易法則。完整的系統通常包括：（1）某種架構條件，（2）進場訊號，（3）用以保障資本的最糟情節停損，（4）獲利了結出場訊號，（5）部位大小設定方法。可是，市面上販售的很多商業系統並不符合此處說明的條件。交易系統的性質，可以根據其產生的R倍數分配做判斷。

tick（檔） 價格最低跳動單位。

timing technique（時效拿捏技巧） 這是用以精確拿捏進場或出場時機的方法，也就是在時間上挑選最有利的進場或出場時機。

trade distribution（交易分配） 這是指成功交易與失敗交易在時間上的分配狀況。我們往往會看到連續獲利與連續虧損。

trade opportunity（交易機會） 交易的六項關鍵要素之一。這是指交易系統進場建立部位的頻率。

trading（交易） 在市場上建立部位，或是多頭部位，或是空頭部位，期待該部位能夠獲利，否則就要認賠。

trading cost（交易成本） 交易成本通常包括經紀商佣金、滑移價差與造市者賺取的買-賣報價價差。

trailing stop（追蹤型停止） 隨著行情發展而調整停止單停止價位的策略。這種策略經常備用來做為獲利了結的方法。可是，停止價位只能朝有利方向調整，不允許承擔更多風險。

trend following（順勢操作） 順著趨勢發展方向建立部位操作方式。

trending day（趨勢明確的日子） 這是指當天走勢由開盤到收盤之間，走勢方向非常明確，或是上漲，或是下跌。

trendline（趨勢線） 銜接上升（下降）走勢底端（頂端）的一條直線。技術分析者相信這條直線代表趨勢；價格一旦穿越趨勢線，通

常意味著該趨勢線代表的趨勢告一段落，但有時候只代表需要另外繪製一條趨勢線而已。

Turtle Soup（龜湯）　一種進場技巧的商標，假定市場在發生20天期通道突破之後會反轉。

units per fixed amount of money model（每固定金額支持1單位部位的模型）　一種部位大小設定模型，帳戶內的每固定金額，可以用來支持任何市場的1單位部位。舉例來說，每$25,000支持1張股票（100股）或1口契約。

validity（有效性）　這個名詞是代表「真實」的程度如何。譬如說，某衡量是否衡量所要衡量的東西？精確性如何？

valuation（評估價值）　根據某模型而決定股票或商品之價值的程序。參考「價值交易」（value trading）。

value trading（價值交易）　部位是基於價值考量而建立的；換言之，所建立部位代表理想的價值。價值雖然有各種不同衡量方式，但我們可以思考基本原則：某公司擁有資產的價值為每股$20，如果我們可以根據$15買進，那就代表有價值的投資。不同的價值交易者，可能採用不同的方法界定「價值」的意義。

volatility（價格波動程度）　這是指價格在某特定期間內的變動範圍。價格波動劇烈的市場，每天價格區間較大；價格波動緩和的市場，每天價格區間較小。這是很重要的概念。

volatility breakout（價格波動突破）　一種進場技巧，當價格波動程度超過某預定水準，則代表交易訊號。舉例來說，「1.5個ART的價格波動突破系統」：當每天價格波動超過最近X天平均真實區間的1.5倍，代表交易訊號。

推薦書目

Alexander, Michael. Stock Cycles:《Why Stocks Won't Beat Money Markets over the Next Twenty Years.》Lincoln, Neb.: Writer's Club Press, 2000. 股票市場長達200年的分析，包括長期多頭市場與長期空頭市場，相當有趣。

Balsara, Nauzer J.《Money Management Strategies for Futures Traders.》New York: Wiley, 1992. 討論資金管理的好書，偏重於風險控制，而不是部位大小設定。

Barach, Roland.《Mindtraps》, 2nd ed. Cary, N.C.: International Institute of Trading Mastery (IITM), 1996. 探討交易與投資方面的各種偏頗，很好的一本書，幾乎已經絕版了，可以透過電話詢問細節：1-919-466-0043。

Buffet, Warren E.《The Essays of Warren Buffett: Lessons for Corporate America》, 1st rev. ed. The Cunningham Group, 2001. 勞倫斯‧康寧漢博士（Dr. Lawrence Cunningham）把巴菲特的文章編輯整理成冊。非常值得一讀。

Campbell, Joseph (with bill Moyers).《The Power of Myth.》New York: Doubleday 1988. 我個人最喜歡的書之一。

Chande, Tushar.《Beyond Technical Analysis: How to Develop and Implement a Winning Trading System.》New York: Wiley, 1997.

這是第一本探討進場方法之外交易技巧的書。

Colby, Robert W., and Thomas A. Meyers.《Encyclopedia of Technical Market Indicators.》Homewood, Ill.: Dow Jones Irwin, 1988. 討論範圍很廣。

Connors, Laurence A., and Linda Bradford Raschke.《Street Smarts: High Probability Short Term Trading Strategies.》Sherman Oaks, Calif.: M. Gordon Publishing, 1995. 討論短期交易技巧方面的好書。

Covel, Michael.《Trend-following: How Great Traders Make Millions in Up and Down Markets》, new expanded edition. Upper Saddle River, N.J.: Financial Times Prentice Hall, 2005. 可能是討論順勢交易概念最好的一本書。

Easterling,《Ed. Unexpected Returns: Understanding Secular Stock Market Cycles.》Fort Bragg, Calif.: Cypress House, 2005. 愛德華・伊斯特林自行出版的一本書，由宏觀架構解釋市場走勢。如果你想瞭解宏觀架構，這是必讀的一本書。

Gallacher, William R.《Winner Take All: A Top Commodity Trader Tells It Like It Is.》Chicago: Probus, 1994. 本書正文提到的系統之一，就是取自本書。

Gardner, David, and tom Gardner.《The Motley Fool Investiment Guide: How the Fool Beats Wall Street's Wise Men and How You Can Too.》New York: Simon & Schuster, 1996. 一般人可以運用的簡單投資策略。

Graham, Benjamin.《The Intelligent Investor: The Classic Text on Value Investing.》New York: Harper, 2005. 價值投資方面的經典作品。

Hagstrom, Robert, Jr.《The Warren Buffett Way: Investiment Strategies of the World's Greatest Investor, 2nd ed.》New York: Wiley, 2004. 可能是探討巴菲特投資策略最好的一本書。可是，這當然不是由巴菲特本身闡述這些策略，作者似乎難以避免一般人的投資偏見，讓人誤以為巴菲特只是挑選值得投資的股票，然後就一直持有。

Kase, Cynthia.《Trading with the Odds: Using the Power of Probability to Profit in the Futures Market.》Chicago: Irwin, 1996. 我認為這方面值得探討的內容範圍，甚至超過作者的意圖。

Kaufman, Perry.《Smarter Trading: Improving Performance in Changing Markets.》New York: McGraw-Hill, 1995. 提出很棒的觀念，我們也相當深入探討其中的一套系統。

Kilpatrick, Andrew.《Of Permanent Value: The Story of Warren Buffet.》Birmingham, Ala.: AKPE, 1996. 相當有趣的一本書。

LeBeau, Charles, and David W. Lucas.《The Technical Traders' Guide to Computer Analysis of the Futures Marekt.》Homewood, Ill: Irwin, 1992. 系統設計方面的最經典著作之一。

Lefèvre, Edwin.《Reminiscence of a Stock Operator.》New York: Wiley Investment Classics, 2006. 新發行的古典著作，原書出版於1923年。

Lowe, Janet.《Warrant Buffett Speaks: Wit and Wisdom form the World's Greatest Investor.》New York: Wiley, 1997. 睿智而有趣。

Mitchell, Dick.《Commonsense Betting: Betting Strategies for the Race Track.》New york: William Morrow, 1995. 如果想瞭解部位大小設定方法，這是必讀之書。

O'Neil, William.《How to Make Money in Stocks: A Winning System in

Good Times and Bad, 2nd ed.》New York: McGraw-Hill, 1995. 經典作品，包含一套我們深入討論的系統。

Roberts, Ken.《The World's Most Powerful Money Mannual and Course.》Grant's Pass, Oreg.: Published by Ken Roberts, 1995. 很棒的一本書，不過價錢相當昂貴。如果需要進一步資訊，請打電話詢問：503-955-2800。

Schwager, Jack.《Market Wizards.》New York: New York Institute of Finance, 1988. 不論交易者或投資人，這都是必讀經典。

—— 《The New Market Wizards.》New York: HarperCollins, 1992. 單是訪問William Eckhardt的一章就值得了。

—— 《Schwager on Futures: Fundamental Analysis.》New York: Wiley, 1996. 想要瞭解期貨市場基本分析的必讀之書。

—— 《Schwager on Futrues: Technical Analysis.》New York: Wiley, 1996. 技術分析方面的基本讀物。

Sloman, James.《When Yor're Troubled: The Healing Heart.》Raleigh, N.C.: Mountain Rain, 1993. 一本探討生命意義的書。

Sweeney , John.《Campaign Trading: Tactics and Strategies to Exploit the Markets.》New York: Wiley, 1996. 談論交易方面比較重要的議題。

Tharp, Van.《The Peak Performance Cource for Traders and Investors.》Cary, N.C.: International Institute of Trading Mastery (IITM), 1988-1994. 請電話查詢詳細資料：1-919-466-0043。這是我的交易程序訓練模型，讓讀者能夠根據本書設定自己的模型。

—— 《How to Develop a Winning Trading System That Fits You, CD Course.》Cary, N.C.: International Institute of Trading

Mastery (IITM), 1997. 請電話查詢詳細資料：1-919-466-0043。這是我們最初的交易系統訓練課程，提供許多重要的投資與交易資料。

—— 《The Definitive Guide to Expectancy and Position Sizing.》Cary, N.C.: International Institute of Trading Mastery (IITM), 2007. 請電話查詢詳細資料：1-919-466-0043。

Tharp, Van, D.R. Barton, and Steve Sjuggerud. 《Safe Strategies for Financial Freedom.》New York: McGraw-Hill, 2004. 這本書探討一些新法則，討論宏觀架構，然後根據宏觀架構設計適用的策略。這些策略都確實可行，本書描述的所有策略，都是我個人使用的。

Tharp, Van, and Brian June.《Financial Freedom through Electronic Day Trading.》New York, McGraw-Hill, 2000. 本書討論的很多策略雖然都已經過時了，但有將近100頁的篇幅解釋如何擬定交易計畫，這些資料是其他書籍沒有提供的。

Vince, Ralph,《Portfolio Management Formulas: Mathematical Trading Methods for the Futures, Options, and Stock Markets.》New York: Wiley, 1990. 內容相當艱深，不容易閱讀，但多數專業者應該可以理解。

—— 《The New Money Management: A Framework for Asset Allocation.》New York: Wiley, 1995. 算是前一本著作的進一步延伸與修正。不論投資人或交易者，本書都是必讀作品。

Whitman, Martin J.《Value Investing: A Balanced Approach.》New York: Wiley, 2000. 長久以來，作者運用價值投資創造了非常穩定、優異的績效。本書討論他所運用的一些策略，算得上是價值投

資人的必讀經典。

Wilder, J. Welles, Jr.《New Concepts in Technical Trading.》Greensboro, N.C.: Trend Research, 1978. 交易者／投資人必讀的經典。

Wyckoff, Richard D.《How I Trade and Invest in Stock and Bonds.》New York: Cosimo Classics, 2005. 1922年版本重印。

寰宇出版網站
www.ipci.com.tw

邀請您加入會員，共襄盛舉！

新增功能

1. 討論園地：分享名家投資心得及最新書評
2. 名師推薦：名師好書推薦
3. 精采電子報回顧：寰宇最新訊息不漏接

寰宇圖書分類

技　術　分　析

分類號	書　　名	書號	定價	分類號	書　　名	書號	定價
1	波浪理論與動量分析	F003	320	33	主控戰略開盤法	F194	380
2	中級技術分析	F004	300	34	狙擊手操作法	F199	380
3	亞當理論	F009	180	35	反向操作致富	F204	260
4	多空操作秘笈	F017	360	36	掌握台股大趨勢	F206	300
5	強力陰陽線	F020	350	37	主控戰略移動平均線	F207	350
6	群眾心理與走勢預測	F021	400	38	主控戰略成交量	F213	450
7	股票K線戰法	F058	600	39	盤勢判讀技巧	F215	450
8	市場互動技術分析	F060	500	40	巨波投資法	F216	480
9	陰陽陽線	F061	600	41	20招成功交易策略	F218	360
10	股票成交當量分析	F070	300	42	主控戰略即時盤態	F221	420
11	操作生涯不是夢	F090	420	43	技術分析‧靈活一點	F224	280
12	動能指標	F091	450	44	多空對沖交易策略	F225	450
13	技術分析&選擇權策略	F097	380	45	線形玄機	F227	360
14	史瓦格期貨技術分析（上）	F105	580	46	墨菲論市場互動分析	F229	460
15	史瓦格期貨技術分析（下）	F106	400	47	主控戰略波浪理論	F233	360
16	股價趨勢技術分析（上）	F107	450	48	股價趨勢技術分析——典藏版（上）	F243	600
17	股價趨勢技術分析（下）	F108	380	49	股價趨勢技術分析——典藏版（下）	F244	600
18	技術分析科學新義	F117	320	50	量價進化論	F254	350
19	甘氏理論：型態-價格-時間	F118	420	51	EBTA：讓證據說話的技術分析（上）	F255	350
20	市場韻律與時效分析	F119	480	52	EBTA：讓證據說話的技術分析（下）	F256	350
21	完全技術分析手冊	F137	460	53	技術分析首部曲	F257	420
22	技術分析初步	F151	380	54	股票短線OX戰術（第3版）	F261	480
23	金融市場技術分析（上）	F155	420	55	魔法K線投資學（part Ⅱ）	F262	600
24	金融市場技術分析（下）	F156	420	56	統計套利	F263	480
25	網路當沖交易	F160	300	57	探金實戰‧波浪理論（系列1）	F266	400
26	股價型態總覽（上）	F162	500	58	主控技術分析使用手冊	F271	500
27	股價型態總覽（下）	F163	500	59	費波納奇法則	F273	400
28	包寧傑帶狀操作法	F179	330	60	點睛技術分析－心法篇	F283	500
29	陰陽線詳解	F187	280	61	散戶革命	F286	350
30	技術分析選股絕活	F188	240	62	J線正字圖‧線圖大革命	F291	450
31	主控戰略K線	F190	350	63	強力陰陽線（完整版）	F300	650
32	精準獲利K線戰技	F193	470				

智 慧 投 資

分類號	書 名	書號	定價	分類號	書 名	書號	定價
1	股市大亨	F013	280	29	交易新指標：生科技類股	F195	280
2	新股市大亨	F014	280	30	高勝算操盤（上）	F196	320
3	金融怪傑（上）	F015	300	31	高勝算操盤（下）	F197	270
4	金融怪傑（下）	F016	300	32	別理華爾街！	F203	220
5	新金融怪傑（上）	F022	280	33	透視避險基金	F209	440
6	新金融怪傑（下）	F023	280	34	股票作手回憶錄（完整版）	F222	650
7	金融煉金術	F032	600	35	倪德厚夫的投機術（上）	F239	300
8	智慧型股票投資人	F046	500	36	倪德厚夫的投機術（下）	F240	300
9	股票市場顯相實錄	F049	220	37	交易・創造自己的聖盃	F241	500
10	梭羅斯投資秘訣	F052	250	38	圖風勢——股票交易心法	F242	300
11	瘋狂、恐慌與崩盤	F056	450	39	從躺椅上操作：交易心理學	F247	550
12	股票作手回憶錄	F062	450	40	華爾街傳奇：我的生存之道	F248	280
13	超級強勢股	F076	420	41	金融投資理論史	F252	600
14	非常潛力股	F099	360	42	華爾街一九〇一	F264	300
15	活得真好─紐柏格的煉金術與藝術情	F100	220	43	費雪・布萊克回憶錄	F265	480
16	投機客養成教育（上）	F109	340	44	歐尼爾投資的24堂課	F268	300
17	投機客養成教育（下）	F110	360	45	探金實戰・李佛摩投機技巧（系列2）	F274	320
18	芝加哥交易風格	F143	340	46	大腦煉金術	F276	500
19	約翰・奈夫談投資	F144	400	47	金融風暴求勝術	F278	400
20	股票操作守則70	F152	380	48	交易・創造自己的聖盃（第二版）	F282	600
21	股市超級戰將（上）	F165	250	49	索羅斯傳奇	F290	450
22	股市超級戰將（下）	F166	250	50	華爾街怪傑巴魯克傳	F292	500
23	與操盤贏家共舞	F174	300	51	交易者的101堂心理訓練課	F294	500
24	投機的藝術	F175	360	52	兩岸股市大探索（上）	F301	450
25	華爾街財神	F181	370	53	兩岸股市大探索（下）	F302	350
26	掌握股票群眾心理	F184	350	54	專業投機原理 I	F303	480
27	縱橫全球股市	F186	400	55	專業投機原理 II	F304	400
28	掌握巴菲特選股絕技	F189	390				

共 同 基 金

分類號	書 名	書號	定價	分類號	書 名	書號	定價
1	共同基金初步	F148	250	4	基金趨勢戰略	F272	300
2	共同基金操作守則50	F154	300	5	定期定值投資策略	F279	350
3	柏格談共同基金	F178	420				

投 資 策 略

分類號	書 名	書號	定價	分類號	書 名	書號	定價
1	股市心理戰	F010	200	22	交易，簡單最好！	F192	320
2	經濟指標圖解	F025	300	23	股價走勢圖精論	F198	250
3	贏家操作策略	F044	350	24	價值投資五大關鍵	F200	360
4	股票投資心理分析	F059	400	25	計量技術操盤策略（上）	F201	300
5	經濟指標精論	F069	420	26	計量技術操盤策略（下）	F202	270
6	股票作手傑西·李佛摩操盤術	F080	180	27	震盪盤操作策略	F205	490
7	投資幻象	F089	320	28	透視避險基金	F209	440
8	史瓦格期貨基本分析（上）	F103	480	29	看準市場脈動投機術	F211	420
9	史瓦格期貨基本分析（下）	F104	480	30	巨波投資法	F216	480
10	你也可以成為股票操作高手	F138	420	31	股海奇兵	F219	350
11	操作心經：全球頂尖交易員提供的操作建議	F139	360	32	混沌操作法 II	F220	450
12	攻守四大戰技	F140	360	33	傑西·李佛摩股市操盤術 (完整版)	F235	380
13	股票初步	F145	380	34	股市獲利倍增術	F236	430
14	證券分析初步	F150	360	35	資產配置投資策略	F245	450
15	股票期貨操盤技巧指南	F167	250	36	智慧型資產配置	F250	350
16	零合生存策略	F168	250	37	SRI 社會責任投資	F251	450
17	金融特殊投資策略	F177	500	38	混沌操作法新解	F270	400
18	回歸基本面	F180	450	39	在家投資致富術	F289	420
19	華爾街財神	F181	370	40	看經濟大環境決定投資	F293	380
20	股票成交量操作戰術	F182	420	41	高勝算交易策略	F296	450
21	股票長短線致富術	F183	350	42	散戶升級的必修課	F297	400

程 式 交 易

分類號	書 名	書號	定價	分類號	書 名	書號	定價
1	高勝算操盤（上）	F196	320	6	《交易大師》操盤密碼	F208	380
2	高勝算操盤（下）	F197	270	7	TS程式交易全攻略	F275	430
3	狙擊手操作法	F199	380	8	PowerLanguage 程式交易語法大全	F298	480
4	計量技術操盤策略（上）	F201	300	9	交易策略評估與最佳化（第二版）	F299	500
5	計量技術操盤策略（下）	F202	270				

期　　貨

分類號	書　名	書號	定價	分類號	書　名	書號	定價
1	期貨場內交易花招	F040	350	6	期貨賽局（上）	F231	460
2	成交量與未平倉量分析	F043	350	7	期貨賽局（下）	F232	520
3	股價指數期貨及選擇權	F050	350	8	雷達導航期股技術（期貨篇）	F267	420
4	高績效期貨操作	F141	580	9	期指格鬥法	F295	350
5	征服日經225期貨及選擇權	F230	450				

債　券　貨　幣

分類號	書　名	書號	定價	分類號	書　名	書號	定價
1	貨幣市場＆債券市場的運算	F101	520	3	外匯交易精論	F281	300
2	賺遍全球：貨幣投資全攻略	F260	300				

財　務　教　育

分類號	書　名	書號	定價	分類號	書　名	書號	定價
1	點時成金	F237	260	5	投資心理學（漫畫版）	F284	200
2	跟著林區學投資	F253	400	6	歐尼爾成長型股票投資課（漫畫版）	F285	200
3	風暴・醜聞・華爾街	F258	480	7	貴族・騙子・華爾街	F287	250
4	蘇黎士投機定律	F280	250	8	就是要好運	F288	350

財　務　工　程

分類號	書　名	書號	定價	分類號	書　名	書號	定價
1	金融風險管理（上）	F121	550	4	信用性衍生性＆結構性商品	F234	520
2	金融風險管理（下）	F122	550	5	可轉換套利交易策略	F238	520
3	固定收益商品	F226	850	6	我如何成為華爾街計量金融家	F259	500

選　　擇　　權

分類號	書　　名	書號	定價	分類號	書　　名	書號	定價
1	股價指數期貨及選擇權	F050	350	9	選擇權訂價公式手冊	F142	400
2	股票選擇權入門	F063	250	10	交易，選擇權	F210	480
3	選擇權投資策略（上）	F092	480	11	選擇權策略王	F217	330
4	選擇權投資策略（中）	F093	480	12	選擇權賣方交易策略	F228	480
5	選擇權投資策略（下）	F094	480	13	征服日經225期貨及選擇權	F230	450
6	技術分析＆選擇權策略	F097	380	14	活用數學・交易選擇權	F246	600
7	認購權證操作實務	F102	360	15	選擇權賣方交易總覽（第二版）	F309	
8	選擇權交易講座：高報酬／低壓力的交易方法	F136	380				

金　　融　　證　　照

分類號	書　　名	書號	定價	分類號	書　　名	書號	定價
1	FRM 金融風險管理（第四版）	F269	1500				

另　　類　　投　　資

分類號	書　　名	書號	定價	分類號	書　　名	書號	定價
1	葡萄酒投資	F277	420				

讀者回函卡

　　親愛的讀者，為了提升對您的服務品質，請填寫下列資料，以傳真方式將此資料傳回寰宇出版股份有限公司。就有機會得到本公司的贈品及不定期收到相關之新書書訊與活動訊息。

您的基本資料：

姓　　名：＿＿＿＿＿＿＿＿＿＿＿＿＿＿

聯絡電話：＿＿＿＿＿＿＿＿＿＿＿　手　機：＿＿＿＿＿＿＿＿＿＿

E - mail　：＿＿＿＿＿＿＿＿＿＿＿＿＿＿＿＿＿＿＿＿

您所購買的書名：＿＿＿＿＿＿＿＿＿＿＿＿＿＿＿＿＿＿＿

您在何處購買本書：＿＿＿＿＿＿＿＿＿＿＿＿＿＿＿＿＿＿＿＿

您從何處得知本書訊息：（可複選）

☐ 本公司網站　　　☐ ＿＿＿＿＿＿書店　　☐ ＿＿＿＿＿＿ 報紙
☐ 本公司出版目錄　☐ ＿＿＿＿＿老師推薦　☐ ＿＿＿＿＿＿ 雜誌
☐ 本公司書訊　(學校系所＿＿＿＿＿)　☐ ＿＿＿＿＿ 電視媒體
☐ ＿＿＿＿＿廣告 ☐ 親友推薦　　　　☐ ＿＿＿＿＿ 廣播媒體
☐ 其他

您對本書的評價：(請填代號 1.非常滿意 2.滿意 3.尚可 4.需改進)

內　　容：＿＿　理由：＿＿＿＿＿＿＿＿＿＿＿＿＿＿＿
版面編排：＿＿　理由：＿＿＿＿＿＿＿＿＿＿＿＿＿＿＿
封面設計：＿＿　理由：＿＿＿＿＿＿＿＿＿＿＿＿＿＿＿
譯　　筆：＿＿　理由：＿＿＿＿＿＿＿＿＿＿＿＿＿＿＿

您希望本公司出版何種類型的書籍？＿＿＿＿＿＿＿＿＿＿＿＿
＿＿＿＿＿＿＿＿＿＿＿＿＿＿＿＿＿＿＿＿＿＿＿＿＿＿＿

您對本公司的建議(含建議翻譯之書籍或推薦作者等)：＿＿＿＿＿
＿＿＿＿＿＿＿＿＿＿＿＿＿＿＿＿＿＿＿＿＿＿＿＿＿＿＿
＿＿＿＿＿＿＿＿＿＿＿＿＿＿＿＿＿＿＿＿＿＿＿＿＿＿＿

寰宇出版股份有限公司

地址：106臺北市大安區仁愛路四段109號13樓
電話：(02)27218138轉333或363　　傳真：(02)27113270
E-mail：service@ipci.com.tw